LPI – Level 1

Anselm Lingnau
Thomas Erker
Tobias Elsner
Michael Küpper

LPI – Level 1

mitp

Bibliografische Information der Deutschen Bibliothek –
Die Deutsche Bibliothek verzeichnet diese Publikation in der
Deutschen Nationalbibliografie; detaillierte bibliografische Daten
sind im Internet über ⟨http://dnb.ddb.de⟩ abrufbar.

ISBN: 3-8266-1682-0
ISBN-13: 978-3-8266-1682-2
2. überarbeitete und erweiterte Auflage 2006

Dieses Buch korrespondiert mit den LPIC-1-Prüfungszielen vom 31.12.2005 – siehe
http://www.lpi.org/

Printed in Germany

© Copyright 2006 by REDLINE GMBH, Heidelberg
www.mitp.de

Satz und Layout: Linup Front GmbH, Darmstadt
Druck: Media-Print, Paderborn

Inhaltsverzeichnis

Vorwort

Es besteht kein Zweifel: Linux wird erwachsen! Immer mehr Firmen, Behörden und Institutionen entdecken das freie Betriebssystem für sich. Vorteile wie Sicherheit, Stabilität, Effizienz, Flexibilität und niedrige Kosten setzen Linux von seiner Konkurrenz ab. Und entsprechend steigt der Bedarf an qualifiziertem Personal, das mit Linux und den dafür verfügbaren Werkzeugen und Anwendungsprogrammen umgehen kann. Aber woran erkennt man »seinen« zukünftigen Linux-Administrator?

Mit den LPIC-Zertifizierungen des *Linux Professional Institute* hat sich seit 1999 ein herstellerunabhängiger Industriestandard etabliert, an dem professionelle Linux-Administratoren sich messen können. Die LPIC-Zertifizierung unterstreicht, dass es sich bei Linux nicht mehr um ein Spielzeug handelt, sondern um ein von namhaften Firmen unterstütztes System, dem auch unternehmenskritische Aufgaben anvertraut werden können. Linux-Einsteiger finden darin eine Route vorgezeichnet, die sie zur Linux-Kompetenz führt, und für Schulungsanbieter und ihre Kunden ist LPIC ein Wegweiser für qualifizierte und zielgerichtete Ausbildung.

Genau wie Linux ein offenes System ist, das *von* seiner Benutzergemeinde *für* seine Benutzergemeinde entwickelt wird, ist LPIC eine Zertifizierung *von* der Gemeinde *für* die Gemeinde. Der Entwicklungsprozess ist offen – jeder kann daran mitwirken und die künftigen Schwerpunkte mitbestimmen.

Warum sollten Sie sich zertifizieren lassen? Einfach: Mit einer LPIC-Zertifizierung demonstrieren Sie Ihre Kernkompetenz als

Linux-Administrator gegenüber potenziellen Kunden und Arbeitgebern. Sie können Ihre persönliche Fortbildung planen und strukturieren und Sie erhalten eine weltweit anerkannte und anbieterunabhängige, also zukunftssichere Zertifizierung.

Dieses Buch füllt eine große Lücke auf dem deutschsprachigen Markt für Literatur zur LPIC-Prüfungsvorbereitung. Endlich steht ein Werk zur Verfügung, das den kompletten LPIC-1-Prüfungsstoff übersichtlich und klar aufarbeitet und Ihnen als potenziellen Kandidaten das Rüstzeug zum erfolgreichen Bestehen der Prüfung gibt. Wir hoffen, dass auch Sie damit bald zum Kreis der LPIC-1-zertifizierten Linux-Experten gehören können. Viel Erfolg!

Oliver Michel
Geschäftsführer
Linup Front GmbH

Kapitel 1 **Einleitung**

In diesem Kapitel ...

- ✓ erläutern wir die Grundlagen der LPIC-Zertifizierung
- ✓ lernen Sie den Ablauf der LPIC-1-Prüfungen kennen
- ✓ erfahren Sie, wie Sie sich optimal auf die LPIC-1-Prüfungen vorbereiten können
- ✓ bekommen Sie den Aufbau dieses Buches erklärt
- ✓ werden Sie auf weitere Informationsquellen zum Thema »LPI« aufmerksam gemacht

1.1 Die LPIC-1-Zertifizierung

1.1.1 Grundlegendes

Ziel

Die LPIC-Prüfungen, entwickelt vom *Linux Professional Institute*, richten sich an Administratoren von Linux-Systemen und sollen deren Kompetenz im Umgang mit Linux und den dazugehörigen Werkzeugen bestätigen. Die Zertifizierung ist distributionsunabhängig und bietet drei Stufen (LPIC-1 bis LPIC-3). Dieses Buch dient zur Vorbereitung auf die LPIC-1-Zertifizierung, die aus zwei Teilprüfungen (101 und 102) besteht. LPIC-1 (»*Junior Level Administration*«) soll bestätigen, dass Kandidaten die folgenden Themen beherrschen:

- Umgang mit der Linux-Kommandozeile

- Einfache Administrationsaufgaben: Benutzerunterstützung, Hinzufügen von Benutzern, Sicherheitskopien, Systemstart und -stopp

- Installation eines Arbeitsplatzrechners (mit X11) und Anschließen an ein lokales Netz; Anschließen eines freistehenden Rechners ans Internet über einen Einwahlzugang

Höhere Stufen

Die LPIC-2-Zertifizierung behandelt ebenfalls in zwei Teilprüfungen »*Intermediate Level Administration*«, während die LPIC-3-Zertifizierung (die sich zum Zeitpunkt der Drucklegung dieses Buches noch in Vorbereitung befand) sich mit »*Senior Level Administration*« befasst. Hierfür werden themenspezifische Prüfungen angeboten werden, von denen Sie zwei beliebige bestehen müssen. Mit LPIC-2 und LPIC-3 beschäftigt dieses Buch sich *nicht*.

Hersteller-zertifikate

Auf den LPIC-Zertifizierungen können weitere, herstellerspezifische Zertifizierungen aufbauen. Für die Ubuntu-Linux-Distribution wird beispielsweise eine »Ubuntu Certified Professional«-Zertifizierung angeboten, die aus LPIC-1 zusammen mit einer Zusatzprüfung über Ubuntu-spezifische Themen besteht.

1.1.2 Ablauf der Prüfungen

Prüfungs-abnahme

LPI-Prüfungen werden in Testzentren computerbasiert abgenommen: Sie werden vor einen Rechner gesetzt, der Ihnen Fragen zur

Beantwortung vorlegen wird. Die meisten LPI-Fragen sind »Ankreuzfragen« mit vorgegebenen Antworten, von denen eine oder manchmal mehrere richtig sein können. Ab und zu müssen Sie auch Text eingeben, typischerweise Kommandonamen. Das Ganze dauert 90 Minuten pro Prüfung und Sie sind ganz auf sich gestellt – Sie können kein Publikum befragen, niemanden anrufen und auch keine falschen Antworten ausschließen lassen. Die beiden LPIC-1-Prüfungen gibt es derzeit in den Sprachen Englisch, Japanisch, Deutsch, Französisch, Spanisch, Portugiesisch und Chinesisch (einige davon sind im Teststadium). Rechnen Sie damit, für jede Prüfung etwa 150 Euro Gebühr ans LPI entrichten zu müssen, dazu kommt möglicherweise noch eine Bearbeitungsgebühr für das Testzentrum.

Sonderangebote Das LPI bietet oft auf Messen und ähnlichen Großveranstaltungen (CeBIT, LinuxTag, ...) verbilligte Prüfungssitzungen an. Diese Prüfungen sind meist auf Papier und nicht am Computer und kosten 60 Euro.

Einen Vorgeschmack auf den Stil der Fragen und Antworten können Sie bekommen, indem Sie sich von lpi-buch.linupfront.de den Prüfungssimulator herunterladen (Abschnitt 1.2.3).

Bestanden? Nach einer computerbasierten Prüfung erfahren Sie sofort, ob Sie bestanden haben. Die genaue Ergebnisberechnung ist kompliziert, aber man kann sagen, dass Sie ca. 60 % der Fragen richtig beantworten müssen. Ziel ist eine »faire« Abgrenzung zwischen qualifizierten Kandidaten (die bestehen sollten) und unqualifizierten Kandidaten (die durchfallen sollten). Wenn Sie genug bestandene Prüfungen für ein Zertifikat haben, bekommen Sie diesen **Zertifikat** Umstand per E-Mail bestätigt und das Zertifikat nebst einer coolen Plastikkarte für Ihre Brieftasche automatisch geschickt (irgendwann später). Bei »Papierprüfungen« kann es vier bis sechs Wochen dauern, bis Sie Nachricht erhalten, ob Sie bestanden haben; die Fragebögen werden zentral beim LPI in Kanada ausgewertet.

Durchgefallen? Sollte es schiefgegangen sein (unwahrscheinlich, wenn Sie dieses Buch sorgfältig durchgearbeitet haben, aber man weiß ja nie), dann müssen Sie eine Woche warten, bevor Sie es wieder probieren dürfen. Wie Sie diese Zeit verbringen können, ohne sich zu langweilen, wissen Sie dann ja. Sollte es zum zweiten Mal schiefgegangen sein (ja, ja, ...), dann ist die Wartefrist 90 Tage.

Rezertifizierung Einmal bestandene LPIC-Zertifizierungen werden theoretisch niemals ungültig. Allerdings erklärt das LPI seit dem 1. September 2004 erworbene Zertifikate zehn Jahre nach dem Datum der ersten Prüfung für »inaktiv« – was Sie verhindern oder rückgängig machen können, indem Sie die betreffenden Prüfungen (in dann mutmaßlich aktualisierter Form) noch einmal ablegen. (An eine spezielle »Auffrischungs-Prüfung« wird gedacht; bis 2014 kommt das LPI vielleicht sogar dazu, hier Nägel mit Köpfen zu machen.) Ältere Zertifikate bleiben unbeschränkt aktiv. Es ist nicht erlaubt, eine einmal bestandene Prüfung zu wiederholen, es sei denn, die Prüfungsinhalte oder -fragen wurden geändert.

Das LPI behält sich vor, bei der Bestätigung des LPIC-Status eines Absolventen (die das LPI auf dessen Wunsch an potenzielle Arbeitgeber und ähnliche Dritte herausgibt) neben dem Versions- und Aktivierungsstand der bestandenen Zertifizierung auch den aktuellen anzugeben. Ein LPIC-1-Absolvent anno 2003 dürfte im Jahr 2007 gegenüber einem Absolventen mit 2006-Zertifikat also »alt aussehen«, was die Aktualität der Zertifizierung angeht.

- Das LPI: http://www.lpi.org/, http://www.de.lpi.org/
- Testzentren: Pearson VUE (http://www.vue.com/), Thomson Prometric (http://www.prometric.com/)
- Details über die Prüfungsbewertung: http://www.lpi.org/en/lpi/english/certification/faq/2_exams#2.15
- Spielregeln für Nachprüfungen, Verfall von Prüfungen und Ähnliches: http://www.lpi.org/en/lpi/english/certification/policies
- Mehr LPI-Tipps: http://www.linux-praxis.de/lpi.html, http://www.lpiboard.de, http://www.lpi-test.de, ...

1.1.3 Prüfungsvorbereitung

In der Vorbereitungszeit Die LPIC-Prüfungen sind geschickt so angelegt, dass pures Büffeln nicht wirklich hilft. Sie sollten sich vor allem von der Vorstellung lösen, als Linux-Einsteiger mal ein paar Tage eine Schulung zu besuchen und anschließend die LPIC-1-Zertifizierung mit Bravour abzulegen. Viele der geprüften Zusammenhänge setzen eine Souveränität im Umgang mit dem Stoff voraus, die entweder Naturtalent oder über eine gewisse Zeit gewonnene Erfahrung bedingt. Was nicht heißen soll, dass Schulungen sinnlos sind, ganz im Gegenteil – mancher lernt autodidaktisch aus Büchern wie diesem, während andere sich das nötige Wissen

lieber unter fachkundiger Anleitung aneignen. In jedem Fall sollten Sie sich zwischen Lernen und Prüfung genug Zeit geben, um
die Inhalte in eigener Regie zu erforschen und mit den dahinter-
stehenden Prinzipien vertraut zu werden. Linux ist ein auf den ersten Blick verwirrendes System, das aber trotzdem auf einigen ganz
einfachen Grundlagen beruht. Wenn Sie diese Grundlagen beherrschen, ist der Rest viel besser zu verstehen.

Polieren Sie Ihr Englisch auf. Selbst wenn Sie die Prüfungen auf **Englisch**
Deutsch ablegen wollen, sollten Sie Englisch zumindest entziffern
können, denn ein sehr großer Anteil der Systemdokumentation
und viele für Hintergrundwissen interessante Web-Seiten stehen
nur in dieser Sprache zur Verfügung.

Machen Sie sich mit den Prüfungen und den geforderten Inhal- **Prüfungsziele**
ten vertraut. Auf den Web-Seiten des LPI finden Sie Themenlisten
und Listen der wichtigsten Kommandos, Dateien und Schlagwör-
ter für jedes Thema. Beachten Sie Anhang A dieses Buchs; dort
haben wir zu den einzelnen Prüfungszielen Verständnisfragen zu-
sammengcstellt, die Sie im Geiste beantworten können, um sich
selbst zu prüfen: Weiß ich das alles?

▷ Prüfungsziele für die Prüfungen 101 und 102 (unter anderem): `http:`
`//www.lpi.org/de/lpi/german/zertifizierung/lpic`

Setzen Sie sich Meilensteine. Dieses Buch behandelt den notwen- **Meilensteine**
digen Stoff in thematisch zusammenpassenden Abschnitten, auch
da, wo die LPI-Prüfungsziele zwischen den Themen hin- und her-
springen. Nehmen Sie sich den Stoff kapitelweise vor und folgen
Sie auch den Querverweisen.

Verwenden Sie das Internet. Zu praktisch jedem der Prüfungsthe- **Internet**
men gibt es zahlreiche Web-Seiten, die interessante Zusatzinformationen zu bieten haben. Wir haben auf einige relevante Seiten
verwiesen, aber Sie können und sollten auch selber weitersuchen.
Lesen Sie einen Linux-Nachrichtendienst wie LWN.net (`http://`
`lwn.net/`), um ein Gefühl für die »Szene« zu bekommen.

Vor der Prüfung Um LPI-Prüfungen ablegen zu können, müssen **LPI-Registrierung**
Sie beim LPI registriert sein (geht im Web). Sie erhalten eine Kennung, die Sie zur Prüfung parat haben müssen.

▷ LPI-Registrierung: `http://www.lpi.org/en/lpi/english/certification/`
`register_now`

Testzentrum Sie müssen mit dem Testzentrum Ihrer Wahl einen Termin ausmachen, an dem Sie die Prüfung ablegen können. Kommen Sie im eigenen Interesse ausgeruht, wach, mit Ihrer LPI-Kennung, mit vernünftigen Pegeln von Koffein und Alkohol im Blut und mit ausreichend Verfrühung, um einen Parkplatz finden, Verspätungen im ÖPNV tolerieren, allfällige Fragen »vor Ort« klären und noch einmal tief durchatmen zu können, bevor es losgeht.

In der Prüfung Sie müssen in 90 Minuten um die 60 Fragen beantworten. Rechnen Sie nicht damit, *alle* Fragen auf Anhieb korrekt beantworten zu können; das müssen Sie auch nicht. Es empfiehlt sich die folgende Strategie:

- Machen Sie zuerst einen »Schnelldurchlauf« durch alle Fragen und beantworten Sie alle, die Sie sicher richtig wissen, ohne lange überlegen zu müssen. Sie können andere Fragen zur »Wiedervorlage« markieren oder auch einfach vor- und zurückblättern. Machen Sie dann sukzessive weitere Durchgänge, in denen Sie sich pro Frage mehr und mehr Zeit geben, bis alle Fragen beantwortet sind.

- Lesen Sie die Fragen ganz genau durch. Überlegen Sie, welche Antworten absurd sind und welche stimmen könnten. Passen Sie auf, dass Sie nichts Wichtiges übersehen haben. Es wird bei jeder Frage klargestellt, ob mehrere Antworten richtig sein können.

- Halten Sie sich nicht zu lange an einzelnen Fragen fest, wenn Sie noch zu viele unbeantwortete Fragen haben.

- Wenn Sie (was wahrscheinlich ist) die Zeit dafür haben, dann gehen Sie alle Fragen noch einmal durch und prüfen Sie Ihre Antworten.

- Wenn Ihnen, womit aber absolut nicht zu rechnen ist, die Zeit davonläuft, dann verwenden Sie die letzten fünf Minuten, um zu »zocken« – die übrigen Antworten zu raten. Eine nicht beantwortete Frage ist immer falsch, aber eine geratene Antwort kann immerhin noch zufällig richtig sein. Lassen Sie am Ende keine Fragen unbeantwortet.

1.2   Über dieses Buch

1.2.1   Zielgruppe

Dieses Buch richtet sich an Linux-Administratoren, die die LPIC-1-Zertifizierung anstreben. Es versucht, den Prüfungsstoff möglichst geordnet, knapp und verständlich darzustellen, ist aber kein Ersatz für herkömmliche Linux-Lehrbücher. Sie sollten es verwenden, um in der Vorbereitungszeit auf die Zertifizierungsprüfungen alles Nötige zu wiederholen, etwaige Lücken zu identifizieren und zu stopfen (wobei außer diesem Buch selbst auch andere Quellen sinnvoll sein können, auf die wir hinweisen) und die notwendige »Politur« anzubringen.

Für die Prüfung 101   bearbeiten Sie die Kapitel 2 bis 5 und 7 bis 12 (Abschnitt 10.6 können Sie dabei auslassen, bis auf die Teile über Komprimierung und `tar`). Außerdem sollten Sie sich noch Abschnitt 14.2 zumindest oberflächlich zu Gemüte führen.

Für die Prüfung 102   bearbeiten Sie Kapitel 2, die Abschnitte 7.5 bis 7.7 in Kapitel 7, den Abschnitt 10.6 und die Kapitel 13 bis 18.

1.2.2   Aufbau und typografische Konventionen

Das Buch ist in Kapitel eingeteilt, die jeweils ein bestimmtes Thema behandeln, unabhängig davon, wie dieses Thema auf die LPI-Prüfungsziele verteilt ist. Obwohl dieses Buch kein Lehrbuch im traditionellen Sinne ist, haben wir uns bemüht, die Kapitel in eine didaktisch und auch für die Aufteilung in die beiden Teilprüfungen sinnvolle Reihenfolge zu bringen. In Anhang A finden Sie die Prüfungsziele mit Verweisen auf die Kapitel, in denen ihre Inhalte besprochen werden. Dort ist auch die Gewichtung der einzelnen Prüfungsziele angegeben. **Struktur**

Innerhalb des Textes finden Sie Randnotizen, die auf wichtige Stellen hinweisen. Die Randnotizen sollen es Ihnen einfacher machen, zu erkennen, worum es auf einer Seite geht, und den relevanten Absatz zu finden. **Randnotizen**

Datei- und Programmnamen werden im Text in Maschinenschrift dargestellt: `/etc/passwd`, `grep`. **Dateinamen**

Tasten Zu drückende Tasten werden wie $\boxed{\text{A}}$ dargestellt; eine Taste, die mit der folgenden mit »+« verbunden ist, muss festgehalten werden, zum Beispiel $\boxed{\text{Strg}}$+$\boxed{\text{C}}$.

Beispiele Beispiele – Kommandofolgen mit den Antworten des Systems oder Stücke aus Konfigurationsdateien – werden hellgrau hinterlegt gezeigt. Dabei sind Benutzereingaben fett, unsichtbare Eingaben wie Kennwörter dunkelgrau gedruckt:

```
login: hugo                           Der Benutzername
Password: blafasel                       Das Kennwort
Typografisch notwendige Zeilenumbrüche, die im Original▷
◁ nicht vorhanden sind, werden wie hier gekennzeichnet.
```

Oft haben wir uninteressante Teile einer Systemausgabe aus Platzgründen weggelassen und durch »◁◁◁◁« ersetzt.

⇨ Am Ende vieler Absätze verweisen Blöcke wie dieser auf andere Stellen im Buch oder auf interessante weitere Informationsquellen wie Bücher oder Web-Seiten.
⇨ http://lpi-buch.linupfront.de/

1.2.3 Web-Seiten für dieses Buch

Zusatzinformationen zu vielen Themen in diesem Buch, Verweislisten zu den einzelnen Kapiteln, etwaige Fehlerberichtigungen und ein Diskussionsforum finden Sie auf den Web-Seiten für dieses Buch unter http://lpi-buch.linupfront.de/.

Dort finden Sie auch den *Linup-Front-LPIC-Simulator*, ein Programm, das Sie auf Ihren Linux-PC herunterladen können. Hierbei handelt es sich um eine Software, mit der Sie sich an den Stil der LPIC-Fragen und -Antworten gewöhnen können; Sie können simulierte Prüfungen verschiedenen Umfangs und unterschiedlicher Dauer durchlaufen oder den Fragenkanon auf bestimmte Prüfungsziele beschränken (etwa weil Sie ein Kapitel im Buch durchgearbeitet haben und Ihren Erfolg kontrollieren wollen).

Über Fragen, Meinungen, Kommentare und Vorschläge zu diesem Buch freuen wir uns im Diskussionsforum oder unter

```
lpi-buch@linupfront.de
```

Wir wünschen Ihnen viel Spaß bei der Prüfungsvorbereitung und natürlich viel Erfolg in der Prüfung selbst!

Kapitel 2 Dokumentation

In diesem Kapitel ...

- ✔ erfahren Sie, wo Sie Informationen zu Kommandos bekommen können
- ✔ lernen Sie die Handbuchseiten und HOWTOs kennen
- ✔ bekommen Sie Informationen, die Ihnen helfen, im Internet Dokumentation zu finden

2.1 Überblick

Angesichts der unzähligen Programme in der Linux-Welt und der Mannigfaltigkeit der zugehörigen Optionen ist es auch für erfahrene Anwender nicht immer einfach, auf Anhieb jede Problemlösung parat zu haben. Außerdem ist der Aufbau eines Linux-Systems mit all seinen Diensten und deren Konfiguration zu komplex, um alles ohne Anleitung beherrschen zu können. Aus diesem Grund gibt es viel Dokumentation in elektronischer Form, entweder zur lokalen Installation oder im Internet.

2.2 Programminterne Hilfe

Bei Aufruffehlern erzeugen die meisten Programme Meldungen, die häufig auch über den richtigen Gebrauch informieren. Um die Kurzanleitung direkt zu erhalten, existieren bei vielen Komman--help dos die Optionen --help oder -h:

```
$ cat --help
Usage: cat [OPTION] [FILE]...
Concatenate FILE(s), or standard input, to standard output.
  -A, --show-all          equivalent to -vET
  -b, --number-nonblank   number nonblank output lines
◁◁◁◁◁
```

2.3 Die Handbuchseiten

Zu fast jedem kommandozeilenorientierten Programm gibt es eine »Handbuchseite«, genau wie für viele Konfigurationsdateien, Systemaufrufe und anderes. Diese Texte werden in der Regel bei der Installation einer Software mit installiert und können mit dem Kommando man Kommando »man ⟨Name⟩« eingesehen werden. ⟨Name⟩ ist dabei der Kommando- oder Dateiname, den man erklärt haben möchte. »man bash« zum Beispiel liefert eine ausführliche Dokumentation über Bedienung und Fähigkeiten der Standard-Shell unter Linux.

Jede Handbuchseite gehört zu einem »Kapitel« im konzeptuellen Gesamthandbuch (Tabelle 2.1). Wichtig für Administratoren sind vor allem die Kapitel 1, 5 und 8. man durchsucht die Kapitel in einer bestimmten Reihenfolge und zeigt die erste gefundene

Kapitel	Inhalt
1	Benutzerkommandos
2	Systemaufrufe
3	Bibliotheksaufrufe
4	Gerätedateien
5	Konfigurationsdateien und Dateiformate
6	Spiele
7	Diverses (groff-Makros, ASCII-Tabelle, …)
8	Kommandos zur Systemadministration
9	Kernel-Funktionen (nicht Standard)

Tabelle 2.1: Kapitel im »Systemhandbuch«

Handbuchseite, auch wenn es möglicherweise noch weitere Seiten mit demselben Titel gibt. Dabei werden beispielsweise Kommandos gegenüber System- und Bibliotheksaufrufen bevorzugt. Um Seiten außer der ersten gefundenen zu lesen, können Sie dem man-Kommando die gewünschte Kapitelnummer als Parameter übergeben. Zum Beispiel zeigt »man mount« die Handbuchseite zum mount-Kommando (aus Kapitel 8) und »man 2 mount« die Handbuchseite, die den Systemaufruf mount() erklärt. Wenn man auf Handbuchseiten verweist, wird gerne das Kapitel in Klammern angehängt; wir unterscheiden also zwischen mount(8), der Anleitung für das mount-Kommando, und mount(2), der Beschreibung des Systemaufrufs. Mit dem Parameter -a zeigt man die zum Suchbegriff gehörenden Handbuchseiten aller Kapitel nacheinander an.

man -a

⇨ man(1)

Handbuchseiten werden in einem speziellen Format geschrieben, das mit dem Programm groff für die Anzeige in einem Textterminal oder den Ausdruck aufbereitet werden kann. Die Quelltexte für die Handbuchseiten liegen in der Regel im Verzeichnis /usr/share/man in Unterverzeichnissen der Form man*n*. *n* ist dabei eine der Kapitelnummern aus Tabelle 2.1.

Ort der Handbuchseiten

⇨ groff(1), »info groff«
⇨ man(7) für das groff-Eingabeformat für Handbuchseiten

Handbuchseiten in anderen Verzeichnissen können Sie integrieren, indem Sie die Variable MANPATH setzen, die die von man durch-

MANPATH

suchten Verzeichnisse und deren Reihenfolge benennt. Das Kommando manpath gibt Tipps für die MANPATH-Einstellung.

↪ manpath(1)

Bedienung   Als Anzeigeprogramm für das Kommando man ist in der Regel less voreingestellt. Innerhalb von less können Sie sich zum Beispiel mit den Cursortasten $\boxed{\uparrow}$ und $\boxed{\downarrow}$ durch den Handbuchtext bewegen. Ein Stichwort suchen Sie mit $\boxed{/}$, gefolgt vom gesuchten Wort, wobei Sie mit $\boxed{N}$ zum nächsten und mit $\boxed{\Uparrow}$+$\boxed{N}$ zum vorigen Fundort springen können. Die Taste $\boxed{Q}$ beendet das Programm.

↪ less(1), http://www.greenwoodsoftware.com/less/

man -t   Eine sehr nützliche Option ist -t. Mit ihrer Hilfe kann eine Handbuchseite in PostScript konvertiert und ausgedruckt werden:

```
$ man -t bash | lpr
```

↪ Drucken (Kapitel 15)

man -L   Als weitere wichtige Option kann mit dem Parameter -L die zu verwendende Sprache der Handbuchseite ausgewählt werden. Alternativ können Sie man mit Hilfe der LANG-Umgebungsvariablen mitteilen, in welcher Sprachversion Sie die Handbuchseiten angezeigt bekommen möchten. Die meisten Handbuchseiten gibt es aber nur auf Englisch.

Häufig ist es schwer zu entscheiden, welches Programm Sie überhaupt brauchen. Bevor Sie sich planlos durch die unzähligen Handbuchseiten arbeiten, versuchen Sie lieber, das gesuchte Kommando mit apropos aufzufinden. apropos (oder »man -k«) liefert eine Liste aller Handbuchseiten, die das als Parameter angegebene Stichwort im »NAME«-Abschnitt enthalten:

```
$ apropos manual
man (1)     - an interface to the on-line reference manuals
manpath (1) - determine search path for manual pages
<<<<<
```

↪ apropos(1), man(1) (für »man -k«)

whatis   Ein ähnliches Kommando ist whatis (engl. »was ist ...«). Es sucht ebenfalls nach Stichwörtern, aber nicht im kompletten »NAME«-Abschnitt, sondern nur im Teil vor dem Gedankenstrich. So bekommen Sie eine kurze Beschreibung des jeweiligen Kommandos, Systemaufrufs o. Ä.:

```
$ whatis apropos
apropos (1) - search the manual page names and descriptions
```

⇨ whatis(1), man(1) (für »man -f«)

Übrigens: apropos und whatis greifen nicht direkt auf die Handbuchseiten zu – das wäre viel zu langsam –, sondern auf einen Index, in der Regel /var/cache/man/index.db. Wenn eine neue Handbuchseite installiert wird, muss der Index mit dem Programm mandb aktualisiert werden.

mandb

⇨ man(1), mandb(8)
⇨ Periodische Programmausführung mit cron (Abschnitt 16.2.3)

2.4 Info-Seiten

Für einige Kommandos existieren ausschließlich oder zusätzlich zur Handbuchseite sogenannte Info-Seiten. Sie sind meist ausführlicher und basieren auf den Prinzipien von Hypertext, ähnlich wie das *World Wide Web*. Alle Info-Seiten bilden ein Netz von Informationsknoten. Zu einem Konzept oder Kommando existieren ein Hauptknoten und eventuelle Unterknoten. Das Info-System stammt aus dem GNU-Projekt, Sie finden Info-Seiten daher vor allem bei GNU-Software.

Hypertext

Info-Seiten werden analog zu Handbuchseiten mit dem Befehl »info ⟨Kommando⟩« aufgerufen. Weitere Parameter werden als Namen von Informationsknoten unterhalb des Hauptknotens für das gesuchte Kommando angesehen (etwa »info emacs buffers«). Das info-Kommando erklärt sich weitgehend selbst; Hilfe bekommen Sie mit ?.

Bedienung

⇨ info(1), »info info«
⇨ Eine interaktive Einführung in info erhalten Sie mit ? h im Programm (auf Englisch).

Sie können Info-Seiten auch mit dem Editor emacs betrachten oder im KDE-Browser Konqueror über »info:/«-URLs aufrufen.

Anzeigbare Info-Seiten stehen nach Konvention im Verzeichnis /usr/share/info, andere Pfade können mit INFOPATH integriert

/usr/share/info

werden. Findet `info <Kommando>` keine entsprechende Info-Seite, so sucht das Programm alternativ im `MANPATH` nach Handbuchseiten und stellt diese dar.

Außer für die Bildschirmanzeige können Sie Info-Seiten auch für den Druck als Handbuch aufbereiten. Das ursprüngliche Format der Seiten basiert auf TEX.

⇨ Näheres darüber erfahren Sie mit »`info texinfo`«.

2.5 Die HOWTOs

Problemorientierte Dokumentation

Die Handbuch- und Info-Seiten haben das Problem, dass Sie im Grunde schon wissen müssen, wie das Kommando heißt, das Sie benutzen möchten. »Problemorientierte« statt »kommandoorientierter« Dokumentation ist also nötig. Dafür gibt es die »HOWTOs«.

Die HOWTOs sind umfassendere Dokumente, die nicht nur einzelne Kommandos behandeln, sondern komplette Problemlösungen. So gibt es beispielsweise ein »DSL-HOWTO«, das detailliert beschreibt, wie man einen Linux-Rechner per DSL ans Internet anbindet, oder ein »Astronomy HOWTO«, das Astronomiesoftware für Linux diskutiert. Viele HOWTOs gibt es auch auf Deutsch, wobei die Übersetzungen allerdings oft hinter den englischsprachigen Originalen hinterherhinken; manche HOWTOs sind im Original deutsch, so dass sich das umgekehrte Problem ergibt.

⇨ HOWTOs im WWW: `http://www.tldp.org/HOWTO/`
⇨ Viele Distributionen haben die HOWTOs (oder eine Teilmenge davon) als lokal installierbares Paket.

2.6 Weitere lokale Informationsquellen

Zusätzliche Paketinformationen

Zu vielen der installierten Softwarepakete finden Sie auf Ihrem Rechner unter (typischerweise) `/usr/share/doc` oder `/usr/share/doc/packages` Dokumentation und Beispieldateien. Speziell für die Konfiguration verschiedener Netzwerkdienste wie DNS oder DHCP finden sich hier oft ausführlich kommentierte Beispielkonfigurationen, mit denen das Aufsetzen der Dienste deutlich einfacher wird.

Nicht unterschätzen sollten Sie den Platzbedarf der Dokumentati- **Platzbedarf**
on, insbesondere der Paketdokumentation und der HOWTOs. Ge-
rade bei den HOWTOs sollten Sie sich überlegen, ob es womög-
lich sinnvoll ist, die Dokumentation im Netzwerk zentral auf einen
Datei- oder lokalen Web-Server zu legen. Manche Distributionen
(etwa Debian GNU/Linux) lagern bei Paketen mit viel interner Dokumentation die Dokumentation in ein gesondertes Installations-
paket aus, das Sie auf Client-Rechnern nicht installieren müssen.

Vielfach findet man Dokumentation auch im Zusammenhang mit **Quelltext-**
den Quelltexten von Software. Das gilt zum Beispiel für den Ker- **Dokumentation**
nel. Im Verzeichnis mit den Kernelquellen (z. B. `/usr/src/linux`)
gibt es ein Unterverzeichnis namens `Documentation` mit Informationen zu diversen Kernel-verwandten Themen.

⤷ Der Linux-Kernel (Kapitel 13)

Für Programme unter der grafischen Oberfläche (etwa KDE oder **Dokumentation**
GNOME) gibt es entsprechende Hilfemenüs. Viele Distributionen **für grafische**
bieten auch spezielle Hilfe-Zentren an, die bequemen Zugang auf **Programme**
die Dokumentation der verschiedenen Pakete sowie auf Handbuchseiten, Info-Seiten und HOWTOs gestatten.

2.7   Informationsquellen im Internet

Unabhängig vom lokalen Rechner gibt es im Internet Unmen-
gen an Dokumentation, etwa im WWW und in USENET-Archiven. Das Problem dort ist, ein Problem geeignet zu formulieren,
das heißt, entsprechende Suchanfragen zu stellen. Entweder Sie
wissen schon in etwa, wo Sie suchen müssen (zum Beispiel unter
den weiter unten genannten URLs), oder Sie müssen eine entsprechende stichwort- oder verzeichnisbasierte Suchmaschine bemühen. Oft hilft es, nach dem Text der Fehlermeldung zu suchen,
der Ihnen gerade Kopfzerbrechen macht. Wird auf einer Websei-
te oder in einem USENET-Posting eine Fehlermeldung erwähnt,
steht auch häufig die Problemlösung in der Nähe. Einige inter-
essante WWW-Seiten für Linux sind die folgenden: **WWW**

⤷ `http://www.tldp.org/`, die Webseiten des »Linux Documentation Projects«, das u. a. einige Handbuch-Seiten und HOWTOs betreut.
⤷ `http://www.linux.org/`, ein allgemeines »Portal« für Linux-Interessen-
ten.

31

⇨ `http://www.linuxwiki.de/` ist eine »Freiform-Text-Informationsdatenbank für alles, was mit GNU/Linux zusammenhängt«.

⇨ `http://lwn.net/` ist die vermutlich beste Web-Präsenz für Linux-Neuigkeiten aller Art. Neben einer täglichen Übersicht über die neuesten Entwicklungen, Produkte, Sicherheitslücken, Äußerungen pro und contra Linux in der Presse u. Ä. erscheint jeden Donnerstag eine umfassende Online-Zeitschrift mit gründlich recherchierten Hintergrundberichten. Teils kostenpflichtig (aber preiswert!).

⇨ `http://freshmeat.net/` veröffentlicht Ankündigungen neuer (vornehmlich freier) Softwarepakete, die meist auch unter Linux zur Verfügung stehen. Daneben gibt es eine Datenbank, in der man nach interessanten Projekten oder Softwarepaketen recherchieren kann.

⇨ `http://www.linux-knowledge-portal.de/`, eine Seite, die »Schlagzeilen« anderer interessanter Linux-Seiten zusammenträgt (darunter auch *LWN.net* oder *Freshmeat*).

Wenn im WWW oder in USENET-Archiven nichts zu finden ist, gibt es die Möglichkeit, in Mailinglisten oder USENET-Newsgruppen Fragen zu stellen. Dabei sollten Sie jedoch beachten, dass viele Benutzer solcher Foren verärgert reagieren, wenn Sie Fragen posten, deren Antworten auch offensichtlich im Handbuch oder in **FAQ** FAQ-Sammlungen (engl. *frequently answered questions*) zu finden sind. Versuchen Sie, eine Problembeschreibung gründlich vorzubereiten und zum Beispiel mit relevanten Auszügen aus Protokolldateien zu untermauern, ohne die eine »Ferndiagnose« eines komplexen Problems nicht möglich ist (und die nicht komplexen Probleme können Sie ja sicher selber lösen ...).

⇨ Zugriff auf ein *Newsarchiv* finden Sie u. a. bei `http://groups.google.de/` (ehemals Deja-News).

⇨ Interessante *Newsgroups* für Linux finden Sie in englischer Sprache in der `comp.os.linux.*`- und auf Deutsch in der `de.comp.os.unix.linux.*`-Hierarchie. Für viele Linux-Themen sind auch die entsprechenden Unix-Gruppen passend; eine Frage über die Shell steht besser in `de.comp.os.unix.shell` als in `de.comp.os.unix.linux.misc`, weil Shells zumeist keine Linux-spezifischen Programme sind.

Mailinglisten ⇨ Linux-orientierte Mailinglisten gibt es unter anderem bei `majordomo@vger.kernel.org`. Dabei handelt es sich um eine E-Mail-Adresse, an die Sie eine Nachricht mit dem Text »`subscribe LISTE`« schicken müssen, um eine Liste namens LISTE zu abonnieren. Eine kommentierte Aufstellung aller angebotenen Listen finden Sie unter `http://vger.kernel.org/vger-lists.html`.

Kapitel 3 GNU- und Unix-Kommandos 1: Überblick und Dateiverwaltung

In diesem Kapitel ...

✓ lernen Sie die Philosophie der Kommandozeile kennen

✓ erleben Sie, dass sich auch mit der Kommandozeile gut arbeiten lässt

✓ lernen Sie, wie Sie grundlegende Dateioperationen ausführen können

✓ wird Ihnen vermittelt, wie Sie selbst Ihr Linux-System kennenlernen können

3.1 Einleitung: Der Linux-Werkzeugkasten

Die Arbeit auf der Kommandozeile unterscheidet sich grundlegend vom Arbeiten unter der grafischen Oberfläche. Typisch für die grafische Oberfläche sind mächtige Programm-Pakete, die Komplett-Lösungen für ganze Problemklassen bereitstellen: The Gimp für Bildbearbeitung, OpenOffice.org für Textverarbeitung, KMail für E-Mail, Konqueror für den Zugriff und die Darstellung von lokalen Dateien und Internetseiten und so weiter. Zwar gibt es auch E-Mail-Programme und Web-Browser für die Kommandozeile, aber die meisten solchen Programme sind nicht nur eine abgespeckte Version der grafischen Variante. Statt Probleme zu lösen, ist das typische Programm der Kommandozeile lediglich ein Werkzeug, um Problemlösungen zu generieren. Normal für die Kommandozeile sind also Programme wie find, das nicht viel mehr kann, als Dateien zu finden, oder grep, das nicht viel mehr kann, als Dateien nach Text-Schnipseln zu durchsuchen. Typische Unix-Programme begnügen sich also damit, nur eine Sache zu erledigen, diese aber richtig.

Werkzeugkasten-
prinzip

Dieses »Werkzeugkastenprinzip« ist eine der Grundlagen von Unix – und damit Linux. Das System verfügt über eine große Menge von Systemprogrammen, die jeweils eine (konzeptuell) simple Aufgabe erledigen. Diese Programme können dann von anderen Programmen als »Bausteine« verwendet werden und ersparen es den Autoren jener Programme, die entsprechende Funktionalität selbst zu entwickeln. So hat zum Beispiel nicht jedes Programm eine eigene Sortierfunktion, sondern viele Programme greifen auf das Kommando sort zurück. Dieser modulare Aufbau hat neben der Vereinfachung für die Programmierer, die nicht ständig neue Sortierroutinen schreiben oder zumindest in ihre Programme einbauen müssen, den Vorteil, dass bei einer Fehlerkorrektur oder Optimierung von sort alle Programme, die darauf zugreifen, ebenfalls profitieren, und das, ohne dass man sie explizit anpassen muss (meistens jedenfalls).

Ein Beispiel mag dies verdeutlichen: Der Aufruf von

```
$ man bash
```

zeigt die Handbuchseite des Programms bash an. In Wirklichkeit passiert aber Folgendes: man sucht und findet die Handbuchseite `/usr/share/man/man1/bash.1.gz`. Da sie komprimiert ist, ruft es `gzip` auf, um sie zu dekomprimieren. Danach wird die Handbuchseite für die Ausgabe auf einem Terminal durch `groff` formatiert und durch `less` oder `more` seitenweise angezeigt.

Damit dieser Werkzeugkastenansatz erfolgreich funktionieren kann, muss das System aber einige Bedingungen erfüllen:

- Programme müssen miteinander kombiniert werden können. Dies wird zum einen durch das Konzept der Pipeline erreicht, das es erlaubt, eine Art Fließbandverarbeitung zu realisieren (Abschnitt 4.1). Zum anderen stellt die Kommandozeile durch ihre Programmiermöglichkeiten die Infrastruktur bereit, komplexere Kombinationen zusammenzustellen (Abschnitt 6.2).

- Programme müssen miteinander kommunizieren können, sie müssen die gleiche Sprache sprechen. Unter Unix haben sich dafür ASCII-kodierte Textdateien etabliert. Nur weil die meisten Werkzeuge ASCII-Texte lesen und schreiben (Abschnitt 4.2), sind sie miteinander kompatibel.

- Wenn Sie mehrere Werkzeuge kombinieren müssen, um Ihr jeweiliges Problem zu lösen, so kann dies schnell in viel Tipperei ausarten. Die Kommandozeile muss Sie so unterstützen, dass Sie effektiv arbeiten können.

↪ »Opening the Software Toolbox« in der GNU-coreutils-Dokumentation (aufzurufen mit »`info coreutils 'Opening the software toolbox'`«)

↪ B. W. Kernighan, R. Pike, *The Unix Programming Environment* (Prentice Hall, Inc., 1984), `http://cm.bell-labs.com/cm/cs/upe/`

3.2 Arbeit auf der Kommandozeile

3.2.1 Der Kommandointerpreter – die Shell

Was ist eine Shell? Für den Anwender ist eine direkte Kommunikation mit dem Betriebssystemkern nicht möglich. Das geht nur über Programme, die die Systemaufrufe des Systemkerns ansprechen. Irgendwie müssen Sie aber solche Programme starten können. Diese Aufgabe übernimmt die Shell, ein besonderes Anwendungsprogramm, das (meistens) Kommandos von der

Tastatur liest und diese – zum Beispiel – als Programmaufrufe interpretiert und ausführt. Die Shell stellt damit eine Art »Oberfläche« für den Computer dar, die das eigentliche Betriebssystem wie eine Muschelschale (engl. *shell* – daher der Name) umschließt, das dadurch nicht direkt sichtbar ist. Die Shell selbst ist nur ein Programm unter vielen, das auf das Betriebssystem zugreift.

Schon das allererste Unix – Ende der 1960er Jahre – hatte eine Shell. Die älteste Shell, die heute noch außerhalb von Museen zu finden ist, wurde Mitte der 70er Jahre für »Unix Version 7« von **Bourne-Shell** Stephen L. Bourne entwickelt. Diese nach ihm benannte Bourne-Shell enthält alle grundlegenden Funktionen und erfreute sich weiter Verbreitung, ist heute aber nur mehr sehr selten in ihrer ur-**C-Shell** sprünglichen Form anzutreffen. Daneben zählen die C-Shell, an der *University of California in Berkeley* entstanden und (extrem vage) an die Programmiersprache C angelehnt, sowie die zur Bourne-Shell weitgehend kompatible, aber mit einem größeren Funkti-**Korn-Shell** onsumfang ausgestattete Korn-Shell (von David Korn, ebenfalls bei AT&T) zu den klassischen Unix-Shells.

Bourne-Again- Standard für Linux-Systeme ist die Bourne-Again-Shell, kurz bash. **Shell** Diese wurde im Rahmen des GNU-Projekts der *Free Software Foundation* von Brian Fox und Chet Ramey entwickelt und vereinigt Funktionen der Korn- und der C-Shell.

Da die Shell – ungeachtet ihrer zentralen Bedeutung – ein normales Anwendungsprogramm ist, kann sie leicht durch andere Programme ersetzt werden. Wenn im System mehrere verschiedene Shells zur Verfügung stehen (der Regelfall), lässt sich mit folgenden Befehlen zwischen diesen umschalten:

sh für die klassische Bourne-Shell (falls vorhanden – auf den meisten Linux-Systemen ist auch sh eine Bash).

bash für die »Bourne-Again-Shell« (Bash).

ksh für die Korn-Shell.

csh für die C-Shell.

tcsh für die »Tenex-C-Shell«, eine erweiterte und verbesserte Version der gewöhnlichen C-Shell. Auf vielen Linux-Systemen ist das Programm csh in Wirklichkeit ein Verweis auf die tcsh.

Für den Fall, dass Sie nicht mehr wissen sollten, mit welcher Shell Sie gerade arbeiten, hilft die Eingabe von »echo $0«, die in allen Versionen funktioniert und als Ausgabe die Bezeichnung der Shell liefert.

Aktuelle Shell?

Eine Shell können Sie mit dem Kommando exit wieder verlassen. Das gilt auch für die Shell, die Sie gleich nach dem Anmelden bekommen haben.

Shell verlassen

Alle erwähnten Shells unterscheiden sich mehr oder weniger in Syntax und Programmierung, die Auswahl bleibt letztendlich den persönlichen Vorlieben des Anwenders überlassen. Da sich jedoch, wie erwähnt, auf Linux-Systemen die Bash als Standard etabliert hat und diese Shell auch für die LPIC-1-Prüfung vorausgesetzt wird, konzentrieren wir uns auf diese Variante.

Bash als Standard

3.2.2 Kommandos

Wozu Kommandos? Die Arbeitsweise eines Rechners, ganz egal, welches Betriebssystem sich darauf befindet, lässt sich allgemein in drei Schritten beschreiben:

1. Der Rechner wartet auf eine Eingabe durch den Benutzer.

2. Der Benutzer überlegt sich ein Kommando und gibt dieses per Tastatur oder per Maus ein.

3. Der Rechner führt die erhaltene Anweisung aus.

Die Shell zeigt eine Eingabeaufforderung (engl. *prompt*) auf dem Bildschirm an. Die Eingabeaufforderung ist frei konfigurierbar; traditionell besteht sie für normale Benutzer aus »$ « oder »% « und für den Systemadministrator aus einem »# «. (Viele Linux-Distributionen verwenden aufwendigere Eingabeaufforderungen.)

Eingabeauf-forderung

Sollte die Shell am Ende einer Eingabezeile noch nicht zufrieden sein, beispielsweise weil Sie Anführungszeichen aufgemacht, aber nicht geschlossen haben, so macht sie dies durch eine andere Eingabeaufforderung (»> «) kenntlich:

```
$ echo 'Anfang
> Ende'
Anfang
Ende
```

Wie ist ein Kommando aufgebaut? Unter einem Kommando verstehen wir grundsätzlich eine längere Folge von Zeichen, die durch die Eingabetaste abgeschlossen und danach von der Shell ausgewertet wird. Kommandos sind zumeist der englischen Sprache entlehnt und ergeben in ihrer Gesamtheit eine eigene »Kommandosprache«. Diese Sprache muss gewissen Regeln, einer Syntax, gehorchen, damit sie von der Shell »verstanden« werden kann.

Syntax

Um eine Eingabezeile zu interpretieren, versucht die Shell zunächst, die Eingabezeile in einzelne Wörter aufzulösen. Als Trennelement dient dabei, genau wie im richtigen Leben, das Leerzeichen. Bei dem ersten Wort in der Zeile handelt es sich um das eigentliche Kommando.

Wörter

Erstes Wort: Kommando

Für DOS- und Windows-Anwender ergibt sich hier ein möglicher Stolperstein, da die Shell zwischen Groß- und Kleinschreibung unterscheidet. Linux-Kommandos werden in der Regel komplett kleingeschrieben und nicht anders verstanden.

Groß- und Kleinschreibung

Alle weiteren Wörter in der Kommandozeile sind Parameter, die das Kommando genauer spezifizieren. Die Shell übergibt die zur Trennung dienenden Leerzeichen jedoch bei der Kommandoausführung nicht mit, sie dienen lediglich zur Abgrenzung der Parameter vom Kommando. Deutlich wird dies an einem kleinen Beispiel.

Parameter

Das Kommando echo gibt alle übergebenen Parameter, getrennt durch jeweils ein Leerzeichen, auf dem Bildschirm aus, also:

```
$ echo schauen wir mal
schauen wir mal
$ echo ein    riesiges    loch
ein riesiges loch
```

Die an ein Kommando übergebenen Parameter können grob in zwei Klassen eingeteilt werden:

Optionen

■ Parameter, die mit einem Minuszeichen »-« beginnen, heißen Optionen. Diese können auftreten, aber müssen nicht, sie sind eben »optional«. Bildlich gesprochen handelt es sich hierbei um »Schalter«, mit denen Sie Aspekte des jeweiligen Kommandos ein- oder ausschalten können. Möchten Sie mehrere Optionen übergeben, können diese (meistens) hinter einem Minuszeichen zusammengefasst werden, die Parameterfolge »-a -l -F« entspricht also »-alF«. Viele Programme haben mehr Optionen, als sich leicht merkbar auf Buchstaben abbilden lassen, oder unterstützen aus Gründen der besseren Lesbarkeit »lange Optionen« (oft zusätzlich zu »normalen« Optionen, die dasselbe tun). Lange Optionen werden mit zwei Minuszeichen[1] eingeleitet und können nicht zusammengefasst werden: »bla --fasel --blubb«.

lange Optionen

■ Parameter ohne einleitendes Minuszeichen nennen wir »Argumente«. Dies sind oftmals die Namen der Dateien, die mit dem entsprechenden Kommando bearbeitet werden sollen.

Argumente

Arten von Kommandos In Shells gibt es prinzipiell zwei Arten von Kommandos:

Interne Kommandos (zum Beispiel echo, exit oder type) Diese Befehle werden von der Shell selbst zur Verfügung gestellt. Zu dieser Gruppe gehören bei der Bash etwa 30 Kommandos, die den Vorteil haben, dass sie besonders schnell ausgeführt werden können. Einige Kommandos (etwa exit oder cd) können nur als interne Kommandos realisiert werden.

Externe Kommandos (zum Beispiel sort, who oder ls) Das sind ausführbare Dateien, die im Dateisystem üblicherweise in den Verzeichnissen /bin oder /usr/bin abgelegt sind. Auch vom Benutzer selbst erstellte Kommandos gehören zu dieser Kategorie.

Um die Art eines Kommandos herauszufinden, können Sie das Kommando type benutzen. Übergeben Sie hier den Befehlsnamen als Argument, wird die Art des Kommandos oder der entsprechende Verzeichnispfad auf dem Bildschirm ausgegeben, etwa

Extern oder intern?

```
$ type echo
echo is a shell builtin
$ type sort
sort is /usr/bin/sort
```

---

[1]Zumindest ist dies bei Programmen des GNU-Projekts so. Bei Programmen, die keine kurzen Optionen unterstützen, können auch lange Optionen mit nur einem Minuszeichen vorkommen.

3.2.3 Die Shell als komfortables Werkzeug

Wer zum ersten Mal von einem grafisch orientierten Betriebssystem aus kommend mit einer Kommandozeile in Berührung kommt, empfindet in der Regel ein gewisses Unbehagen und weiß gar nicht so recht, was er tun soll. Dabei verfügt die Bash über viele hilfreiche Funktionen, die das Arbeiten mit ihr so angenehm machen können, dass sie eine ernstzunehmende Alternative zu grafischen Benutzeroberflächen darstellt:

Kommandoeditor Die Kommandozeilen lassen sich wie mit einem Texteditor bearbeiten. Die Schreibmarke kann also in der Zeile hin- und herbewegt werden, Zeichen können beliebig gelöscht oder hinzugefügt werden usw., bis die Eingabe durch Betätigen der Eingabetaste beendet wird. Dabei imitiert die Bash das Verhalten des Editors emacs, wahlweise auch das des vi, und deckt damit die beiden bedeutendsten Editoren unter Linux ab.

Kommandoabbruch Bei den vielen Linux-Kommandos kann es durchaus vorkommen, dass ein Name verwechselt oder ein falscher Parameter übergeben wurde. Aus diesem Grund können Sie ein Kommando während der Durchführung abbrechen. Hierzu müssen Sie nur die Tasten [Strg]+[c] gleichzeitig drücken. Die Reaktion auf diese Tastenkombination kann unter Umständen etwas auf sich warten lassen.

Die Historyfunktion Die Shell nimmt alle Tastatureingaben des Anwenders entgegen und merkt sich diese. Ähnlich wie bei dem aus der DOS-Welt bekannten Hilfsprogramm DOSKEY.EXE können Sie sich mittels der Cursortasten [↑] und [↓] durch die zuletzt eingegebenen Befehle bewegen. Diese Liste wird beim ordnungsgemäßen Verlassen des Systems in der versteckten Datei ~/.bash_history gespeichert und steht nach dem nächsten Anmelden wieder zur Verfügung. Die Liste kann im Übrigen auch mit [Strg]+[r] durchsucht werden.

Autovervollständigung Eine große Arbeitserleichterung ist die Fähigkeit der Bash zur automatischen Komplettierung von Kommando- bzw. Dateinamen. Durch Drücken der [Tab]-Taste werden unvollständige Eingaben vollendet, sofern der gewünschte Kommando- oder Dateiname eindeutig identifiziert werden kann. Für die Kommandonamenvervollständigung zieht die Bash neben

Komplettierung von Kommando- bzw. Dateinamen

den internen Kommandos alle ausführbaren Dateien in den Verzeichnissen heran, die in der Variable PATH aufgezählt sind; für die Dateinamenvervollständigung betrachtet sie die im aktuellen bzw. angegebenen Verzeichnis befindlichen Dateien. Existieren hierbei mehrere Dateien, deren Bezeichnungen gleich beginnen, vervollständigt die Shell die Eingabe so weit wie möglich und gibt durch ein akustisches Signal zu erkennen, dass der Datei- bzw. Kommandoname noch immer unvollendet sein kann. Ein erneutes Drücken von Tab listet dann die übrigen Möglichkeiten auf.

Die Eingabe eines einzelnen Buchstabens mit zweimaligem Drücken der Tab-Taste liefert eine Liste aller verfügbaren Befehle mit dem gewünschten Anfangsbuchstaben. Dies ist zum Beispiel hilfreich, um sich die Schreibweise selten gebrauchter Befehle ins Gedächtnis zurückzurufen.

Befehlsliste

In der Ausgabe blättern Neue Zeilen werden erwartungsgemäß immer unterhalb der letzten ausgegeben. Der Bildschirm lässt jedoch nur die Darstellung einer bestimmten Zeilenanzahl zu. Wird diese überschritten, verschwinden die ältesten Zeilen nach oben aus dem sichtbaren Bereich. Das bedeutet jedoch nicht, dass das System diese vergessen hätte, es verfügt nämlich über einen Speicher, der die Inhalte mehrerer kompletter Bildschirme aufnehmen kann. Möchten Sie sich also weiter zurückliegende Darstellungen noch einmal anschauen, können Sie mit den Tasten ⇑+Bild↑ bzw. ⇑+Bild↓ zwischen den Bildschirmseiten vor- und zurückblättern. Eingaben sind aber stets nur am Ende der letzten Seite, also in der aktuellen Zeile, möglich. – Das ist eigentlich keine Leistung der Bash, sondern eine des Treibers für virtuelle Konsolen oder des grafischen Terminalemulators. Der Umfang des gespeicherten alten Materials hängt darum von diesem Programm ab und kann deutlich verschieden ausfallen.

Tastaturkürzelübersicht Tabelle 3.1 gibt eine Übersicht über die in der Bash möglichen Tastaturkürzel.

Sonderzeichen Die Schreibweise eines Kommandos ist bei der Interpretation durch die Shell entscheidend. So ist es z. B. ein Unterschied, ob ein Kommando groß- oder kleingeschrieben wird (in der Regel bestehen Kommandonamen nur aus Kleinbuchstaben). Optionen können Großbuchstaben, Kleinbuchstaben oder Zahlen

Tastaturkürzel	Funktion
↑ bzw. ↓	durch zuletzt eingegebene Kommandos blättern
Strg + r	History durchsuchen
← bzw. →	Cursor in Kommandozeile bewegen
Pos1 oder Strg + a	Cursor an Zeilenanfang setzen
Ende oder Strg + e	Cursor an Zeilenende setzen
⇐ bzw. Entf	Zeichen vor bzw. nach Cursor löschen
Strg + k	bis Zeilenende löschen
Strg + l	Bildschirm löschen
Strg + c	Kommando abbrechen
Strg + d	Eingabe abbrechen (in der Login-Shell: Abmelden)

Tabelle 3.1: Tastaturkürzel innerhalb der Bash (Auswahl)

enthalten. Da Argumente oft aus Dateinamen bestehen, ist hier die Variabilität noch größer.

Bei allen Parametern, speziell bei Dateinamen, sollten Sie beachten, dass bestimmte Zeichen (»Sonderzeichen«) von der Shell mit einer bestimmten Bedeutung belegt werden. An erster Stelle ist **Leerzeichen** hier das Leerzeichen zu nennen, das als Trennzeichen für Parameter dient. Weitere Zeichen mit Sonderbedeutung sind

```
$&;(){}[]<>|#*?!
```

Wenn Sie eines dieser Zeichen verwenden wollen, ohne dass es von der Shell in seiner besonderen Bedeutung interpretiert wird, **Maskierung** müssen Sie es **maskieren**. Hierfür können Sie den Rückstrich »\« zum Maskieren eines Sonderzeichens oder einfache oder doppelte Anführungszeichen ('...', "...") zum Maskieren mehrerer Sonderzeichen verwenden. Zum Beispiel:

```
$ touch 'Neue Datei'
```

Das Kommando touch (»berühren«) aktualisiert die Zeitstempel einer existierenden Datei oder legt sie als leere Datei neu an, falls sie nicht existiert. Ohne die Anführungszeichen bekämen Sie eine Datei namens Neue und eine andere Datei namens Datei.

Suchmuster Die meisten Shells erlauben es, Gruppen von Dateinamen durch Suchmuster zu beschreiben, die die gewünschten
gemeinsamen Elemente sowie die variablen Stellen kenntlich machen. »*.c« beschreibt zum Beispiel alle Dateien im aktuellen Verzeichnis, deren Namen auf ».c« enden.

Für Shell-Suchmuster gelten die folgenden Regeln:

- Das Fragezeichen »?« steht für ein beliebiges Zeichen.

- Zeichenklassen in eckigen Klammern (etwa »[abc]«) stehen für
  genau ein Zeichen aus der Zeichenklasse (hier »a«, »b« oder
  »c«). Bereiche der Form »[A-Za-z]« sind erlaubt (Achtung:
  »[A-z]« enthält ein paar Zeichen, die keine Buchstaben sind).
  Ist das erste Zeichen in der Klasse ein Ausrufungszeichen, steht
  die Zeichenklasse für alle *nicht* aufgeführten Zeichen.

- Der Stern »*« steht für beliebig viele beliebige Zeichen (auch
  keins).

Dateinamen mit einem Punkt am Anfang (versteckte Dateien) passen nicht auf Suchmuster, die mit »*« anfangen. Dies ist eine Sicherheitsvorkehrung, damit z. B. »rm *« nicht die versteckten Dateien löscht, die ls nicht (ungefragt) anzeigt. Es ist wichtig, im Hinterkopf zu behalten, dass die *Shell* versucht, Suchmuster durch die
korrespondierenden Dateinamen zu ersetzen, und nicht die aufgerufenen Programme. Die Programme wissen gar nichts von den
Suchmustern. Es kann sogar sein, dass die Shell-Kommandozeile
sich durch Suchmuster so ändert, dass sie für das gewünschte Programm gar nicht mehr stimmt! Werden für ein Suchmuster auf
der Kommandozeile keine passenden Dateinamen gefunden, wird
es unersetzt an das Programm übergeben.

**Suchmuster:
Sache der Shell!**

Sich häuslich einrichten Sie können das Verhalten Ihrer Bash auf
vielfältige Weise modifizieren. Durch Aliase können Sie sich neue
Kommandos definieren und durch Variablen die Shell und andere
Programme beeinflussen. Diese fortgeschrittenen Möglichkeiten
werden wir in Abschnitt 6.1 behandeln, wenngleich sie zu den hier
besprochenen Prüfungszielen gehören. Dort diskutieren wir auch
die Frage, wie Sie solche Änderungen dauerhaft machen können.

3.3 Umgang mit Dateien

3.3.1 Dateien bezeichnen

Um mit Hilfe eines Kommandos eine Dateioperation durchführen zu können, müssen Sie dem entsprechenden Kommando über ein Argument mitteilen, welche Datei gemeint ist. Dazu können Sie entweder eine absolute oder eine relative Pfadangabe verwenden.

absoluter Pfad   Ein **absoluter Pfad** beginnt immer mit einem Schrägstrich (»/«), der für die Wurzel des Linux-Dateibaumes steht. Abgesehen von der Wurzel gehören zu einem absoluten Pfad alle Verzeichnisse (Äste) bis hin zur Datei (Blatt) und natürlich auch deren Name.

relativer Pfad   Ein **relativer Pfad** dagegen beginnt nie mit einem Schrägstrich. »Relativ« bezieht sich auf das aktuelle Verzeichnis, also auf das Verzeichnis, in dem Sie sich gerade befinden. Direkt nach dem Anmelden ist das in der Regel das eigene Heimatverzeichnis. Steht die gewünschte Datei im aktuellen Verzeichnis, so reicht es, lediglich den Namen der Datei anzugeben. Das funktioniert natürlich auch mit ganzen Verzeichnisästen im aktuellen Verzeichnis. Außerdem können Sie für relative Pfadangaben die in jedem Verzeichnis vorhandenen Links »**.**« (selbes Verzeichnis) und »**..**« (übergeordnetes Verzeichnis) verwenden.

».« und »..«

3.3.2 Dateien und Verzeichnisse auflisten

Eines der wichtigsten Kommandos zum Umgang mit Dateien ist **ls**   zweifellos ls (engl. *list*, »auflisten«). Es entspricht sinngemäß dem DOS-Befehl DIR und zeigt eine Liste aller Dateien, Links und Unterverzeichnisse im aktuellen Verzeichnis.

Tabellenformat   Ohne Übergabe von Optionen werden diese Informationen als mehrspaltige, nach Dateinamen sortierte Tabelle ausgegeben. Durch die Option -F wird an den Dateinamen ein Zeichen zur Klassifizierung angehängt: * für ausführbare Dateien, / für Verzeichnisse, @ für Links (vgl. Abschnitt 3.3.5) u. a. (Häufig ist von der Distribution auch noch eine Farbkodierung aktiviert, leider aber nicht in einheitlicher Weise.)

versteckte   Um auch versteckte Dateien, deren Name mit einem Punkt be-
Dateien   ginnt, anzuzeigen, gibt es den Schalter -a (engl. *all*, »alle«). Sehr

nützlich ist ferner der Parameter -1 (das ist ein kleines »L« und steht für engl. *long*, »lang«). Auf diese Weise werden nicht nur die Dateinamen, sondern noch diverse Zusatzinformationen ausgegeben.

Zusatz- informationen

Die Anwendung von ls ohne und mit -1 wird in einem Beispiel demonstriert:

```
$ ls
datei.txt
$ ls -l *.txt
-rw-r--r--   1 test   users   4711 Oct  4 11:11 datei.txt
```

Im ersten Fall werden alle sichtbaren Dateien des Verzeichnisses tabellarisch aufgelistet, im zweiten Fall erfolgt eine ausführliche Informationsausgabe, die allerdings auf Dateien mit der Namensendung .txt beschränkt wurde.

Die einzelnen Teile der langen Darstellung haben folgende Bedeutung: Die erste Spalte ist der Dateityp; normale Dateien haben ein »-«, Verzeichnisse ein »d«, Verknüpfungen cin »1« usw. Die nächsten neun Zeichen informieren über die Zugriffsrechte. Danach folgen ein Referenzzähler, der Eigentümer der Datei, hier test, und die Gruppenzugehörigkeit der Datei zu users. Nach der Dateigröße in Bytes sind Datum und Uhrzeit der letzten Änderung zu sehen. Abgeschlossen wird die Zeile durch den Dateinamen.

Format der langen Darstellung

Sind Sie an den Zusatzinformationen für ein Verzeichnis, sagen wir /tmp, interessiert, so hilft ls -1 /tmp nicht weiter, denn ls listet dann die Daten für alle Dateien in /tmp auf. Durch die Option -d können Sie das unterdrücken und erhalten die Ansicht von /tmp selbst. Umgekehrt können Sie mit -R rekursiv alle Verzeichnisse, Unterverzeichnisse usw. auflisten.

Neben den besprochenen erlaubt ls noch eine Vielzahl weiterer Optionen u. a. zur Sortierung der Einträge.

⤷ ls(1)

3.3.3 Kommandos für Verzeichnisse

Ort im Dateisystem Direkt nach dem Anmelden ist Ihr Heimatverzeichnis Ihr aktuelles Verzeichnis – wo Sie sich befinden, können Sie jederzeit mit dem Kommando pwd kontrollieren:

pwd

```
$ pwd
/home/tux
```

⇨ pwd(1), »info pwd«

Verzeichnis wechseln

Neben dem Heimatverzeichnis existieren im Dateibaum noch viele weitere Verzeichnisse, doch wie kommen Sie dorthin? Dazu dient das Kommando cd (engl. *change directory*, »wechsle Verzeichnis«).

Wechseln ins Heimatverzeichnis

Ohne Angabe eines Arguments (oder mit einer Tilde als Argument) wechselt der Befehl cd in Ihr Heimatverzeichnis. Bei anderen Zielen müssen Sie stets den Verzeichnisnamen mit angeben. Dabei ist es unerheblich, ob Sie absolute oder relative Pfade benutzen.

Das Kommando »cd -« wechselt in das Verzeichnis, in dem Sie vor dem letzten cd-Kommando waren. Dies macht es möglich, bequem zwischen zwei Verzeichnissen hin und her zu wechseln.

⇨ bash(1)

Verzeichnisse anlegen Zum Anlegen neuer Verzeichnisse steht das Kommando mkdir (engl. *make directory*, »erstelle Verzeichnis«) zur Verfügung, das dem DOS-Befehl MD entspricht. mkdir erwartet zwingend einen oder mehrere Verzeichnisnamen als Argument. Um verschachtelte Verzeichnisse in einem Schritt neu anzulegen, können Sie die Option -p angeben, ansonsten wird angenommen, dass alle Verzeichnisse bis auf das letzte im Namen schon existieren. Beispielsweise:

mkdir

```
$ ls -F
bilder/
$ mkdir -p bilder/urlaub/sommer
$ ls -F bilder
urlaub/
$ ls -F bilder/urlaub
sommer/
```

⇨ mkdir(1), »info mkdir«

Verzeichnisse löschen Es kann vorkommen, dass ein Verzeichnis nicht mehr benötigt wird. Zur besseren Übersicht können Sie es dann mit dem Kommando rmdir (engl. *remove directory*, »entferne

rmdir

Verzeichnis«) wieder entfernen – unter DOS lautet der vergleichbare Befehl RD.

Die Verzeichnisse müssen leer sein, dürfen also keinerlei Einträge (Dateien oder Unterverzeichnisse) mehr enthalten. Auch hier wird nur das letzte Verzeichnis in jedem übergebenen Namen entfernt bzw. durch Angabe der Option -p können von rechts her alle leeren Unterverzeichnisse, die im Namen mit aufgeführt wurden, in einem Schritt mitbeseitigt werden.

```
$ rmdir -p bilder/urlaub/sommer
$ ls -F
$ _
```

Um Verzeichnisse zu löschen, die nicht leer sind, kann man das Kommando rm benutzen (Abschnitt 3.3.4).

↪ rmdir(1), »info rmdir«
↪ Dateien löschen (Abschnitt 3.3.4, Seite 49)

3.3.4 Grundlegender Umgang mit Dateien

Dateien kopieren Mit dem Kommando cp (engl. *copy*, »kopieren«) **cp** können Sie beliebige Dateien kopieren. Nennen Sie cp die Namen von Quell- und Zieldatei als Argumente, dann wird unter dem Zieldateinamen eine Kopie des Inhalts der Quelldatei abgelegt. Standardmäßig fragt cp nicht nach, ob es eine bereits existierende Zieldatei überschreiben soll, sondern tut dies einfach; nur wenn Sie die Option -i (engl. *interactive*, im Sinne von: »nachfragend«) benutzen, unterdrücken Sie diese Brachialität.

Statt eines Zieldateinamens können Sie auch ein Zielverzeichnis **Zielverzeichnis** angeben. Die Quelldatei wird dann unter ihrem alten Namen in das Verzeichnis hineinkopiert.

```
$ cp liste liste2
$ cp /etc/passwd .
$ ls -l
-rw-r--r--  1 test  users  2500 Oct  4 11:11 liste
-rw-r--r--  1 test  users  2500 Oct  4 11:25 liste2
-rw-r--r--  1 test  users  8765 Oct  4 11:26 passwd
```

Im Beispiel haben wir mit cp zunächst eine Kopie der Datei liste unter dem Namen liste2 erzeugt. Anschließend haben wir noch

47

die Datei /etc/passwd ins aktuelle Verzeichnis (repräsentiert durch den Punkt als Zielverzeichnis) kopiert.

Liste von Quelldateien Statt einer einzigen Quelldatei sind auch eine längere Liste von Quelldateien oder die Verwendung von Shell-Suchmustern zulässig. Allerdings muss dann das letzte Argument zwingend ein existierendes Verzeichnis sein, in das hineinkopiert wird. Um den Überblick zu behalten, können Sie mit der Option -v (engl. *verbose*, «geschwätzig») jeweils eine Meldung bekommen, was cp tut.

Verzeichnisse kopieren Wollen Sie ganze Verzeichnisse kopieren, so verweigert cp normalerweise die Arbeit. Jedoch können Sie durch Angabe von -r (oder -R für engl. *recursive*) cp umstimmen. Häufig ist die verschärfte Variante -a (engl. *archive*, »Archiv«) angebracht. Hierbei wird nicht nur rekursiv kopiert, sondern cp bemüht sich, nach Möglichkeit eine exakte Kopie zu erstellen (mit Zeitstempel, Eigentümer u. Ä.); das gelingt ohne Administrator-Rechte allerdings nur unvollkommen.

⇨ cp(1), »info cp«

Dateien verschieben oder umbenennen Während das Kommando cp eine Kopie einer Datei anlegt, also die Datei physikalisch auf dem Datenträger verdoppelt oder auf einem anderen Datenträger identisch anlegt, dient der Befehl mv (engl. *move*, »bewegen«) dazu, eine Datei entweder an einen anderen Ort zu verschieben oder deren Namen zu verändern. Bei diesem Vorgang werden lediglich Einträge in Verzeichnissen verändert, es sei denn, die Datei wird auf ein anderes Dateisystem verlagert – etwa von der Platte auf einen USB-Stick: Dann wird tatsächlich ein physikalisches Verschieben (Kopieren an den neuen Platz und anschließendes Löschen am alten) notwendig.

mv

Syntax und Regeln von mv entsprechen denen von cp – auch hier kann statt einer einzigen eine ganze Liste von Quelldateien angegeben werden, woraufhin das Kommando als letzte Angabe ein Zielverzeichnis erwartet.

Die Optionen -i und -v entsprechen für mv in ihrer Funktionalität denen bei cp; Optionen wie -a oder -r sind jedoch nicht nötig, da mv nur den Verzeichniseintrag verändert.

```
$ mv passwd liste2
$ ls -l
-rw-r--r--   1 test   users    2500 Oct  4 11:11 liste
-rw-r--r--   1 test   users    8765 Oct  4 11:26 liste2
```

Im Beispiel ist die ursprüngliche Datei liste2 durch die umbenannte Datei passwd ersetzt worden. Ebenso wie cp fragt auch mv nicht nach, wenn die angegebene Zieldatei bereits existiert, sondern überschreibt diese gnadenlos.

⇨ mv(1), »info mv«

Löschen von Dateien Der Befehl zum Löschen von Dateien lautet rm (engl. *remove*, »entfernen«). Um eine Datei löschen zu dürfen, **rm** müssen Sie im entsprechenden Verzeichnis Schreibrechte besitzen (Rechte und Eigentümer der Datei sind irrelevant). Daher sind Sie im eigenen Heimatverzeichnis der uneingeschränkte Herr im Haus, dort dürfen Sie (nach einer entsprechenden Rückfrage) auch fremde Dateien löschen. Mehr dazu in Abschnitt 7.2.

Mit der Option -r können Sie ganze Verzeichnisse löschen, anders als bei rmdir geht das auch, wenn die Verzeichnisse nicht leer sind. Gehören Ihnen nicht alle Dateien in diesen Verzeichnissen, können die Rückfragen störend sein. Durch -f (engl. *force*, »Gewalt«) unterdrücken Sie jede Widerrede.

rm geht bei seiner Arbeit genauso konsequent vor wie cp oder mv – die angegebenen Dateien werden ohne Rückfrage oder -meldung **Löschen ist** unwiederbringlich aus dem Dateisystem getilgt. Besonders bei der **endgültig!** Verwendung von Platzhaltern sollten Sie darum nur mit großer Vorsicht vorgehen. Eine Rekonstruktion der Dateien ist zwar nicht ausgeschlossen, aber im Allgemeinen zu aufwendig, um praktikabel zu sein. Als Systemadministrator können Sie daher mit Kommandos wie »rm -rf /« im Wurzelverzeichnis das ganze System demolieren; hier ist allergrößte Aufmerksamkeit angebracht! Leicht tippt man einmal »rm -rf bla *« statt »rm -rf bla*«.

Wenn Sie sich mit einer derartig konsequenten Befehlsausführung nicht anfreunden können oder wollen, sollten Sie sich ein etwas sanftmütigeres Alias definieren.

⇨ rm(1), »info rm«
⇨ Shell-Aliase (Abschnitt 6.1.4)

3.3.5   Aus eins mach zwei: Dateien verknüpfen

Wo liegt Ihre E-Mail? Je nachdem welches Programm Sie benutzen, wird es Ihre elektronische Post unterhalb von `/var/spool/mail` (alt) oder `/var/mail` (neu) vermuten. Wann gilt in Italien die Sommerzeit? Das steht in `/usr/share/zoneinfo/Europe/Rome`. Und im Vatikan? Das beschreibt die Datei `/usr/share/zoneinfo/Europe/Vatican`. Gibt es da einen Unterschied? Nein.

Es gibt viele Gründe, Dateien oder Verzeichnisse unter verschiedenen Namen ansprechen zu wollen, ohne die Daten dabei mehrfach auf Platte speichern zu müssen. Mit dem Kommando `ln` stellt Ihnen Linux gleich zwei Methoden dafür bereit.

➪ `ln(1)`, »`info ln`«

Symbolische Verknüpfungen Eine symbolische Verknüpfung

symbolischer Link oder ein symbolischer Link (engl. *symbolic link*, manchmal in Anlehnung an die gleich vorgestellten *hard links* auch *soft link* genannt) ist ein spezieller Dateityp, der lediglich eine Pfadangabe enthält:

```
$ ls -l /var/mail
lrwxrwxrwx   1 root   root      10 Apr 19  2003 /var/mail ▷
◁ -> spool/mail
```

Das »l« in der ersten Spalte kennzeichnet `/var/mail` als symbolischen Link und der Teil nach »->« gibt an, worauf diese Datei zeigt.

Kommandos und Dateioperationen, die sich für *Dateiinhalte* interessieren, werden beim Zugriff auf einen symbolischen Link auf das Ziel des Links umgeleitet. Die Dateirechte des Links selbst sind irrelevant. Kommandos und Dateioperationen, die sich mit Verschieben, Umbenennen oder Löschen, also *Dateinamen*, beschäftigen, wirken auf den Link, nicht dessen Ziel.

ln -s Eine symbolische Verknüpfung legen Sie durch `ln -s` an:

```
$ ln -s datei link
$ ls -l datei link
-rw-r--r--   1 tux    users    494 Feb  4 11:25 datei
lrwxrwxrwx   1 tux    users      5 Feb  4 11:26 link -> datei
```

Existiert die Zieldatei schon, so müssen Sie mit der Option -f (engl. *force*) Gewalt anwenden.

```
$ ln -s /etc/passwd link
ln: 'link': File exists
$ ln -sf /etc/passwd link
$ ls -l link
lrwxrwxrwx   1 tux   users      11 Feb  4 11:29 link -> ▷
◁ /etc/passwd
```

»Harte« Verknüpfungen Um die Mechanik von *hard links*, »harten Verknüpfungen«, verstehen zu können, müssen wir uns mit der Organisation von Dateien im Dateisystem vertraut machen.

Im Dateisystem werden Dateien anhand von *Inodes* organisiert. Ein Inode enthält alle »Metadaten« der Datei wie Rechte, Eigentümer, Zeitstempel, Größe, Typ usw. sowie Verweise, wo die Nutzdaten sich auf der Platte befinden. Sie können die Nummer des zugehörigen Inodes mit der Option -i von ls anzeigen:

```
$ ls -iaF Verzeichnis
  91500 ./    91499 ../    91501 datei    91502 link@
```

Es ist wichtig, zu verstehen, dass Dateinamen *nicht* in Inodes abgelegt werden, sondern in Verzeichnissen: Ein Verzeichnis ist etwas vereinfacht gesagt eine spezielle Datei, die eine Tabelle mit Namen und Inode-Nummern (wie im letzten Beispiel) enthält. Wenn das System die Datei datei sucht, wird es im Verzeichnis nachschauen und erfahren, dass dazu der Inode 91501 gehört. Dort finden sich dann alle Informationen für den tatsächlichen Dateizugriff.

Da Dateinamen von »ihren« Dateien entkoppelt sind, können Sie einer Datei mit dem Kommando ln (ohne Option -s) weitere Namen zuweisen:

`ln`

```
$ ln datei datei2
$ ls -i
  91501 datei    91501 datei2    91502 link
```

Solche Mehrfachnamen heißen **hard links**. Da sie zwei Verzeichniseinträge für *denselben* Inode sind, müssen beide Namen im selben Dateisystem (selbe Partition) liegen, denn nur dort sind Inode-Nummern eindeutig.

hard links

Außerdem können Sie keine harten Verknüpfungen für Verzeichnisse anlegen (für die Ausnahmen ».« und »..« sorgt das System).

Beide Einschränkungen gelten nicht für symbolische Links, weswegen Sie diese meistens bevorzugen werden. Der Vorteil von harten Links liegt beim Löschen: Wenn Sie bei einem symbolischen Link die Originaldatei entfernen, zeigt der Link ins Leere. Wenn Sie einen *hard link* löschen, so entfernen Sie nur *einen* Namen der Datei und nicht die Datei selbst. Erst wenn Sie den *letzten* Namen entfernen, wird auch die Datei gelöscht. Um zu entscheiden, welches der letzte Name ist, gibt es im Inode einen Referenzzähler (= Zähler der Namen); bei ls -l sehen Sie den Referenzzähler in der zweiten Spalte:

```
$ ls -l datei*
-rw-r--r--  2 tux    users    494 Feb  4 11:25 datei
-rw-r--r--  2 tux    users    494 Feb  4 11:25 datei2
$ rm datei
$ ls -l datei*
-rw-r--r--  1 tux    users    494 Feb  4 11:25 datei2
```

Damit empfehlen sich *hard links* immer, wenn es kein eindeutiges »Original« geben soll (wie beim Beispiel der Zeitzonen in der Einleitung) oder wenn die Reihenfolge des Löschens nicht vorab feststeht (Beispiel: News-Artikel auf einem USENET-Server, die gleichzeitig, also als *cross-posting*, in verschiedene Gruppen gepostet wurden).

3.4   Suchen und Finden von Dateien

3.4.1   Wo Dateien hingehören: der *Filesystem Hierarchy Standard*

Früher hatte jeder Unix-Hersteller seine eigene Vorstellung davon, was wohin unter welchem Namen gehörte. Das war auch in der Anfangszeit von Linux so. Um dem Wildwuchs entgegenzutreten und damit Verlässlichkeit herzustellen, wurde der *Filesystem Hierarchy Standard* (FHS) ins Leben gerufen, der heute Teil der *Linux Standard Base* (LSB) ist, eines Projekts, das versucht, die Interoperabilität zwischen verschiedenen Linux-Distributionen zu gewährleisten.

FHS

	statisch	dynamisch
lokal	/etc, /bin, /sbin, /lib	/dev, /var/log
entfernt	/usr, /opt	/home, /var/mail

Tabelle 3.2: Zuordnung einiger Verzeichnisse zum FHS-Schema

Klassifikation von Dateien Der FHS unterteilt Dateien und Verzeichnisse nach zwei Kriterien: Müssen sie lokal verfügbar sein oder können sie auch über das Netz von einem anderen Rechner bezogen werden, sind ihre Inhalte statisch (Veränderung nur durch Intervention des Administrators) oder ändern sie sich im laufenden Betrieb?

Die Idee hinter dieser Einteilung ist es, die Pflege des Systems zu vereinfachen: Verzeichnisse können leicht auf Datei-Server ausgelagert und damit zentral administriert werden. Verzeichnisse, die keine dynamischen Daten enthalten, können nur zum Lesen eingebunden werden und sind damit absturzresistenter.

Wichtige Verzeichnisse Hier eine kurze Liste der wichtigsten im FHS behandelten Verzeichnisse:

/bin Enthält essenzielle Programme wie ls oder mount.

/sbin Enthält essenzielle Administrationsprogramme: wie /bin, nur ist dieses Verzeichnis nicht im Suchpfad normaler Benutzer enthalten; hier stehen Programme wie fdisk oder ifconfig.

/lib Programm-Bibliotheken, die von Programmen aus /bin und /sbin benötigt werden, sowie Kernel-Module.

/boot Enthält den Kernel und alles, was zum Booten des Kernels benötigt wird.

/dev Gerätedateien.

/etc Konfigurationsdateien.

/home Enthält die Heimatverzeichnisse normaler Benutzer.

/media Enthält (leere) Verzeichnisse floppy, cdrom usw. zum Einbinden von Wechselmedien.

/mnt Leer. Dient zum temporären Einbinden von Dateisystemen durch den Administrator. Bei Red Hat: Bedeutung wie /media

/opt »Optionale Software«: große Programmpakete (wie KDE, Oracle usw., mit Ausnahme von X11 aus historischen Gründen), jeweils in einem eigenen Unterverzeichnis.

/usr Statische, nicht essenzielle Dateien. Der Großteil von Programmen findet sich in den Unterverzeichnissen bin und sbin; /usr ist meistens das größte Verzeichnis.

/usr/share Architekturunabhängige Dateien: Dokumentation u. a.

/usr/local Reserviert für lokalen Gebrauch (selbstinstallierte Software gehört hierhin).

/var Dynamische Dateien wie E-Mail, Druckerwarteschlangen, Protokolldateien, Datenbanken, Caches usw. in jeweils eigenen Unterverzeichnissen.

/tmp Temporäre Dateien, die bei einem Neustart des Systems gelöscht werden können. Längerfristige temporäre Dateien finden sich in /var/tmp.

Von diesen Verzeichnissen müssen sich /bin, /sbin, /lib, /dev und /etc im Dateisystem des Wurzelverzeichnisses befinden; alle anderen können auf andere Partitionen, lokale oder entfernte Platten ausgelagert werden. (Das Dateisystem mit dem Wurzelverzeichnis selbst kann auch auf einem entfernten Server liegen, wenn der Rechner über das Netz bootet; damit sind plattenlose Systeme möglich.)

↪ FHS: http://www.pathname.com/fhs/
↪ LSB: http://www.freestandards.org/en/LSB

3.4.2 Dateien finden

find Das Kommando find sucht den Verzeichnisbaum rekursiv nach Dateien ab, die den angegebenen Kriterien entsprechen. Rekursiv bedeutet, dass es auch alle im Startverzeichnis enthaltenen Unterverzeichnisse, deren Unterverzeichnisse usw. mit erfasst. Als Suchergebnis liefert find die Pfadnamen der gefundenen Dateien, diese können dann an andere Programme weitergeleitet werden. Die Möglichkeit, Dateien nach beinahe beliebigen Kriterien suchen und auf die gefundenen Dateien gleich Aktionen anwenden zu können, macht find zu einem der nützlichsten Werkzeuge im Administrationsalltag.

Zur Verdeutlichung der Befehlsstruktur ein Beispiel:

```
$ find . -user test -print
./liste
```

Hier wird also das aktuelle Verzeichnis inklusive aller Unterverzeichnisse nach Dateien durchsucht, die dem Benutzer test gehören. Die Anweisung -print dient dazu, das Suchergebnis, im
Beispiel nur eine einzelne Datei, auf dem Bildschirm auszugeben.
Zur Arbeitserleichterung wird daher die Angabe -print automatisch ergänzt, wenn Sie nichts anderes darüber gesagt haben, wie
mit den gefundenen Dateinamen zu verfahren ist.

Wie anhand des Beispiels zu sehen ist, benötigt find einige Angaben, um seine Aufgabe ordnungsgemäß erledigen zu können.

Startverzeichnis Alles bis zur ersten Option interpretiert find als
Namen von Verzeichnissen, in denen gesucht werden soll. Wenn
Sie kein Verzeichnis angeben, nimmt find das aktuelle Arbeitsver-
zeichnis ».«.

Auswahlkriterien Mit diesen Angaben wird genauer definiert, anhand welcher Dateimerkmale gesucht werden soll. Praktisch jede
Eigenschaft, die eine Datei haben kann, können Sie als Suchkrite-
rium benutzen. Lesen Sie unbedingt das Handbuch!

Ist das Merkmal, nach dem Sie suchen wollen, eine numerische
Größe wie beispielsweise -mmin (Zeit in Minuten seit der letzten
Änderung), dann gilt folgende Regel: -mmin 10 bedeutet, die Datei
wurde vor genau 10 Minuten verändert, -mmin +10 vor mehr als 10
Minuten und -mmin -10 vor weniger als 10 Minuten.

**numerische
Größen**

Geben Sie mehrere Auswahlkriterien gleichzeitig an, werden diese automatisch Und-verknüpft, es müssen also alle erfüllt werden.
Daneben können Sie mit -o (Oder), -a (Und), ! (Nicht) und Klammern, wegen der Shell zu schreiben als \(und \), beliebig kom-
plizierte Ausdrücke bilden. So werden durch

**Mehrere
Auswahlkriterien**

```
$ find /bin \( -links +1 -a ! -type d \) -print
/bin/gzip
/bin/zcat
/bin/gunzip
```

alle Dateien in /bin gefunden, die mehr als einen Namen haben:

Der *hard-link*-Zähler ist größer als 1 und es handelt sich nicht um ein Verzeichnis (diese müssen ausgenommen werden, weil ihr *hard-link*-Zähler *immer* mindestens 2 ist).

Kommando ausführen

Aktion   Die Ausgabe der Suchergebnisse auf dem Bildschirm geschieht, wie eingangs erwähnt, mit der Kommandooption -print. Ausführlichere Ergebnisse, genauer: das Äquvalent von ls -dils, erhalten Sie mit der Aktion -ls. Daneben existieren mit -exec (engl. *execute*, »ausführen«) und -ok noch zwei weitere Optionen, die es ermöglichen, Folgekommandos mit den gefundenen Dateien auszuführen. Hierbei unterscheidet sich -ok nur dadurch von -exec, dass find Sie vor der Ausführung des Folgekommandos um Ihre Zustimmung bittet, dass das Kommando wirklich ausgeführt werden soll; -exec setzt diese stillschweigend voraus. Im weiteren Text steht daher -exec stellvertretend für beide Varianten.

Bei -exec gibt es einige allgemeingültige Regeln:

- Das Kommando hinter -exec ist mit einem Strichpunkt (»;«) abzuschließen. Da dieser in üblichen Shells eine Sonderbedeutung hat, muss er maskiert werden (etwa als »\;« oder mit Anführungszeichen), damit find ihn überhaupt zu sehen bekommt.

- Zwei geschweifte Klammern (»{}«) werden in dem Kommando durch den gefundenen Dateinamen ersetzt.

Zum Beispiel:

```
$ find . -user test -exec ls -l {} \;
-rw-r--r--  1 test  users   4711 Oct  4 11:11 datei.txt
```

Das obenstehende Beispiel sucht nach allen Dateien innerhalb des aktuellen Verzeichnisses, die dem Anwender test gehören, und führt für diese das Kommando »ls -l« aus. Mehr Sinn ergibt da schon Folgendes:

```
$ find . -atime +13 -exec rm -i {} \;
```

Hiermit werden alle Dateien im aktuellen Verzeichnis und darunter interaktiv gelöscht, auf die seit zwei Wochen oder länger nicht mehr zugegriffen wurde.

Mitunter – etwa im letzten Beispiel – ist es sehr ineffizient, für jeden einzelnen Dateinamen extra einen neuen Prozess mit dem

-exec-Kommando zu starten. In diesem Fall hilft das weiter hinten besprochene xargs-Kommando, das so viele Dateinamen wie möglich sammelt, bevor es damit tatsächlich ein Kommando ausführt.

⇨ find(1), »info find«

3.4.3 Dateien finden – leicht gemacht

Für normale Endanwender ist find zu umständlich und es dauert auch zu lange, zumindest wenn Sie die Suche nicht auf einzelne Verzeichnisse einschränken können.

Suchen mit Index Das Programm locate benutzt einen Index al-   **locate**
ler Dateinamen und ist daher sehr schnell. Geben Sie ihm eine
Zeichenkette als Argument, so antwortet es mit allen (absoluten)
Pfaden, in denen sich die Zeichenkette findet. Beispielsweise:

```
$ locate passwd
/etc/init.d/rpasswdd
/etc/pam.d/passwd
/etc/pam.d/rpasswd
/etc/passwd
◁◁◁◁◁
```

Sie können auch die üblichen Shell-Suchmuster benutzen, die aber anders als die Shell »/« nicht besonders behandelt. Sobald Sie allerdings Suchmuster einsetzen, muss Ihre Zeichenkette auf den ganzen Pfad passen (einfaches Enthaltensein irgendwo in der Mitte reicht nicht mehr). Wollen Sie zum Beispiel alle Dateien finden, die »passwd« heißen, so ist der korrekte Aufruf

```
$ locate */passwd
/etc/pam.d/passwd
/etc/passwd
/usr/bin/passwd
```

Andere Anfragen als nach dem Pfadnamen beherrscht locate nicht, das ist aber für die meisten Anwender völlig ausreichend.

⇨ locate(1)

Aktualisierung des Index Damit locate halbwegs aktuelle Ergebnisse liefert, sollte der dahintersteckende Index periodisch durch
das Programm updatedb aufgefrischt werden.   **updatedb**

Dieses Programm besitzt keine Konfigurationsdatei, sondern wird über Optionen und Umgebungsvariable konfiguriert. Da update üblicherweise über ein Skript als Cron-Job aufgerufen wird, ist dieses Skript (bzw. davon eingelesene Dateien: /etc/updatedb.conf, /etc/sysconfig/locate u. Ä.) der Ort, um Konfigurationen dauerhaft vorzunehmen.

Neben Verzeichnissen, die bei der Indexerstellung ignoriert werden sollen, ist die wichtigste Konfigurationseinstellung der Benutzer, mit dessen Rechten das Dateisystem durchsucht werden soll. Hier gibt es im Wesentlichen zwei Möglichkeiten:

root Da der Administrator alle Dateien sehen kann, tauchen auch alle im Index auf. Dies ist ein Sicherheitsrisiko, da normale Benutzer via locate Verzeichnisse ausspionieren können, zu denen sie sonst keinen Zutritt haben.

nobody Der unprivilegierte Benutzer nobody ist genau für solche Fälle gedacht. Im Index erscheinen nur Dateien, die jeder sehen darf, eben auch nobody. Dateien in Verzeichnissen, deren Inhalt nobody nicht auflisten darf, und deren Unterverzeichnissen erscheinen nicht.

↪ updatedb(1)

Alternativen Das normale locate kennt nur alles oder nichts: Entweder finden sich alle Dateien in der Datenbank oder nur die, die jeder sehen darf. Eine Erweiterung von locate, das Programm slocate, schafft hier Abhilfe: Das dazugehörige Programm updatedb (in Wirklichkeit nur eine Verknüpfung auf slocate) trägt in die Datenbank zusätzlich Eigentümer und Zugriffsrechte ein. Beim Aufruf von slocate wird kontrolliert, welche Dateien der Aufrufer sehen darf, und nur diese werden angezeigt.

slocate

Häufig ist slocate auch unter dem Namen locate ansprechbar.

↪ slocate(1)

3.4.4 Sonstige Kommandos

Suchen entlang des Pfades Welches Programm die Shell ausführt, wenn Sie beispielsweise passwd eintippen, hängt maßgeblich vom Suchpfad PATH ab. Die darin abgelegten Verzeichnisse werden der Reihe nach abgesucht, wobei die erste gefundene ausführbare Datei zählt.

Welches Programm die Shell aufruft, können Sie mit dem Kommando which (»welches?«) überprüfen. Es sucht wie die Shell entlang des Suchpfades, wie er in PATH abgelegt ist:

which

```
$ which echo
/bin/echo
```

⇨ which(1)

Da which ein externes Kommando ist, weiß es nichts von Shell-internen Kommandos oder Funktionen und Aliasen, weswegen die Ausgabe von which und das tatsächlich ausgeführte Programm nicht übereinstimmen müssen. Auf Nummer Sicher gehen Sie mit dem Bash-internen Kommando type:

type

```
$ type echo
echo is a shell builtin
```

Mit der Option -a zeigt Ihnen type sogar alle Fundstellen an; die erste wird von der Bash benutzt.

(Vorsicht Falle: Die SUSE-Distributionen machen which zu einem Alias für »type -p« – dieses (interne) Bash-Kommando zeigt nur dann einen Dateinamen an, wenn das betreffende Kommando wirklich als externes Kommando ausgeführt würde, sonst nichts. Das Beispiel oben auf dieser Seite liefert bei einem Linux aus dem Hause SUSE also keine Ausgabe, da echo in der Bash ein internes Kommando ist.)

⇨ bash(1)

Suchen an den üblichen Stellen Ein naher Verwandter von which ist whereis (»wo ist?«). Es findet nicht nur ausführbare Programme, sondern auch Dokumentations- und Quellcode-Dateien, etwa:

whereis

```
$ whereis passwd
passwd: /usr/bin/passwd /etc/passwd /usr/share/man/man1/▷
◁passwd.1ssl.gz /usr/share/man/man1/passwd.1.gz ▷
◁ /usr/share/man/man5/passwd.5.gz
```

Anders als which oder das datenbankgestützte whatis durchsucht whereis eine fest eingebaute Liste von Verzeichnissen.

⇨ whereis(1)

Kapitel 4 GNU- und Unix-Kommandos 2: Kommando-Pipelines und Filter

In diesem Kapitel ...

- ✔ wird der Pipeline-Mechanismus erklärt, auf dem das Werkzeugkastenprinzip beruht

- ✔ begeben Sie sich auf eine Kennenlern-Tour zu den wichtigsten Werkzeugen der Kommandozeile

4.1 Ein-/Ausgabeumlenkung und Kommando-Pipelines

4.1.1 Die Standardkanäle

Linux-Kommandos geben ihre Informationen üblicherweise auf dem Bildschirm aus. Überschreitet die Ausgabe jedoch eine Bildschirmseite, huschen die oberen Zeilen so schnell vorbei, dass auch dem geübten Adlerauge einige Details entgehen können. Sie können zwar mit ⇑+Bild ↑ und ⇑+Bild ↓ in den letzten Bildschirmseiten herumblättern, komfortabel ist das aber nicht.

Blättern

Zwar könnte jedes Programm eine Möglichkeit implementieren, die Ausgabe in angenehmerer Weise darzubieten oder in eine Datei zu schreiben, dies widerspräche aber dem Werkzeugkastenprinzip, wonach sich jedes Programm nur um seine Aufgabe kümmert (vgl. Abschnitt 3.1). Stattdessen bietet Linux einen allgemeinen Mechanismus an, der diese Mehrfacharbeit überflüssig macht:

Normalerweise empfangen Programme ihre Eingaben von der Tastatur und senden ihre Ausgaben an den Bildschirm. Bild 4.1 verdeutlicht diesen Zusammenhang. Diese Wege bezeichnet man auch als **Standardkanäle**. Linux kennt insgesamt drei, die meist nur mit den englischen Kürzeln bezeichnet werden: Standardeingabe (stdin), Standardausgabe (stdout) und Standardfehlerausgabe (stderr). Diesen Kanälen sind respektive die Nummern 0, 1 und 2 zugeordnet.

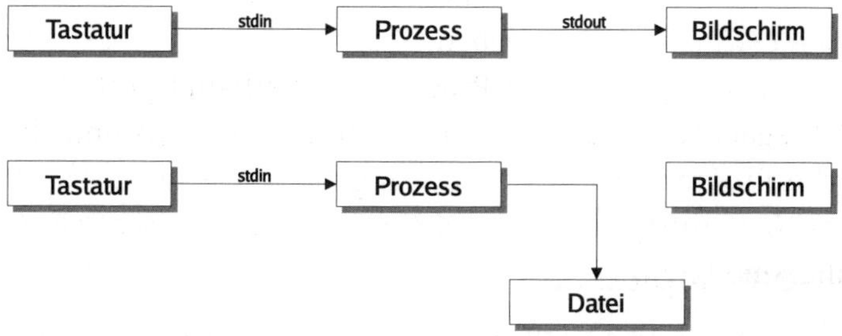

Standardkanäle

Bild 4.1: Standardkanäle unter Linux

Bekanntermaßen ist unter Linux alles eine Datei. Aus diesem Grund kann die Shell diese Standardkanäle auf andere Ziele umleiten, ohne dass die betroffenen Programme davon etwas mitbekommen. Sie benutzen immer die Standardkanäle, lediglich gelangen etwa die Ausgabedaten gegebenenfalls nicht mehr zu der Datei /dev/tty, die das Terminal (genau genommen den Bildschirm) repräsentiert, sondern in eine beliebige andere Datei. Diese kann ein anderes Gerät sein, etwa der Drucker – es ist aber auch möglich, zum Beispiel eine Textdatei anzugeben, in der die Ausgabedaten abgelegt werden. Diese muss nicht einmal vorher existieren, sondern wird bei Bedarf neu von der Shell erzeugt.

Standardkanäle umleiten

Auf die gleiche Art und Weise kann auch der Standardeingabekanal umgeleitet werden. Ein Programm erhält seine Informationen dann nicht von der Tastatur (ebenfalls /dev/tty), sondern entnimmt diese der angegebenen Datei, die wiederum für ein Gerät stehen oder eine Datei im eigentlichen Sinne sein kann.

4.1.2   Standardkanäle umleiten

Standardausgabe umleiten   Den Standardausgabekanal können Sie mit dem Operator »>«, also dem »Größer-als«-Zeichen, umleiten. So wird im folgenden Beispiel die Ausgabe von »ls -laF« in eine Datei namens inhalt umgelenkt; auf dem Bildschirm erscheint dabei lediglich:

```
$ ls -laF > inhalt
$ _
```

Falls die Datei inhalt noch nicht existiert, wird sie neu angelegt. Sollte hingegen bereits eine Datei dieses Namens vorhanden sein, wird deren Inhalt überschrieben. Das ganze arrangiert die Shell, noch bevor das gewünschte Programm überhaupt gestartet wird – die Ausgabedatei wird also auch dann angelegt, wenn der eigentliche Programmaufruf falsch eingetippt wurde oder das Programm überhaupt keine Ausgabe liefert (die Datei inhalt ist dann anschließend leer).

Wenn Sie verhindern wollen, dass die Shell-Ausgabeumlenkung schon existierende Dateien leert, können Sie in der Bash das Kommando »set -o noclobber« ausführen. In diesem Fall bleiben die Dateien unverändert, und es erscheint eine Fehlermeldung.

Existierende Dateien schützen

Die Textdatei inhalt kann wie gewohnt eingesehen werden, zum
Beispiel mit less:

```
$ less inhalt
total 7
drwxr-xr-x  12 test  users   1024 Aug 26 18:55 ./
drwxr-xr-x   5 root  root    1024 Aug 13 12:52 ../
drwxr-xr-x   3 test  users   1024 Aug 20 12:30 fotos/
-rw-r--r--   1 test  users      0 Sep  6 13:50 inhalt
-rw-r--r--   1 test  users  15811 Aug 13 12:33 pingu.gif
```

Betrachtet man den Inhalt von inhalt genau, sieht man einen Verzeichniseintrag für inhalt mit der Dateigröße 0. Das liegt daran,
dass die Shell die Datei leer anlegt, bevor sie das ls-Kommando
ausführt.

Standardausgabe an Datei anhängen Wenn Sie die Ausgabe eines
Programms ans Ende einer bestehenden Datei anhängen wollen,
ohne dass deren bisheriger Inhalt ersetzt wird, kann dies mit dem

>> Operator >> erfolgen. Sollte diese Datei noch nicht existieren, wird
sie auch hier neu angelegt:

```
$ echo 'Erste Zeile' > datei
$ echo 'Zweite Zeile' > datei
$ cat datei
Zweite Zeile
$ echo 'Erste Zeile' > datei
$ echo 'Zweite Zeile' >> datei
$ cat datei
Erste Zeile
Zweite Zeile
```

< **Standardeingabe umleiten** Mit <, dem »Kleiner-als«-Zeichen,
können Sie den Standardeingabekanal umleiten. Nun wird statt
der Tastatureingabe der Inhalt der angegebenen Datei ausgewertet:

```
$ wc -l < /etc/passwd
    24
```

Im Beispiel zählt das Filterkommando wc die Zeilen der Datei
passwd.

Die Eingabeumleitung ist aber nur selten nötig, da die meisten

Programme »überzählige« Argumente als Namen von Dateien interpretieren, die es zu bearbeiten gilt. Prominente Ausnahmen von dieser Regel sind tr und mail.

Hier-Dokumente Mit dem <<-Operator können Sie Eingabedaten   <<
für ein Programm direkt aus den Zeilen übernehmen, die dem Programmaufruf in der Shell folgen. Dies ist vor allem für den Einsatz in Shell-Skripten interessant. Man spricht von »Hier-Dokumenten« (engl. *here documents*). Wie im Beispiel

```
$ cat <<EOF
> Erste Zeile
> Zweite Zeile
> EOF
Erste Zeile
Zweite Zeile
```

folgt dem Operator eine beliebige Zeichenkette, die allein am Anfang einer Zeile das Ende des Hier-Dokuments markiert.

Standardfehlerkanal Neben Standardeingabe- und -ausgabekanal existiert noch der Standardfehlerkanal. Sollte ein Programm während seiner Arbeit auf Probleme stoßen, werden die zugehörigen Fehlermeldungen auf diesem Kanal ausgegeben. Damit können Sie beispielsweise die Fehlermeldungen eines Programms ausblenden, indem Sie nur den Standardfehlerkanal nach /dev/null   2>
umleiten. /dev/null ist eine Gerätedatei, die alle in sie geschriebenen Daten verwirft.

```
$ find / -name datei 2> /dev/null
```

Zur Unterscheidung von der Standardausgabe muss die Kanalnummer angegeben werden. Diese Angabe ist bei stdin (0<) und stdout (1>) optional, für stderr (2>) jedoch zwingend erforderlich.

Die normale Ausgabe (Kanal 1) erfolgt nach wie vor auf dem Bildschirm, kann aber natürlich ebenfalls umgeleitet werden, wie im folgenden Beispiel:

```
$ find / -name datei  > ergebnis 2> /dev/null
```

Wollen Sie sowohl die Ergebnisse als auch die Fehlermeldungen in *eine* Datei sichern, so sollten Sie das so schreiben: 2>&1

```
$ find / -name datei  > ergebnis 2>&1
```

Dadurch werden die »in diesem Moment« gültigen Einstellungen von Kanal 1 auf Kanal 2 übertragen – deswegen darf die Reihenfolge auch nicht vertauscht werden.

4.1.3 Kommando-Pipelines

Pipes Oft dient die Ausgabeumleitung nur dazu, das Ergebnis eines Programms abzuspeichern, um es dann mit einem anderen Kommando weiterzubearbeiten. Diese Art von Zwischenspeicherung ist jedoch recht mühsam, außerdem vergisst man leicht, die nicht mehr benötigten Dateien wieder zu löschen. Im Laufe der Zeit kann sich so eine Unmenge von Dateileichen ansammeln, die unnötig Festplattenkapazität beanspruchen. Linux bietet daher eine direkte Verknüpfung von Kommandos durch **Pipes** an: Die Ausgabe eines Programms wird automatisch zur Eingabe des nächsten Programms.

Pipes

Direkte Verknüpfung mehrerer Befehle Pipeline

Pipelines Die direkte Verknüpfung mehrerer Befehle zu einer solchen Kommando-***Pipeline*** (»Rohrleitung«) erfolgt mit dem Zeichen |. Statt also wie im ersten Beispiel dieses Kapitels zunächst den Verzeichnisinhalt mit dem Kommando »ls -laF« in eine Datei inhalt umzulenken und diese dann mit less anzusehen, können Sie diesen Vorgang auch in einem Schritt ohne Zwischenspeicherung in einer Datei ausführen:

```
$ ls -laF | less
total 7
drwxr-xr-x  12 test  users   1024 Aug 26 18:55 ./
drwxr-xr-x   5 root  root    1024 Aug 13 12:52 ../
drwxr-xr-x   3 test  users   1024 Aug 20 12:30 fotos/
-rw-r--r--   1 test  users    449 Sep  6 13:50 inhalt
-rw-r--r--   1 test  users  15811 Aug 13 12:33 pingu.gif
```

Derartige Befehlsfolgen können beliebig lang werden, auch ist eine abschließende Ausgabeumleitung in eine Datei möglich, z. B.:

```
$ cut -d: -f1 /etc/passwd | sort | pr -2 >userlst
```

Diese Kommando-Pipeline entnimmt zunächst der Systemdatei /etc/passwd alle Benutzernamen (die in der ersten durch »:« getrennten Spalte stehen), sortiert diese alphabetisch und schreibt

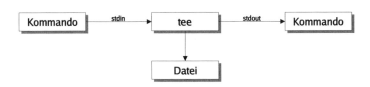

Bild 4.2: Das Kommando tee

sie dann zweispaltig in die Datei `userlst`. Die hier benutzten Kommandos werden in Abschnitt 4.2 genauer beschrieben.

Pipeline-Verzweigung Manchmal ist es sinnvoll, den Datenstrom innerhalb einer Kommando-Pipeline an einer bestimmten Stelle abzuspeichern, weil das dortige Zwischenergebnis auch für andere Arbeiten von Interesse ist. Der Befehl tee führt eine Verzweigung des Datenstroms herbei, indem dieser verdoppelt und je ein Strom in eine Datei sowie an das nächste Kommando geleitet wird. Der Name dieses Kommandos (lautmalerisch für den Buchstaben »T«) lässt sich leicht aus Bild 4.2 herleiten – oder Sie denken an ein »T-Stück« in der »Pipeline« ...

Zwischenergebnis abspeichern

Die Anweisung tee ohne Parameter legt die gewünschte Datei neu an oder überschreibt eine vorhandene; mit -a (engl. *append*, »anhängen«) können Sie die Ausgabe an das Ende einer bestehenden Datei anfügen.

```
$ ls -laF | tee liste | less
total 7
drwxr-xr-x  12 test   users   1024 Aug 26 18:55 ./
drwxr-xr-x   5 root   root    1024 Aug 13 12:52 ../
drwxr-xr-x   3 test   users   1024 Aug 20 12:30 fotos/
-rw-r--r--   1 test   users    449 Sep  6 13:50 inhalt
-rw-r--r--   1 test   users  15811 Aug 13 12:33 pingu.gif
```

In diesem Beispiel wird der Inhalt des aktuellen Verzeichnisses sowohl in die Datei `liste` geschrieben als auch auf dem Bildschirm ausgegeben. (Die Datei `liste` ist hier noch nicht in der Ausgabe von ls zu sehen, da sie erst später von tee angelegt wird – ein Unterschied zur Ausgabeumlenkung der Shell.)

Übrigens können Sie tee durchaus mehrere Dateinamen übergeben. Das Programm schreibt dann eine Kopie des Datenstroms in jede der benannten Dateien.

⇨ bash(1)

4.1.4 Alternativen zu Pipelines

Manche Programme ignorieren ihre Standardeingabe. Aufrufe der Art

```
$ find -name '*.old' | rm
rm: too few arguments
Try 'rm --help' for more information.
```

scheitern genau daran. Als Lösung bieten sich zwei Methoden an, die beide dem fraglichen Programm »Argumente unterschieben«:

Kommando-Substitution Bei der Kommandosubstitution wird die Standardausgabe eines Kommandos, das in »verkehrten« Anführungszeichen ('...') steht, anstelle des Kommandoaufrufs in die Befehlszeile eingebaut; ausgeführt wird dann das, was sich durch diese Ersetzung ergibt. Zum Beispiel:

'...'

```
$ cat termine
22.12. Geschenke besorgen
23.12. Christbaum besorgen
24.12. Heiligabend
$ date +%d.%m.
23.12.
$ grep ^'date +%d.%m.' termine
23.12. Christbaum besorgen
```

Eine unter Umständen bequemere, aber nur von modernen Shells wie der Bash unterstützte Syntax für »'date'« ist »$(date)«. Damit ist es einfacher möglich, solche Aufrufe zu verschachteln.

xargs Die Kommando-Substitution wie eben gezeigt ist nicht besonders gut für Pipelines geeignet. Zum einen können Sie nicht wie bei der Pipeline Ihr Problem etappenweise lösen, indem Sie hinten an die Pipeline weitere Kommandos anhängen, zum anderen kann es sein, dass die Shell streikt, wenn das Ergebnis der Substitution ihren internen Puffer sprengt.

Abhilfe schafft hier das Programm xargs. Es nimmt die Standardeingabe, teilt sie in für die Shell verdaubare Happen auf und ruft das ihm übergebene Kommando mit diesem Happen als Argument auf. Das einleitende Beispiel schreibt sich nun als

xargs

```
$ find -name '*.old' | xargs rm
```

und funktioniert (allerdings unter der Annahme, dass Ihre Dateinamen keine Leerzeichen und Zeilenumbrüche enthalten). Sie können das Zusammensetzen des Kommandos auch genauer steuern: Mit der Option -n zum Beispiel sorgen Sie dafür, dass xargs höchstens so viele Argumente wie angegeben pro Durchgang benutzt:

```
$ echo a a.old b b.old c c.old | xargs -n2 mv
```

entspricht also mv a a.old, gefolgt von mv b b.old usw.

⇨ xargs(1)

4.2   Filter-Kommandos

Diejenigen Dienstprogramme, die ihre Eingabe von der Standardeingabe lesen und die Ausgabe auf die Standardausgabe schreiben, werden »**Filter-Kommandos**« oder kurz »Filter« genannt. Ohne Eingabeumleitung lesen Filter also von der Tastatur. Zum Beenden der Eingabe eines solchen Kommandos müssen Sie die Tastenkombination Strg+d eingeben, die der Terminaltreiber als »Dateiende« interpretiert.

Filter-Kommandos

Auch viele »gewöhnliche« Kommandos verhalten sich wie Filter, wenn Sie keine Datei namentlich zur Bearbeitung angeben. Oder sie interpretieren den Dateinamen »-« als Aufforderung, von der Standardeingabe zu lesen.

Eine Auswahl der wichtigsten dieser Befehle wird im Folgenden besprochen. Einige haben sich dabei eingeschlichen, die keine waschechten Filter-Kommandos sind, aber für alle gilt, dass sie wichtige Bausteine von Pipelines bilden.

⇨ Einen breiteren Überblick über die verfügbaren Filter-Kommandos erhalten Sie durch info coreutils.

4.2.1   Mit Dateien arbeiten

Die Programme dieser Kategorie sind üblicherweise am Anfang oder am Ende einer Pipeline anzutreffen.

cat   **Dateien zerlegen und aneinanderhängen**   Der Befehl cat hat seinen Namen von *concatenate* (»verketten«) und kann dazu benutzt werden, zwei oder mehr Dateien lückenlos aneinanderzuhängen:

```
$ cat datei1 datei2 > datei1_2
```

Hierdurch wird eine neue Datei datei1_2 erzeugt, die aus dem Inhalt von Datei datei1 und Datei datei2 besteht. Dies kann zum Beispiel nützlich sein, wenn Sie eine große Datei per Diskette übertragen wollen. Dazu müssen Sie diese Datei natürlich vorher in

split   handliche Happen zersägen, wobei Ihnen das Kommando split behilflich sein kann. Es teilt eine Datei in kleinere Dateien auf, von denen jede (bis auf möglicherweise die letzte) 1000 Zeilen enthält. Durch die Option -l können Sie eine andere Zeilenanzahl vorgeben und mit der Option -b teilen Sie die Datei in entsprechend viele Bytes (ohne Ansehen der Zeilenstruktur).

```
$ split -b 1b /etc/passwd
$ ls
xaa  xab  xac
```

Dabei bedeutet der Zusatz b, dass hier nicht nach einem Byte, sondern nach einem Block (à 512 Byte) geteilt werden soll. Weitere mögliche Zusätze sind k (Kibibyte = 1024 Byte) und m (Mebibyte = 1048576 Byte). Das Ergebnis der Teilung sind Dateien mit den Namen xaa, xab, ..., xaz, xba, xbb, ... Durch diese Benennung können sie einfach und korrekt durch cat x* > datei zusammengesetzt werden.

Anzeigeprogramm für Arme   Leiten Sie die Ausgabe von cat nicht in eine Datei um, so gibt es Ihnen den Inhalt der Datei(en) auf dem Bildschirm aus.

```
$ cat datei
eins
Zwei
DREI
```

Dies ist die einfachste Möglichkeit, den Inhalt einer Datei zu betrachten. Durch die Option -n können Sie Zeilennummern ausgeben und die Optionen -E und -t kennzeichnen das Zeilenende durch »$« bzw. ersetzen Tabulatoren durch »^I«, wie hier:

```
$ cat -Ent datei
    1  eins$
    2  Zwei $
    3  DREI^I$
```

Insbesondere bei Anwendungsprogrammen, die besonders pingelig mit ihren Konfigurationsdateien sind, bietet dies eine nützliche Kontrollmöglichkeit.

Wollen Sie die Zeilen einer Datei in umgekehrter Reihenfolge anschauen, verwenden Sie tac – leicht zu merken, nicht? –:

tac

```
$ tac datei
DREI
Zwei
eins
```

⮫ cat(1), tac(1), »info cat«, »info tac«
⮫ split(1), »info split«

Anfang und Ende von Dateien Mitunter wird Sie nur ein Teil einer Datei interessieren: die ersten paar Zeilen, um zu sehen, ob es die richtige Datei ist, oder vor allem bei einer Protokolldatei die letzten Einträge. Für diesen Zweck gibt es die Programme head (»Kopf«) und tail (»Schwanz«), die Ihnen die ersten bzw. letzten 10 Zeilen anzeigen. Durch die Option -n können Sie dies ändern:

head
tail

```
$ head -n 2 datei
eins
Zwei
```

Mit der Option -c können Sie wie bei split (Seite 70) die Anzahl der ausgegebenen Bytes bestimmen.

Bei tail (aber nicht bei head) können Sie auch wie hier

```
$ tail -n +3 datei
DREI
```

die Zahl mit »+« beginnen lassen. Damit zeigt tail nicht die letzten drei Zeilen, sondern alles ab Zeile 3.

Eine weitere wichtige Option von tail ist -f (engl. *follow*), die bewirkt, dass sich tail nicht beendet, sondern in regelmäßigen Abständen nachschaut, ob an die beobachtete Datei etwas angehängt wurde. Die klassische Anwendung dieser Option ist zweifelsohne

```
# tail -f /var/log/messages
```

um das Systemprotokoll »live« zu verfolgen.

⇨ head(1), tail(1), »info head«, »info tail«

4.2.2 Zeichen-Manipulation

tr

Zeichen um Zeichen Eines der wichtigeren Filter-Kommandos ist tr (von engl. *translate*), das dazu dient, aus der Standardeingabe (und nur dort; tr akzeptiert keine Dateinamen als Argumente) einzelne Zeichen zu löschen oder durch andere zu ersetzen. So wird durch

```
$ echo Bärenhöhle | tr 'a-zäöü' 'A-Z?'
B?RENH?HLE
```

jedes Zeichen aus dem ersten angegebenen Bereich durch das entsprechende Zeichen des zweiten Bereichs ersetzt. Da der zweite Bereich kürzer als der erste ist, wird sein letztes Zeichen stillschweigend vervielfältigt.

Wollen Sie gewisse Zeichen komplett entfernen, so nehmen Sie die Option -d (engl. *delete*, »löschen«) und geben nur einen Bereich an:

```
$ echo Bärenhöhle | tr -d 'äöü'
Brenhhle
```

Schließlich können Sie durch die Option -s (engl. *squeeze*, »auspressen«) Folgen von identischen Zeichen auf eins reduzieren:

```
$ echo Bären--Höhle | tr -s '-'
Bären-Höhle
```

Noch praktischer wird es, wenn Sie Übersetzung und Reduktion in einem Schritt ausführen. So wird durch

```
$ echo Bären--Höhle | tr -s '-' '\t'
Bären	Höhle
```

jeder Strich durch einen Tabulator ersetzt; danach werden doppelte Tabulatoren entfernt.

Neben dem Tabulator kennt tr eine Reihe weiterer Sonderzeichen, beispielsweise den Zeilentrenner »\n«, und auch andere Bereiche

als »a-z«. Dazu gehören auch benannte Bereiche nach POSIX wie
»[:alpha:]« für alle Buchstaben (inklusive Umlauten).

⇨ tr(1), »info tr«

Tab oder nicht Tab ... Mit dem Programm expand expandieren
Sie Tabulatoren zu Leerzeichen, jedes Tabulatorzeichen wird also
durch so viele Leerzeichen ersetzt, wie nötig sind, um den nächsten Tabulator-Stopp zu erreichen. Das Aussehen der Datei ändert
sich nicht, aber sie enthält keine Tabulatorzeichen mehr (das Expandieren können Sie durch die Option -i auf den Zeilenanfang
beschränken). Das kann nützlich sein, wenn Sie einen Textblock,
wie in E-Mail üblich, um zwei Zeichen einrücken wollen.

expand geht standardmäßig von Tabulatorstopps alle 8 Zeichen aus;
mit der Option -t können Sie das ändern. Das gilt auch für das
folgende Programm.

Das Gegenteil von expand bewirkt das Kommando unexpand. Es ersetzt Leerzeichen und Tabulatoren am Anfang der Zeile (mit der
Option -a auch an anderen Stellen) durch eine optimale Folge von
Tabulatoren und Leerzeichen. So werden 2 Leerzeichen und 1 Tabulator am Anfang durch 1 Tabulator ersetzt oder 20 Leerzeichen
durch 2 Tabulatoren und 4 Leerzeichen – jeweils Standard-Tabula-
torstopps vorausgesetzt.

⇨ expand(1), unexpand(1), »info expand«, »info unexpand«

4.2.3 Spalten-Manipulation

Spalten ausschneiden Während mit dem Kommando grep (Abschnitt 5.2) Zeilen einer Textdatei durchsucht und ausgeschnitten
werden können, arbeitet sich cut (engl. für »schneiden«) gewissermaßen vertikal durch einen Text. Dies geht auf zwei Arten:

Mit der Option -c (engl. *character*, »Zeichen«) geben Sie eine Liste
von Zeichen(-Positionen) an, die Sie ausschneiden möchten:

```
$ cut -c 1-3,5 /etc/passwd
roo:
binx
daeo
◁◁◁◁◁
```

expand

unexpand

cut

73

schneidet die ersten drei und das fünfte Zeichen aus. Egal in welcher Reihenfolge Sie die Zeichen auswählen, cut gibt sie immer in aufsteigender Folge (doppelt ausgewählte Zeichen auch nur einmal) aus, Sie können in der Ausgabe also keine Spalten der Datei vertauschen.

Alternativ können Sie mit der Option -f einzelne *Felder* ausschneiden. Einzelne Felder sind dabei durch Tabulatorzeichen getrennt oder durch das Zeichen, das Sie cut durch die Option -d (für engl. *delimiter*, »Begrenzer«) mitgeben. Beispielsweise erhalten Sie mit dem folgenden Kommando eine Liste aller Benutzer mit ihren »bürgerlichen« Namen:

```
$ cut -d: -f1,5 /etc/passwd
root:root
bin:bin
daemon:Daemon
lp:Printing daemon
mail:Mailer daemon
⊲⊲⊲⊲⊲
```

Auch hier werden die Felder in ihrer ursprünglichen Reihenfolge und jedes höchstens einmal ausgegeben.

Unterdrückung von Zeilen ohne Felder Bei der feldweisen Bearbeitung von Textdateien ist -s (engl. *separator*, »Trenner«) eine sinnvolle Option. Findet nun »cut -f« Zeilen, die kein Trennzeichen enthalten, werden diese üblicherweise komplett ausgegeben; -s verhindert diese Ausgabe.

⊳ cut(1), »info cut«

paste **Spalten zusammenfügen** Das Kommando paste (engl. für »zusammenkleben«) ist gewissermaßen die Umkehrung von cut: Es fügt Dateien zeilenweise zusammen. Mit cut und paste können Sie zum Beispiel Spalten von Dateien umsortieren.

Standardmäßig trennt paste die Spalten durch ein Tabulatorzeichen, durch die Option -d lässt sich das aber ändern:

```
$ paste -d: Monate Zahlen
Jan:1
Feb:2
Mar:3
⊲⊲⊲⊲⊲
```

Durch die Option -s (engl. *serial*) können Sie von horizontaler auf vertikale Verklebung umstellen:

```
$ paste -s Monate Zahlen
Jan     Feb     Mar     Apr     May     Jun             usw.
1       2       3       4       5       6
```

⇨ paste(1), »info paste«

4.2.4 Zeilen-Manipulation

Zeilen sortieren Sehr oft werden Sie die Ausgabe eines Programms sortieren wollen, zum Beispiel wenn andere Programme sortierte Eingabe voraussetzen. Das Allzweckwerkzeug in diesem Zusammenhang ist sort:

sort

```
$ sort Monate
Apr
Aug
◁◁◁◁◁
Sep
```

Es sortiert die Standardeingabe oder angegebene Dateien lexikografisch, also Zeichen für Zeichen ähnlich wie in Wörterbüchern.

Nach numerischen Werten können Sie sortieren, wenn Sie die Option -n angeben. Daneben gibt es unter anderem noch die Sortierung nach (englischen) Monatsnamen (-M).

In jedem Fall können Sie durch die Option -r die Sortierreihenfolge umkehren.

Nach Feldern sortieren Wenn Sie beispielsweise die Datei /etc/passwd nach UIDs sortieren wollen, so reicht die Option -n allein nicht aus, denn die Zeilen fangen nicht mit den UIDs an. Mit der Option -k teilen Sie sort mit, dass es zum Sortieren nur die Einträge ab dem dritten Feld benutzen soll, und mit der Option -t, durch welches Zeichen die Felder getrennt werden:

```
$ sort -n -k3 -t: /etc/passwd
root:x:0:0:root:/root:/bin/bash
bin:x:1:1:bin:/bin:/bin/bash
◁◁◁◁◁
```

Gemischte Sortierungen Sie können auch in einem Rutsch nach mehreren Spalten sortieren. So wird mit

```
$ sort -t: -k4,4n -k1,1r /etc/passwd
```

numerisch nach dem 4. Feld (aber nicht weiter, daher »4,4«) sortiert; bei Gleichstand dient dann das 1. Feld als Zweitkriterium (rückwärts lexikografisch). Die unterschiedlichen Sortierverfahren werden einfach als Zusatz zu den Feldbezeichnungen angegeben.

Zeilen entfernen Haben Sie eine Datei nur sortiert, um sich einen schnelleren Überblick über ihren Inhalt zu verschaffen, dann werden Sie mitunter an doppelten Zeilen nicht interessiert sein. Durch die Option -u können Sie doppelte Zeilen unterdrücken.

uniq Ferner gibt es das Programm uniq (von engl. *unique*, »einzigartig«), das von unmittelbar *aufeinander folgenden* gleichen Zeilen nur eine durchlässt. Bei unsortierter Eingabe kann es sein, dass gleiche Zeilen nicht aufeinander folgen; sie werden dann auch nicht entfernt: uniq garantiert also nur »lokale Eindeutigkeit«.

Besonders nützlich ist die Möglichkeit, durch die Option -u nur die (lokal) eindeutigen oder durch -d nur die (lokal) doppelten Zeilen durchzulassen:

```
$ cat doppelte
A
A
B
A
A
$ uniq -d doppelte
A
A
```

⮡ sort(1), uniq(1)
⮡ Weitergehende Möglichkeiten, Zeilen zu entfernen, bietet grep (Abschnitt 5.2).

join **Relationale Operationen** Das Programm join kombiniert Merkmale von cut und paste (Abschnitt 4.2.3) und ergibt damit eine abgespeckte Version der SQL-Sprachelemente SELECT und JOIN.

join geht von zwei Dateien aus, deren Zeilen jeweils durch Leerzeichen getrennte Felder enthalten (oder durch jedes andere Zeichen, das Sie durch die Option -t mitgeben). Wie paste kombiniert join aus jeweils einer Zeile der beteiligten Dateien eine Ausgabezeile, allerdings nur dann, wenn beide »Eingabe«-Zeilen im ersten Feld übereinstimmen (durch die Option -j können Sie eine andere Feldposition bestimmen, durch die Optionen -j1 und -j2 sogar getrennt für jede Datei). Die Ausgabezeile besteht aus dem gemeinsamen Feld, den übrigen Feldern der ersten Datei und den übrigen Feldern der zweiten Datei.

Damit join zueinander passende Zeilen finden kann, müssen beide Dateien zeilenweise nach den Werten des jeweiligen »Verbindungsfelds« sortiert sein, aber dafür haben Sie ja sort ...

Dies wird klarer an einem Beispiel: Angenommen, Sie wollten eine Liste aller Benutzer erstellen (voller Name, nicht Konto-Bezeichnung), zusammen mit dem Zeitpunkt der letzten Kennwortänderung, etwa um Ihre Benutzer ansprechen zu können, wenn deren Kennwörter nicht mehr ganz frisch sind. Die vollen Namen finden wir im 5. Feld von /etc/passwd, der Zeitpunkt der Kennwortänderung steht im 3. Feld von /etc/shadow (Abschnitt 7.5.1) Das Feld zum Verbinden ist der Konto-Name im jeweils ersten Feld. Damit join keine Zeilen verschluckt, sorgen wir zunächst dafür, dass beide Dateien sortiert sind:

```
# sort /etc/passwd >pw-sort
# sort /etc/shadow >sw-sort
# join -t: -j1 1 -j2 1 -o 2.3,1.5 pw-sort sw-sort
8902:Batch jobs daemon
8902:bin
8902:Daemon
⊲⊲⊲⊲⊲
```

Durch -t: teilen wir mit, dass Felder durch Doppelpunkte getrennt sind, -j1 1 -j2 1 besagt, dass sowohl in der ersten als auch in der zweiten Datei das erste Feld zum Verkleben benutzt wird (wir hätten auch kürzer -j 1 schreiben oder es ganz weglassen können, da dies die Voreinstellung ist), und durch die Option -o bestimmen wir, dass wir von der zweiten Datei das dritte Feld und von der ersten Datei das fünfte erhalten möchten.

 ⊃ join(1), »info join«

4.2.5   Alternativen zu Anzeigeprogrammen

In den meisten Fällen werden Sie sich eine Datei oder einen längeren Textstrom mit einem Anzeigeprogramm wie less oder more (Abschnitt 2.3). anschauen. Manchmal kann es aber sein, dass Sie es genau wissen müssen oder umgekehrt nicht so genau wissen wollen.

wc

Grob vereinfachend   Das Kommando wc (»*word count*«, engl. für »Wörter zählen«) ermöglicht Ihnen eine schnelle Zusammenfassung einer Datei. Entgegen seinem Namen kann es nicht nur die **Zeilen, Wörter, Zeichen zählen** Anzahl der Wörter, sondern auch der Zeichen überhaupt und der Zeilen der Eingabe (Dateien, Standardeingabe) ermitteln. Ohne Option werden alle drei Werte aufgelistet:

```
$ wc frosch.txt
 159 1255 7406 frosch.txt
```

Mit den Optionen -l, -w und -c können Sie die Ausgabe von wc auf die Anzahl der Zeilen (engl. *lines*), Wörter (engl. *words*) bzw. Zeichen (engl. *characters*) beschränken:

```
$ ls /bin | wc -l
  81
```

Das Beispiel zeigt, wie Sie mit wc dic Anzahl der Einträge eines Verzeichnisses bestimmen können, indem Sie die Zeilen der Ausgabe von ls zählen. Passen Sie auf, wenn Ihr System UTF-8 verwendet; hier sind »Zeichen« nicht gleich »Bytes«.

⇨ wc(1), »info wc«

od

Mit der Lupe ...   Mit dem Programm od (engl. *octal dump*) haben Sie ein Werkzeug in der Hand, mit dem Sie sich eine Datei bytegenau anschauen können. So zeigt Ihnen

```
# od -j 446 -N 64 /dev/hda
0676 000400 000001 177202 005177 000077 000000 071414 000101
0716 000200 005501 177203 177777 071513 000101 017440 000677
0736 177000 177777 177203 177777 111153 001000 175543 004627
0756 000000 000000 000000 000000 000000 000000 000000 000000
0776                                        erste Spalte verkürzt
```

Ihre Partitionstabelle an; -j (engl. *jump*) überspringt die ersten 446 Bytes und -N beendet die Ausgabe nach 64 Byte.

Die erste Spalte zeigt (oktal) den Versatz, die restlichen die Werte als 2 Byte große Oktal-Zahlen. Entgegen dem Namen beherrscht od aber eine Vielzahl von Ausgabeformaten, die durch die Option -t übergeben werden. Wir beschränken uns hier auf einige Beispiele; die volle Pracht wird in der Programm-Dokumentation entfaltet.

Ausgabe mit 2-Byte-Hexadezimal-Zahlen (Argument »x2« für -t; der Zusatz »z« zu x2 bewirkt, dass die lesbaren Zeichen in »>...<« eingeschlossen angehängt werden) sowie hexadezimale Angabe des Versatzes (-A):

```
$ echo Bärenhöhle | od -Ax -tx2z
000000 e442 6572 686e 68f6 656c 000a          >Bärenhöhle..<
00000b
```

... und aus dem *octal dump* wird ein *hex dump*.

Ausgabe mit 1-Byte-Oktal-Zahlen (»o1«), 7-Bit-ASCII (»a«; beachten Sie »nl« für den Zeilenumbruch und was aus den Umlauten wird) und 8-Bit-ASCII (»c«; nicht druckbare Zeichen werden C-artig dargestellt):

```
$ echo Bärenhöhle | od -to1ac
0000000 102 344 162 145 156 150 366 150 154 145 012
         B   d   r   e   n   h   v   h   l   e   nl
         B   ä   r   e   n   h   ö   h   l   e   \n
0000706
```

⮫ od(1), »info od«

Eine ganz ähnliche Leistung erbringt das Programm hexdump (oder kurz hd). Zunächst unterstützt es Ausgabeformate, die denen von od sehr ähneln, auch wenn die dafür nötigen Optionen völlig anders heißen. So entspricht das Kommando **hexdump**

```
# hexdump -o -s 446 -n 64 /dev/hda
```

dem ersten Beispiel für od weiter oben. Die meisten Optionen von od haben ziemlich direkte Äquivalente in hexdump.

Ein wesentlicher Unterschied zwischen hexdump und od ist hexdumps Unterstützung für Ausgabeformate. Hiermit können Sie wesentlich detaillierter festlegen, wie die Ausgabe aussehen soll, als mit od. Betrachten Sie das folgende Beispiel: **Ausgabeformate**

```
$ cat hexdump.txt
0123456789ABC⊲⊲⊲⊲⊲ XYZabc⊲⊲⊲⊲⊲ xyz
$ hexdump -e '"%x-"' hexdump.txt
33323130-37363534-⊲⊲⊲⊲⊲-a7a79-$
```

Die folgenden Punkte sind bemerkenswert:

- Das Ausgabeformat »"%x"« gibt 4 Bytes der Eingabedatei in hexadezimaler Form aus – »30« ist die hexadezimale Darstellung von 48, dem numerischen Wert des Zeichens »0« im ASCII. Das angehängte »-« wird so ausgegeben, wie es ist.

- Die 4 Bytes werden in umgekehrter Reihenfolge ausgegeben, das ist ein Artefakt der Intel-Prozessorarchitektur.

- Die doppelten Anführungszeichen sind Bestandteil der Syntax von hexdump und müssen darum durch einfache Anführungszeichen (oder etwas Äquivalentes) davor geschützt werden, dass die Shell sie entfernt (Abschnitte 3.2.3, 6.1.2).

- Das $ am Schluss ist die nächste Eingabeaufforderung der Shell; von sich aus gibt hexdump keinen Zeilentrenner aus.

Die möglichen Ausgabeformate richten sich (bequemerweise für Programmicrer) nach denen, die von der Funktion printf(3) in Programmiersprachen wie C, Perl, awk usw. verwendet werden (auch die Bash unterstützt ein printf-Kommando). Entnehmen Sie die Details der Dokumentation!

hexdump-Ausgabeformate sind deutlich vielschichtiger als das eben gezeigte simple Beispiel. Wie bei printf üblich können Sie etwa eine »Feldbreite« für die Ausgabe bestimmen:

```
$ hexdump -e '"%10x-"' hexdump.txt
  33323130-  37363534-  ⊲⊲⊲⊲⊲ a7a79-$
```

(Hier erscheint jede Sequenz von Hexadezimalzahlen – acht Zeichen lang – rechtsbündig in einem zehn Zeichen breiten Feld.)

Wiederholungszahl Sie können auch angeben, wie oft ein Format »ausgeführt« wird:

```
$ hexdump -e '4 "%x-" "\n"' hexdump.txt
33323130-37363534-42413938-46454443-
4a494847-4e4d4c4b-5251504f-56555453-
5a595857-64636261-68676665-6c6b6a69-
```

```
706f6e6d-74737271-78777675-a7a79-
```

Die vorangestellte 4 gibt an, dass das Format »"%x"-« viermal angewendet werden soll. Danach geht es mit dem nächsten Format
– »"\n"« – weiter, das einen Zeilentrenner erzeugt. Anschließend
fängt hexdump wieder vorne an.

Zeilentrenner

Ferner können Sie sagen, wie viele Bytes ein Format verarbeiten
soll (bei den numerischen Formaten haben Sie meist die Wahl zwischen 1, 2 und 4):

Byteanzahl

```
$ hexdump -e '/2 "%x-" "\n"' hexdump.txt
3130-
3332-
⊲⊲⊲⊲⊲
7a79-
a-
```

(»/2« ist hier eine Abkürzung für »1/2«, darum erscheint jedes %x-
Format pro Zeile nur einmal.) Wiederholungs- und Byteanzahl lassen sich kombinieren:

```
$ hexdump -e '4/2 "%x-" "\n"' hexdump.txt
3130-3332-3534-3736-
3938-4241-4443-4645-
⊲⊲⊲⊲⊲
7675-7877-7a79-a-
```

Sie können auch verschiedene Ausgabeformate mischen:

```
$ hexdump -e '"%2_ad" "%2.2s" 3/2 " %x" " %1.1s" "\n"' ▷
◁ hexdump.txt
 0 01 3332 3534 3736 8
 9 9A 4342 4544 4746 H
⊲⊲⊲⊲⊲
```

Hier geben wir die ersten beiden Zeichen der Datei als Zeichen
(nicht als numerische Codes) aus (»"%2.2s"«), dann die Codes
von dreimal zwei Zeichen in hexadezimaler Schreibweise (»3/2 "
%x"«), gefolgt von einem weiteren Zeichen als Zeichen (»"%1.1s"«)
und einem Zeilentrenner. Danach geht es mit dem Format wieder
von vorne los. Das »"%2_ad"« am Zeilenanfang liefert die aktuelle Position in der Datei (gezählt in Bytes vom Dateianfang) in
dezimaler Schreibweise in einem zwei Zeichen breiten Feld.

↪ hexdump(1) – hier stehen auch genaue Regeln für die Interaktion von Wiederholungs- und Byteanzahl und das Benehmen, wenn nur eine oder keine davon angegeben wurde. Probieren Sie einfach mal verschiedene Formate aus!

↪ printf(3) enthält alles, was Sie über die erlaubten Formatschlüssel wissen müssen. (Beachten Sie für hexdump auch die Anmerkungen in dessen Dokumentation.)

4.2.6 Formatierung und Druckvorbereitung

Hier sind einige Kommandos, mit denen Sie Dateien umformatieren und zum Ausdrucken vorbereiten können. Mehr über »ernsthafte« Druckaufbereitung – etwa die Umsetzung von ASCII-Texten in PostScript – erfahren Sie in Kapitel 15.

nl   **Zeilennummern**   Wie cat -n kann auch nl die Zeilen einer Datei mit Nummern versehen. nl ist aber flexibler:

```
$ nl -w2 -s': ' datei
 1: eins
 2: Zwei
 3: Drei
```

gibt nur einen kleinen Ausschnitt der Möglichkeiten.

↪ nl(1), »info nl«

fmt   **Zeilenumbruch**   Das Programm fmt umbricht den Textstrom an Wortgrenzen so, dass er in 75 Zeichen lange Zeilen passt, wobei es sich bemüht, ein ausgewogenes Gesamtbild zu erzeugen. Durch die Option -w kann die Zeilenbreite verändert werden:

```
$ fmt -w 12 datei
eins Zwei
Drei
```

↪ fmt(1), »info fmt«

pr   **Seitenumbruch**   Mit dem Kommando pr wird eine Datei oder ein Textstrom formatiert, um ihn seitenweise zu drucken. Jede Seite erhält einen Kopf mit Zeit, Dateiname und Seitennummer; auf Wunsch werden die Inhalte mehrspaltig formatiert usw.

↪ pr(1), »info pr«

## Kapitel 5

GNU- und Unix-Kommandos 3: Reguläre Ausdrücke und Editoren

In diesem Kapitel ...

- wird erklärt, was reguläre Ausdrücke sind
- werden Dateien nach Mustern durchsucht
- lernen Sie, wie und wozu Sie einen Strom-Editor einsetzen können
- verlieren Sie Ihre Angst vor dem vi

5.1 Reguläre Ausdrücke

5.1.1 Reguläre Ausdrücke: Die Grundlagen

Viele Linux-Kommandos operieren mit Textdateien oder – als Filter-Kommandos – mit Textströmen. Daher ist es wichtig, Textstücke exakt beschreiben zu können. Ein sehr mächtiges Mittel zur Beschreibung von Textstücken, meist Zeilen in Dateien, sind »reguläre Ausdrücke«. Auf den ersten Blick ähneln reguläre Ausdrücke den Suchmustern der Shell (Abschnitt 3.2.3), aber sie funktionieren anders und bieten deutlich mehr Möglichkeiten.

Reguläre Ausdrücke werden gerne »rekursiv« aus Bausteinen aufgebaut, die selbst als reguläre Ausdrücke gelten. Die einfachsten regulären Ausdrücke sind Buchstaben, Ziffern und viele andere **Zeichen** Zeichen des üblichen Zeichenvorrats, die größtenteils für sich selber stehen. »a« wäre also ein regulärer Ausdruck, der auf das Zeichen »a« passt; der reguläre Ausdruck »abc« passt auf die Zeichenkette »abc«. Ähnlich wie bei Shell-Suchmustern gibt es **Zeichenklassen** die Möglichkeit, Zeichenklassen zu definieren; der reguläre Ausdruck »[a-e]« passt also auf genau eines der Zeichen »a« bis »e«, und »a[xy]b« passt entweder auf »axb« oder »ayb«. Wie bei der Shell können Bereiche gebildet und zusammengefasst werden – »[A-Za-z]« passt auf alle Groß- und Kleinbuchstaben (ohne Um- **Komplement** laute) –, nur die Komplementbildung funktioniert geringfügig anders: »[^abc]« passt auf alle Zeichen *außer* »a«, »b« und »c«. (Bei der Shell hieß das »[!abc]«.) Der Punkt ».« entspricht dem Fragezeichen in Shell-Suchmustern, steht also für ein einziges beliebiges Zeichen – ausgenommen davon ist nur der Zeilentrenner »\n«: »a.c« passt also auf »abc«, »a/c« und so weiter, aber nicht auf die mehrzeilige Konstruktion

```
a
c
```

Der Grund dafür besteht darin, dass die meisten Programme zeilenorientiert vorgehen und »zeilenübergreifende« Konstruktionen schwieriger zu verarbeiten wären.

Während Shell-Suchmuster immer auf den ganzen Pfad- oder Dateinamen passen müssen, reicht es bei Programmen, die Zeilen aufgrund von regulären Ausdrücken auswählen, meist aus, wenn der reguläre Ausdruck irgendwo in einer Zeile passt. Allerdings können Sie diese Freizügigkeit einschränken: Ein regulärer Ausdruck, der mit dem Zirkonflex (»∧«) anfängt, passt nur am Zeilenanfang und ein regulärer Ausdruck, der mit dem Dollarzeichen (»$«) aufhört, entsprechend nur am Zeilenende. Der Zeilentrenner am Ende jeder Zeile wird ignoriert, so dass Sie »xyz$« schreiben müssen, um alle Zeilen auszuwählen, die auf »xyz« enden.

Zeilenanfang

Zeilenende

Schließlich können Sie mit dem Stern (»*«) angeben, dass der davorstehende Ausdruck beliebig oft wiederholt werden kann (auch gar nicht). Der Stern selbst steht nicht für irgendwelche Zeichen in der Eingabe, sondern modifiziert nur das Davorstehende – das Shell-Suchmuster »a*.txt« entspricht also dem regulären Ausdruck »∧a.*\.txt$« (denken Sie an die »Verankerung« des Ausdrucks am Anfang und am Ende und daran, dass ein einzelner Punkt auf alle Zeichen passt). Wiederholung hat Vorrang vor Aneinanderreihung; »ab*« ist ein einzelnes »a« gefolgt von beliebig vielen »b« (auch keinem), nicht eine beliebig häufige Wiederholung von »ab«.

Wiederholung

Vorrang

5.1.2 Reguläre Ausdrücke: Extras

Die Beschreibung aus dem vorigen Abschnitt gilt für praktisch alle Programme, die reguläre Ausdrücke verarbeiten. Diverse Programme unterstützen aber auch verschiedene Erweiterungen, die entweder Schreibvereinfachungen bieten oder tatsächlich zusätzliche Dinge erlauben. Leider unterscheiden sich Programme nicht nur im Umfang, sondern auch in der Implementierung der Erweiterungen. Der häufigste Unterschied besteht darin, ob ein bestimmtes Zeichen für sich steht und die Sonderbedeutung erst durch einen vorangestellten Rückstrich »\« aktiviert werden muss oder ob umgekehrt die Sonderbedeutung voreingestellt ist und durch einen Rückstrich entzogen werden kann. In jedem Fall ist ein Blick in die Programm-Dokumentation angebracht.

Erweiterungen

Einige gängige Erweiterungen sind:

Wortklammern Die Sequenz »\<« passt am Anfang eines Worts (soll heißen, an einer Stelle, wo ein Nichtbuchstabe auf einen Buchstaben stößt). Analog passt »\>« am Ende eines Worts (da, wo ein Buchstabe von einem Nichtbuchstaben gefolgt wird).

Gruppierung Runde Klammern (»(...)«) erlauben es, Aneinanderreihungen von regulären Ausdrücken als Einheit zu betrachten. Dies ist u. a. bei Wiederholungen notwendig: »a(bc)*« passt auf ein »a« gefolgt von beliebig vielen Wiederholungen von »bc« im Gegensatz zu »abc*«, das auf »ab« gefolgt von beliebig vielen Wiederholungen von »c« passt.

Alternative Mit dem vertikalen Balken (»|«) können Sie eine Auswahl zwischen mehreren regulären Ausdrücken treffen: Der Ausdruck »Affen(brot|schwanz|kletter)baum« passt genau auf »Affenbrotbaum«[1], »Affenschwanzbaum«[2] oder »Affenkletterbaum«.

Optionales Das Fragezeichen (»?«) macht den vorstehenden regulären Ausdruck optional, das heißt, er tritt entweder einmal auf oder gar nicht. »Bo(otsma)?nn« passt auf »Bonn« oder »Bootsmann«.

Mindestens einmal Vorhandenes Das Plus (»+«) entspricht dem Wiederholungsoperator »*«, bis darauf, dass der vorstehende Ausdruck mindestens einmal auftreten muss, also nicht ganz entfallen darf.

Bestimmte Anzahl von Wiederholungen Sie können eine Anzahl von Wiederholungen in geschweiften Klammern vorgeben. Damit ist »a{3}« gleichbedeutend mit »aaa«. Auch Bereichsangaben sind zulässig: »ab{2,4}« passt auf »abb«, »abbb« und »abbbb«, aber nicht auf »ab« oder »abbbbb«. Lässt man die Obergrenze weg, schreibt also »a{2,}«, so wird »Unendlich« angenommen.

Rückbezug Die Ausdrücke »\1« bis »\9« stehen für den ersten bis neunten Klammerausdruck, »\5« passt also auf genau die Zeichenfolge, auf die der fünfte Klammerausdruck gepasst hat. Zum Beispiel passt »([a-z])\1« auf »aa«, »bb«..., nicht jedoch auf »ab« wie der Ausdruck »[a-z]{2}«.

▷ regex(7), grep(1)

▷ T. Stubblebine, *Regular Expressions Pocket Reference* (Sebastopol, CA: O'Reilly & Associates, 2003), http://www.oreilly.de/catalog/regexppr/

---

[1] *Adansonia digitata*

[2] Volkstümlicher Name für die Araukarie (*Araucaria araucana*)

↪ J. E. F. Friedl, *Reguläre Ausdrücke* (O'Reilly & Associates, 2003), 2. Aufl., http://www.oreilly.de/catalog/regex2ger/

5.2 Dateien nach Textmustern durchsuchen – grep

Vielleicht eines der wichtigsten Linux-Programme, die reguläre Ausdrücke benutzen, ist grep: Es durchsucht Texte und gibt alle Zeilen aus, auf die ein angegebenes Suchmuster passt.

Zum Aufruf von grep müssen Sie das Suchmuster, einen regulären Ausdruck, angeben und optional eine oder mehrere Dateien, die nach diesem Suchmuster durchsucht werden sollen. Wenn kein Dateiname angegeben wurde, bezieht sich grep auf die Standardeingabe, arbeitet also als Filter.

Der reguläre Ausdruck, nach dem die Textdatei durchsucht wird, darf neben den grundlegenden Bausteinen aus Abschnitt 5.1.1 auch die meisten Erweiterungen aus Abschnitt 5.1.2 enthalten. Bei grep müssen jedoch einige Zeichen mit einem Rückstrich »\« versehen werden, damit sie ihre Sonderbedeutung erhalten: »\+«, »\?«, »\(«, »\)«, »\{« und »\}«. **Regulärer Ausdruck**

Alternativ können Sie auch egrep benutzen, eine grep-Variante, in der die eben aufgeführten Zeichen standardmäßig die Sonderbedeutung haben. Soll ein Zeichen für sich stehen, so müssen Sie hier die Sonderbedeutung durch »\« deaktivieren. Traditionell kennt egrep den Rückbezug mittels »\1« usw. und grep nicht; im bei Linux üblichen GNU-grep existiert dieser Unterschied nicht. **egrep**

Damit die Sonderzeichen nicht bereits von der Shell interpretiert, sondern korrekt an grep übergeben werden, sollte der reguläre Ausdruck im Zweifel in Anführungszeichen gesetzt werden.

Beispiele Wenn Sie wissen wollen, auf welchen Wert das System die Voreinstellung für Dateirechte setzt, so können Sie dies mit

```
$ grep umask /etc/profile
umask 022
```

erfahren. Wenn Sie die genaue Stelle in der Datei interessiert, können Sie sich mit der Option -n die Zeilennummer der gefundenen Zeile mitanzeigen lassen:

```
$ grep -n umask /etc/profile
51:umask 022
```

Natürlich funktioniert grep auch in Pipelines, wie in diesem Beispiel:

```
# tail -f /var/log/messages | grep kernel
```

das von den Systemmeldungen nur die des Kernels durchlässt.

Alle Benutzerkonten, für die die numerische UID gleich der numerischen GID[3] ist, zeigt Ihnen der folgende Aufruf durch Rückbezug an:

```
$ egrep ':([0-9]+):\1:' /etc/passwd
root:x:0:0:root:/root:/bin/bash
bin:x:1:1:bin:/bin:/bin/bash
daemon:x:2:2:Daemon:/sbin:/bin/bash
<◁◁◁◁
```

Zu beachten ist hier die Verwendung von egrep, da grep sonst (portabel) keinen Rückbezug beherrscht.

Wie im wirklichen Leben auch ist es oft einfacher, zu sagen, was einem nicht gefällt, statt zu sagen, was man will. Diesem Umstand trägt grep durch die Option -v Rechnung, die das Filter-Verhalten von grep umkehrt: Zeilen, auf die das Suchmuster passt, werden unterdrückt. Somit können Sie durch

```
$ grep -v '^#' /etc/cups/cupsd.conf
LogLevel info
Listen localhost:631
<◁◁◁◁
```

alle Kommentare, also Zeilen, die mit einer Raute (»#«) anfangen, unterdrücken.

Wenn Sie nicht so sehr an den eigentlichen Zeilen interessiert sind, bietet Ihnen grep eine Reihe von Zusammmfassungen an: Durch -c werden alle Treffer gezählt, so dass Ihnen

```
$ grep -c '^.\{3,4\}$' /usr/share/dict/words
2770
```

---

[3]Diese Fragestellung ist natürlich nicht interessant auf Systemen wie denen von Red Hat, die *jeden* Benutzer in seine eigene Gruppe stecken.

die Anzahl aller drei- und vierbuchstabigen Wörter im System-Wörterbuch liefert. Durchsuchen Sie mehrere Dateien gleichzeitig, so ist oft die Option -l nützlich, die nur die Dateien mit Treffern anzeigt, aber nicht die gefundenen Zeilen selbst. Zusammen mit der Option -r für rekursive Suche haben Sie hiermit eine gute Möglichkeit, Ihr System besser kennenzulernen:

```
# grep -rl fsck /etc/init.d
/etc/init.d/boot.crypto
/etc/init.d/boot.d/S04boot.localfs
/etc/init.d/boot.d/S05boot.crypto
/etc/init.d/boot.localfs
◁◁◁◁
```

gibt alle Runlevel- und Boot-Skripte[4] aus, in denen die Zeichenkette fsck vorkommt (nicht unbedingt als aktiver Programmaufruf).

⇨ grep(1), »info grep«

5.3 Automatisiertes Editieren mit sed

5.3.1 Einsatzgebiete

Werden die Aufgaben der Text-Manipulation anspruchsvoller, so reichen die in Abschnitt 4.2 vorgestellten Werkzeuge nicht mehr aus. Beispielsweise kann tr Ihnen ein »X« für ein »U« vormachen, aber am alten Alchimisten-Traum, »Blei« in »Gold« zu verwandeln, scheitert es wie diese.

Normalerweise würden Sie jetzt einen hinreichend komfortablen Editor starten, um jedes Vorkommen von »Blei« in Ihrer Datei in »Gold« zu transformieren. Es gibt jedoch zwei Gründe, die es nahelegen könnten, einen anderen Weg einzuschlagen.

Erstens könnte es sein, dass Sie die Datei unbeaufsichtigt automatisch verändern wollen, beispielsweise in einem Shell-Skript. Zweitens gibt es Fälle, wo Sie gar keine *Datei* bearbeiten, sondern einen (potenziell unendlichen) Textstrom.

Hier bietet sich sed (engl. *stream editor*) an, der es ermöglicht, einen Textstrom nach vorgegebenen Anweisungen zu bearbeiten. In Fäl-

sed

---

[4]Je nach Distribution abweichendes Verzeichnis und Ergebnis.

len, wo auch sed nicht ausreicht, können Sie weiter aufrüsten und awk nehmen, oder Sie steigen gleich auf eine Skript-Sprache wie Perl um.

Auf einen Textstrom oder eine Datei losgelassen liest sed Zeile für Zeile ein, wendet auf diese seine Anweisungen zur Manipulation an und gibt das Ergebnis auf die Standardausgabe aus (eine Original-Datei wird nicht überschrieben).

Die Anweisungen, die sed befolgen soll, werden ihm einzeln durch die Option -e mitgegeben, die auch mehrfach verwendet werden kann. Alternativ können Sie ein »sed-Skript« schreiben, dessen Name durch die Option -f an den Stromeditor übergeben wird.

Jede sed-Anweisung besteht aus der Spezifikation der Zeilen, auf die sie sich bezieht, und dem gewünschten Kommando, wie im folgenden Beispiel:

```
$ sed -e '1,15 y/uU/xX/'
```

5.3.2 Zeilen-Spezifikation

Die Zeilen, die von einem Kommando berücksichtigt werden sollen, können durch ihre Zeilennummern oder durch einen regulären Ausdruck bestimmt werden.

sed zählt von 1 ab, so dass »1« die erste und »5« die fünfte Zeile auswählt. Ein »$« steht dabei für die letzte Zeile. Bereichsangaben sind ebenfalls möglich, so steht »3,10« für die Zeilen 3 bis 10 (jeweils einschließlich). Die Angabe »1,$«, also »Alles«, können Sie sich jedoch sparen, da sed sie automatisch annimmt, wenn die Zeilen-Spezifikation unterbleibt.

Wollen Sie eine Zeile durch einen regulären Ausdruck festlegen, so müssen Sie diesen in »/.../« einschließen. So steht beispielsweise »/Blei/« für jede Zeile, in der die Zeichenfolge »Blei« vorkommt, und »/^$/« steht für jede leere Zeile.

Auch mit regulären Ausdrücken können Sie Bereiche selektieren: Durch »/Anfang/,/Ende/« wählen Sie alle Zeilen aus, die zwischen der ersten Zeile mit »Anfang« und der ersten *darauf folgenden* Zeile mit »Ende« liegen (auch hier inklusive der »Anfang«- und der »Ende«-Zeile).

Nicht bei allen Kommandos erlaubt sed Ihnen die Angabe von Bereichen. Einzelne Zeilen oder reguläre Ausdrücke sind aber immer möglich.

5.3.3 sed-Kommandos

Filtern Normalerweise leitet sed jede eingelesene Zeile einfach weiter. Wollen Sie eine Zeile aus dem Textstrom entfernen, so geht dies durch das Kommando d (engl. *delete*, »löschen«). Beispielsweise können Sie so durch

```
$ sed -e '11,$ d' datei
```

den Aufruf head datei imitieren: Nur die ersten 10 Zeilen werden durchgelassen. Durch die Option -n wird die normale Ausgabe von Zeilen unterdrückt; sed gibt dann nur noch etwas aus, wenn Sie das Kommando p (engl. *print*, »drucken«) angeben. Wir können head also auch durch

```
$ sed -ne '1,10 p' datei
```

nachbilden. Ersetzen wir den Zeilenbereich durch einen regulären Ausdruck, so können wir grep nachbauen: Der grep-Aufruf

```
$ grep '^[^#]' /etc/ssh/sshd_config
```

wird nachgebildet durch

```
$ sed -ne '/^[^#]/ p' /etc/ssh/sshd_config
```

Einfügen und Verändern Seine volle Stärke entfaltet sed aber erst, wenn Sie ihm erlauben, den Textstrom nicht nur zu filtern, sondern ihn auch zu verändern. Um dies zeilenweise zu erledigen, stehen Ihnen die drei Kommandos »a« (engl. *append*), »i« (engl. *insert*) und »c« (engl. *change*) für das Anhängen nach einer Zeile, das Einfügen vor einer Zeile bzw. den Austausch einer Zeile zur Verfügung.

```
$ getent passwd root | sed -e '1 i >>>' -e '$ a <<<'
>>>
root:x:0:0:root:/root:/bin/bash
<<<
```

Dabei erlaubt Ihnen der bei Linux übliche GNU-sed das Schreiben in einer Zeile. Die traditionelle Form ist etwas umständlicher und besser für sed-Skripte geeignet. Im folgenden Beispiel sind die »$«

nicht Teil der Datei, sondern werden von cat an das Zeilenende angefügt, um dieses kenntlich zu machen.

```
$ cat -E sed-skript
1 i \$
Erste eingefügte Zeile\$
Zweite eingefügte Zeile$
```

sed erwartet (bei der traditionellen Form) nach dem Kommando a, i oder c einen Rückstrich *direkt vor dem Zeilenende*. Sollen mehr als eine Zeile eingefügt werden, so müssen Sie jede Zeile *bis auf die letzte* ebenfalls mit einem Rückstrich direkt vor dem Zeilenende beenden. Aufgerufen wird dieses Skript durch:

```
$ sed -f sed-skript datei
```

Die Kommandos a und i erlauben keine Bereichsangabe; reguläre Ausdrücke werden aber akzeptiert. Eine Bereichsangabe bei c bewirkt, dass der Bereich als Ganzes ersetzt wird.

Zeichen-Transformationen   Durch das Kommando y können Sie sed dazu bringen, einzelne Zeichen durch andere zu ersetzen. In

```
$ echo 'Drei Chinesen mit dem Kontrabass' \
    | sed -e 'y/aeiou/aaaaa/'
Draa Chanasan mat dam Kantrabass
```

werden so alle (kleinen) Vokale zu »a« gemacht. Leider erlaubt y keine Bereichsangaben der Form a-z, so dass es nur ein schwacher Ersatz für tr ist.

Suchen und Ersetzen   Mit dem Kommando »s« (engl. *substitute*) haben Sie die mächtigsten Möglichkeiten. Es erlaubt die Ersetzung eines regulären Ausdrucks durch eine Zeichenkette, deren Zusammensetzung dynamisch verändert werden kann.

Dabei wird der (zu ersetzende) reguläre Ausdruck wie bei der Zeilenspezifikation in »/.../« eingeschlossen, gefolgt vom Ersetzungstext und »/«, also beispielsweise

```
$ sed -e 's/\<Blei\>/Gold/'
```

Dabei verhindert das Wortendezeichen die versehentliche Erfindung der Goldvergiftung.

Beachten Sie bitte, dass »\<«, »\>«, « « und »$« für *leere Zeichenketten* stehen. Insbesondere ist »$« *nicht* das Zeilenende, sondern die leere Zeichenkette »« direkt vor dem Zeilenende; durch »s/$/|/« wird daher am Zeilenende ein »|« eingefügt und nicht etwa das Zeilenende dadurch ersetzt.

Der Ersetzungstext kann auch vom zu ersetzenden Text abhängen; neben Rückbezug durch »\1« usw. steht auch »&« zur Verfügung, das für den ganzen Text steht, der vom Suchmuster erfasst wird:

```
$ echo Jedes Wort in Anführungszeichen. | ▷
◁ sed -e 's/\([A-Za-z]\+\)/"\1"/g'
"Jedes" "Wort" "in" "Anführungszeichen".
$ echo Jedes Wort in Anführungszeichen. | ▷
◁ sed -e 's/[A-Za-z]\+/"&"/g'
"Jedes" "Wort" "in" "Anführungszeichen".
```

Im letzten Beispiel wurde unter der Hand ein »g« an das Substitutions-Kommando angehängt. Ohne den Modifikator »g« (*global*) würde pro Zeile nur der erste Treffer ersetzt. Ein anderer Modifikator ist »p« (*print*), der das Gleiche bewirkt wie das p-Kommando.

↪ sed(1)

↪ A. Robbins, *sed & awk – kurz & gut* (Sebastopol, CA: O'Reilly & Associates, 2002), 2. Aufl., http://www.oreilly.de/catalog/sedawkrepr2ger/

↪ D. Dougherty, A. Robbins, *sed & awk* (O'Reilly & Associates, 1997), 2. Aufl., http://www.oreilly.de/catalog/sed2/

5.4   Texte editieren mit dem Standard-Editor vi

5.4.1   Überblick: Warum ausgerechnet vi?

Die herausragende Bedeutung von ASCII-Dateien erklärt die Vielzahl von Editoren unter Linux, also von Programmen, die die unbeschränkte Bearbeitung von Textdateien ermöglichen. Sie sind zu unterscheiden von Textverarbeitungsprogrammen, die es erlauben, u. a. die Formatierung (Schriftart und -größe usw.) des Textes für den Druck zu beeinflussen.

Einer der ältesten noch im Gebrauch befindlichen Editoren ist der vi. Linux-Distributionen verwenden allerdings meist eine der modernisierten Fassungen (vim, elvis, nvi, gvim u. a.), die mehr Funktionen haben, aber im Wesentlichen genauso benutzt werden wie das Original.

Die »Oberfläche« des vi und seiner Nachbauten ist – vorsichtig ausgedrückt – nicht mehr ganz zeitgemäß. Dass der vi trotzdem nicht ausgestorben ist, verdankt er zwei Gründen: Zum einen ist er ein sehr schlanker, leistungsfähiger Editor, der leicht durch eigene Funktionen erweitert werden kann. Wenn man sich erst einmal an ihn gewöhnt hat (Betonung auf »wenn«; das ist keine Sache von einem verregneten Nachmittag ...), kann man sehr effektiv mit ihm arbeiten. Zum anderen – und das ist der Grund, warum Sie sich schlecht vor der Beschäftigung mit dem vi drücken können – war der vi seinerzeit der erste wirklich brauchbare Editor, was dazu geführt hat, dass er universell auf jedem Linux und Unix vorhanden ist. Der vi ist der Standard-Editor unter Unix/Linux – der einzige Editor, bei dem Sie mit sehr hoher Wahrscheinlichkeit annehmen können, dass er (oder einer seiner kompatiblen Nachfahren) installiert ist.

5.4.2 Grundlegende Funktionen

Arbeitsmodi   Häufig abschreckend (nicht nur für Neulinge!) wirkt sich die historisch bedingt ausgefallene Bedienung des vi aus. Der Editor kennt nämlich drei verschiedene Arbeitsmodi:

Kommando-Modus Alle Tastatureingaben stellen Kommandos dar, die nicht auf dem Bildschirm erscheinen und auch nicht durch Drücken der Eingabetaste bestätigt werden müssen.

In diesem Modus befinden Sie sich direkt nach dem Start. Seien Sie vorsichtig mit Ihren Fingern: Jede Taste könnte eine Aktion auslösen.

Eingabe-Modus Alle Tastatureingaben werden als Text behandelt und sind auf dem Monitor zu sehen. vi verhält sich hier wie ein heute gebräuchlicher Editor, allerdings mit eingeschränkten Manövrier- und Korrektur-Möglichkeiten.

Kommandozeilen- oder ex-Modus Im Kommandozeilen-Modus können längere Befehle eingegeben werden. Diese werden üblicherweise durch einen Doppelpunkt eingeleitet und mit der Eingabetaste abgeschlossen. ex als »zeilenorientierter« Editor ist ein *Alter Ego* von vi, das heute allerdings nur noch selten verwendet wird – eine Art EDLIN auf Steroiden. (Wenn Sie »ex« als Kommando eingeben, wird vi als Zeileneditor gestartet; mit

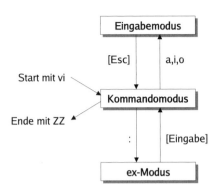

Bild 5.1: Arbeitsmodi von vi

dem Kommando »:visual« kommen Sie in den bildschirmorientierten Modus.)

Im Eingabe-Modus sind viele Kommandos zur Positionierung der Schreibmarke oder zur Textkorrektur unzulässig, was einen häufigen Wechsel zwischen Eingabe- und Kommando-Modus erforderlich macht. Eine Übersicht über die Arbeitsmodi von vi gibt Bild 5.1. Wenn Ihre Version des vi so konfiguriert ist, dass er keine Statusinformationen anzeigt, dann probieren Sie Ihr Glück einmal mit [Esc]:set showmode [←].

Wechsel zwischen den Arbeitsmodi Nach dem Aufruf von vi (oder vi ⟨Datei⟩) befinden Sie sich im Kommando-Modus. Im Unterschied zu den meisten anderen Editoren ist also nach dem Start keine direkte Texteingabe möglich. Auf dem Bildschirm blinkt links oben die Schreibmarke, darunter befindet sich eine Spalte mit Tilden. In der letzten Zeile, auch als Statuszeile bekannt, wird neben Informationen zum momentanen Zustand des Editors (wenn die Implementierung das so macht) oder der aktuellen Datei noch die Position der Schreibmarke angezeigt.

In den Eingabe-Modus wechseln Sie durch Drücken von [i] (engl. *insert*, »einfügen«): Am unteren Rand wird "Insert" o. Ä. angezeigt und Sie können nun normal Text eingeben. Da praktisch alle Editor-Operationen im Kommando- oder Kommandozeilen-Modus erfolgen, müssen Sie den Eingabe-Modus öfters verlassen: Dies erreichen Sie mit $\boxed{\text{Esc}}$. Sie befinden sich nun wieder im Kommando-Modus und alle weiteren Eingaben (von Kommandos) erfolgen blind. Ausgenommen hiervon ist nur »:« (und für Suchanfragen »/« und »?«), denn es bewirkt einen Wechsel in den Kommandozeilen-Modus: Am unteren Rand erscheint ein »:« (oder »/« oder »?«) und Sie können nun ein Kommando eingeben und korrigieren, bis Sie es mit $\boxed{\hookleftarrow}$ bestätigen. Erst jetzt wird das Kommando ausgeführt; danach sind Sie wieder im Kommando-Modus.

Notausstieg Durch die nicht ganz einfache Bedienung können Sie sich leicht eine wichtige Datei verhunzen. Es ist daher immens wichtig, den vi verlassen zu können, ohne die Änderungen abzuspeichern. Durch »:q! $\boxed{\hookleftarrow}$« erreichen Sie genau das. Mit »:q $\boxed{\hookleftarrow}$« (engl. *quit*, »aufhören«) beenden Sie den vi, was dieser aber verweigert, wenn Sie die Datei geändert, aber noch nicht gespeichert haben. Durch das »!« erzwingen Sie das Beenden.

Bewegung im Text Im Eingabe-Modus können Sie sich mit den Pfeil-Tasten normal bewegen. Die volle Bewegungsfreiheit erhalten Sie aber erst im Kommando-Modus. Die Tasten $\boxed{\text{h}}$, $\boxed{\text{j}}$, $\boxed{\text{k}}$, $\boxed{\text{l}}$ entsprechen dabei $\boxed{\leftarrow}$, $\boxed{\downarrow}$, $\boxed{\uparrow}$, $\boxed{\rightarrow}$.

Durch $\boxed{0}$ und $\boxed{\$}$ gelangen Sie an den Zeilenanfang bzw. das -ende. Mit $\boxed{\text{w}}$ und $\boxed{\text{b}}$ springen Sie an den folgenden bzw. vorhergehenden Wortanfang.

Mit $\boxed{\text{H}}$, $\boxed{\text{L}}$ und $\boxed{\text{M}}$ bewegen Sie die Schreibmarke in die erste, letzte oder mittlere Zeile des gerade sichtbaren Bereichs; ein $\boxed{\text{G}}$ bewegt Sie an das Dateiende und die Kombination $\boxed{1}\boxed{\text{G}}$ in die erste Zeile der Datei.

Löschen von Zeichen Das Löschen von Zeichen ist im Eingabe-Modus nur eingeschränkt möglich. Insbesondere ist es in einigen vi-Versionen nicht möglich, hier den Zeilenumbruch zu entfernen. Im Kommando-Modus hingegen haben Sie alle Freiheiten: Ein $\boxed{\text{x}}$ löscht das Zeichen unter, ein $\boxed{\text{X}}$ das Zeichen vor der Schreibmarke und die Kombination $\boxed{\text{d}}\boxed{\text{d}}$ (engl. *delete*, »löschen«) entfernt eine ganze Zeile inkl. Zeilenumbruch. Geht es Ihnen nur um den Zeilenumbruch, so können Sie diesen durch $\boxed{\text{J}}$ (engl. *join*, »(Zeilen) verbinden«) durch ein Leerzeichen ersetzen und so zwei Zeilen »verbinden«.

Dateioperationen Wenn Sie eine Datei datei bearbeiten möchten, so führen Sie einfach den Befel vi datei aus. Innerhalb von vi können Sie dies auch durch »:e datei ⏎« (engl. *edit*) erreichen. Da dabei alle vorherigen Änderungen an anderen Dateien verloren gehen, müssen Sie diese zuvor durch »:w ⏎« oder »:w andere_datei ⏎« auf die Platte schreiben (engl. *write*).

Um den Inhalt der Datei datei in die aktuelle Datei einzufügen, verwenden Sie das Kommando »:r datei ⏎« (engl. *read*, »lesen«). Dadurch wird der Inhalt von datei bei der Schreibmarke eingefügt. (Genau genommen nach der Zeile, in der sich die Schreibmarke befindet; der vi ist immer noch ein zeilenorientierter Editor.)

Durch ein nachgestelltes »!« können Sie Gewalt anwenden, wie wir es schon bei »:q ⏎« gesehen hatten: »:q! ⏎« und »:e! datei ⏎« verlassen den Editor bzw. laden eine neue Datei, obwohl dadurch vorhergehende Änderungen verloren gehen könnten; »:w! datei ⏎« überschreibt auch eine schreibgeschützte Datei.

Für »:w ⏎ :q ⏎« können Sie auch kürzer »:wq ⏎« oder »:x ⏎« eingeben. Im Kommando-Modus können Sie Z Z benutzen.

5.4.3 Erweiterte Funktionen

Einfügen von Text Neben i gibt es noch verschiedene andere Möglichkeiten, um vom Kommando-Modus in den Eingabe-Modus zu wechseln. i und a (engl. *append*, »anhängen«) fügen vor bzw. nach der Schreibmarke ein, I und A am Anfang bzw. Ende der Zeile. Durch o und O machen Sie eine neue Zeile auf, entweder nach oder vor der aktuellen Zeile.

Ersetzen von Text Wenn Sie statt durch i mit R (engl. *replace*, »ersetzen«) in den Eingabe-Modus wechseln, so wird überschrieben statt eingefügt (das sollten Sie auch in der Statusanzeige sehen). Geht es nur um ein einzelnes Zeichen, wenn Sie etwa das »u« unter der Schreibmarke in ein »x« verwandeln möchten, so können Sie statt » R x Esc« auch kürzer r x eingeben.

Schließlich können Sie mit c c eine Zeile ersetzen (engl. *change*) – das entspricht d d O.

Textteile ausschneiden, kopieren und einfügen Mit ⌨d ⌨d und ähnlichen Kommandos gelöschte Textstellen gehen nicht verloren, sondern werden in einem Zwischenspeicher abgelegt. Aus diesem können Sie sie mit ⌨p nach bzw. mit ⌨P (engl. *paste*, »einkleben«) vor der Schreibmarke einfügen. (Dabei werden Zeichenketten an Ort und Stelle, ganze Zeilen aber immer vor oder nach der Zeile eingefügt.)

Wollen Sie eine Textstelle von hier nach dort kopieren, ohne sie hier zu löschen, so können Sie statt ⌨d ⌨d einfach ⌨y ⌨y nehmen: Es kopiert eine Zeile in den Zwischenspeicher, ohne sie zu löschen.

Suchen Suchen von Textstellen funktioniert in vi ganz genauso wie in less (Abschnitt 2.3).

Einfach im Kommando-Modus durch Drücken von »/« oder »?« in den Kommandozeilen-Modus wechseln. Dort geben Sie einen regulären Ausdruck (Abschnitt 5.1) ein und bestätigen ihn mit ⌨, also beispielsweise »/^\$ ⌨«, wodurch die Schreibmarke abwärts (bei »?« aufwärts) an die nächste Fundstelle springt. Mit ⌨n und ⌨N können Sie weiter in die eingeschlagene Richtung bzw. ihr entgegen nach dem Muster suchen.

Suchen und Ersetzen »Suchen und Ersetzen« funktioniert in vi wie in sed (Abschnitt 5.3).

Wechseln Sie in den Kommandozeilen-Modus und geben Sie dort das entsprechende sed-Substitutionskommando ein. Beispielsweise wird mit

```
:1,$ s/ae/ä/g ⌨
```

in der ganzen Datei »ae« durch »ä« ersetzt.

Anders als bei sed werden ohne Zeilenspezifikation nicht alle Zeilen, sondern nur die aktuelle Zeile bearbeitet. Auf die aktuelle Zeile können Sie sich mit ».« beziehen. So werden durch

```
:1,. s/^/    / ⌨
```

alle Zeilen bis zur aktuellen um vier Leerzeichen eingerückt.

Tor zur Welt Seine volle Leistungsfähigkeit erreicht der vi, wenn Sie ihn mit externen Programmen kombinieren.

So können Sie sich durch »:! `cal` ⏎« ein Programm ausführen lassen (hier: einen Kalender), dessen Ausgabe eingeblendet wird. Wollen Sie die Ausgabe des Programms weiter benutzen, so nehmen Sie das Kommando »:r! `cal` ⏎«, wodurch die Ausgabe an der aktuellen Position eingefügt wird.

Mit Konstruktionen wie der folgenden haben Sie schließlich unbegrenzte Erweiterungsmöglichkeiten:

```
:3,15 ! sort
```

Hierbei werden alle spezifizierten Zeilen per Pipeline durch das externe Kommando `sort` geschleust und danach durch dessen Ausgabe ersetzt. (In allen Beispielen steht »!« und nicht das naheliegende, aber im `vi` anderweitig benutzte »|«.)

5.4.4 Zusammengesetzte Kommandos

Ganz Unix-typisch können Sie auch die internen Kommandos miteinander kombinieren.

Wiederholungsfaktoren Wir hatten schon gesehen, dass »Springen in die letzte Zeile« `G` durch vorher gedrücktes `1` in »Springe in die erste Zeile« abgeändert wird. Sie können aber auch in jede andere Zeile springen: Durch `4` `2` `G` springen Sie in die 42. Zeile usw.

Ganz allgemein erlaubt fast jedes Kommando einen vorangestellten Wiederholungfaktor. So werden durch `1` `2` `d` `d` zwölf Zeilen gelöscht, mit `5` `j` bewegen Sie sich 5 Zeilen abwärts und durch »`7` `i` ? Esc« werden insgesamt sieben Fragezeichen eingefügt.

Konkretisierungen Die drei Kommandos `d` `d`, `y` `y` und `c` `c` sind in Wirklichkeit Spezialfälle der Kommandos `d`x, `y`x bzw. `c`x. Dabei ist x ein Platzhalter für einen beliebigen Bewegungsbefehl, der auch Wiederholungsfaktoren enthalten darf. Die Bedeutung ist dabei immer: Löschen/Kopieren/Ersetzen von hier bis zu der Stelle, zu der das Bewegungskommando x Sie hin verschlagen würde. So wird mit `d` `$` alles bis zum Ende der Zeile gelöscht, mit `c` `5` `w` ersetzen Sie ab der aktuellen Position die nächsten 5 Wörter, mit `y` `2` `j` oder `y` `3` `G` kopieren Sie diese und die nächsten 2 Zeilen in den Zwischenspeicher bzw. alles von dieser bis zur 3. Zeile.

↪ Tutor-Programm von vim: vimtutor(1)

↪ Onboard-Hilfe von vim; abrufbar durch »:help ⬅ «

↪ A. Robbins, *vi-Editor – kurz & gut* (Sebastopol, CA: O'Reilly & Associates, 1999)

↪ L. Lamb, A. Robbins, *Learning the vi Editor* (Sebastopol, CA: O'Reilly & Associates, 1998), 6. Aufl., http://www.oreilly.de/catalog/vi6/

Kapitel 6 Shells und Skripte

In diesem Kapitel ...

- lernen Sie, die Shell als Arbeitsumgebung individuell an Ihre Bedürfnisse anzupassen

- erfahren Sie, wie Sie einfache Shell-Skripte erstellen und anpassen können

6.1   Die Shell als Arbeitsplatz

6.1.1   Einleitung

Die Shell ist das Programm, das gestartet wird, wenn Sie sich anmelden, und das dann Ihre Befehle interpretiert. Moderne Shells wie die Bash (bash) oder die Tenex-C-Shell (tcsh) bemühen sich, Ihnen das Arbeiten mit ihnen so angenehm wie möglich zu machen (Abschnitt 3.2). Aber *jede* Shell erlaubt Ihnen, das Verhalten der Shell und anderer Programme durch Variable zu steuern (Abschnitt 6.1.2) und die Funktionalität in einfacher Weise zu erweitern (Abschnitt 6.1.4). Diese individuellen Anpassungen können dauerhaft gemacht werden, so dass Sie sie nicht bei jeder neuen Sitzung erneut einzurichten brauchen (Abschnitt 6.1.7).

Im Folgenden beschränken wir uns auf die Bourne-Again-Shell (Bash) des GNU-Projekts, die weitestgehend kompatibel zur ersten brauchbaren Shell (der Bourne-Shell) und zum POSIX-Standard ist. Die Bash ist die Standard-Shell unter Linux.

6.1.2   Shell-Variable

Den Wert einer Variablen können Sie sich anzeigen lassen, indem Sie ein »$« vor ihren Namen setzen und das Ganze dem Kommando echo übergeben:

echo

```
$ echo $PAGER
less
```

zeigt Ihnen den Wert von PAGER an, einer Variablen, die bestimmt, welches Anzeigeprogramm u. a. das man-Kommando benutzen soll. Alle aktuell gesetzten Variablen (und auch Shell-Funktionen)
set zeigt Ihnen das Bash-interne Kommando set (ohne Optionen und Argumente aufgerufen; vgl. aber Abschnitt 6.1.3) an.

Zum Ändern einer Variablen schreiben Sie einfach

```
$ PAGER=more
```

(Kein Leerzeichen vor und nach dem Gleichheitszeichen!) Auch kompliziertere Ausdrücke sind möglich, wie in

```
$ echo $PATH
/usr/local/bin:/bin:/usr/bin:/usr/X11R6/bin:.
```

```
$ PATH=$PATH:$HOME/bin
$ echo $PATH
/usr/local/bin:/bin:/usr/bin:/usr/X11R6/bin:.:/home/tux/bin
```

der den Suchpfad für Programme PATH neu aufbaut aus dem alten
Wert von PATH, einem »:«, dem Wert von HOME gefolgt von »/bin«.

Sie können mit »$(...)« sogar das Ergebnis eines Programmauf-
rufs einer Variablen zuweisen, beispielsweise

```
$ dir=$(pwd)
$ echo $dir
/home/tux
```

Dasselbe Ergebnis lässt sich mit »verkehrten Anführungszeichen«[1] erreichen (»dir=`pwd`«). Die $(...)-Konstruktion funktio-
niert in moderneren Shells wie der bash und macht es einfacher,
solche Aufrufe zu verschachteln.

Wollen Sie Leerzeichen oder andere Sonderzeichen in einer Variablen speichern, so müssen Sie diese durch einfache Anführungszeichen ('...') vor der Shell schützen, wie in

**Maskierung von
Sonderzeichen**

```
$ PS1='% '
% _
```

Dies verändert die Variable PS1, die das Aussehen Ihrer Eingabeaufforderung steuert.

Prinzipiell können Sie auch doppelte Anführungszeichen ("...")
nehmen. Diese Form der Anführungszeichen hebt jedoch nicht
die Sonderbedeutung der Zeichen »$«, »\« und »'« auf. Verglei-
chen Sie

```
$ echo 'My $HOME is my castle'
My $HOME is my castle
```

mit

```
$ echo "My $HOME is my castle"
My /home/tux is my castle
```

Natürlich hätten Sie auch die Anführungszeichen ganz weglassen
und »echo My $HOME is my castle« schreiben können, wodurch

---

[1]Auf einer deutschen Tastatur erzeugen Sie dieses Zeichen durch die Um-
schalttaste plus die Taste rechts von ß.

der Wert der Variablen HOME ebenfalls angezeigt würde. Es gibt aber Fälle, bei denen Sie sich nicht so leicht aus der Affäre ziehen können:

```
$ abstand='<--                                  -->'
$ echo $abstand
<-- -->
$ echo "$abstand"
<--                                  -->
```

Ohne die doppelten Anführungszeichen verschluckt die Shell überzählige Leerzeichen. (Vgl. auch die Diskussion von »test "$x"« auf Seite 115.)

Haben Sie von einer Variablen genug, so können Sie ihren *Inhalt* durch die Zuweisung der leeren Zeichenkette löschen. Noch drastischer gehen Sie mit dem Kommando unset vor: Es entfernt die Variable komplett und verwischt alle Spuren Ihrer Tat:

unset

```
$ A='Mord im Dom'
$ set | grep A=
A='Mord im Dom'
$ A=''
$ set | grep A=
A=
$ unset A
$ set | grep A=
$ _
```

Umgebung
Umgebungsvariable

Umgebungsvariable   Jeder Prozess besitzt eine Umgebung, das ist ein Satz von speziellen Variablen, den **Umgebungsvariablen**. Immer wenn ein Prozess (der Elterprozess) einen anderen (den Kindprozess) startet, kopiert das Betriebssystem seine Umgebungsvariablen in die Umgebung des Kindprozesses. Man sagt auch, die Umgebung wird vererbt. Da die Kind-Umgebung ein Schnappschuss der Elter-Umgebung zum Zeitpunkt der Prozess-Erzeugung ist, werden darauf folgende Änderungen in der Elter- oder Kind-Umgebung nicht in die jeweils andere übertragen. (Auch wenn die Bezeichnung »Umgebung« das nahelegt: Es gibt keine globalen Variablen, die alle Prozesse beeinflussen, sondern nur den *einmaligen* Datentransfer vom Elter- zum Kindprozess bei dessen Erzeugung.)

Vererbung

In der Bash benutzen Sie Umgebungsvariable wie normale Shell-Variable; sie unterscheiden sich nur durch eine (interne) Markierung. Sie können diese Markierung durch `export` setzen und durch `export -n` entfernen. Dies können Sie am Beispiel der Umgebungsvariablen `EDITOR` studieren, die von Programmen ausgewertet wird, die einen externen Editor benötigen. Ist die Variable nicht gesetzt, so greifen diese Programme üblicherweise auf `vi` zurück.

```
$ export -n EDITOR            ... sicher ist sicher
$ EDITOR=pico          (installierter Editor Ihrer Wahl)
$ crontab -e       startet vi! (Verlassen mit »:q!⏎«)
$ export EDITOR
$ crontab -e                         startet pico
```

Wollen Sie die Umgebung ändern, so erlaubt Ihnen die Bash auch, dies durch

```
$ PAGER=more man bash
```

beispielsweise nur für diesen einen Aufruf von `man` zu tun.

Die aktuelle Liste aller Umgebungsvariablen, d. h. der Variablen, die die Bash für die Vererbung vorgesehen hat, können Sie sich durch `export` oder `env`, jeweils ohne Argumente, ausgeben lassen.   **env**

Spezielle Variable der Shell   Die bash kennt einige besondere Shell-Variable, die insbesondere innerhalb von Shell-Skripten von Interesse sind. Diese speziellen Variablen können nicht verändert, sondern nur gelesen werden. Zum Beispiel:[2]

`$?` Rückgabewert des letzten Kommandos (Abschnitt 6.2.3)

`$$` Prozessnummer (PID, Abschnitt 8.1) der akuellen Shell

`$!` PID des letzten Hintergrundprozesses

`$0` Name des gerade ausgeführten Shell-Skripts

`$#` Anzahl der dem Shell-Skript auf der Kommandozeile übergebenen Parameter

---

[2]Hier und auch sonst werden wir von »der Variablen $?« usw. reden, obgleich dies nicht ganz korrekt ist, denn »$?« ist eigentlich der Wert der Variablen »?«. Da die speziellen Variablen jedoch immer nur mittelbar über ihren Wert benutzt werden, ist diese Ungenauigkeit unproblematisch.

$* Gesamtheit aller übergebenen Parameter; »"$*"« ist gleichbedeutend mit »"$1 $2 $3 ..."«

$@ Gesamtheit aller übergebenen Parameter; »"$@"« ist gleichbedeutend mit »"$1" "$2" "$3" ...«

$n n-ter Parameter des Shell-Skripts (für $n > 9$ müssen Sie
»${n}« schreiben)

6.1.3   Ad-hoc-Konfiguration der Shell

set Mit dem Bash-internen Kommando set werden nicht nur alle
Shell-Variablen angezeigt, sondern auch Options-Schalter der
Bash umgesetzt. So können Sie mit set -C (oder gleichwertig:
set -o noclobber) verhindern, dass Sie sich versehentlich durch
Ausgabeumlenkung eine Datei überschreiben (Abschnitt 4.1.2).

Mit set -x (oder: set -o xtrace) können Sie sehen, was die Bash
für Schritte unternimmt, um zu ihrem Ergebnis zu kommen:

```
$ set -x
$ echo "My $HOME is my castle"
+ echo 'My /home/tux is my castle'
My /home/tux is my castle
$ _
```

Wenn anstelle des »-« bei den Optionen ein »+« gesetzt ist, wird
die entsprechende Option abgeschaltet.

⇨ Mehr Schalter/Optionen: »help set«, bash(1)

6.1.4   Aliase und Funktionen

Kommandos abkürzen: Aliase Ein Alias gibt Ihnen die Möglichkeit, eine längere Kommandofolge abzukürzen. Beispielsweise definieren Sie durch

```
$ alias c='cal -m; date'
$ type c
c is aliased to 'cal -m; date'
```

das neue »Kommando« c. Immer wenn Sie jetzt c aufrufen, wird
die Bash das Kommando cal mit der Option -m gefolgt vom Kommando date für Sie ausführen. Dieses Alias können Sie auch

wieder in anderen Alias-Definitionen benutzen. Sie können sogar durch ein Alias ein bestehendes Kommando umdefinieren. Durch

```
$ alias rm='rm -i'
```

wird beispielsweise das Kommando `rm` entschärft. Allerdings ist das möglicherweise von zweifelhaftem Nutzen: Gewöhnt man sich an die sichere Variante, so kann es sein, dass man auch dort damit rechnet, wo der Alias nicht gesetzt ist. Es ist daher besser, wenn Sie sich bei potenziell gefährlichen Varianten einen neuen Namen ausdenken.

Mit `alias` (ohne Argumente) können Sie sich alle aktuell definierten Aliase anzeigen lassen und mit `unalias` einzelne oder alle Aliase löschen.

unalias

Shell-Funktionen   Wenn Sie mehr als reine textuelle Ersetzung wie bei Aliasen benötigen, so können Ihnen Funktionen weiterhelfen. Anders als Aliase erlauben sie es, Argumente über die speziellen Shell-Variablen $1, $2, ... mitzugeben. So können Sie durch `function` eine neue Shell-Funktion definieren.

function

```
$ function bak { mv -i "$1" "$1.bak"; }
```

definiert das Kommando `bak`, das ein Argument erwartet. Dieses Argument wird im Funktions-Körper jeweils für $1 ersetzt. Somit ist jetzt `bak datei` gleichbedeutend mit `mv -i datei datei.bak`.

Bitte beachten Sie, dass die Definition des Funktions-Körpers (innerhalb von {...}) zwingend mit einem Semikolon oder Zeilenumbruch abgeschlossen werden muss. Die aktuelle Definition einer Funktion können Sie durch `declare` herausfinden, ein anderes eingebautes Kommando der Bash:

declare

```
$ declare -f bak
bak ()
{
    mv -i "$1" "$1.bak"
}
```

Dabei wird die Funktion in einer Form dargestellt, die Sie alternativ hätten benutzen können: mehrzeilig und/oder ohne »function«, aber mit »()«.

6.1.5 Tastatur-Layout und Shortcuts

Wollen Sie lieber eine amerikanische Tastatur-Belegung benutzen, weil Sie sie zum Programmieren praktischer finden? Oder weilen Sie gerade im Ausland und wünschen sich sehnlichst Äs, Ös und Üs? Oder nervt Sie die Capslock-Taste so sehr, dass Sie sie am liebsten rausgerissen hätten? Die Shell weiß Rat.

Das Tastatur-Layout können Sie durch das Kommando loadkeys verstellen, allerdings nur für die virtuellen Terminals. Unter der grafischen Oberfläche erlaubt Ihnen xmodmap sogar die Tastenzuordnung für jede Taste einzeln. Ein schickes Frontend-Programm dafür ist xkeycaps.

.inputrc Noch weitergehende Einstellungsmöglichkeiten erlaubt Ihnen die Datei .inputrc in Ihrem Heimatverzeichnis bzw. /etc/inputrc für systemweite Einstellungen. Diese Datei ist die Konfigurationsdatei für die Readline-Bibliothek, die von der Bash und anderen Programmen benutzt wird. Beispielsweise liegt es an der Readline-Bibliothek, dass Strg+r das Rückwärtssuchen in der History erlaubt.

Die Einstellungen für Readline gelten sowohl für die virtuellen Terminals als auch für die grafische Oberfläche. Die ganzen Details verrät Ihnen readline(3), wir beschränken uns hier auf einige Beispiele. Wenn Sie die Zeilen

```
Control-t:      tab-insert
Control-e:      "cal\C-m"
```

in die Datei .inputrc eintragen, dann wird das Drücken von Strg+t einen Tabulator-Vorschub erzeugen, was Sie normalerweise in der Bash nicht bekommen, da die Tabulator-Taste schon belegt ist. Das Drücken von Strg+e startet ein Makro, in diesem Fall die Zeichen »cal« gefolgt von Strg+m (dafür steht »\C-m«), was dem Drücken von ⏎ entspricht.

(Die Änderungen in der Datei werden allerdings nur wirksam, wenn Sie die Umgebungsvariable INPUTRC auf $HOME/.inputrc gesetzt haben und eine neue Bash starten oder wenn Sie das Kommando bind -f ~/.inputrc ausführen.)

6.1.6 Anmelde-Shells und interaktive Shells

Shell ist nicht gleich Shell. Natürlich unterscheidet sich die Bash von einer C-Shell oder Korn-Shell; aber schon das Verhalten einer Bash kann von dem einer anderen Instanz desselben Programms abweichen, je nachdem wie diese Bash aufgerufen wurde.

Prinzipiell sind drei Varianten zu unterscheiden: Anmelde-Shell, interaktive Shell und nichtinteraktive Shell. Diese Formen unterscheiden sich darin, welche Konfigurationsdateien eingelesen werden.

Anmelde-Shell Diese Form der Shell erhalten Sie direkt nach dem Anmelden am System. Das die Shell startende Programm, also login, su -, ssh usw., gibt der Shell ein »-« als erstes Zeichen des Programmnamens mit. Dadurch weiß die Shell, dass sie eine Anmelde-Shell (engl. *login shell*), sein soll. Wenn Sie sich frisch angemeldet haben, sollte es etwa so aussehen:

login shell

```
$ echo $0
-bash
$ bash          Aufruf der Bash von Hand; keine Anmeldung
$ echo $0
bash
```

Alternativ kann die Bash auch mit der Option -l aufgerufen werden, um sich als Anmelde-Shell zu fühlen.

Jede Anmelde-Shell (nicht nur die Bash, sondern auch andere Bourne-Shell-kompatiblen) führt als Erstes die Kommandos in der Datei /etc/profile aus. Dadurch können z. B beim Anmelden Umgebungsvariablen gesetzt werden.

/etc/profile

Danach sucht die Bash die Dateien .bash_profile, .bash_login und .profile im Heimatverzeichnis des Benutzers. Nur die *erste gefundene* Datei wird abgearbeitet.

Beenden Sie eine Anmelde-Shell, so arbeitet sie die Datei .bash_logout ab, sofern sie existiert.

Interaktive Shells Wenn Sie die Bash ohne Argumente (aber möglicherweise mit Optionen) aufrufen, so versteht sie sich als interaktive Shell. Als solche liest sie beim Starten nur die Datei .bashrc in Ihrem Heimatverzeichnis und führt die darin enthaltenen Kommandos aus. (Oft wird auch noch `/etc/bash.bashrc` gelesen.)

Beim Verlassen einer interaktiven Shell, die keine Anmelde-Shell ist, werden keine Dateien ausgewertet.

Nichtinteraktive Shells Der einfachste Fall liegt bei nichtinteraktiven Shells vor: Sie werten keine Dateien beim Starten oder Beenden aus. Zwar können Sie einer solchen Bash durch die Umgebungsvariable `BASH_ENV` einen Dateinamen zum Auswerten mitgeben, diese Variable ist aber normalerweise nicht gesetzt.

Die Shell ist dann nicht interaktiv, wenn sie benutzt wird, um ein Shell-Skript auszuführen, oder wenn ein Programm sich einer Shell bedient, um ein anderes Programm zu starten. Das ist der Grund, warum Aufrufe der Art

```
$ find -exec ll {} \;
find: ll: No such file or directory
```

fehlschlagen: `find` startet eine nichtinteraktive Shell, um `ll` auszuführen. Obzwar `ll` auf vielen Systemen verfügbar ist, handelt es sich nur um einen Alias auf `ls -l`. Als Alias muss es aber in jeder Shell definiert werden, da Aliase nicht vererbbar sind. Eine Konfigurationsdatei mit Definitionen wird aber nicht eingelesen.

Distributionsspezifische Besonderheiten Die strikte Trennung zwischen Anmelde-Shell und normalen interaktiven Shells erzwingt, dass Sie gewisse Änderungen sowohl in `.profile` als auch in `.bashrc` vornehmen müssen, damit sie in jeder Shell wirksam werden. Um diese fehleranfällige Doppelarbeit zu vermeiden, haben viele Distributionen in der mitgelieferten Datei `.profile` eine Zeile

```
## ~/.profile
test -r ~/.bashrc && . ~/.bashrc
```

die bewirkt, dass, wenn `.bashrc` existiert und lesbar ist (`test...&&`), die Datei `.bashrc` abgearbeitet wird (».« ist ein Shell-Kommando, das das Einlesen besorgt).

Möglicherweise hat Ihre Distribution die Bash auch so übersetzt, dass sie noch andere Dateien einliest. Dies können Sie mit `strace` überprüfen; es listet Ihnen alle Systemaufrufe auf, die ein anderes

Programm benutzt, darunter auch den open-Aufruf zum Öffnen einer Datei. Erst damit können Sie wirklich sicher sein, welche Dateien ausgewertet werden.

6.1.7 Änderungen dauerhaft machen

Individuelle Änderungen   Wollen Sie Ihre individuelle Anpassung der Arbeitsumgebung auch beim nächsten Anmelden vorfinden, so müssen Sie dafür sorgen, dass die Shell sie automatisch ausführt. Umgebungsvariablen, Aliase, Shell-Funktionen, die *umask* usw. müssen in einer der in Abschnitt 6.1.6 genannten Dateien gesetzt werden. Die Frage ist nur, in welcher.

Im Fall von Aliasen ist die Antwort leicht: Da sie nicht vererbt werden können, müssen sie von jeder Shell neu gesetzt werden. Daher müssen Sie Aliase in der Datei ~/.bashrc definieren. (Damit der Alias aber auch in der Anmelde-Shell funktioniert, müssen Sie ihn *zusätzlich* in ~/.bash_profile, ~/.profile o. Ä. eintragen, wenn hieraus nicht die Datei ~/.bashrc eingelesen wird.)

Gute Kandidaten für die Datei .bashrc sind auch Variablen, die das Verhalten der Shell steuern (PS1, HISTSIZE u. a.), aber sonst nicht von Interesse sind, d. h. eben keine Umgebungsvariablen. Wenn Sie wollen, dass jede Shell »frisch« startet, so müssen Sie diese Variablen jedes Mal neu setzen, was daher in .bashrc geschehen muss.

Anders sieht die Sache bei Umgebungsvariablen aus. Diese werden üblicherweise einmal gesetzt, genau wie Änderungen des Tastatur-Layouts u. Ä. Es reicht daher, sie in .profile zu definieren. Bei Konstruktionen wie

```
PATH=$PATH:$HOME/bin
```

die die Variable PATH um eine weitere Komponente verlängert, verbietet sich die Datei ~/.bashrc, weil sonst die Variable immer weiter verlängert würde.

Wenn Ihr Rechner in den Runlevel 5 startet, also die Anmeldung über den X-Displaymanager abgewickelt wird, haben Sie keine Anmelde-Shell. Damit die Einstellungen trotzdem berücksichtigt werden, sollten Sie diese in die Datei ~/.xsession eintragen oder aus dieser heraus Ihre ~/.profile einlesen.

Systemweite Änderungen Wollen Sie als Systemadmistrator Einstellungen für alle Benutzer vornehmen, so haben Sie in einem »Original-System« nur /etc/profile direkt unter Ihrer Kontrolle; Aliase können Sie damit Ihren Benutzern nicht zur Verfügung stellen. Je nach Distribution sieht die Sache aber anders aus. So hat beispielsweise SUSE die Bash so übersetzt, dass eine interaktive Shell vor ~/.bashrc die Datei /etc/bash.bashrc einliest, womit Sie einen Fuß in die Tür bekommen. (Damit Ihre Anpassungen ein Upgrade des Systems überleben, empfielt SUSE die Verwendung der Dateien /etc/profile.local und /etc/bash.bashrc.local, die über die entsprechenden Schwesterdateien eingelesen werden.)

/etc/skel

Eine andere Möglichkeit der globalen Änderung stellt das Verzeichnis /etc/skel dar, das Skelett, das Rohgerüst eines Heimatverzeichnisses. Wenn Sie useradd mit der Option -m aufrufen, erstellt es das Heimatverzeichnis des neuen Benutzers, indem es /etc/skel kopiert. Alle darin enthaltenen Dateien und Verzeichnisse werden damit zur Grundausstattung des neuen Heimatverzeichnisses.

Wenn Sie in /etc/skel eine Datei .bashrc des Inhalts

```
## Systemweite Einstellungen; bitte nicht veraendern:
test -r /etc/bash.local && . /etc/bash.local

## Individuelle Einstellungen hier einfuegen:
```

ablegen, so können Sie Änderungen am System vornehmen (in /etc/bash.local), die für alle Benutzer wirksam werden.

Natürlich können Sie in /etc/skel auch noch vorgefertigte Konfigurationsdateien für beliebige andere Programme ablegen, Verzeichnisstrukturen usw.

6.2   Einfache Shell-Skripte

6.2.1   Warum überhaupt Shell-Skripte?

Der unschlagbare Vorteil von Shell-Skripten ist: Wenn Sie die Shell bedienen können, dann können Sie auch programmieren! – Ein Shell-Skript ist nichts anderes als eine Textdatei mit Kommandos, so wie Sie sie auch interaktiv hätten eingeben können. (Lediglich die Einschränkungen aus Abschnitt 6.1.6 sind zu beachten.) Und umgekehrt können Sie die Shell-Skript-typischen Kontrollstrukturen auch jederzeit auf der Kommandozeile benutzen. Nicht nur vereinfacht dies das Testen von Konstruktionen immens, es macht häufig ein Skript komplett überflüssig.

Damit bieten sich Shell-Skripte immer dann an, wenn es darum geht, eine Aufgabe zu automatisieren, die sie auch »von Hand« interaktiv hätten erledigen können. Aufgrund der eingeschränkten Effizienz, Sicherheit und Strukturiertheit eines Shell-Skripts sollten Sie für anspruchsvolle Aufgaben aber auf andere Skriptsprachen (etwa Perl, Tcl oder Python) ausweichen.

6.2.2 Shell-Skripte richtig zum Laufen bringen

Ein Skript ausführen Ein Shell-Skript skript.sh kann einfach durch

```
$ bash skript.sh
```

ausgeführt werden. Schöner ist es natürlich, wenn es sich »wie ein Programm« anfühlt. Machen Sie es dafür mittels

```
$ chmod u+x skript.sh
```

ausführbar; dann können Sie es mit

```
$ ./skript.sh
```

direkt starten. Wollen Sie auf das unschöne »./« verzichten, so müssen Sie dafür sorgen, dass die Shell Ihr Programm finden kann. Entweder sorgen Sie dafür, dass ».« – das aktuelle Arbeitsverzeichnis – Teil ihres Suchpfades PATH ist. Aus Sicherheitsgründen wird davon jedoch mindestens für den Administrator abgeraten. Außerdem funktioniert das nur, wenn Sie sich im selben Verzeichnis wie Ihr Skript befinden. Oder Sie legen sich ein Verzeichnis ~/bin an, fügen ~/bin Ihrem Suchpfad hinzu und verschieben Ihr Skript in dieses Verzeichnis.

Natürlich können Sie auch die Endung .sh weglassen. Insbesondere in Experimentierphasen ersparen Sie sich durch die Endung aber viel Ärger, denn so naheliegende Namen wie »test« oder »script« sind schon vergeben.

Kommentare Ein Shell-Skript ist im Wesentlichen nichts anderes als die Auflistung von Kommandos. Um ein Skript lesbarer zu gestalten, können Sie Kommentare einfügen, die durch »#« eingeleitet werden und bis zum Ende der Zeile reichen. (Auch Leerzeilen werden von der Shell überlesen.)

Eine Sonderrolle nimmt dabei die erste Zeile ein: Beginnt sie mit »#!«, so wird dieses Skript an das Programm verfüttert, das diesen beiden Zeichen folgt. So wird beispielsweise durch die Zeile

```
#! /usr/bin/perl -w
```

diese Datei zu einem Perl-Skript.

Wenn Sie nichts angeben, so wird implizit »#! /bin/sh« angenommen. Meistens ist /bin/sh eine symbolische Verknüpfung nach /bin/bash, dies ist jedoch nicht sicher. Fügen Sie daher immer als Erstes die Zeile

```
#! /bin/bash
```

ein oder stellen Sie sicher, dass Sie keine Bash-spezifischen Konstruktionen benutzen.

6.2.3   Rückgabewert als Steuergröße

In jedem Programm muss früher oder später aufgrund von logischen Bedingungen der Ablauf des Programms verändert werden: Teile werden ausgelassen, andere werden mehrfach ausgeführt usw. Dazu stellen Programmiersprachen Kontrollstrukturen bereit wie Verzweigungen oder Schleifen. In vielen Programmiersprachen wird als Steuergröße für diese Konstrukte direkt eine logische Aussage genommen. Nicht so in der Bash – hier dient als Steuergröße der Rückgabewert eines Programms:

Rückgabewert Unter Linux teilt jeder Prozess beim Beenden seinen Erfolg oder Misserfolg durch den Rückgabewert seinem Elternprozess mit. Dabei bedeutet der Rückgabewert Null immer Erfolg, jeder andere Wert heißt Misserfolg. Dadurch kann ein Prozess genauer mitteilen, was schiefgelaufen ist.

In der Shell können Sie durch die spezielle Shell-Variable $? den Rückgabewert des letzten Kommandos abfragen:

```
$ ls /root
ls: /root: Permission denied
$ echo $?
1                                    Misserfolg von ls
$ echo $?
0                                    Erfolg des ersten echo
```

(Der Rückgabewert hat nichts mit Fehlermeldungen zu tun, die auf der Standardfehlerausgabe erscheinen.)

Da in der Bash die Kontrollstrukturen nur Rückgabewerte auswerten, benötigen wir ein Kommando, das logische Bedingungen in Rückgabewerte verwandelt: das Kommando test.

test wird zum Vergleich von Zahlen oder Zeichenketten und zum Überprüfen von Dateieigenschaften verwendet. Hierzu einige Beispiele: **test**

test "$x" Bei nur einem Argument prüft test, ob dieses Argument *als Zeichenkette* Inhalt hat. Hier also, ob die Variable x etwas enthält.

Auch wenn Sie es immer wieder sehen: Verkneifen Sie sich das scheinbar kürzere »test $x« – es funktioniert nicht, wie Sie leicht mit »x='3 -gt 7'« durchspielen können.

test $x -gt 7 Hierbei muss x eine Zahl darstellen. test überprüft dann, ob der numerische Wert von x größer als 7 ist. -gt steht für *greater than*.

test "$x" \> 10 Testet, ob die erste Zeichenkette *in einem Wörterbuch* hinter der zweiten stünde (sog. lexikografische Ordnung). Somit meldet test 7 \> 10 Erfolg, test 7 -gt 10 hingegen Misserfolg.

Beachten Sie die Schreibweise: »>« ist ein Sonderzeichen der Shell; damit es von der Shell nicht interpretiert wird, muss es vor ihr versteckt werden. Statt »\>« hätten Sie auch »'>'« schreiben können.

test -r "$x" Prüft, ob die Datei, deren Name in x gespeichert ist, existiert und lesbar ist.

test x -nt y Prüft, ob Datei x »neuer« ist als Datei y.

Außer der beschriebenen Langform kennt test auch noch eine Kurzform, bei der die zu überprüfende Bedingung in eckige Klammern gesetzt wird (mit Leerzeichen in den Klammern). So entspricht der Langform »test "$x"« die Kurzform »["$x"]«. Mehr Tests stehen in der Hilfe, siehe »help test«.

6.2.4 Bedingte Ausführung

if
Fallunter-
scheidungen

Mit dem if-Kommando lassen sich Fallunterscheidungen realisieren. Dazu wird ein Kommando ausgeführt und anhand von dessen Rückgabewert entscheidet if das weitere Vorgehen. Die Struktur von if ist:

```
if ⟨Kommando⟩
then
    ⟨Kommandos⟩
[else
    ⟨Kommandos⟩]
fi
```

War das Test-Kommando erfolgreich, so werden die Kommandos, die then folgen, ausgeführt. War es nicht erfolgreich, so werden die Kommandos nach dem else ausgeführt (dieser Zweig ist optional). In beiden Fällen wird danach hinter dem fi weitergemacht.

Dies wird am besten anhand eines Beispiels klar. Das Programm ifdemo fragt Sie nach Ihrem Benutzernamen (den das login-Programm freundlicherweise in der Umgebungsvariablen LOGNAME hinterlegt). Wird dieser richtig eingegeben, dann wird eine Meldung der Form »Das ist korrekt« angezeigt. Wird ein anderer Wert eingegeben, kommt eine andere Meldung zurück:

```
#!/bin/bash
# Name: ifdemo
read -p "Geben Sie Ihren Loginnamen ein: " name
if test "$name" = "$LOGNAME"
then
    echo "Das ist korrekt!"
else
    echo "Das ist falsch!"
fi
echo "Programmende"
```

Natürlich sind Sie nicht gezwungen, test als Test-Kommando aufzurufen – jedes beliebige Programm, das die Konventionen über
den Rückgabewert einhält, kommt in Frage. Zum Beispiel:

```
#!/bin/bash
# Name: grepdemo
read -p "Geben Sie einen regulären Ausdruck ein: " regexp
if grep -q "$regexp" *.txt
then
    echo "Gefunden"
else
    echo "Nicht gefunden"
fi
```

6.2.5   Schleifen

Für Schleifen gibt es den Befehl while. Ihm muss ein Kommando –
meistens, aber nicht zwingend test – folgen. Meldet dieses Kommando Erfolg, werden alle Kommandos, die danach in do...done
eingeschlossen sind, ausgeführt. Dann startet ein neuer Durchlauf: Das Kommando nach while wird ausgeführt und bei Erfolg
der do-done-Block wiederholt usw. Die Struktur sieht so aus:

while

```
while ⟨Test-Kommando⟩
do
    ⟨Kommandos⟩
done
```

Das folgendes Beispiel gibt beim Aufruf die Zahlen von 1 bis 5 aus:

```
#!/bin/bash
# Name: whiledemo
i=1
while test $i -le 5
do
    echo $i
    i=$(( $i+1 ))
done
```

Die $((...))-Konstruktion berechnet den numerischen Wert des
Klammerinhalts, hier wird also die Variable i um 1 erhöht. ($[...]
tut dasselbe, gilt aber als veraltet.)

Auch bei while sind Sie nicht an test als Test-Kommando gebunden, was sich besonders nützlich im folgenden Beispiel niederschlägt:

```
#!/bin/bash
# Name: readline
while read LINE
do
     echo "--$LINE--"
done < /etc/passwd
```

Hierbei dient read als Test-Kommando. Es liest bei jedem Aufruf eine Zeile von der Standardeingabe und legt sie in der Variable LINE ab. Kann read nichts mehr lesen, normalerweise weil das Dateiende erreicht ist, so ist sein Rückgabewert von Null verschieden. Damit läuft die while-Schleife so lange, bis die ganze Datei gelesen ist. Da hier die Standardeingabe der Schleife (!) umgelenkt wurde, liest und bearbeitet dieses Skript zeilenweise die Datei /etc/passwd.

6.2.6 Iteration

for Eine besondere Form der Schleife stellt das for-Kommando dar. Mit ihm iteriert eine Variable über eine vorgegebene Liste von Werten (etwa Dateinamen oder die Kommandozeile des Skripts) und führt für jeden dieser Werte eine Kommandofolge aus.

Die Struktur von for ist

```
for ⟨Variable⟩ [in ⟨Liste⟩]
do
     ⟨Kommandos⟩
done
```

und lässt sich wieder am besten anhand eines kleinen Testprogramms verstehen:

```
#! /bin/bash
# Name: fordemo
for i in eins Zwei DREI
do
     echo $i
done
```

Die Ausgabe sieht so aus:

```
$ fordemo
eins
Zwei
DREI
```

Das Praktische an for ist, dass Sie die Liste, über die iteriert wird, auch erst zur Laufzeit des Skripts erstellen können. So läuft in

```
#! /bin/bash
for i in *
do
    mv "$i" "$i.txt"
done
```

die Variable i über alle Dateinamen, die sich in dem Verzeichnis befinden, wo das Skript aufgerufen wird. Dadurch werden alle Dateien umbenannt.

Wenn Sie die Liste ganz weglassen, so iteriert i über die Argumente, die Sie dem Skript mitgeben, i nimmt also nacheinander die Werte $1, $2, ... an.

⇨ bash(1)

Kapitel 7 **Rechte und Benutzer**

In diesem Kapitel ...

- ✔ erfahren Sie etwas über die Eigentümer- und Gruppenkonzepte für Dateien

- ✔ lernen Sie, wie Sie Zugriffsrechte für Dateien und Verzeichnisse vergeben

- ✔ werden die Begriffe *umask*, SUID, SGID und *sticky bit* vorgestellt

- ✔ bekommen Sie Informationen über die Struktur und Speicherung von Benutzer- und Gruppendaten bei Linux

- ✔ werden die Kommandos zur Verwaltung von Benutzer- und Gruppendaten eingeführt

7.1 Das Benutzer- und Gruppenkonzept von Linux

Linux hat sein Benutzer- und Gruppenkonzept von Unix übernommen. Deshalb unterscheidet Linux wie Unix verschiedene Benutzer, die auch gleichzeitig (etwa über das Netz oder über Terminals) mit dem System arbeiten können – man spricht von einem »Mehrbenutzersystem« (engl. *multi-user and multi-session system*). Jeder Benutzer hat unter Linux seine eigenen Dateien und Verzeichnisse, in die andere Benutzer meist nicht ohne Weiteres Einblick nehmen (oder sie gar verändern) dürfen. Ebenso dürfen Benutzer wichtige Systemdateien nicht modifizieren oder – in manchen Fällen – nicht einmal anschauen. Zur Durchsetzung dieser wichtigen Sicherheitskonzepte ist es notwendig, dass das System verschiedene Benutzer voneinander unterscheiden kann.

UIDs Die Benutzer melden sich beim System mit ihrem Benutzernamen und ihrem Kennwort an. Systemintern werden allen Benutzern Nummern, die sogenannten **UIDs** (*user ids*) zugeordnet. Anhand seiner UID ist jeder Benutzer im System eindeutig zu identifizieren, auch die von ihm angelegten Dateien und die von ihm gestarteten Prozesse erhalten seine UID.

Primäre Gruppe Jedem Benutzer ist eine Gruppe zugeordnet, seine sogenannte **primäre Gruppe**. Jede Datei und jedes Verzeichnis gehören genau einem Benutzer und einer Gruppe.

```
$ ls -l /home
drwxr-xr-x    6 tux     users     704 2004-01-12 13:45 tux
drwxr-xr-x   30 tixi    users    2152 2004-01-20 10:24 tixi
```

Manche Distributionen ordnen standardmäßig alle Benutzer einer festen Gruppe wie users zu, andere legen für jeden Benutzer eine eigene Gruppe an. Die primäre Gruppe für jeden Benutzer ist in der zentralen Benutzerdaten-Datei /etc/passwd eingetragen.

Sekundäre Gruppe Benutzer können noch in weiteren **sekundären Gruppen** zusammengeschlossen werden, die gemeinsame Zugriffsrechte auf gewisse Ressourcen zugesprochen bekommen können. Gruppen haben zunächst keine eigenen Verzeichnisse, aber Dateien aus den Bereichen beliebiger Benutzer können für andere Gruppenmitglieder lesbar gemacht werden. Prinzipiell lassen sich natürlich auch Verzeichnisse einrichten, auf die nur bestimmte Gruppen Zugriff haben. Die Gruppen werden analog zu den Benutzern anhand ihrer eindeutigen Gruppennummern, den **GIDs**, identifiziert. Die Ihnen zugeordnete Benutzernummer und Ihre Gruppennummern können Sie mit dem Kommando id ermitteln.

```
$ id
uid=500(tux) gid=100(users) Gruppen=100(users),500(design)
```

Der Benutzer tux hat im Beispiel die UID 500 und die GID 100. Er ist darüber hinaus noch Mitglied in der Gruppe design. – Sie können id auch einen Benutzernamen übergeben und erhalten dann Informationen über die UID und Gruppen jenes Benutzers.

7.2 Zugriffsrechte auf Dateien und Verzeichnisse

7.2.1 Zugriffsrechte und ihre Bedeutung

Linux unterscheidet bei den Zugriffsrechten auf Dateien und Verzeichnisse zwischen drei **Kategorien**: 1. dem Benutzer, der Eigentümer einer Datei ist, 2. den Mitgliedern der Gruppe, der die Datei zugeordnet ist, und 3. allen anderen Benutzern (dem »Rest der Welt«). Jede Datei kann nur genau einer Gruppe zugeordnet sein, im Gegensatz zu Benutzern, die gleichzeitig Mitglied in mehreren Gruppen sein dürfen.

Für jede dieser Kategorien können Sie getrennt Zugriffsrechte vergeben: Lese-, Schreib- und Ausführungsrecht. Diese haben für Dateien und Verzeichnisse subtil unterschiedliche Bedeutung. Für Dateien bedeuten die Rechte das, was ihre Namen sagen: Wer Leserecht hat, darf den Inhalt anschauen, wer Schreibrecht hat, darf ihn ändern. Mit Ausführungsrecht können Sie die Datei als Programm starten. (Bei Maschinencode-Dateien reicht Ausführungsrecht, bei »Skripten« ist dazu noch Leserecht nötig.)

Bei Verzeichnissen sieht es etwas anders aus: Leserecht ist notwendig, um den Inhalt eines Verzeichnisses anschauen zu können – etwa indem man das ls-Kommando ausführt. Schreibrecht brauchen Sie, um Dateien im Verzeichnis anlegen, löschen oder umbenennen zu können.

GIDs

id

Kategorien

Zugriffsrechte

Zugriffsrechte für Verzeichnisse

Das »Ausführungsrecht« steht für die Möglichkeit, das Verzeichnis »benutzen« zu dürfen, in dem Sinne, dass Sie mit cd hineinwechseln oder seinen Namen in Pfadnamen von weiter unten im Dateibaum liegenden Dateien benutzen dürfen. Normalerweise hat es wenig Sinn, Schreib- und Ausführungsrecht für Verzeichnisse getrennt voneinander zu vergeben. In Verzeichnissen, wo Sie nur das r-Recht haben, können Sie die Dateinamen lesen, aber nichts anderes über die Dateien herausfinden. Haben Sie für ein Verzeichnis nur »Ausführungsrecht«, können Sie Dateien darin ansprechen, wenn Sie wissen, wie sie heißen.

Es ist wichtig, hervorzuheben, dass Schreibrecht auf eine *Datei* für das *Löschen* der Datei völlig unnötig ist; man braucht Schreibrecht auf das *Verzeichnis*, in dem die Datei steht, und sonst nichts. Da beim Löschen nur ein Verweis auf die tatsächliche Dateiinformation (die *inode*) aus dem Verzeichnis entfernt wird, handelt es sich dabei um eine reine Verzeichnisoperation. Das rm-Programm warnt Sie zwar, wenn Sie versuchen, eine Datei zu löschen, auf deren Inhalt Sie kein Schreibrecht haben, aber wenn Sie die Operation bestätigen und Schreibrecht im Verzeichnis der Datei haben, steht dem erfolgreichen Löschen nichts im Weg.

Wenn Sie dagegen Schreibrecht auf den Dateiinhalt, aber nicht auf ihr Verzeichnis haben, können Sie die Datei nicht löschen. Sie können aber natürlich die Länge der Datei auf 0 setzen und damit den *Inhalt* entfernen, auch wenn die Datei selbst prinzipiell noch existiert.

Für jeden Benutzer gelten diejenigen Zugriffsrechte, die »am besten passen«. Haben zum Beispiel die Mitglieder der Dateigruppe kein Leserecht für die Datei, der »Rest der Welt« dagegen schon, dann dürfen die Gruppenmitglieder nicht lesen. Das Argument, dass, wenn schon der Rest der Welt die Datei lesen darf, die Gruppenmitglieder, die ja in gewissem Sinne auch Teil des Rests der Welt sind, das eigentlich auch können sollten, zählt nicht.

Wer darf Rechte ändern? Der Dateieigentümer ist (neben dem Systemadministrator) der einzige Benutzer, der die Zugriffsrechte für eine Datei ändern darf. Dieses Privileg ist unabhängig von den tatsächlichen Dateirechten, da keine Änderungen des Dateiinhalts vorgenommen werden, sondern nur »Meta-Daten« (*inode*-Infomationen) überschrieben werden. Der Eigentümer darf sich selbst alle Rechte entziehen, aber hindert sich dadurch nicht selber daran, sich später diese Rechte wieder zu erteilen.

Informationen darüber, welche Rechte, Benutzer- und Gruppenzuordnung für eine Datei gelten, bekommen Sie mit »ls -l«: **Informationen**

```
$ ls -l
-rw-r--r--  1 test  users   4711  Oct 4 11:11 datei.txt
drwxr-x---  2 test  group2  4096  Oct 4 11:12 testdir
```

Die Zeichenkette am linken Rand der Tabelle gibt die Zugriffsrechte für den Eigentümer, die Dateigruppe und den »Rest der Welt« an (das allererste Zeichen ist der Dateityp und hat mit den Zugriffsrechten nichts zu tun). Die dritte Spalte nennt den Benutzernamen des Eigentümers und die vierte den Namen der Dateigruppe.

In der Rechteliste stehen »r«, »w« und »x« jeweils für ein vorhandenes Lese-, Schreib- und Ausführungsrecht. Steht nur ein »-« in der Liste, dann hat die betreffende Kategorie das betreffende Recht nicht. »rw-r--r--« steht also für »Lese- und Schreibrecht für den Eigentümer, aber nur Leserecht für die Gruppenmitglieder und den Rest der Welt«.

Als Dateieigentümer können Sie mit chmod die Zugriffsrechte für **chmod** die Datei setzen. Dabei können Sie die drei Kategorien durch die Abkürzungen »u« (*user*) für den Eigentümer (Sie selbst), »g« (*group*) für die Mitglieder der Dateigruppe und »o« (*others*) für den »Rest der Welt« bestimmen. Die Rechte selbst werden durch die schon erwähnten Kürzel »r«, »w« und »x« festgelegt. Mit »+«, »-« und »=« können Sie verfügen, ob die benannten Rechte zusätzlich zu den existierenden gewährt, entzogen oder anstelle der bisherigen vergeben werden sollen. Zum Beispiel:

```
$ chmod u+x datei
$ chmod go+w datei
$ chmod g+rw datei
$ chmod g=rw,o=r datei
$ chmod a+w datei
```

Im vorletzten Beispiel erhält die Gruppe Lese- und Schreibrecht (das Ausführungsrecht der Gruppe ist nicht gesetzt). Die Eigentümerrechte bleiben unberührt und der »Rest der Welt« darf die Da-

	user	group	others
Symbolisch	rw-	r--	r--
Binär	110	100	100
Wert	$1 \cdot 2^2 + 1 \cdot 2^1$	$1 \cdot 2^2$	$1 \cdot 2^2$
Oktalziffer	6	4	4

Tabelle 7.1: Zugriffsrechte in oktaler Form

tei nur lesen. Mit »a« können Sie alle Kategorien auf einmal setzen. Das letzte Beispiel gewährt allen Kategorien zusätzlich Schreibrecht. – Ohne Kategorieangabe werden nur die Rechte geändert, die *nicht* in der aktuellen *umask* (Abschnitt 7.2.2) vorkommen.

Die allgemeine Syntax des chmod-Kommandos ist

chmod [⟨Optionen⟩] ⟨Rechte⟩ ⟨Dateiname⟩ ...

Es können beliebig viele Datei- oder Verzeichnisnamen angegeben werden. Die wichtigsten Optionen sind:

-R Wenn ein Verzeichnis angegeben wurde, werden auch die Rechte von Dateien und Verzeichnissen innerhalb dieses Verzeichnisses geändert (rekursiv).

--reference=⟨Name⟩ Verwendet die Zugriffsrechte der Datei ⟨Name⟩. In diesem Fall müssen keine ⟨Rechte⟩ angegeben werden.

Oktale Form Die Rechte können auch numerisch in **oktaler Form** angegeben werden. Dazu ist es hilfreich, sich die Rechteliste zunächst binär nach Kategorien getrennt aufzuschreiben. »Eingeschaltete« Rechte erhalten eine binäre 1 und »ausgeschaltete« eine 0 (vgl. Tabelle 7.1). Die binären Zahlen können dann pro Kategorie zu einer oktalen Zahl zusammengefasst werden. Wollen Sie einer Datei Zugriffsrechte entsprechend der ersten Zeile aus Tabelle 7.1 vergeben, genügt es, »chmod 644 datei« einzugeben. Die oktale Schreibweise wird oft bevorzugt, da im täglichen Gebrauch nur wenige verschiedene Zahlencodes vorkommen.

7.2.2 Die *umask*

Neue Dateien und Verzeichnisse werden, wenn nichts anderes voreingestellt wurde, mit den (oktalen) Zugriffsrechten 666 bzw. 777

	oktal	binär
Standarddateizugriffsrecht	666	110 110 110
umask (Nullen lassen Rechte unverändert, Einsen schalten sie aus)	027	000 010 111
Resultierendes Zugriffsrecht	640	110 100 000

Tabelle 7.2: Wirkung der *umask* auf Dateirechte

	oktal	binär
Standarddateizugriffsrecht	777	111 111 111
umask (Nullen lassen Rechte unverändert, Einsen schalten sie aus)	027	000 010 111
Resultierendes Zugriffsrecht	750	111 101 000

Tabelle 7.3: Wirkung der *umask* auf Verzeichnisrechte

angelegt. Es ist aber möglich, diese Voreinstellung zu ändern, genauer gesagt einzelne Rechte daraus zu entfernen und so bei der Dateierzeugung standardmäßig weniger Zugriffsrechte zu setzen. Hierzu dient die *umask*.

Die Arbeitsweise der umask ist vergleichbar mit einem Sieb. Es wird nur angegeben welche Rechte »herausgesiebt« werden sollen. Mit anderen Worten: Die *umask* kann man als Zugriffsmodus interpretieren, in dem genau diejenigen Rechte gesetzt sind, die die neue Datei gerade *nicht* haben soll. Ein Beispiel für die Wirkung einer *umask* mit der Oktahlzahl 027 auf Dateirechte ist in Tabelle 7.2 aufgeführt. Zur Veranschaulichung sind die Zugriffsrechte auch in binärer Form aufgelistet. Das zweite Beispiel in Tabelle 7.3 zeigt die Wirkung derselben *umask* auf Verzeichnisrechte.

umask-
Interpretation

Die *umask* wird mit dem Shell-Kommando umask gesetzt, das Sie entweder explizit oder in einer Startdatei Ihrer Shell (Abschnitt 6.2) aufrufen. Wie das aktuelle Verzeichnis gehört die *umask* zur Prozessumgebung, das heißt, sie vererbt sich an Kindprozesse, aber Änderungen der *umask* in einem Kindprozess wirken sich nicht auf den Elterprozess aus (vgl. Abschnitt 8.1).

Shell-Kommando
umask

Die *umask* wird als Oktalzahl angegeben. Für die bash-Shell ist es möglich die umask auch in der beim Kommando chmod beschriebenen symbolischen Form anzugeben. Allerdings muss die umask in symbolischer Form komplementär zur oktalen Form geschrieben werden:

```
$ umask -S
u=rwx,g=rx,o=rw
$ umask u=rwx,g=rx,o=r
$ umask
0023
```

Wenn kein Wert angegeben ist, wird die aktuelle Maske angezeigt. Mit der bash-spezifischen Option -S wird die aktuelle Maske in symbolischer Form ausgegeben.

Beachten Sie, dass Sie mit der *umask* nur Zugriffsrechte *entfernen* können. Es gibt keine Möglichkeit, einer Datei automatisch Ausführrecht zu geben.

7.2.3 Dateiattribute

ext2- und ext3-Dateisysteme (Abschnitt 10.2.1) unterstützen noch zusätzliche Dateieigenschaften, die *Dateiattribute*. Sie werden mit **chattr** dem Befehl chattr (engl. *change attribute*) gesetzt. Einige sind dem Systemverwalter vorbehalten, und es sind auch noch nicht alle Attribute wirklich im Dateisystem implementiert.

```
# lsattr beispiel
-------------- ./beispiel
# chattr +i beispiel
# lsattr beispiel
----i---------- ./beispiel
```

lsattr Mit lsattr (engl. *list attribute*) lassen sich die bisher vergebenen Dateiattribute anschauen. Jeder Strich »-« steht für ein Attribut, das mit chattr +⟨Attribut⟩ hinzugefügt und mit chattr -⟨Attribut⟩ wieder entfernt werden kann. Einige mögliche Attribute sind im Folgenden aufgelistet (für weitere siehe chattr(1)):

A (engl. *atime*) Wenn auf eine Datei mit dem »A«-Attribut zugegriffen wird, wird der »atime«-Eintrag im *inode* nicht aktualisiert, was Plattenaktivitäten spart.

a (engl. *append*) Erlaubt nur noch das Anfügen von Daten an eine Datei. Die Datei selbst darf weder überschrieben noch gelöscht werden.

d (engl. *no dump*) Dateien mit diesem Attribut werden beim Backup mit dem Programm dump nicht gesichert.

i (engl. *immutable*) Diese Datei kann nicht mehr bearbeitet oder gelöscht werden. Auch keine *hard links* dürfen auf sie gesetzt werden.

S (engl. *synchronous update*) Bewirkt das synchrone Schreiben auf die Festplatte ohne Zwischenspeichern in Puffern.

7.3 Dateieigentümer und Gruppe setzen

7.3.1 Die Kommandos chown und chgrp

Das Kommando chown ermöglicht das Setzen des Datei- oder Verzeichniseigentümers und der Gruppe. Der Befehl erhält als Argumente die Benutzerkennung des Besitzers und/oder die gewünschte Gruppenkennung und die Datei bzw. das Verzeichnis, dessen Eigentümer geändert werden soll.

chown

```
chown ⟨Benutzername⟩[:⟨Gruppenname⟩] ⟨Name⟩ ...
chown :⟨Gruppenname⟩ ⟨Name⟩ ...
```

Werden Benutzername und Gruppenkennung angegeben, werden beide gesetzt; wird nur ein Benutzername angegeben, bleibt die Gruppe so, wie sie war; wird ein Benutzername mit Doppelpunkt angegeben, dann wird die Datei der primären Gruppe des Benutzers zugeordnet; wird nur ein Gruppenname angegeben (mit Doppelpunkt), dann bleibt der Eigentümer so, wie er war.

```
# ls -l beispiel
-rw-r--r--    1 tux  users       8278 Jan  5 17:51 beispiel
# chown tixi:training beispiel
# ls -l beispiel
-rw-r--r--    1 tixi training     8278 Jan  5 17:51 beispiel
```

Um Dateien an andere Benutzer oder beliebige Gruppen zu »verschenken«, müssen Sie Systemverwalter sein. Der Hauptgrund dafür ist, dass normale Benutzer sonst einander ärgern können, wenn das System »Kontingentierung« verwendet, also jeder Benutzer nur über eine bestimmte Menge Plattenplatz verfügen darf (Abschnitt 10.5).

chgrp   Mit dem Kommando chgrp können Sie die Gruppe einer Datei ändern, und zwar auch als normaler Benutzer – solange Sie Eigentümer der Datei sowie Mitglied der neuen Gruppe sind:

chgrp ⟨Gruppenname⟩ ⟨Name⟩ ...

Änderungen des Dateieigentümers oder der Dateigruppe ändern die Zugriffsrechte für die verschiedenen Kategorien nicht.

Auch chown und chgrp unterstützen die Option -R zur rekursiven Anwendung auf eine ganze Verzeichnishierarchie.

Selbstverständlich können Sie auch mit den meisten Dateibrowsern, wie Konqueror oder Nautilus, Rechte, Gruppe und Eigentümer einer Datei ändern.

7.3.2 Eigentum an Prozessen

Unter Linux wird der Eigentumsbegriff für Dateien und Prozesse einheitlich betrachtet. So sind auch Prozesse im System einem Eigentümer zugeordnet.

Prozesse haben auch Eigentümer   Viele Kommandos, die Sie über die Tastatur eingeben, erzeugen einen Prozess im Arbeitsspeicher des Rechners. Im normalen Betrieb befinden sich immer mehrere Prozesse gleichzeitig im Speicher, die vom Betriebssystem streng voneinander abgegrenzt werden. Die einzelnen Prozesse werden mit allen ihren Daten einem Benutzer als Eigentümer zugeordnet. Dies ist in der Regel der Benutzer, der den Prozess gestartet hat – auch hier haben Prozesse, die mit Administratorrechten gestartet wurden, die Möglichkeit, ihre Identität zu ändern, und der SUID-Mechanismus (Abschnitt 7.3.3) kann hier ebenfalls eingreifen.

Die Eigentümer der Prozesse werden vom Programm ps angezeigt, wenn es mit der Option -u aufgerufen wird.

```
# ps -u
USER     PID %CPU  %MEM TTY STAT  START   TIME COMMAND
bin       89 0.0   1.0  ?    S    13:27   0:00 rpc.portmap
test1    190 0.0   2.0  3    S    13:27   0:00 bash
test1    613 0.0   1.3  3    S    15:05   0:00 vi XF86.tex
nobody   167 0.0   1.4  ?    S    13:27   0:00 httpd
root       1 0.0   1.0  ?    S    13:27   0:03 init [3]
```

```
root     2  0.0  0.0  ?  SW  13:27  0:00 (kflushd)
```

7.3.3   Besondere Rechte für ausführbare Dateien

Angenommen, das Programm passwd sei mit folgenden Zugriffsrechten versehen:

```
-rwxr-xr-x  1 root shadow  32916 Dec 11 /usr/bin/passwd
```

Ein normaler (unprivilegierter) Nutzer möchte nun sein Kennwort ändern und ruft das Kommando passwd auf. Als Nächstes erhält er die Meldung *permission denied*. Was ist die Ursache? Das Programm versucht, die Datei /etc/shadow zum Schreiben zu öffnen, und scheitert natürlich, da nur root die Schreibberechtigung besitzt – dies darf auch nicht anders sein, sonst könnte jeder die Kennwörter beliebig manipulieren, etwa das root-Kennwort ändern. Mit Hilfe des **Set-UID-Bits** (oft kurz »SUID-Bit« genannt) kann dafür gesorgt werden, dass ein Programm nicht mit den Rechten des Aufrufers, sondern des Dateieigentümers – hier root – ausgeführt wird.

SUID-Bit

```
-rwsr-xr-x  1 root shadow  32916 Dec 11 /usr/bin/passwd
```

Im Fall von passwd hat der *Prozess* (im Gegensatz zum aufrufenden Benutzer) also Schreibrecht auf die Datei /etc/shadow. Es liegt in der Verantwortung des Programmierers von passwd, dafür zu sorgen, dass mit diesem Recht kein Schindluder getrieben wird, etwa indem Programmierfehler ausgenutzt werden, um beliebige Dateien außer /etc/shadow zu manipulieren oder andere Einträge in /etc/shadow außer dem Kennwortfeld des aufrufenden Benutzers zu verändern. Unter Linux funktioniert der Set-UID-Mechanismus übrigens nur für Maschinencode-Programme, nicht für Shell- oder andere Interpreter-Skripte.

Analog zum Set-UID-Bit gibt es auch ein SGID-Bit, mit dem ein Prozess statt der Gruppenzugehörigkeit des Aufrufers mit der Gruppenzugehörigkeit der Datei und den damit verbundenen Rechten ausgeführt wird.

SGID-Bit

Die SUID- und SGID-Modi werden wie alle anderen Modi einer Datei mit dem Systemprogramm chmod verändert, indem Sie symbolische Schlüssel wie u+s (setzt das SUID-Bit) oder g-s (löscht das SGID-Bit) angeben.

chmod-Syntax

```
$ file hello
hello: ELF 32-bit LSB executable, Intel 80386,
dynamically linked (uses shared libs), not stripped
$ chmod g+s hello
$ ls -l
-rwxr-sr-x    1 tux   users    11066 2003-11-10 21:04 hello
```

Auch in oktalen Modi können Sie diese Bits setzen, indem Sie eine vierte Ziffer ganz links hinzufügen: Das SUID-Bit hat den Wert 4, das SGID-Bit den Wert 2 – so können Sie einer Datei den Zugriffsmodus 4755 geben, um sie für alle Benutzer lesbar und ausführbar zu machen (der Eigentümer darf auch schreiben) und das SUID-Bit zu setzen.

```
$ ls -l hello
-rwxr--r--    1 tux   users    11066 2003-11-10 21:04 hello
$ chmod 4755 hello
-rwsr-xr-x    1 tux   users    11066 2003-11-10 21:04 hello
```

ls-Ausgabe Sie erkennen Programme, die mit den Rechten des Eigentümers oder der Gruppe der Programmdatei arbeiten, in der Ausgabe von »ls -l« durch die symbolischen Abkürzungen »s« anstelle von »x« für normal ausführbare Dateien.

7.3.4 Besondere Rechte für Verzeichnisse

Es gibt eine weitere Ausnahme von der Zuordnung des Eigentums an Dateien nach dem Verursacherprinzip: Der Eigentümer eines Verzeichnisses kann bestimmen, dass die in diesem Verzeichnis erzeugten Dateien der gleichen Benutzergruppe gehören wie das **SGID für** Verzeichnis selbst. Dafür muss das SGID-Bit des Verzeichnisses **Verzeichnisse** gesetzt werden:

```
drwxr-sr-x    73 root root Jan 3 /usr/lib/qt3/doc/examples
```

Die Zugriffsrechte auf ein Verzeichnis werden durch das SGID-Bit nicht verändert. Um eine Datei in einem solchen Verzeichnis anzulegen, muss ein Benutzer das Schreibrecht in der für ihn zutreffenden Kategorie (Eigentümer, Gruppe, andere Benutzer) haben. Die in dem SGID-Verzeichnis erzeugte Datei gehört dann der Gruppe des Verzeichnisses, auch wenn der Benutzer selbst dieser Gruppe nicht angehört. Für erzeugte Verzeichnisse gilt, dass sie das SGID-Bit vererbt bekommen.

Der SGID-Modus verändert nur das Verhalten des Betriebssystems beim Erzeugen neuer Dateien. Der Umgang mit bereits existierenden Dateien ist in diesen Verzeichnissen völlig normal. Das bedeutet beispielsweise, dass eine Datei, die außerhalb des SGID-Verzeichnisses erzeugt wurde, beim Verschieben dorthin ihre ursprüngliche Gruppe behält (wohingegen sie beim Kopieren der Gruppe des Verzeichnisses zugeordnet würde).

Auch das Programm chgrp arbeitet in SGID-Verzeichnissen völlig normal: Der Eigentümer einer Datei kann sie jeder Gruppe zueignen, der er selbst angehört. Gehört der Eigentümer nicht zur Gruppe des Verzeichnisses, kann er die Datei mit chgrp nicht dieser Gruppe übergeben – er muss sie im Verzeichnis neu erzeugen.

Es ist möglich, bei einem Verzeichnis das SUID-Bit zu setzen, diese Einstellung hat aber keine Wirkung.

Linux unterstützt noch einen weiteren Spezialmodus für Verzeichnisse, bei dem das Löschen oder Umbenennen von darin enthaltenen Dateien nur dem Besitzer der jeweiligen Datei, dem Verzeichniseigentümer und dem Systemadministrator erlaubt ist:

```
drwxrwxrwt  7 root   root  1024 Apr  7 10:07 /tmp
```

Mit diesem t-Modus, dem *sticky bit*, kann einem Problem begegnet werden, das bei der gemeinsamen Verwendung öffentlicher Verzeichnisse entstehen kann: Das Schreibrecht für das Verzeichnis erlaubt auch das Löschen fremder Dateien, unabhängig von deren Zugriffsmodus und Besitzer! Beispielsweise sind die Verzeichnisse /tmp und /var/tmp öffentlicher Raum, in dem von vielen Programmen temporäre Dateien angelegt werden. Um darin Dateien anlegen zu können, haben alle Benutzer für diese Verzeichnisse Schreibrecht. Damit hat jeder Benutzer auch das Recht, Dateien in diesem Verzeichnis zu löschen.

Normalerweise betrachtet das Betriebssystem beim Löschen oder Umbenennen einer Datei die Zugriffsrechte auf die Datei selbst nicht weiter. Indem bei den tmp-Verzeichnissen das *sticky bit* gesetzt wird, kann neben dem Administrator und dem Verzeichniseigentümer nur noch der Eigentümer eine dort gespeicherte Temporärdatei löschen. Das *sticky bit* kann über die symbolische Angabe +t bzw. -t gesetzt oder gelöscht werden, oktal hat es in derselben Ziffer wie SUID und SGID den Wert 1.

```
$ chmod 1777 /home/tux/outgoing
$ ls -ld /home/tux/outgoing
drwxrwxrwt    2 tux  users  48    12:07 /home/tux/outgoing/
```

7.4 Zugriffskontrolllisten (ACLs)

Wie erklärt, erlaubt Linux die getrennte Vergabe von Zugriffsrechten für den Dateieigentümer, die Mitglieder der Dateigruppe und den »Rest der Welt«. Für manche Anwendungen ist dieses dreistufige System aber zu einfach, oder differenzierte Rechtesysteme von anderen Betriebssystemen müssen auf Linux-Systemen abgebildet werden. Hierzu dienen Zugriffskontrolllisten (*access control lists, ACLs*).

POSIX-ACLs   Linux unterstützt auf den meisten Dateisystemen »POSIX-ACLs« gemäß IEEE 1003.1e (Entwurf 17) mit ein paar Linux-spezifischen Erweiterungen. Hiermit können Sie für Dateien und Verzeichnisse neben der Dateigruppe weitere Gruppen und einzelne Benutzer benennen, denen Sie dann Lese-, Schreib- oder Ausführungsrechte zuordnen, die von denen der Dateigruppe bzw. dem »Rest der Welt« abweichen. Andere Rechte, etwa die der Rechtezuordnung, bleiben dem Dateieigentümer bzw. root vorbehalten und können auch mit ACLs nicht weiterdelegiert werden. Die Kommandos setfacl und getfacl dienen zum Setzen und Abfragen solcher ACLs.

↪ Allgemeine Informationen auf http://acl.bestbits.at/
↪ acl(5), getfacl(1), setfacl(1)

ACLs sind eine vergleichsweise neue und eher selten verwendete Eigenschaft, und ihre Verwendung unterliegt gewissen Einschränkungen. Der Kernel überwacht zwar ihre Einhaltung, aber zum Beispiel ist nicht jedes Programm in der Lage, ACLs etwa bei Kopieroperationen mitzukopieren – Sie müssen möglicherweise ein angepasstes tar (star) verwenden, um von einem Dateisystem mit ACLs Sicherheitskopien zu machen. ACLs vertragen sich mit Samba, so dass Windows-Clients die richtigen Rechte zu sehen bekommen, aber wenn Sie Dateisysteme über NFS an andere (proprietäre) Unix-Systeme exportieren, könnte es sein, dass Ihre ACLs von Unix-Clients, die ACLs nicht unterstützen, ignoriert werden.

7.5 Benutzer- und Gruppenverwaltung

7.5.1 Benutzerdaten

Die zentrale Benutzerdatenbank ist die Datei /etc/passwd. Jeder Benutzer auf dem System hat einen Eintrag in dieser Datei[1] – eine Zeile, in der Attribute wie Benutzername, »richtiger« Name usw. festgehalten werden.

/etc/passwd

Neben den persönlichen gibt es weitere Benutzerkonten auf dem System, die nicht tatsächlichen menschlichen Benutzern zugeordnet, sondern systemintern für administrative Funktionen zuständig sind. Hier werden funktionale Rollen definiert, denen eigene Konten und Gruppen zugeordnet werden. Nach der Installation von Linux finden Sie in den Dateien /etc/passwd und /etc/group eine ganze Reihe solcher Pseudobenutzer und -gruppen. Der wichtigste Benutzer ist hier der Systemadministrator root mit der gleichnamigen Gruppe.

Pseudobenutzer

Pseudobenutzer können für bestimmte Programmgruppen (beispielsweise News und Mail) oder für bestimmte Komponenten oder Gerätegruppen (beispielsweise Drucker, Band- und Diskettenlaufwerke) existieren. Diese Konten erreichen Sie wie andere auch über den Befehl su. Die Pseudobenutzer sind als Eigentümer von Dateien und Verzeichnissen hilfreich, um die mit dem Eigentum an Systemdaten verbundenen Zugriffsrechte flexibel an die speziellen Anforderungen anzupassen.

Pseudobenutzer für Rechtevergabe

Die Einträge in /etc/passwd haben folgendes Format (Zeilenumbruch aus Platzgründen):

⟨Benutzername⟩:⟨Kennwort⟩:⟨UID⟩:⟨GID⟩:⟨GECOS⟩▷
◁:⟨Heimatverzeichnis⟩:⟨Shell⟩

Benutzername Dieser Name sollte aus Kleinbuchstaben und Ziffern bestehen; das erste Zeichen sollte ein Buchstabe sein. Unix-Systeme unterscheiden oft nur die ersten 8 Zeichen – Linux hat diese Einschränkung nicht, aber in heterogenen Netzen sollten Sie darauf Rücksicht nehmen.

Kennwort Traditionell steht hier das verschlüsselte Kennwort des

---

[1] Falls nicht NIS, LDAP oder ähnliches verwendet wird.

shadow passwords

Benutzers. Unter Linux sind heute »*shadow passwords*« üblich; statt das Kennwort in der allgemein lesbaren /etc/passwd-Datei abzulegen, steht es in der Datei /etc/shadow gespeichert, auf die nur der Administrator und die Mitglieder der Gruppe shadow Zugriff haben. In /etc/passwd macht ein »x« auf diesen Umstand aufmerksam. Jedem Benutzer steht das Kommando passwd zur Verfügung, um sein Kennwort selbst zu verändern.

UID Die numerische Benutzerkennung. Nach Konvention sind UIDs zwischen 0 und 99 (einschließlich) für das System reserviert, UIDs zwischen 100 und 499 können an Softwarepakete ausgegeben werden, falls diese Pseudobenutzer benötigen. UIDs für »echte« Benutzer haben bei den meisten Distributionen Werte ab 500.

Eben weil die Benutzer im System nicht durch die Namen, sondern durch die UID unterschieden werden, behandelt der Kernel intern zwei Konten als völlig identisch, wenn sie unterschiedliche Benutzernamen, aber dieselbe UID haben – jedenfalls was die Zugriffsrechte angeht.

Primäre Gruppe

GID Die GID der **primären Gruppe** des Benutzers nach dem Anmelden. Bei *Red Hat Linux* wird für jeden neuen Benutzer automatisch eine eigene Gruppe angelegt, die die gleiche GID hat wie die UID des Benutzerkontos. Bei den SUSE- und anderen Distributionen wird eine bestimmte Gruppe, hier beispielsweise users, als gemeinsame Standardgruppe für alle Benutzer eingetragen. Jeder Benutzer muss durch die Zuordnung in der Datei /etc/passwd Mitglied mindestens einer Benutzergruppe sein. Zusätzlich kann jeder Benutzer weiteren Gruppen angehören. Diese weiteren Zuordnungen werden durch entsprechende Einträge in der Datei /etc/group festgelegt.

GECOS Dies ist das Kommentarfeld, auch *GECOS-Feld* (*General Electric Comprehensive Operating System*) genannt.

Heimatverzeichnis Das hier benannte Verzeichnis ist der persönliche Bereich des Benutzers, in dem er seine eigenen Dateien aufbewahren kann. Wenn ein Benutzer sich anmeldet, etwa über login oder ssh, macht das System sein Heimatverzeichnis zum aktuellen Verzeichnis seiner Shell.

Login-Shell Der Name des Programms, das gestartet werden soll, nachdem der Benutzer sich erfolgreich angemeldet hat – in der Regel eine Shell. Der Benutzer kann mit dem Programm chsh diesen Eintrag selbst ändern. Die erlaubten Programme (Shells) sind in der Datei /etc/shells aufgelistet. Wenn ein Benutzer **/etc/shells** keine interaktive Shell haben soll, kann auch ein beliebiges anderes Programm mit allen Argumenten in dieses Feld eingetragen werden (etwa /bin/false, wenn sich überhaupt niemand interaktiv als dieser Benutzer anmelden können soll). Das Feld kann auch leer bleiben. Dann wird automatisch die Standard-Shell /bin/sh gestartet. Das siebte Feld nimmt den Rest der Zeile bis zum Zeilenende ein.

Einige der hier gezeigten Felder können leer bleiben. Absolut notwendig sind nur Benutzername, UID, GID und Heimatverzeichnis. Für die meisten Benutzerkonten werden alle diese Felder ausgefüllt sein, aber Pseudobenutzer benutzen eventuell nur einen Teil der Felder. Hier einige beispielhafte Einträge, wie sie in /etc/ passwd stehen könnten:

```
root:x:0:0:Systemadministrator:/root:/bin/bash
man:x:13:62:Manual pages viewer:/var/cache/man:/bin/false
otto:x:4711:100:Otto Normalverbraucher:/home/otto:/bin/bash
```

Der erste Eintrag steht für den Benutzer root. Die UID von root ist **Benutzer root** 0. Genau das ist es, was root zum privilegierten Benutzer macht. Die GID von root ist ebenfalls 0, was sich als Konvention herausgebildet hat. Viele der Dateien im System gehören dem Benutzer root und sind der Gruppe root zugeordnet.

Die Heimatverzeichnisse stehen üblicherweise unter /home und **Heimat-** werden mit dem Benutzernamen des Besitzers benannt. In der **verzeichnisse** Regel ist das eine ganz nützliche Übereinkunft, die dazu beiträgt, dass das Heimatverzeichnis eines bestimmten Benutzers leicht zu finden ist.

Beachten Sie, dass Sie als Administrator die Datei /etc/passwd nicht unbedingt direkt von Hand editieren sollten. Es gibt eine Reihe von Programmen, die Ihnen bei der Einrichtung und Pflege **Werkzeuge** der Benutzerkonten helfen.

Prinzipiell ist es auch möglich, die Benutzerdatenbank anderswo zu lagern als in /etc/passwd. (Häufig empfiehlt es sich dabei, nur den Teil für normale Benutzer auszulagern und eine »Rumpf-/etc/passwd« beizubehalten.) Auf Systemen mit sehr vielen Benutzern (Tausenden) ist eine Speicherung etwa in einer relationalen Datenbank vorzuziehen, während sich in heterogenen Netzen eine gemeinsame Benutzerverwaltung für unterschiedliche Plattformen etwa auf der Basis eines LDAP-Verzeichnisses anbietet (LDAP, engl. *Lightweight Directory Access Protocol*).

LDAP

Die Datei /etc/shadow Aus Sicherheitsgründen werden bei fast allen aktuellen Linux-Distributionen die Benutzerkennwörter in verschlüsselter Form in der Datei /etc/shadow gespeichert (engl. *shadow passwords*, »Schattenkennwörter«). Die Datei ist für normale Benutzer nicht lesbar; nur root darf sie schreiben, während außer ihm auch die Mitglieder der Gruppe shadow die Datei lesen dürfen. Die Verwendung von /etc/shadow ist nicht Pflicht, aber sehr dringend empfohlen.

Für jeden Benutzer ist in dieser Datei wieder genau eine Zeile eingetragen, das Format ist (Zeilenumbruch aus Platzgründen):

⟨Benutzername⟩:⟨Kennwort⟩:⟨Änderung⟩:⟨Min⟩:⟨Max⟩▷
◁:⟨Warnung⟩:⟨Frist⟩:⟨Sperre⟩:⟨Reserviert⟩

Benutzername Entspricht dem Eintrag in /etc/passwd.

Kennwort Das verschlüsselte Kennwort des Benutzers. Das verschlüsselte Kennwort ist beim DES-Algorithmus (engl. *Data Encryption Standard*) 13 Zeichen lang (crypt(3)). Ein Stern oder ein Ausrufungszeichen zeigen an, dass es keine Kennwortvergabe gibt (bei imaginären Benutzern), der entsprechende Benutzer kann sich nicht anmelden. Ein leerer Eintrag bedeutet, dass der Benutzer sich ohne Kennwort anmelden kann.

Änderung Das Datum der letzten Änderung des Kennworts, in Tagen seit dem 1. Januar 1970.

Min Minimale Anzahl von Tagen, die seit der letzten Kennwortänderung vergangen sein müssen, damit das Kennwort wieder geändert werden kann.

Max Maximale Anzahl von Tagen, die ein Kennwort ohne Änderung gültig bleibt. Nach Ablauf dieser Frist muss der Benutzer sein Kennwort ändern.

Warnung Die Anzahl von Tagen vor dem Ablauf der ⟨Max⟩-Frist, an denen der Benutzer eine Warnung erhält, dass er sein Kennwort bald ändern muss, weil die maximale Anzahl abläuft. Die Meldung erscheint in der Regel beim Anmelden.

Gnaden-Frist Die Anzahl von Tagen ausgehend vom Ablauf der ⟨Max⟩-Frist, nach der das Konto automatisch gesperrt wird, wenn der Benutzer nicht vorher sein Kennwort ändert. (In der Zeit zwischen dem Ende der ⟨Max⟩-Frist und dem Ende dieser Frist kann der Benutzer sich anmelden, muss aber sofort sein Kennwort ändern.)

Sperre Das Datum, an dem das Konto definitiv gesperrt wird, wieder in Tagen seit dem 1. Januar 1970.

Reserviert Feld, das für zukünftige Anwendungen vorgesehen ist.

Die Installationsroutinen geben in der Regel einige Einträge in der Datei vor. Die vorgegebenen Einträge sind (je nach Distribution) beispielsweise:

```
root:04Nu7ytVSI9js:10734:0:10000::::
bin:*:8902:0:10000::::
daemon:*:8902:0:10000::::
lp:*:9473:0:10000::::
uucp:*:0:0:10000::::
games:*:0:0:10000::::
man:*:8902:0:10000::::
at:*:8902:0:10000::::
...
```

Wirklich darauf verlassen, dass alle einstellbaren Kennwortparameter auch funktionieren, können Sie sich allerdings nur, wenn die Benutzer sich auf der Textkonsole anmelden. Anderen Anmeldemethoden stehen diese Parameter prinzipiell zur Verfügung, aber was sie daraus im Einzelfall machen, wissen die Götter.

7.5.2 Verwaltung von Benutzerkonten

Als Administrator legen Sie die Konten für alle Benutzer (und Pseudobenutzer) auf Ihrem System an und verwalten sie. Um dies zu erleichtern, bringt Linux einige Werkzeuge zur Benutzerverwaltung mit. Damit ist diese zwar in den meisten Fällen eine

Werkzeuge zur Benutzerverwaltung

problemlose, einfach zu erledigende Angelegenheit, aber es ist wichtig, dass Sie die Zusammenhänge verstehen.

Benutzerkonten einrichten   Der Vorgang bei der Einrichtung eines neuen Benutzerkontos ist im Prinzip immer gleich und erfolgt in mehreren Schritten:

1. Es wird ein Eintrag in der Kennwortdatei /etc/passwd angelegt.

2. Es wird ein Eintrag (oder mehrere) in der Gruppendatei /etc/ group erzeugt.

3. Das Heimatverzeichnis wird erzeugt, eine Grundausstattung hineinkopiert und alles dem neuen Benutzer übereignet.

4. Wenn nötig wird der Benutzer noch in weitere Listen eingetragen, zum Beispiel für Plattenplatz-Kontingente, Zugriffsberechtigung auf Datenbanken und spezielle Applikationen.

5. Das Kennwort wird vergeben.

Alle Dateien, die beim Einrichten eines neuen Kontos bearbeitet werden, sind normale Textdateien. Sie können jeden Schritt prinzipiell von Hand oder mit Hilfe eines Texteditors durchführen.

Heimat-verzeichnis   Das Heimatverzeichnis trägt normalerweise den Namen des Benutzers und wird als Unterverzeichnis von /home angelegt. Das Verzeichnis muss dem Benutzer und seiner primären Gruppe gehören. Die für die Grundausstattung in das Heimatverzeichnis kopierten Dateien befinden sich nach Konvention im Verzeichnis /etc/skel. Dazu gehören Initialisierungsdateien für verschiedene Programme, zum Beispiel .profile, .Xdefaults oder .vimrc. Ein neues Heimatverzeichnis würden Sie so anlegen:

```
# cp -r /etc/skel/ /home/tixi/
# chown -R tixi:users /home/tixi/
```

Glücklicherweise brauchen Sie diese Schritte nicht für jeden neuen Benutzer einzeln vorzunehmen. Es ist einfacher, neue Benutzer **useradd** mit dem Befehl useradd anzulegen. Im einfachsten Fall wird dem Programm useradd lediglich der Name des neuen Benutzers übergeben.

```
# useradd tixi
```

Optional können auch noch viele andere Benutzerparameter eingetragen werden; für nicht angegebene Parameter (typischerweise zum Beispiel die UID) werden automatisch »vernünftige« Standardwerte gewählt. Mit der Option -m kann auch das Heimatverzeichnis des Benutzers angelegt und mit der Grundausstattung an Dateien aus /etc/skel versehen werden. Soll die Grundausstattung aus einem anderen Verzeichnis kopiert werden, kann dieses mit »-k ⟨Verzeichnis⟩« angegeben werden. Genauso lässt sich mit »-d ⟨Verzeichnis⟩« ein von /home/⟨Benutzername⟩ abweichendes Heimatverzeichnis festlegen.

```
# useradd -mk /root/eigenbau/ -d /newhome/rudi rudi
```

Wird der Befehl useradd mit der Option -D verwendet, lassen sich damit Vorgabewerte für das Anlegen neuer Benutzer festlegen. Ohne Zusatzoptionen werden die Werte (aus /etc/default/ useradd) nur angezeigt:

```
# useradd -D
GROUP=100
HOME=/home
INACTIVE=-1
EXPIRE=
SHELL=/bin/bash
SKEL=/etc/skel
```

Zum Setzen einer neuen primären Standardgruppe design müsste folgende Eingabe erfolgen (vorausgesetzt design ist in /etc/group eingetragen):

```
# useradd -D -g design
```

Nach dem Anlegen mit useradd ist das neue Konto noch nicht zugänglich; der Systemverwalter muss erst noch ein Kennwort eintragen (s. Abschnitt 7.5.3).

Kennwort

Konten löschen und stilllegen Um ein Konto zu löschen, müssen Sie den Eintrag des Benutzers aus /etc/passwd und /etc/shadow entfernen, alle Verweise auf diesen Benutzer in /etc/group löschen und das Heimatverzeichnis sowie alle Dateien entfernen, die der Benutzer erstellt hat oder deren Eigentümer er ist. Wenn der Benutzer z. B. eine Mailbox für eingehende Nachrichten in /var/mail hat, sollte auch diese entfernt werden.

userdel Auch für diese Aktionen existiert ein passendes Kommando. Der Befehl userdel löscht ein Konto komplett. Die Syntax:

```
userdel [-r] ⟨Benutzername⟩
```

Die Option -r sorgt dafür, dass das Heimatverzeichnis des Benutzers mit Inhalt sowie seine Mailbox in /var/mail entfernt wird, andere Dateien des Benutzers – etwa crontab-Dateien usw. – müssen von Hand gelöscht werden. Eine schnelle Methode, die Dateien (keine Verzeichnisse) eines bestimmten Benutzers zu finden und zu löschen, ist der Befehl:

```
find / -uid ⟨UID⟩ -type f -exec rm -f {} \;
```

Mit userdel ohne die Option -r werden nur die Benutzerdaten aus der Benutzerdatenbank gelöscht; das Heimatverzeichnis bleibt stehen.

Benutzerkonten und Gruppenzuordnung ändern Viele Systeme enthalten Befehle wie usermod und groupmod für die Änderung der Benutzerkonten und -gruppen. Muss man die Dateien /etc/passwd und /etc/group per Hand editieren, sollten die Programme vipw bzw. vigr verwendet werden. Diese sperren die Dateien während der Bearbeitung gegen weitere Zugriffe, z. B. wenn ein Benutzer mit passwd in derselben Zeit sein Kennwort ändern möchte.

usermod Das Programm usermod akzeptiert im Wesentlichen dieselben Optionen wie useradd, aber ändert existierende Benutzerkonten, statt neue anzulegen. Beispielsweise können Sie mit

```
usermod -g ⟨Gruppe⟩ ⟨Benutzername⟩
```

UID ändern die primäre Gruppe eines Benutzers ändern. Die UID eines bestehenden Benutzerkontos ändern Sie mit -u:

```
# usermod -u 503 tux
```

Dabei werden die Dateien im Heimatverzeichnis des Benutzers mit umgestellt; andere Dateien können Sie zum Beispiel mit chown umwidmen:

```
# chown -R --from=501:users tux:tuxgroup /
```

Dabei können Sie sowohl UIDs/GIDs als auch Namen angeben.

Wenn »ls -l« eine numerische UID statt eines Namens ausgibt, deutet dies darauf hin, dass mit der UID dieser Dateien kein Benutzername verbunden ist. Solche »herrenlosen« Dateien können Sie mit »find / -nouser« und »find / -nogroup« finden und mit chown wieder einem Benutzer zuordnen.

7.5.3 Kennwortverwaltung

Jedem Benutzerkonto ist ein geheimes Kennwort zugeordnet. Der Befehl passwd dient der Vergabe von Benutzerkennwörtern.

```
# passwd otto
```

fragt nach einem neuen Kennwort für den Benutzer otto, ohne dass das alte Kennwort angegeben werden muss. Allerdings müssen Sie dazu als root angemeldet sein.

Es ist nicht notwendig, die Datei /etc/shadow anzuschauen, um Auskünfte über den Kennwortstatus zu erhalten, dazu können Sie auch den Befehl passwd mit der Option -S verwenden:

```
# passwd -S franz
franz LK 10/15/99 0 99999 7 0
```

Die Informationen werden in folgender Syntax ausgegeben: **Syntax**

⟨Name⟩ ⟨Status⟩ ⟨MM/TT/JJ⟩ ⟨Min⟩ ⟨Max⟩ ⟨Warnung⟩ ⟨Frist⟩

Dabei steht ⟨Status⟩ für den Kennwortstatus: »PS« (auf manchen Systemen »P«) heißt, dass ein Kennwort gesetzt ist, »LK« (manchmal »L«) steht für ein gesperrtes Konto und »NP« bezeichnet für ein Konto ganz ohne Kennwort. Gesperrt werden kann ein Konto mit der Option -1 (engl. *lock*):

```
# passwd -1 tixi
Password changed.
```

Zum Entsperren wird die Option -u (engl. *unlock*) verwendet.

Eine komfortablere Ausgabe erzeugt das Kommando chage mit der   **chage**
Option -1. Allerdings ist dazu die Eingabe des Kennwortes notwendig:

```
$ chage -1 otto
Minimum:        0
Maximum:        99999
Warning:        7
Inactive:       -1
```

143

```
Last Change:          Oct 21, 2003
Password Expires:     Never
Password Inactive:    Never
Account Expires:      Never
```

Kennwort im Klartext

Ein bestehendes Kennwort im Klartext auslesen können Sie selbst als Administrator nicht mehr. Auch Nachsehen in der Datei /etc/shadow hilft in diesem Fall nichts, denn hier werden alle Kennwörter bereits verschlüsselt abgelegt. Allerdings gibt es Programme wie »John the Ripper« (kurz john), die Kennwörter herausbekommen, indem sie mögliche Kandidaten zur Probe verschlüsseln und prüfen, ob die verschlüsselte Form einem der Kennwörter in der Kennwortdatei entspricht (*brute-force*-Ansatz). Sollte ein Benutzer sein Kennwort vergessen haben, reicht es, dessen Kennwort mit passwd zu ändern.

Die Kennworteinstellungen (Abschnitt 7.5.1) können Sie mit passwd oder chage durchführen:

```
passwd [-x ⟨Max⟩] [-n ⟨Min⟩] [-w ⟨Warn⟩] [-i ⟨Sperre⟩]
chage  [-M ⟨Max⟩] [-m ⟨Min⟩] [-W ⟨Warn⟩] [-I ⟨Sperre⟩]
```

root-Kennwort

Achtung: Das root-Kennwort ist etwas Besonderes. Es ist von höchster Wichtigkeit, da ein unberechtigter Benutzer mit Zugang zu root das gesamte Rechnersystem zerstören kann (oder Schlimmeres). Ein vergessenes root-Kennwort lässt sich zum Beispiel durch Booten in eine Shell oder von einer System- oder Rettungs-CD mit anschließender neuer Kennwortvergabe beheben.

7.5.4 Gruppenverwaltung

Unter Linux gehört jeder Benutzer einer Gruppe an, seiner »primären« Gruppe. Diese wird in der Benutzerdatenbank /etc/passwd eingetragen. Festes Mitglied weiterer Gruppen können Sie werden, indem Sie sich vom Systemadministrator in der Gruppendatenbank in den entsprechenden Mitgliederlisten eintragen lassen.

id

Sie können sich die primäre Gruppe und alle weiteren Gruppen, in denen ein Benutzer Mitglied ist, mit dem Kommando id anzeigen lassen:

```
$ id tux
uid=500(tux) gid=100(users) Gruppen=100(users),▷
◁ 14(uucp),16(dialout),17(audio),33(video)
```

Das Kommando groups zeigt Ihnen nur die Namen Ihrer Gruppen: **groups**

```
$ groups
users uucp dialout audio video
```

Wenn Sie mit groups eine Liste von Benutzernamen angeben, bekommen Sie die Gruppenlisten für alle diese Benutzer.

Mit dem Kommando newgrp können Sie eine Ihrer sekundären **newgrp**
Gruppen zeitweilig zur primären machen. Dabei wird eine entsprechende neue Shell gestartet:

```
$ id
uid=500(tux) gid=100(users) Gruppen=100(users),14(uucp),▷
◁16(dialout),17(audio),33(video)
$ newgrp video
uid=500(tux) gid=33(video) Gruppen=100(users),14(uucp),▷
◁16(dialout),17(audio),33(video)
$ exit
```

Sie verlassen diese Shell wieder mit exit.

Bci Gruppen, die durch ein Kennwort geschützt sind, können Sie **Gruppen-**
auch ohne einen festen Eintrag in der Mitgliederliste vorüberge- **kennwörter**
hend die Gruppenmitgliedschaft erlangen, indem Sie sich mit dem
Kommando newgrp unter Angabe des korrekten Kennwortes in der
Gruppe anmelden.

Gruppen bieten eine einfache Methode, Benutzerkonten logisch
zusammenzufassen, und machen es möglich, dass Benutzer innerhalb ihrer Gruppe oder Gruppen Dateien gemeinsam benutzen.

Die Datei /etc/group Ähnlich wie die Benutzerkonten müssen
auch die Gruppen dem Betriebssystem bekannt gemacht werden,
bevor sie benutzt werden können (jedenfalls wenn Sie Gruppennamen statt numerischer Gruppenkennungen verwenden möchten).
Das geschieht im einfachsten Fall durch einen Eintrag in der Datei **Gruppen-**
/etc/group. Diese Datei enthält für jede Gruppe auf dem System **datenbank**
einen einzeiligen Eintrag, ähnlich dem in /etc/passwd. Jede Zeile

besteht aus vier Feldern, die durch einen Doppelpunkt »:« voneinander getrennt sind. /etc/group hat folgendes Format:

⟨Gruppenname⟩:⟨Kennwort⟩:⟨GID⟩:⟨Mitglieder⟩

Gruppenname Der Name der Gruppe für die Verwendung in Verzeichnislisten usw.

Kennwort Ein optionales Kennwort für diese Gruppe. Damit können auch Benutzer, die nicht per /etc/passwd oder /etc/group Mitglied der Gruppe sind, mit dem Befehl newgrp diese Gruppenzugehörigkeit annehmen. Ein »*« als ungültiges Zeichen verhindert, dass »fremde« Benutzer in die betreffende Gruppe wechseln. Ein »x« verweist auf eine separate Kennwortdatei /etc/gshadow.

GID Die numerische Gruppenkennung für diese Gruppe.

Mitglieder Liste der Benutzer (durch Kommata getrennt), die diese Gruppe als sekundäre Gruppe haben.

Eine /etc/group-Datei könnte zum Beispiel so aussehen:

```
root:x:0:
bin:x:1:daemon
users:x:100:
ldap:x:70:
design:x:500:tux,tixi
training:x:501:tux
```

Administrative Gruppen Die Einträge für die Gruppen root, bin und ldap stehen für administrative Gruppen, ähnlich den Pseudobenutzer-Konten auf dem System. Gruppen wie diesen sind viele Dateien auf dem System zugeordnet. Die anderen Gruppen enthalten Benutzerkonten.

GID-Werte Ähnlich wie bei den UIDs werden auch neue GIDs von einer bestimmten Zahl an, typischerweise 100, hochgezählt. Für einen gültigen Eintrag müssen mindestens das erste und das dritte Feld (Gruppenname und GID) vorhanden sein. Durch so einen Eintrag wird der Gruppennummer, die in der Kennwortdatei einem Benutzer zugeordnet wurde, ein Gruppenname gegeben.

Das letzte Feld für die Mitglieder einer Gruppe ist nur dann ausgefüllt, wenn die Mitglieder mehr als einer Gruppe angehören. Die in

der Mitgliederliste eingetragenen Benutzer werden nicht nach einem Kennwort gefragt, wenn sie mit dem Kommando `newgrp` die
aktuelle GID wechseln wollen.

Andere Benutzer können die Gruppe als primäre Gruppe annehmen, wenn sie das Kennwort wissen, das in verschlüsselter Form
im zweiten Feld des Gruppeneintrags abgelegt sein kann. Weil für
jede Gruppe nur ein Kennwort existiert, über das alle Mitglieder
sich einig sein müssen und das daher nicht geheim zu halten ist,
wird aus Gründen der Datensicherheit von der Verwendung dieser
Methode abgeraten – Sie sollten etwas wie »*« eintragen.

Die Datei /etc/gshadow Wie bei der Kennwortdatei gibt es auch
für die Gruppendatei bei vielen Linux-Distributionen eine Erweiterung durch das Schattenkennwortsystem. Die Gruppenkennwörter, die sonst in der Datei /etc/group analog zu /etc/passwd
verschlüsselt, aber für alle Benutzer lesbar abgelegt sind, werden dann in der separaten Datei /etc/gshadow gespeichert und
in /etc/group steht an der betreffenden Stelle nur noch ein »x«.
/etc/gshadow hat folgendes Format:

⟨Gruppenname⟩:⟨Kennwort⟩:⟨Gruppenverwalter⟩:⟨Mitglieder⟩

Im Folgenden die Bedeutung der einzelnen Felder:

⟨**Gruppenname**⟩ Der Name der Gruppe entsprechend der Datei
/etc/group.

⟨**Kennwort**⟩ Ein Stern oder ein Ausrufungszeichen zeigen an,
dass es keine Kennwortvergabe gibt und Benutzer nicht in
diese Gruppe wechseln können, die diese Gruppe nicht als
sekundäre Gruppe haben.

⟨**Gruppenverwalter**⟩ Enthält die Namen der zum Ein- und Austra-
gen von Mitgliedern autorisierten Gruppenverwalter.

⟨**Mitglieder**⟩ Eine durch Kommata getrennte Liste mit Benutzernamen. Die Liste enthält alle Benutzer, die zu dieser Gruppe
gehören.

Eine /etc/gshadow-Datei könnte zum Beispiel so aussehen:

```
root:*:root:root
bin:*:root:root
users:*:root:root
```

```
ldap:!::
design:9tjlex6KmB10c:tixi:tux,tixi
training:x::tux
```

Anlegen, Ändern und Löschen von Gruppen Zur Gruppenverwaltung gibt es analog zu useradd, usermod und userdel die Programme groupadd, groupmod und groupdel, auf die Sie zurückgreifen sollten, statt /etc/group und /etc/gshadow direkt zu editieren. Mit groupadd können Sie einfach per Kommandozeilenparameter bzw. Voreinstellungen neue Gruppen im System erzeugen:

groupadd

```
# groupadd training
```

Die Option -g ermöglicht die Vorgabe einer bestimmten Gruppennummer. Wie erwähnt handelt es sich dabei um eine positive ganze Zahl. Die Werte bis 99 sind meist Systemgruppen vorbehalten.

Bereits bestehende Gruppen können Sie mit dem Kommando groupmod bearbeiten, ohne direkt in /etc/group schreiben zu müssen:

groupmod

```
# groupmod -g 502 training
```

Die Option -g erteilt der angegebenen Gruppe »training« eine neue GID. Nicht aufgelöste Gruppenzugehörigkeiten von Dateien müssen danach manuell angepasst werden. Die Option »-n ⟨Name⟩« weist der angegebenen Gruppe einen neuen Gruppennamen zu.

Zum Entfernen der Gruppeneinträge existiert das Programm groupdel:

groupdel

```
# groupdel training
```

Ebenso wie beim manuellen Entfernen von Gruppeneinträgen empfiehlt es sich auch hier, anschließend alle Dateien des Verzeichnisbaums zu überprüfen und verwaiste Gruppenzugehörigkeiten per chgrp anzupassen. Primäre Gruppen von einzelnen Benutzern dürfen nicht entfernt werden. Entweder muss der betroffene Benutzer vor dem Entfernen der Gruppe ebenfalls ausgetragen oder einer anderen primären Gruppe zugeteilt werden.

Gruppenkennwörter Gruppenkennwörter können von Systemadministrator mit dem Kommando gpasswd vergeben werden. Es besteht auch die Möglichkeit, einen Gruppenverwalter zu benen-

gpasswd
Gruppenverwalter

nen, der sich um die Kennwortvergabe und Gruppenzugehörigkeit kümmert. Dazu muss der Befehl gpasswd mit der Option -A ⟨Gruppenverwalter⟩ ⟨Gruppe⟩ aufgerufen werden:

```
# gpasswd -A tixi training
```

Dieser kann mit

```
gpasswd -a ⟨Benutzer⟩ ⟨Gruppe⟩
```

Benutzer einer Gruppe hinzufügen und mit der Option -d sie auch wieder entfernen. (Dieses Kommando wird nicht mehr von allen Linux-Distributionen tatsächlich angeboten.)

7.6   Benutzerbenachrichtigung

Benutzer, die sich auf den virtuellen Terminals /dev/tty1 bis /dev/tty6 anmelden, bekommen einen Begrüßungstext angezeigt, der in der Datei /etc/issue steht. Diesen Text können Sie ändern, um vor dem (textbasierten) Anmelden Nachrichten auszugeben. Die Datei /etc/issue kann beispielsweise folgenden Inhalt haben:

/etc/issue

```
$ cat /etc/issue
Debian GNU/Linux testing/unstable \n \l
```

Eingelesen wird /etc/issue von diversen Programmen, die Sitzungen erzeugen, zum Beispiel mingetty (engl. *minimal getty*), agetty oder mgetty. Diese Programme verstehen Formatanweisungen (engl. *escape sequences*), die bei der Ausgabe durch entsprechende Texte ersetzt werden. Für Anmeldevorgänge über das Netz mit TELNET erfüllt /etc/issue.net eine analoge Funktion.

mingetty
agetty
mgetty

↪ issue(5), issue.net(5)
↪ Formatanweisungen: mingetty(8), agetty(8), mgetty(8)

Das getty-Programm ruft login auf, das für die eigentliche Anmeldung zuständig ist. Die genaue Konfiguration der Anmeldung entnimmt login der Datei /etc/login.defs. Dort ist auch festgelegt, dass nach einer erfolgreichen Anmeldung der Inhalt der Datei /etc/motd ausgegeben wird. Dies geschieht, noch bevor die *login shell* gestartet wird. Die Abkürzung »motd« steht für *message of the day*. Formatanweisungen sind in /etc/motd nicht vorgesehen:

login

/etc/login.defs

/etc/motd

```
$ cat /etc/motd
Viel Spass mit LPIC-1!
```

Neben der Benachrichtigung über diese beiden Dateien gibt es
noch die Möglichkeit, Benutzern im laufenden Betrieb Nachrichten auf ihre Terminals zu schreiben. Dazu dient das Programm

wall   wall. Vom Systemadministrator aufgerufen liest es einen Text von
der Standardeingabe und schickt ihn an alle angemeldeten Benutzer. Wenn Sie den Text interaktiv eingeben, müssen Sie ihn mit
Strg + d beenden.

7.7 Benutzersicherheit

Als Systemadministrator können Sie den Handlungsspielraum

usermod   von Benutzern einschränken. Neben der Möglichkeit, mit usermod
oder passwd ein Benutzerkonto komplett zu sperren

```
# usermod -L tux
```

können Sie auch mit ulimit die für Benutzerprogramme vorgesehenen Systemressourcen steuern.

ulimit   Das in die Shell eingebaute Kommando ulimit erlaubt die Kontrolle über die Systemressourcen, die den von dieser Shell gestarteten Unterprozessen zur Verfügung stehen. Als normaler Benutzer können Sie sich die aktuell gültigen Grenzen mit der Option -a
anzeigen lassen. Systemweite Vorgaben können Sie zum Beispiel
in /etc/profile machen.

```
$ ulimit -a
core file size          (blocks, -c) 0
data seg size           (kbytes, -d) unlimited
file size               (blocks, -f) unlimited
max locked memory       (kbytes, -l) unlimited
max memory size         (kbytes, -m) unlimited
open files                     (-n) 1024
pipe size           (512 bytes, -p) 8
stack size              (kbytes, -s) unlimited
cpu time               (seconds, -t) unlimited
max user processes             (-u) 1023
virtual memory          (kbytes, -v) unlimited
```

Ein Benutzer kann die voreingestellten Werte nur verändern, indem er sich weiter beschränkt. Die Eingabe von

```
$ ulimit -u 100
$ ulimit -u
100
```

schränkt etwa die Anzahl der Prozesse von vorher 1023 auf jetzt 100 ein (dabei werden auch die von anderen Shells gestarteten Prozesse desselben Benutzers mitgezählt). Wenn beim Aufruf keine Grenze bestimmt wird, gibt ulimit die aktuelle Grenze an.

Zu den begrenzbaren Systemressourcen zählen außerdem die Daten- oder Gesamtgröße eines Prozesses im Speicher, die maximale anlegbare Dateigröße oder die maximal zulässige CPU-Zeit.

Alle Grenzen können als *soft limit* mit der Option -S oder als *hard limit* mit der Option -H vergeben werden. Ohne Angabe, welche Grenze gesetzt werden soll, bekommen beide Grenzen den gleichen Wert. *hard limits* dürfen nur vom Systemadministrator heraufgesetzt werden, während normale Benutzer das *soft limit* manipulieren dürfen, solange sie unterhalb des *hard limit* bleiben.

↪ /etc/profile (Abschnitt 6.1.6)
↪ bash(1) (Stichwort »ulimit«)
↪ setrlimit(2), sysconf(3)

Kapitel 8 **Prozesse**

In diesem Kapitel ...

✔ lernen Sie das Linux-Prozesskonzept kennen

✔ werden Möglichkeiten vorgestellt, mit denen man sich Informationen über Prozesse anzeigen kann

✔ lernen Sie, wie man Prozessen Signale schickt

✔ erfahren Sie etwas über Prozess-Prioritäten

8.1 Was ist ein Prozess?

Prozess Ein **Prozess** stellt ein laufendes Programm dar, besteht also nicht nur aus dem Programmcode, sondern umfasst auch dessen Daten und diverse Verwaltungsinformationen, auch als »Kontext« bezeichnet. Da Linux ein Multitasking-System ist, können verschiedene Prozesse gleichzeitig ablaufen.

Jeder Prozess kann Kindprozesse generieren, die dann einen Verweis auf ihren Erzeuger enthalten. Der einzige Prozess, der keinen solchen »Elterprozess« hat, ist der beim Start des Systems erzeugte init-Prozess, der sozusagen der Urahn aller anderen Prozesse ist.

präemptives Linux verwendet **präemptives Multitasking**, das heißt, ein Teil des **Multitasking** Kernels, der **Scheduler**, verwaltet alle Prozesse und teilt ihnen Res- **Scheduler** sourcen zu. Wenn nur ein Prozessor vorhanden ist, laufen die Prozesse nicht wirklich parallel ab, sondern die Rechenzeit wird vom Kernel in kleine Scheibchen (engl. *time slices*) eingeteilt, die nur Sekundenbruchteile betragen (typischerweise 1 bis 100 ms). Dem aktuellen Prozess steht ein solches Zeitscheibchen zur Verfügung, danach wird entschieden, welcher Prozess im nächsten Zeitsegment bearbeitet werden soll. Der erste Prozess muss dann warten, bis er wieder an der Reihe ist. Das ganze geht so schnell, dass es dem Anwender so vorkommt, als ob mehrere Prozesse gleichzeitig ausgeführt werden. In einem n-Prozessor-System können bis zu n Prozesse »echt gleichzeitig« ausgeführt werden, wobei in der Regel nicht mit einer n-fachen Beschleunigung zu rechnen ist; notwendige Verwaltungsarbeiten halten den Betrieb auf, insbesondere wenn mehrere der Prozesse in denselben Speicherbereich schreiben wollen. Ist die Ausführung eines Prozesses abgeschlos-
Rückgabewert sen, beendet sich der Prozess und stellt einen **Rückgabewert** zur Verfügung, mit dem er zum Beispiel signalisieren kann, ob er erfolgreich ausgeführt wurde oder nicht.

Durchläuft ein Prozess den eben beschriebenen Kreislauf, kann man ihm verschiedene Zustände zuordnen (s. Bild 8.1). Für je-
Prozess-Status den im Folgenden aufgelisteten Prozess-Status ist außer der Beschreibung noch eine Abkürzung angegeben, die von den gängigen Werkzeugen zur Prozessverwaltung verwendet wird:

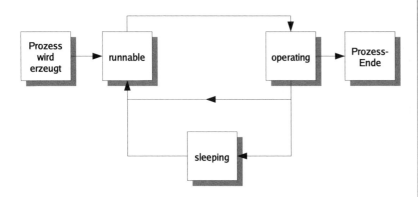

Bild 8.1: Verdeutlichung der Zusammenhänge zwischen den verschiedenen Prozesszuständen

runnable (R) Der Prozess wartet darauf, Rechenzeit zugeordnet zu bekommen.

operating Der Prozess wird gerade ausgeführt. Der Wechsel zwischen den Zuständen *runnable* und *operating* findet so schnell statt, dass bei der Anzeige der Prozesse zwischen den beiden nicht unterschieden wird.

sleeping (S) Der Prozess wartet darauf, dass ein Systemaufruf (meist eine Ein- oder Ausgabeoption) abgeschlossen wird.

uninterruptible sleep (D) Der Prozess ist in einem Zustand ähnlich zu S, wartet aber an einer Stelle, wo er nicht explizit abgebrochen werden kann.

stopped, traced (T) Der Prozess kommt im Moment nicht dafür in Frage, Rechenzeit zugeteilt zu bekommen, weil er explizit durch ein Signal angehalten wurde.

Zombie (Z) Der Prozess wurde beendet, aber der Elterprozess hat seinen Rückgabewert noch nicht abgefragt. Ein Zombie belegt keine Ressourcen ausser einem Eintrag in der Prozesstabelle; er verschwindet, nachdem der Elterprozess den Rückgabewert abgefragt oder sich beendet hat.

Jeder Prozess hat neben der Prozessumgebung ein *aktuelles Verzeichnis* und eine engl. *umask*, die an Kindprozesse vererbt werden, ferner eine Liste der vom Prozess geöffneten Dateien. Hier sind drei Einträge vorgegeben, die den Standardkanälen stdin, stdout und stderr entsprechen. Auch die offenen Dateien werden an Kindprozesse vererbt.

↪ »Prozessumgebung« in Abschnitt 6.1.2 (Seite 104)
↪ engl. *umask* (Abschnitt 7.2.2), umask(2)
↪ Standardkanäle Abschnitt 4.1.1

Kennwerte Außer diesen Eigenschaften besitzt jeder Prozess noch eine Reihe von Kennwerten:

PID (engl. *process ID*) Die eindeutige *Prozessnummer*. Sie dient zur eindeutigen Identifizierung des Prozesses und kann immer nur einmal belegt werden. Die maximale normalerweise vergebene PID ist $2^{15} - 1 = 32767$ (bei Linux 2.6 bis auf 4194303 zu steigern); danach werden bei den kleinen Werten beginnend unbenutzte PIDs wieder benutzt.

PPID (engl. *parent process ID*) Alle Prozesse kennen die Prozess-
Elterprozess nummer ihres Elterprozesses. Der einzige Prozess, der keinen solchen Elterprozess hat, ist der init-Prozess mit der PID 1.

UID, GID (engl. *user ID, group ID*) Jeder Prozess hat eine UID und eine Menge von GIDs (eine primäre und möglicherweise einige weitere), auf deren Basis ihm Zugriffsrechte auf Dateien und Geräte zugeordnet werden. Üblicherweise sind UID und GIDs diejenigen des Benutzers, von dem der Prozess (unmittelbar oder mittelbar) erzeugt wurde. Die Sache wird durch den SUID-bzw. SGID-Mechanismus verkompliziert; man spricht von der »effektiven« und der »wirklichen UID« (engl. *real UID*) eines Prozesses, wobei die wirkliche UID die des aufrufenden Benutzers ist und die effektive diejenige, unter der der Prozess läuft und die etwa durch den SUID-Mechanismus verändert werden kann. (In Wirklichkeit ist es noch etwas komplizierter.) Dasselbe gilt für GIDs. UID und GIDs werden an Kindprozesse vererbt.

PRI, NI (engl. *priority, nice*) Der Scheduler weist jedem Prozess eine Priorität zu, nach deren Wert er die Zeitscheiben verteilt. Die Priorität eines Prozesses ändert sich dynamisch je nach dem bisherigen Verhalten des Prozesses – »interaktive« Prozesse, also solche, die Ein- und Ausgabeoperationen ausführen, werden gegenüber solchen bevorzugt, die nur Rechenzeit verbrauchen. Sie kann vom Benutzer nicht direkt beeinflusst werden,

Sie können den Kernel lediglich mit Programmen wie nice darum bitte, den Prozess zu bevorzugen oder zu benachteiligen. Der »Nice-Wert«, der den Grad dieser Bevorzugung quantifiziert, wird an Kindprozesse vererbt.

CMD (engl. *command*) Der Name des Kommandos, durch das der Prozess gestartet wurde.

TIME Die verbrauchte Rechenzeit.

TTY (engl. *terminal type*) Der Name des kontrollierenden Terminals. Bei Prozessen, die nicht von einem Terminal aus gestartet wurden, wird ein Fragezeichen ausgegeben.

RSS (engl. *resident set size*) Die Größe des Programms im Arbeitsspeicher.

WCHAN Bei Prozessen im Zustand sleeping (S) der Name der Kernel-Funktion, in der der Prozess schläft.

Die genannten Informationen finden Sie im Verzeichnis /proc. Das Prozessdateisystem von Linux stellt hier zur Laufzeit Daten aus dem Kernel in der Form eines normalen Dateisystems dar. Sie finden dort eine große Anzahl von Verzeichnissen, deren Namen PIDs von Prozessen entsprechen. Zum Beispiel:

Prozess-dateisystem

```
dr-xr-xr-x  3   root  root     0  Oct 16 11:11 1
dr-xr-xr-x  3   root  root     0  Oct 16 11:11 125
dr-xr-xr-x  3   root  root     0  Oct 16 11:11 80
◁◁◁◁◁
```

⇨ proc(5), Documentation/filesystems/proc.txt im Kernel-Quellcode

8.2   Prozessinformationen

Die Informationen aus /proc schauen Sie in der Regel nicht direkt, sondern mit entsprechenden Kommandos an. Auf jedem Unix-artigen System vorhanden ist der Befehl ps (engl. *process status*). Ohne Optionen werden alle auf dem derzeitigen Terminal laufenden Prozesse angezeigt. Dabei werden die Prozessnummer PID, das Terminal TTY, die verwendete Rechenzeit TIME sowie das jeweilige Kommando tabellarisch aufgelistet:

ps

```
$ ps
  PID TTY          TIME CMD
  997 pts/1  0:00:00 bash
 1005 pts/1  0:00:00 ps
```

Auf dem aktuellen Terminal pts/1 laufen im Beispiel also momentan zwei Prozesse. Neben der bash mit der PID 997 wird gerade das Kommando ps mit der PID 1005 ausgeführt. Die Syntax von ps ist recht verwirrend. Neben Optionen im Unix98-Stil (z. B. -l) und im GNU-Langformat (z. B. --help) sind auch Optionen im BSD-Format ohne einleitendes Minuszeichen erlaubt. Ein ausführliches Ausgabeformat liefert die Option »ps -l«:

```
$ ps -l
S  UID  PID PPID PRI NI WCHAN TTY          TIME CMD
S  500 1777 1770  75  0 wait4 pts/1    00:00:00 bash
R  500 2203 1777  81  0       pts/1    00:00:00 ps
```

Um alle laufenden Prozesse anzuzeigen, können Sie im Unix98-Stil »ps -e« eintippen oder entsprechend im BSD-Format »ps ax«. Mit der Option o ist eine Ausgabe nach eigenen Vorstellungen möglich:

```
$ ps ao uid,pid,ppid,state,cmd --sort uid
UID   PID  PPID S CMD
500  2040  1783 T gears
501  2280  1777 S [su]
501  2281  2280 R -bash
501  2327  2281 R ps ao uid,pid,ppid,state,cmd --sort uid
```

Die Option a listet alle terminalabhängigen Prozesse aller Benutzer. Suchen Sie nach der Prozessnummer eines bestimmten Kommandos, hilft Ihnen die Option -C:

```
$ ps -C acroread
  PID TTY          TIME CMD
 2330 pts/4    00:00:26 acroread
```

Sie können die Ausgabe von ps auch mit grep durchsuchen:

```
$ ps -e | grep acroread
 2330 pts/4    00:00:26 acroread
```

Welcher Prozess welche Kindprozesse gestartet hat, können Sie **pstree** sich mit dem Kommando pstree ansehen. Wenn ein Benutzerna-

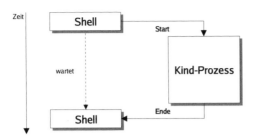

Bild 8.2: Die synchrone Arbeitsweise der Shell

me mit angegeben wird, werden nur dessen Prozesse angezeigt. Mit der Option -p wird die Prozessnummer mit ausgegeben, mit -u auch die Eigentümerverhältnisse.

```
$ pstree -p tux
kdeinit(1714)-+-artsd(1736)
              |-kdeinit(1744)
              |-kdeinit(1753)
              |-kdeinit(1764)---bash(1768)---vi(2270)
              |-kdeinit(1765)---bash(1769)
              |-kdeinit(1766)---bash(1793)---pstree(2549)
              |-kdeinit(1774)---bash(1804)---acroread(2330)
              '-kdeinit(1802)
◁◁◁◁◁
```

In allen Fällen sollten Sie berücksichtigen, dass ps und pstree nur eine Momentaufnahme des Systems erstellen. Wenn Sie wenige Sekunden später erneut ps aufrufen, kann die neue Ausgabe schon wieder völlig anders aussehen.

8.3 Prozesse erzeugen und beenden

Jeder Prozess kann **Kindprozesse** erzeugen (auch wenn die meisten es nicht tun). Die Shell startet externe Programme als Kindprozesse.

Kindprozesse

Nach dem Start eines Kommandos wartet die Shell, bis der Kindprozess seine Arbeit erledigt und sich beendet hat. Das merken Sie daran, dass während der Laufzeit des Kindprozesses keine

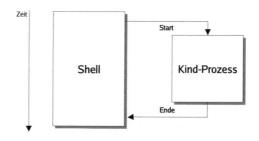

Bild 8.3: Die asynchrone Arbeitsweise der Shell

Rückgabewert

neue Eingabeaufforderung erscheint. Nach Beendigung des Kindprozesses wird dessen **Rückgabewert** gelesen und ausgewertet, und erst dann können Sie ein neues Kommando eingeben. Diese »synchrone« Arbeitsweise ist in Bild 8.2 verdeutlicht; als Benutzer sehen Sie – am Beispiel des Programms sleep – in etwa das Folgende:

```
$ sleep 10
                              Ca. 10 Sekunden lang passiert nichts
$ _
```

Hintergrundprozess

Soll die Shell nicht warten, bis der Kindprozess fertig ist, müssen Sie ihr dies durch das Anhängen eines kaufmännischen Und-Zeichens (&) an die Kommandozeile mitteilen. Während der Ableger dann im Hintergrund abgearbeitet wird, erscheint nach einer kurzen Meldung zum **Hintergrundprozess** sofort wieder die Eingabeaufforderung der Shell:

```
$ sleep 10 &
[2] 6210
                                       Und dann sofort wieder:
$ _
```

Diese Arbeitsweise heißt »asynchron« (Bild 8.3). Hier ein paar Tipps für erfolgreiche Hintergrundverarbeitung:

- Der Hintergrundprozess sollte keine Tastatureingaben erwarten, da die Shell nicht entscheiden kann, welchem Prozess die Eingaben zuzuordnen sind. Gegebenenfalls kann die Eingabe einer Datei entnommen werden.

- Der Hintergrundprozess sollte keine Terminalausgaben machen, da sich diese mit den Ausgaben von Vordergrundaktivitäten überlagern können. Fehlermeldungen können bei Bedarf in eine Datei umgeleitet oder komplett verworfen werden.

- Wird der Elterprozess abgebrochen, werden meist auch alle zugehörigen Kindprozesse (und demzufolge auch deren Kinder usw.) beendet. Davon ausgenommen sind nur Prozesse, die sich komplett von ihren Eltern lossagen, etwa weil sie Systemdienste im Hintergrund erbringen sollen.

Befinden sich mehrere Prozesse im Hintergrund, verliert man leicht die Übersicht. Daher stellt die Shell ein eingebautes Kommando zur Verfügung, mit dem Sie sich über den Zustand von Hintergrundprozessen informieren können – jobs. Wird jobs ohne Zusätze eingegeben, erhalten Sie eine Liste mit der Jobnummer, dem Prozesszustand und dem Kommandotext. Das sieht dann etwa folgendermaßen aus:

Jobkontrolle

jobs

```
$ jobs
[1]   Done              sleep
```

In diesem Fall ist der Prozess mit der Jobnummer 1 bereits beendet worden (engl. *done*, »erledigt«), ansonsten gibt es die Meldung »Running« (»laufend«). Das Kommando jobs kennt verschiedene Optionen, die mit help jobs ausgegeben werden.

Die Bash ermöglicht es, einen Vordergrundprozess mit der Tastenkombination Strg+z anzuhalten. Dieser Prozess wird dann von jobs mit dem Status »Stopped« (engl. für »angehalten«) gekennzeichnet. Mit dem Befehl bg (engl. *background*, »Hintergrund«) lässt sich ein solcher Prozess in den Hintergrund schicken, wo er dann weiter bearbeitet wird. So verlegt die Eingabe »bg %5« den Prozess mit der Jobnummer 5 in den Hintergrund.

Umgekehrt ist es ebenso möglich, aus mehreren aktiven oder angehaltenen Hintergrundprozessen einen auszuwählen und diesen mit dem Shell-Kommando fg (engl. *foreground*, »Vordergrund«) in den Vordergrund zu holen. Die Syntax von fg entspricht vollständig der des Kommandos bg.

Beenden können Sie einen Vordergrundprozess in der Bash mit der Tastenkombination Strg+c, einen Hintergrundprozess direkt mit dem Kommando kill, wobei Sie wie bei bg ein Prozentzeichen gefolgt von der Jobnummer angeben.

nohup   Wenn Sie ein Kommando mittels nohup (engl. *no hang up*) aufrufen, veranlasst das das betreffende Programm dazu, das Signal SIGHUP (Abschnitt 8.4) zu ignorieren und damit das Ende des Elternprozesses zu überleben. Damit ist es möglich, einen Prozess zu starten, der auch dann noch weiterläuft, wenn sich der Benutzer längst wieder abgemeldet hat. Es empfiehlt sich, den Prozess immer mit nice auszuführen (Abschnitt 8.4, Prioritäten), damit Anwendungen anderer Benutzer nicht zu langsam werden.

SIGHUP ignorieren

```
$ nohup dd if=/dev/zero of=/dev/null &
nohup: appending output to 'nohup.out'
[1] 2213
```

Wenn die Standardausgabe des Programms ein Terminal ist und der Benutzer nichts anderes definiert hat, so wird die Ausgabe automatisch gemeinsam mit der Standardfehlerausgabe in die Datei nohup.out umgeleitet. Ist das aktuelle Verzeichnis für den Benutzer nicht schreibbar, wird die Datei im Heimatverzeichnis des Benutzers angelegt.

8.4   Prozesse beeinflussen

8.4.1   Signale

Signale
kill

Eine Möglichkeit, von außen auf Prozesse einzuwirken, sind Signale. Das Kommando kill gibt Signale an ausgewählte Prozesse weiter. Das gewünschte Signal kann entweder in Form einer Zahl oder als Name festgelegt werden. Ferner müssen Sie noch die jeweilige Prozessnummer übergeben, die Sie zum Beispiel mit ps herausfinden können.

```
$ xclock -update 1 &                    Uhr mit Sekundenzeiger
[1] 2191
$ kill -SIGSTOP 2191
[1]+  Stopped                   xclock -update 1
$ kill -SIGCONT 2191
```

Im Folgenden sind die wichtigsten Signale mit den entsprechenden Nummern und ihrer Bedeutung aufgelistet. Eine Liste aller

Signale mit den dazugehörigen Nummern erhalten Sie mit »kill -l«; ausführlichere Erläuterungen zu den Signalen finden Sie in signal(7).

SIGHUP (1, *hang up*) Veranlasst die Shell, alle ihre Kindprozesse mit demselben kontrollierenden Terminal zu beenden. Hintergrundprozesse ohne kontrollierendes Terminal können durch dieses Signal veranlasst werden, ihre Konfigurationsdateien neu einzulesen.

SIGINT (2, *interrupt*) Unterbricht Prozess; entspricht Strg + c .

SIGKILL (9, *kill*) Beendet den Prozess und kann von diesem nicht ignoriert werden; quasi »Notbremse«.

SIGTERM (15, *terminate*) Voreinstellung; beendet Prozess.

SIGCONT (18, *continue*) Setzt angehaltenen Prozess fort

SIGSTOP (19, *stop*) Hält Prozess an.

SIGTSTP (20, *terminal stop*) Entspricht Strg + z .

Ohne weitere Angabe wird das Signal SIGTERM gesendet, das den Prozess beendet.

SIGTERM

Die meisten Signale kann der laufende Prozess *ignorieren* oder *abfangen*. »Abfangen« bedeutet, dass der Programmierer Code vorgesehen hat, der ausgeführt wird, wenn das betreffende Signal eingeht. Beispielsweise kann ein Programm auf ein SIGTERM reagieren, indem es den internen Zustand des Programms in einer Form auf die Platte sichert, die es später wieder einlesen kann. Auf diese Weise lassen sich lang laufende Programme schreiben, die zum Beispiel Systemarbeiten tolerieren, für die der Rechner neu gestartet werden muss. »Ignorieren« heißt, dass der Programmierer ausdrücklich verfügt hat, dass das Programm auf das Signal gar nicht reagieren soll. Signale, die nicht abgefangen oder ignoriert werden, führen meistens zum Abbruch des Prozesses.

Signalbehandlung

Anders verhält es sich mit den Signalen SIGKILL und SIGSTOP. Diese Signale werden vom System ausgeführt, ohne dass das Programm die Möglichkeit hat, sie zu ignorieren oder abzufangen. SIGKILL beendet einen Prozess, ohne dass dieser die Chance zum »Aufräumen« bekommt, und gibt alle seine Ressourcen frei. SIGSTOP versetzt einen Prozess in den Zustand *stopped*, das heißt, er bekommt

**SIGKILL
SIGSTOP**

SIGCONT
keine Rechenzeit mehr zugewiesen, bis er ein SIGCONT-Signal geschickt bekommt und dadurch wieder in den Zustand *runnable*
kommt. Dasselbe passiert durch SIGTSTP, das Signal, das ein Prozess durch die Tastenkombination [Strg]+[z] geschickt bekommt;
der Unterschied zwischen SIGSTOP und SIGTSTP ist, dass ein Prozess Letzteres abfangen oder ignorieren kann.

Manchmal reagiert ein Prozess nicht einmal mehr auf das Signal
SIGKILL. Die Ursache hierfür liegt entweder daran, dass es sich
um einen Zombie-Prozess handelt (der ja schon einmal gestorben
ist und deswegen nicht nochmals umgebracht werden kann), oder
darin, dass er in einem blockierten Systemaufruf wartet. Letztere
Situation entsteht beispielsweise, wenn ein Prozess auf die Beendigung einer Schreib- oder Leseoperation eines langsamen Geräts

uninterruptible wartet. Solche Prozesse befinden sich im Zustand D (*uninterrupt-*
sleep *ible sleep*). Verharrt ein Prozess sehr lange im Zustand D, dann ist
das ein Indiz für ein Problem mit einem Ausgabegerät oder einen
Fehler in dessen Treiber. Solche Fälle kommen zum Glück selten
vor (beispielsweise wenn Sie während eines Schreibzugriffs auf ein
Magnetbandgerät gewaltsam das Band entfernen).

SIGHUP
Das Signal SIGHUP hat eine Sonderbedeutung für Programme, die
im Hintergrund laufen. Normalerweise bedeutet SIGHUP, dass eine interaktive Terminalsitzung beendet wurde, indem der Benutzer das Modem aufgelegt hat (engl. *to hang up*), mit dem sein Terminal über das Telefonnetz mit dem Zentralcomputer verbunden
ist – es veranlasst die Shell, alle ihre Kindprozesse mit demselben
kontrollierenden Terminal zu beenden und die Sitzung abzubau-
en. Hintergrundprozesse haben kein kontrollierendes Terminal, so
dass das SIGHUP für andere Zwecke frei ist, und man benutzt es
normalerweise dazu, dass der Hintergrundprozess seine Konfigurationsdateien neu einliest, ohne dass man ihn dafür anhalten und
neu starten muss. Ein Prozess wie der WWW-Server Apache kann
dann die gerade ausstehenden Anfragen auf der Basis der alten
Konfiguration zu Ende führen, während die danach neu eingehenden Anfragen mit der neuen Konfiguration bearbeitet werden.

Jeder Benutzer darf kill nur auf seine eigenen Prozesse anwenden; lediglich der Systemadministrator root ist wie üblich von dieser Einschränkung ausgenommen.

Das Kommando killall erlaubt es, Prozesse nicht über ihre Prozessnummer anzusprechen, sondern über den Namen des ausgeführten Programms. Ein Kommando wie

```
$ killall blafasel
```

sendet allen Prozessen ein SIGTERM, die das Programm blafasel ausführen. (Mit der Option -i fragt killall bei jedem Prozess vorher nach; mit der Option -r wird der »Prozessname« als regulärer Ausdruck interpretiert.) Bei killall können Sie verschiedene Signale genauso angeben wie bei kill. Es gelten auch sonst die gleichen Einschränkungen wie bei kill: Sie können nur Ihre eigenen Prozesse beeinflussen, es sei denn, Sie sind root.

8.4.2 Prioritäten

In einem Multitasking-Betriebssystem wie Linux muss die Prozessorzeit auf verschiedene Prozesse verteilt werden. Diese Aufgabe erledigt der Scheduler. Es gibt in der Regel mehr als einen lauffähigen Prozess, und der Scheduler muss nach bestimmten Regeln allen lauffähigen Prozessen Rechenzeit zuteilen. Dabei benutzt er unter anderem den *Nice*-Wert. Dieser weist den Scheduler an, den entsprechenden Prozess mit höherer oder niedrigerer Priorität zu behandeln, je nachdem, ob er größer oder kleiner als die Vorgabe 0 ist. Der *Nice*-Wert für einen neuen Prozess kann mit dem Kommando nice festgelegt werden. Die Syntax ist nice [-⟨Nice-Wert⟩] ⟨Kommando⟩ ⟨Parameter⟩ ... (das heißt, nice wird wie nohup als »Präfix« eines anderen Kommandos verwendet).

Anhand des Programms gears, das drehende Zahnräder darstellt, können Sie die Wirkung des *Nice*-Werts beobachten:

```
$ nice -5 gears > /dev/null &
$ nice -19 gears > /dev/null &
```

Die möglichen *Nice*-Werte sind Zahlen zwischen -20 und $+19$. Ein negativer *Nice*-Wert erhöht die Priorität, ein positiver Wert erniedrigt sie (je höher der Wert, desto »netter« sind Sie zu den anderen Benutzern des Systems, indem Sie Ihren eigenen Prozessen eine geringere Priorität geben). Ist kein *Nice*-Wert angegeben, wird der Standardwert $+10$ angenommen. Nur root darf Prozesse mit einem negativen *Nice*-Wert aufzurufen (negative *Nice*-Werte sind im Allgemeinen nicht nett zu anderen).

165

```
# nice --20 gears > /dev/null &
```

renice Die Priorität eines bereits laufenden Prozesses können Sie übrigens mit dem Befehl `renice` beeinflussen. Hierzu rufen Sie `renice` mit dem gewünschten neuen *Nice*-Wert und der PID (oder den PIDs) der betreffenden Prozesse auf:

```
$ renice 19 2316
2316: Alte Priorität: 0, neue Priorität: 19
```

Auch hier gilt, dass nur der Systemverwalter beliebige *Nice*-Werte vergeben darf. Normale Benutzer dürfen mit `renice` den *Nice*-Wert ihrer Prozesse nur erhöhen – es ist zum Beispiel nicht möglich, einem Prozess, der bereits mit dem *Nice*-Wert 5 gestartet wurde, nachträglich wieder den *Nice*-Wert 0 zuzuordnen. Allerdings ist es durchaus erlaubt, ihm den *Nice*-Wert 10 zu geben. (Denken Sie an ein Zahnrad mit Sperrklinke.)

▷ nice(1), renice(8) (die externen Kommandos)
▷ bash(1) (für die gleichnamigen internen Kommandos)

8.4.3 Die Prozess-Steuerzentrale: top

Das Programm top vereint die Funktionen vieler Befehle zur Prozessverwaltung unter einer Oberfläche. Zunächst bietet es neben allgemeinen Systeminformationen eine sich ständig aktualisierende Prozesstabelle. Interaktiv können verschiedene Operationen ausgeführt werden, eine Übersicht erhalten Sie in top mit [h]. Unter anderem ist es möglich, die Liste nach verschiedenen Kriterien zu sortieren, Signale an Prozesse zu versenden ([k]) und die Priorität zu verändern ([r]). Die Oberfläche verlassen Sie wieder durch [q]. top lässt sich mit der Option -b auch ohne Oberfläche starten, um die Ausgabe zum Beispiel in eine Datei umzuleiten:

```
$ top -bin 5 > Datei
[Strg]+[c]
$ _
```

Die Option -i bewirkt, dass nur Prozesse angezeigt werden, die nennenswert Rechenzeit verbrauchen, und mit -n ⟨Zahl⟩ können Sie angeben, wie oft top seine Anzeige neu aufbauen soll, bevor es sich von selbst beendet.

▷ top(1)

## Kapitel 9

Hardware und Rechnerarchitektur

In diesem Kapitel ...

- lernen Sie die Grundlagen der PC-Hardwareunterstützung von Linux kennen

- werden BIOS, ISA, PCI und andere wichtige Begriffe vorgestellt

- erfahren Sie Näheres darüber, wie Modems, ISDN-Karten, Soundkarten und Ähnliches unter Linux angesprochen werden

- erlernen Sie die Grundbegriffe der SCSI- und USB-Unterstützung von Linux

9.1 Überblick

Linux unterstützt ein sehr breites Spektrum von Systemarchitekturen und -plattformen: Der Linux-Kern steht für alle heute gängigen Mikroprozessoren zur Verfügung und Linux läuft auf Rechnern von bescheidenen PDAs bis zu den größten Großrechnern. Die mit Abstand meisten Linux-Rechner basieren aber auf der von IBM und Intel begründeten x86-PC-Architektur, und diese Architektur ist als einzige für die LPIC-1-Zertifizierung von Bedeutung.

»x86«-PCs verfügen über eine oder mehrere Prozessoren (CPUs). Diese sind über einen *Chipsatz* mit dem Hauptspeicher (RAM) und den Ein- und Ausgabeschnittstellen – IDE- und SCSI-Controller für Massenspeicher, der Grafikkarte, anderen Kommunikationsschnittstellen wie USB, Ethernet oder FireWire und den »altertümlichen« (engl. *legacy*) Schnittstellen wie Parallel- und Seriellports, Tastatur- und Mausanschluss – verbunden. Alles dies befindet sich auf einer Hauptplatine (engl. *motherboard*) im Rechnergehäuse. Es gibt verschiedene Firmen, die Hauptplatinen mit unterschiedlichen Eigenschaften anbieten, etwa für verschiedene Prozessortypen (Intel Celeron, Pentium oder die neuen 64-Bit-Varianten von Intel und AMD) oder mit unterschiedlichen Möglichkeiten für Speicherausbau und Anschlüsse (viel RAM und viele Platten für Server, einfache Grafikfunktionalität für Bürosysteme und Ähnliches).

⇨ S. Pritchard, »Linux Hardware Compatibility HOWTO« (Januar 2004), http://www.tldp.org/HOWTO/Hardware-HOWTO/
⇨ http://www.karbosguide.com/ ist eine von vielen Seiten mit einem technischen Überblick über PC-Hardware.

9.2 Das BIOS

9.2.1 Aufgaben des BIOS

Das BIOS oder *Basic Input/Output System* ist die grundlegendste Software auf einem PC, sozusagen das Stammhirn. Es steht auf der Hauptplatine im permanenten Speicher (ROM oder *read-only memory*). Das BIOS organisiert den Bootvorgang (Abschnitt 14.1). Früher war es auch Bindeglied zwischen dem Betriebssystem (etwa MS-DOS) und der Rechnerhardware; das Betriebssystem sprach beispielsweise die Platte nicht direkt an, sondern bediente sich dazu der Dienste des BIOS. Heutzutage lassen die meisten Betriebssysteme, insbesondere Linux, nach ihrem Start das BIOS praktisch komplett links liegen und verwenden ihre eigenen Treiber.

Aus diesem Grund sind umfassende BIOS-Konfigurationen für den Linux-*Betrieb* nicht wirklich notwendig. Die wesentlichen Einstellungen sind eher dafür nötig, dass Linux startet und alle erforderlichen Hardwarekomponenten erkennen kann. Heutige PCs haben meist ziemlich viele Hardwarekomponenten auf der Hauptplatine integriert, die Sie im BIOS selektiv ein- und ausschalten können, und oft müssen Sie sicherstellen, dass eine Komponente, die Sie unter Linux verwenden möchten (etwa ein Infrarotport), tatsächlich im BIOS aktiviert ist – oder umgekehrt, dass eine Komponente auf der Hauptplatine, die Sie *nicht* verwenden wollen (zum Beispiel die integrierte Grafik, weil Sie eine bessere zusätzliche Grafikkarte im System haben), im BIOS ausgeschaltet ist.

⇨ Überblicksseite mit Verweisen: `http://de.wikipedia.org/wiki/BIOS`

9.2.2   BIOS-Konfiguration

Die meisten BIOS haben eine Oberfläche, die Sie normalerweise beim Systemstart aufrufen können, bevor Ihr eigentliches Betriebssystem gestartet wird. Die Details variieren von Rechner zu Rechner! Die Oberfläche bietet Ihnen meistens eine Folge von bildschirmfüllenden »Dialogen«, wo Sie verschiedene Einstellungen vornehmen können.

Oberfläche

Eine der naheliegendsten Einstellmöglichkeiten ist die für Datum und Uhrzeit der eingebauten »Hardware«-Uhr. Sie sollten die Uhr so stellen, dass sie entweder die korrekte Mitteleuropäische (Sommer-)Zeit oder die Weltzeit (UTC) angibt, und Linux dann mitteilen, welche Sorte Zeit – Zonenzeit oder Weltzeit – Sie verwenden wollen. Linux kommt mit beiden zurecht, muss aber wissen, woran es ist.

Datum und Uhrzeit

⇨ Zeitverwaltung (Abschnitt 16.3)

Das BIOS muss zumindest die Platte kennen, von der aus das System gestartet werden soll. In der Regel können Sie angeben, welche Eigenschaften die verschiedenen (IDE-)Platten im System haben und ob das BIOS sie überhaupt sehen soll – diese Einstellun-

Platten

gen haben keine Bedeutung für die spätere Benutzung der Platte mit Linux, so dass es möglich ist, altertümliche BIOS-Implementierungen auszutricksen, die nicht mit den modernen großen Platten umgehen können, einfach indem Sie die Platte im BIOS deaktivieren. Linux kann später trotzdem darauf zugreifen, nur booten können Sie von einer solchen Platte nicht.

Bootreihenfolge Eine weitere Vorgabe ist die »Bootreihenfolge«, also die Reihenfolge, in der das BIOS die verschiedenen in Frage kommenden Medien auf bootfähige Betriebssysteme abklopft. Die Suche beginnt meist mit der Festplatte (C:) und wird dann mit Floppy (A:) und/oder CD-ROM fortgesetzt, je nach BIOS auch mit SCSI, USB und Netzwerk. Vom Standpunkt der Systemsicherheit aus gesehen ist eine Bootreihenfolge sinnvoll, die mit der Festplatte anfängt und nicht einfach geändert werden kann (BIOS-Kennwort!), damit niemand mal eben mit einer Boot-Diskette oder Knoppix-CD Systemverwalter werden kann.

Peripherie Im BIOS können Sie auch bestimmte Arten von Peripherieunterstützung ein- und ausschalten:

- Zuordnung serieller Schnittstellen aus Betriebssystemsicht (meist `COM1:` o. ä. genannt) zu existierenden seriellen Schnittstellen, IrDA-Port usw.

- Unterstützung für USB, insbesondere USB-Tastatur und -maus

- Interne Grafik, Sound, …

- Energie- und Betriebszustandskontrolle (APM, ACPI)

Es ist im Rahmen dieses Buchs nicht möglich (und für LPIC-1 glücklicherweise auch nicht nötig), hier detaillierte Vorgaben zu machen. Behalten Sie im Hinterkopf, dass es diese Einstellungen gibt und dass Sie, wenn irgendwelche Geräte unter Linux partout nicht zum Laufen kommen wollen, prüfen sollten, was das BIOS zu dem Thema zu sagen hat. Es kann sein, dass das betreffende Gerät im BIOS deaktiviert ist oder ein im BIOS aktiviertes Gerät dem eigentlich gewünschten »im Weg steht«.

↪ USB (Abschnitt 9.7)
↪ B. Vibber, »Linux Ultra-DMA Mini-Howto« (Dezember 2001), http://www.tldp.org/HOWTO/Ultra-DMA.html

9.3 PC-Busarchitekturen

9.3.1 ISA, PCI & Co.

Der PC kann inzwischen auf gut 20 Jahre Existenz zurückblicken und die Hardware hat sich während dieser Zeit in fast allen Aspekten radikal geändert. Eine der interessanteren Eigenschaften der PC-Architektur in den 1980er Jahren war die dokumentierte Schnittstelle für Erweiterungskarten, der ISA-Bus, die es Drittherstellern leicht ermöglichte, PC-kompatible Peripherie zur Verfügung zu stellen. Schon bald wurde der ISA-Bus aber zu einem Hindernis, so dass verschiedene Hersteller versuchten, ihn durch schnellere Busse wie MicroChannel (MCA) und EISA zu ersetzen. Wirklich akzeptiert wurde erst der Anfang der 1990er Jahre entwickelte PCI-Bus, der auch heute noch (mit Änderungen) Standard ist. Neue PC-Systeme bringen nur noch selten ISA-Steckplätze mit; ISA hält sich aber noch im Bereich von Embedded-Systemen.

ISA-Bus

PCI-Bus

Der PCI-Bus ermöglicht nicht nur höhere Datenraten zwischen CPU, Speicher und Peripherie, sondern erlaubt auch Hardwareerkennung in der Form, dass jedes PCI-Gerät einen Code enthält, der dessen Natur, Hersteller und Modell angibt. Diese Information können Sie mit dem Kommando lspci abfragen:

Hardwareerkennung

```
# lspci
00:00.0 Host bridge: Intel Corp. 82830 830 Chipset Host
        Bridge (rev 02)
00:01.0 PCI bridge: Intel Corp. 82830 830 Chipset AGP Bridge
        (rev 02)
00:1d.0 USB Controller: Intel Corp. 82801CA/CAM USB (Hub #1)
        (rev 01)
00:1e.0 PCI bridge: Intel Corp. 82801BAM/CAM PCI Bridge
        (rev 41)
00:1f.0 ISA bridge: Intel Corp. 82801CAM ISA Bridge (LPC)
        (rev 01)
00:1f.1 IDE interface: Intel Corp. 82801CAM IDE U100(rev 01)
00:1f.5 Multimedia audio controller: Intel Corp. 82801CA/CAM
        AC'97 Audio Controller (rev 01)
00:1f.6 Modem: Intel Corp. 82801CA/CAM AC'97 Modem
        Controller (rev 01)
```

```
01:00.0 VGA compatible controller: ATI Technologies Inc
        Radeon Mobility M6 LY
02:00.0 Ethernet controller: 3Com Corporation 3c905C-TX/TX-M
        [Tornado] (rev 78)
02:01.0 CardBus bridge: Texas Instruments PCI1420
02:01.1 CardBus bridge: Texas Instruments PCI1420
```

Am Anfang jeder Zeile ist die »PCI-ID« des jeweiligen Geräts angegeben, die seine Position auf dem PCI-Bus angibt.

Die Installationsroutinen vieler Distributionen benutzen die PCI-Daten, um aus einer Datenbank Treiber für die verschiedenen gefundenen Peripheriegeräte auszuwählen und zu konfigurieren. Bei ISA ist das nicht allgemein möglich; verschiedene Treiber können versuchen, nach »ihren« Geräten zu suchen (engl. *to probe*), aber das kann Probleme bis hin zum Systemabsturz geben, wenn ein Treiber das »richtige« falsche Gerät anpiekst. Im Zweifelsfall müssen Sie als Administrator hier Nachhilfe leisten!

»lspci -v« liefert eine ausführlichere Ausgabe:

```
# lspci -v
00:00.0 Host bridge: Intel Corp. 82830 830 Chipset Host
        Bridge (rev 02)
        Flags: bus master, fast devsel, latency 0
        Memory at d0000000 (32-bit, prefetchable)
        [size=256M]
        Capabilities: [40] #09 [0105]
        Capabilities: [a0] AGP version 2.0
00:01.0 PCI bridge: Intel Corp. 82830 830 Chipset AGP
        Bridge (rev 02) (prog-if 00 [Normal decode])
⊲⊲⊲⊲⊲
```

Ähnliche Informationen stehen übrigens auch in /proc/pci.

»lspci -t« liefert eine baumartige Darstellung der Verbindungen zwischen den einzelnen Komponenten:

```
# lspci -t
-[00]-+-00.0
      +-01.0-[01]----00.0
      +-1d.0
      +-1e.0-[02-10]--+-00.0
```

```
|                    +-01.0
|                    \-01.1
+-1f.0
+-1f.1
+-1f.5
\-1f.6
```

Hieran können Sie zum Beispiel sehen, dass die »*AGP Bridge*« des Chipsatzes (Gerät 00:01.0) die Verbindung zum »*VGA compatible controller*« (Gerät 01.00.0) darstellt, während über die »*PCI Bridge*« der Ethernet-Adapter (02:00.0) und die CardBus-Schnittstellen (02:01.0 und 02:01.1) erreicht werden. (Kleine Denkaufgabe: Um welche Art von Computer handelt es sich bei dem hier gezeigten Gerät?)

»lspci -n« schließlich gibt die Gerätecodes direkt aus:

```
# lspci -n
00:00.0 Class 0600: 8086:3575 (rev 02)
00:01.0 Class 0604: 8086:3576 (rev 02)
<<<<
```

⮑ lspci(8)
⮑ M. Will, »Linux PCI-HOWTO« (Juni 2001), http://www.tldp.org/HOWTO/PCI-HOWTO.html

9.3.2 IRQs, DMA und IO-Ports

Die Peripheriegeräte eines PC und der Prozessor können auf unterschiedliche Weise kommunizieren. Eine Interrupt-Anforderung (engl. *IRQ*) ist ein Signal eines Peripheriegeräts an den Prozessor, dass beispielsweise Daten empfangen wurden und abgeholt werden können. Umgekehrt kann der Prozessor über bestimmte dem Gerät zugeordnete *IO-Ports* dessen Funktion steuern. Viele Geräte belegen auch Platz im Adressraum des Hauptspeichers für ROMs oder zur Steuerung (engl. *I/O memory*). Bestimmte ISA-Geräte – meist solche, die große Datenmengen übertragen müssen, wie Plattencontroller – unterstützen DMA (engl. *direct memory access*), um die Daten direkt im Hauptspeicher zu lesen oder zu schreiben, ohne dass der Systemprozessor sie (viel langsamer) über einen IO-Port transferieren muss. PCI unterstützt kein DMA, sondern etwas Besseres: PCI-Geräte können temporär den Bus übernehmen und so tun, als wären sie der Prozessor selbst. Dieses Konzept heißt *bus mastering*, und der Chipsatz der Hauptplatine kümmert sich um die Details.

Konventionen   Viele Peripheriegeräte haben per Konvention feste IRQs und IO-Ports. Zum Beispiel ist es üblich, der ersten seriellen Schnittstelle den IRQ 4 zuzuordnen oder der parallelen Schnittstelle die IO-Ports 0x378 bis 0x37a. Näheres über die Zuordnung von IRQs in **/proc/interrupts**   Ihrem System können Sie aus der »Datei« /proc/interrupts erfahren, die ungefähr so aussehen könnte:

```
# cat /proc/interrupts
          CPU0
  0:   30717507   XT-PIC   timer
  1:     596311   XT-PIC   keyboard
  2:          0   XT-PIC   cascade
  4:        119   XT-PIC   serial
  8:         50   XT-PIC   rtc
 11:    1493278   XT-PIC   usb-uhci, i82365,
                           Intel 82801CA-ICH3, eth0
 12:    2250598   XT-PIC   PS/2 Mouse
 14:    1110993   XT-PIC   ide0
 15:        520   XT-PIC   ide1
NMI:          0
ERR:          0
```

Für jeden IRQ (erste Spalte) ist angegeben, welchem Gerät er zugeordnet ist (letzte Spalte). Die zweite Spalte gibt an, wie oft der IRQ bisher aufgetreten ist. (Bei Mehrprozessorsystemen wird die zweite Spalte für jeden Prozessor wiederholt.)

/proc/ioports   Die »Datei« /proc/ioports zeigt entsprechend die IO-Ports:

```
# cat /proc/ioports
0000-001f : dma1
0020-003f : pic1
<<<<<
ec80-ecff : 3Com Corporation 3c905C-TX/TX-M [Tornado]
  ec80-ecff : 02:00.0
```

/proc/dma   Schließlich zählt /proc/dma die benutzten DMA-Kanäle auf. Bei PCI-Systemen steht da aber nicht mehr viel Interessantes drin:

```
# cat /proc/dma
 4: cascade
```

/proc/interrupts, /proc/ioports und /proc/dma zeigen nur die Ressourcen an, für die ein Treiber installiert ist. Informationen über alle Geräte und ihren Ressourcenbedarf gibt »lspci -v«.

Die PC-Architektur stellt nur eine bestimmte Anzahl von IRQs, IO-Ports und DMA-Kanälen (bei ISA) zur Verfügung. PCI-basierte Peripheriegeräte handeln mit dem Chipsatz aus, welche Ressourcen sie benutzen dürfen, und es ist möglich, dass mehrere PCI-Geräte sich einen der (raren) IRQs teilen. Probleme gibt es selten, und in der Regel bekommen Sie sie in den Griff, indem Sie gezielt Karten in den Steckplätzen vertauschen. Der »erste« Steckplatz (neben der Grafikkarte) hat die höchste Priorität, der nächste Steckplatz die nächstniedrigere und so weiter.

Ressourcenkonflikte

⇨ proc(5), Documentation/filesystems/proc.txt im Kernel-Quellcode

9.4 Datenfernübertragung

9.4.1 Überblick

Computer haben diverse Möglichkeiten, Daten auszutauschen. Neben LAN-Techniken wie Ethernet oder Token-Ring gibt es auch unterschiedliche Methoden, um Rechner über das Telefonnetz miteinander zu verbinden. Modems benutzen analoge Leitungen und ISDN-Karten erlauben digitale Übertragung. DSL als schnelles Breitbandmedium kann unabhängig vom Telefon eingesetzt werden. Diese Medien werden unter Linux verschieden angesprochen, obwohl es dabei gewisse Gemeinsamkeiten gibt.

9.4.2 Modems

Modems (kurz für *modulator/demodulator*) setzen digitale Daten in analoge Signale (vulgo Töne) um, die sich zum Beispiel zur Übertragung über das Telefonnetz eignen. Ein weiterer Modem am anderen Ende der Verbindung macht aus den Tönen dann wieder digitale Daten. Mit Modems können Sie unter günstigen Umständen Übertragungsraten bis zu 57600 Bit/s erzielen. Mit Komprimierung sind möglicherweise noch mehr drin, je nach-

Übertragungsrate

dem, wie die Daten aussehen; aus diesem Grund sollten Sie versuchen, ein 56k-Modem mit einer Geschwindigkeit von 115200 Bit/s anzusteuern. Moderne Modems können die »Schnittstellengeschwindigkeit« zwischen sich und dem Computer fest einstellen, während die »Leitungsgeschwindigkeit« vom Modem ins Telefonnetz je nach Leitungsgüte und Netz-Tagesform variiert.

Modems für PCs   Modems für PCs lassen sich grob in zwei Klassen aufteilen: Externe Modems werden an die serielle Schnittstelle angeschlossen,

Externe Modems   interne Modems belegen einen Steckplatz im Rechner selbst. Externe Modems brauchen keine besonderen Treiber und praktisch keine Konfiguration (ein Vorteil). Sie funktionieren mit fast beliebigen Computern und haben meist LEDs, die über ihren Betriebszustand Aufschluss geben, was bei der Fehlersuche hilft.

Interne Modems   Interne Modems dagegen sind billiger, verbrauchen weniger Strom und keinen zusätzlichen Platz. Sie funktionieren genau wie externe, solange Sie einen Bogen um »Winmodems« machen, die bestimmte Windows-Versionen benötigen. (Linux unterstützt heute auch viele Winmodems, allerdings oft nur mit proprietären, nicht im Quellcode verfügbaren Treibern.) PCI-basierte Modems werden vom Treiber für die serielle Schnittstelle erkannt; Winmodems haben eigene Treiber.

setserial   Das Kommando setserial dient zur Konfiguration von seriellen Schnittstellen, egal ob es »frei verfügbare« sind oder solche, die zu einem internen Modem gehören. Im einfachsten Fall gibt setserial den aktuellen Status einer Schnittstelle aus:

```
# setserial /dev/ttyS0
/dev/ttyS0, UART: 16550A, Port: 0x03f8, IRQ: 4
# setserial -a /dev/ttyS0
/dev/ttyS0, Line 0, UART: 16550A, Port: 0x03f8, IRQ: 4
        Baud_base: 115200, close_delay: 50, divisor: 0
        closing_wait: 3000
        Flags: spd_normal skip_test
```

Ohne Argumente liefert setserial den Namen der Schnittstelle, den verwendeten Schnittstellenbaustein (»16550A« ist das angesagte Teil – im Gegensatz zu anderen Bausteinen hat der 16550A FIFO-Puffer und löst nicht für jedes gelesene Zeichen einen Interrupt aus; nur so ist die Übertragungsrate von 115200 Bit/s zu erreichen), den IO-Port und den IRQ der Schnittstelle. Mit der Option -a gibt setserial alle verfügbaren Informationen aus. Neben den genannten zählen dazu die »Baud-Basis« (die höchste Geschwindigkeit, die der Schnittstellenbaustein unterstützt) und einige andere recht obskure Parameter. setserial kann die meisten Parameter auch setzen; hierzu geben Sie *hinter* dem Schnittstellennamen Schlüsselwörter und die gewünschten Werte an:

Baud-Basis

```
# setserial /dev/ttyS0 port 0x3f8 irq 4 spd_vhi
```

konfiguriert zum Beispiel /dev/ttyS0 so, dass es mit der ersten seriellen Schnittstelle des Computers korrespondiert (IO-Port 0x3f8, IRQ 4). Das ist natürlich das, was sowieso passiert. Die Option spd_vhi schaltet eine Übertragungsrate von 115200 Bit/s ein, wenn ein Anwendungsprogramm 38400 Bit/s wählt: Ab und zu finden Sie noch DFÜ-Programme, die als höchste wählbare Bitrate 38400 Bit/s unterstützen, und Sie können sie auf diese Weise austricksen, um höhere Übertragungsraten zu benutzen. setserial enthält diverse solche Parameter zum Einstellen ungewöhnlicher Übertragungsraten.

↪ setserial(8)
↪ D. S. Lawyer, »Modem-HOWTO« (Dezember 2003), http://www.tldp.org/HOWTO/Modem-HOWTO.html
↪ »Winmodems« unter Linux: http://www.linmodems.org/

Über einen Modem können Sie auf zwei verschiedene Arten kommunizieren. Zunächst indem Sie einen anderen Rechner direkt anwählen und dort interaktiv arbeiten, Dateien oder elektronische Post holen oder andere »lokale« Dinge tun – diese Vorgehensweise war typisch für die »Mailboxszene« der 1980er Jahre und ist heute bis auf Sonderfälle ausgestorben. Heutzutage üblich ist ein »echter« Internetzugang über PPP, das *point-to-point protocol*: Ihr Rechner bekommt von Ihrem Provider eine IP-Adresse zugeordnet und wird so für die Dauer der Einwahl ein vollwertiges Mitglied des Internets: Sie können im *World Wide Web* surfen, chatten, Mail oder ICQ-Nachrichten versenden oder irgendeinen anderen Internet-Dienst nutzen (oder gar anbieten).

Kommunikation

Die direkte Einwahl ist primitiver, aber auch leichter zu konfigurieren und setzt weniger komplexe Software voraus. Eigentlich brauchen Sie nur ein »Terminalprogramm« wie minicom. Die meisten Modems verstehen Kommandos nach dem *Hayes*-Standard (ge-

Direkte Einwahl

Hayes-Standard

Befehl	Bedeutung
DT⟨Nummer⟩	Wählen (mit Tonwahl)
DP⟨Nummer⟩	Wählen (mit Impulswahl)
H0	Auflegen (Sitzung beenden)
L0 ... L3	Lautstärke: aus/leise ... laut
M0, M1, M2	Lautsprecher aus, an bis Verbindung aufgebaut, immer an
X3	Modem wartet zum Wählen nicht auf Freizeichen (wichtig für den Betrieb an Telefonanlagen)
Z	Zurückstellen auf gespeichertes Einstellungsprofil

Tabelle 9.1: Die wichtigsten Hayes-Modemkommandos

nannt nach dem Erfinder des ersten PC-Modems); diese beginnen immer mit den Zeichen »AT«, die ein Kommando oder eine Folge von Kommandos einleiten. Tabelle 9.1 zeigt eine Auswahl der gängigsten Hayes-Befehle; die meisten heutigen Modems kennen eine ganze Menge mehr, etwa für Faxfunktionen, die nicht mehr standardisiert sind. – Im Terminalprogramm können Sie mit »ATDT«, gefolgt von der gewünschten Telefonnummer, eine Verbindung aufbauen und Daten übertragen. Zum Verbindungsabbau melden Sie sich bei der Gegenstelle ab; wenn diese nicht von sich aus das »Telefon auflegt«, dann tippen Sie drei Pluszeichen (»+++«) und warten einen kurzen Moment. Nach einer guten Sekunde sollte der Modem mit »OK« signalisieren, dass es Kommandos annimmt, und Sie können mit »ATH0« die Verbindung beenden.

PPP Den Internetzugang mit PPP behandelt Abschnitt 17.3.

⮑ minicom(1) (oder ein beliebiges anderes Terminalprogramm)

9.4.3 ISDN

ISDN, das »digitale Netz mit integrierten Diensten«, ist der designierte Nachfolger des analogen Telefonsystems (auch wenn es noch eine Weile dauern wird, bis das letzte analoge Telefon verschwindet). Für die Rechnerkommunikation bietet es Vorteile gegenüber analogen Modems, etwa höhere Übertragungsraten und einen viel schnelleren Verbindungsaufbau. Ein ISDN-»Basisanschluss« bietet zwei Datenkanäle (B-Kanäle) à 64000 Bit/s und einen (nicht direkt nutzbaren) Steuerungskanal (D-Kanal) zur Signalisierung; für ISDN kann die bestehende analoge Telefonverkabelung weiterverwendet werden. Die Kanäle können unabhängig voneinander für Telefonie, Datenfernübertragung oder andere Dienste verwendet oder zu einem Datenkanal mit der doppelten Bandbreite »gebündelt« werden.

Für ISDN gibt es wie bei Modems externe und interne Geräte. **ISDN extern** Viele externe Geräte werden wie externe Modems an die serielle Schnittstelle angeschlossen und benehmen sich auch wie Modems; Sie können existierende DFÜ-Software also unverändert einsetzen. Allerdings bieten solche externen »Terminaladapter« oder »ISDN-Modems« nicht alle Eigenschaften von ISDN. Dies ist internen »ISDN-Karten« vorbehalten, die wie interne Modems **ISDN-Karten** einen Steckplatz im Rechner belegen. ISDN-Karten können zum Beispiel den kompletten D-Kanalverkehr analysieren und so etwa eine genaue Gebührenstatistik führen. Es gibt auch »externe« Geräte auf USB-Basis; diese sind näher an den internen Karten als an den seriellen Terminaladaptern.

Es gibt aktive und passive ISDN-Karten. Aktive Karten haben eige- **Aktive ISDN-** ne Prozessoren und können daher auch zeitkritische Vorgänge wie **Karten** Fax am ISDN-Anschluss abwickeln, ohne den Systemprozessor zu belasten. Sie sind aber teuer. Billige passive ISDN-Karten verwen- **Passive ISDN-** den den Systemprozessor und haben oft Probleme etwa mit Fax- **Karten** übertragung. Der Preisunterschied zwischen aktiven und passiven Karten ist so groß, dass es sich meist lohnt, eine passive ISDN-Karte und ein Faxmodem parallel zu betreiben; es gibt auch »semiaktive« Karten, also passive mit spezieller Faxunterstützung.

Ins Netz kommen Sie mit ISDN normalerweise über PPP zu einem Provider. Es ist auch möglich, Direktverbindungen zwischen zwei Rechnern mit ISDN-Karten zu konfigurieren.

↪ ISDN-Software für Linux: `http://www.isdn4linux.de/`

9.4.4 DSL

DSL kann auf einer analogen oder digitalen Telefonleitung parallel und unabhängig von Telefongesprächen eingesetzt werden (im

Gegensatz zu Modem oder ISDN, die anstatt Telefongesprächen die Leitung belegen). Verbreitet ist ADSL – in Deutschland als »T-DSL« populär –, bei dem für die Richtung *vom* Provider eine höhere Geschwindigkeit verwendet wird als für die Richtung *zum* Provider, typischerweise 1024 kBit/s gegenüber 128 kBit/s (»A« für »asymmetrisch«; dies trägt dem Umstand Rechnung, dass in Vermittlungsanlagen aufwendigere Hardware eingesetzt werden kann und dass Endanwender eher »konsumieren«, als selbst Daten im Netz zu veröffentlichen) oder Vielfache dieser Übertragungsraten. Es gibt auch eine symmetrische Variante, SDSL, die in beide Richtungen gleich schnell ist.

DSL-»Modems« DSL-»Modems« werden mit dem Rechner meist über Ethernet verbunden. Inzwischen gibt es auch PCI-Karten zum direkten Anschluss ans DSL, die konzeptuell internen Modems entsprechen. Grundsätzlich könnte ein Provider an seinem Ende der DSL-Verbindung einfach einen IP-Router aufstellen; in der Praxis wird aus abrechnungs- und authentisierungstechnischen Gründen meist eine PPP-Abart verwendet, die auf Ethernet-Basis arbeitet (PPPoE). Dafür gibt es mehrere Linux-Implementierungen, die gängigste ist *Roaring Penguin*-PPPoE. Die PPPoE-Software kümmert sich um die Kommunikation zwischen Ethernet-Karte und DSL-Modem; die tatsächliche IP-basierte Verbindung zwischen Rechner und Internet läuft über eine PPP-Schnittstelle.

↪ http://www.linuxwiki.de/DSL
↪ RP-PPPoE: http://www.roaringpenguin.com/products/rp-pppoe/
↪ H. Burgiss, »DSL HOWTO for Linux« (Juli 2002), http://www.tldp.org/HOWTO/DSL-HOWTO/

9.5 Audio-Hardware

Linux unterstützt ein großes Spektrum von Audio-Hardware, von sehr simplen ISA-basierten Soundkarten bis zu professionellen **OSS** Studiogeräten. Traditionell ist das *Open Sound System* (OSS), eine »abgespeckte« Version eines kommerziellen Treiberpakets für sehr viele Audiokarten; heute verwenden die meisten Linux-Distri- **ALSA** butionen aber die *Advanced Linux Sound Architecture* (ALSA), eine viel leistungsfähigere und außerdem von Anfang an frei verfügbare Infrastruktur, die seit Linux 2.6 auch der offizielle Standard ist. ALSA ist Voraussetzung für den Einsatz wirklich feudaler Au-

dio-Hardware, während OSS sich vorwiegend auf Audiokarten im
»Konsumentenbereich« beschränkt. Aus den LPIC-1-Prüfungszie-
len geht nicht hervor, ob OSS oder ALSA zugrunde gelegt wird.

Informationen über OSS finden Sie im WWW. Dort können Sie
auch nachschauen, ob bestimmte Audiokarten von OSS unterstützt werden oder nicht; hierbei ist es oft nützlich, nicht nur die
Marke und das Modell zu wissen, sondern auch den tatsächlich
vorhandenen Chipsatz – manchmal nicht einfach herauszufinden, da gewisse Hersteller dazu neigen, die Spezifikationen eines
Modells ohne Ankündigung zu ändern.

Red Hat hat das Programm `sndconfig` freigegeben, mit dem Sie **sndconfig**
eine ISA-PnP- oder PCI-Audiokarte konfigurieren können. Das
Programm verwendet `isapnp`, um eine ISA-PnP-Soundkarte (beispielsweise die älteren *Soundblaster-AWE*-Karten oder Hardware
ähnlich ehrwürdiger Provenienz) zu konfigurieren, und passt
`/etc/modules.conf` an, um die korrekten Treiber zu laden. Verschiedene andere Distributionen haben dieses Programm aufge-
griffen. Auch ALSA enthält ähnliche Werkzeuge.

▷ *Open Sound System* (OSS): `http://www.opensound.com/`
▷ J. Tranter, »The Linux Sound HOWTO« (Juli 2001), `http://www.tldp.org/HOWTO/Sound-HOWTO/` (etwas alt, also gerade richtig für LPIC-1)
▷ ALSA: `http://www.alsa-project.org/`

9.6 SCSI

9.6.1 SCSI-Bussysteme

Das *Small Computer System Interface* oder SCSI (übliche Ausspra- **SCSI**
che: »skasi«) dient seit über 20 Jahren zum Anschluss von Platten,
Bandlaufwerken und anderen Massenspeichern, aber auch Peripheriegeräten wie Scannern an »kleine« Computer[1]. SCSI-Busse
und -Anschlüsse gibt es in einer verwirrenden Vielfalt, beginnend
mit dem »traditionellen« 8-Bit-Bus über die schnellen 16 Bit breiten Varianten bis zu neuen, noch schnelleren seriellen Implemen-
tierungen. Sie unterscheiden sich außerdem in der Maximalzahl
von anschließbaren Geräten pro Bus und in physischen Parame-

---

[1]Was »klein« in diesem Kontext heißen soll, ist nirgendwo definiert, aber es
muss etwas sein wie »kann noch von zwei Personen hochgehoben werden«.

Name	Breite	Datenrate	Geräte	Erklärung
SCSI-1	8 Bit	$\leq$ 5 MByte/s	8	»Urahn«
SCSI-2 »Fast«	8 Bit	10 MByte/s	8	
SCSI-2 »Wide«	16 Bit	20 MByte/s	16	
SCSI-3 »Ultra«	8 Bit	20 MByte/s	8	
SCSI-3 »Ultrawide«	16 Bit	40 MByte/s	16	
Ultra-2-SCSI	16 Bit	80 MByte/s	16	LVD-Bus[a]
Ultra-3-SCSI[b]	16 Bit	160 MByte/s	16	LVD-Bus

[a]Der LVD-Bus (für engl. *low voltage differential*) erlaubt deutlich höhere Kabellängen.

[b]Ultra-3-SCSI ist auch als Ultra-160-SCSI bekannt. Inzwischen gibt es Ultra-320- und Ultra-640-SCSI.

Tabelle 9.2: Verschiedene SCSI-Varianten

tern wie der maximalen Kabellänge und den erlaubten Abständen von Geräten auf dem Kabel. Netterweise sind alle diese Varianten kompatibel oder doch unter Geschwindigkeitsverlust kompatibel machbar! Abarten wie *FireWire* (IEEE-1394) oder *FiberChannel* werden zumindest von Linux wie SCSI behandelt.

Vorkommen »Reinrassiges« SCSI findet sich bei PC-Systemen vor allem in Servern; Arbeitsplatzrechner und »Konsumenten-PCs« verwenden eher IDE zum Anschluss von Massenspeichern und USB (Abschnitt 9.7) für andere Geräte. IDE- und USB-basierte Geräte lassen sich viel billiger herstellen als SCSI-basierte Geräte – IDE-Platten kosten zum Beispiel etwa ein Drittel oder ein Viertel so viel wie gleich große SCSI-Platten. Als Linux-Administrator sollten Sie auch über SCSI-Kenntnisse verfügen, selbst wenn Sie gar kein SCSI im System haben, denn aus der Sicht des Linux-Kerns werden viele USB-, IDE- oder FireWire-Geräte wie SCSI-Geräte angesprochen und nutzen dieselbe Infrastruktur.

Serial-ATA Auch moderne »Serial-ATA«-Platten werden oft wie SCSI-Platten angesprochen. Viele SATA-Controller unterstützen einen Kompatibilitätsmodus, in dem sie sich wie herkömmliche IDE-Controller geben, aber die zukunftsträchtige Methode verwendet einen Treiber-
libata satz namens »libata«, der SATA-Platten als SCSI-Platten erscheinen lässt. Dies führt zu einer wünschenswerten Vereinheitlichung und erschließt verschiedene Eigenschaften, die mit der herkömm-

lichen IDE-Unterstützung nicht zur Verfügung stehen. Tatsächlich ist damit zu rechnen, dass mittelfristig auch (parallele) IDE-Platten über die libata angesteuert werden.

Jedes Gerät an einem SCSI-Bus braucht eine eindeutige »SCSI-ID«. Mit dieser Zahl zwischen 0 und 7 (15 bei den breiten Bussen) wird das Gerät adressiert. Die meisten »echten« SCSI-Geräte haben zu ihrer Einstellung »Jumper« oder einen Schalter; bei den USB- oder SATA-Geräten, die über die SCSI-Infrastruktur angesprochen werden, sorgt das System dafür, dass sie eine eindeutige SCSI-ID zugeordnet bekommen. **SCSI-ID**

Um (echtes) SCSI nutzen zu können, muss ein PC mindestens einen Hostadapter (kurz *host*) haben; Server- und hochwertige Arbeitsplatzsysteme haben ihn oft auf der Hauptplatine, während billige Rechner eine Steckkarte brauchen. Hauptplatinen- und bessere Steckkarten-Hostadapter haben ein SCSI-BIOS, mit dem Booten über SCSI möglich ist. Dort können Sie auch prüfen, welche SCSI-IDs frei und welche belegt sind und von welchem SCSI-Gerät gegebenenfalls gebootet werden soll. **Hostadapter** **SCSI-BIOS**

Wenn Ihr BIOS von SCSI-Geräten booten kann, können Sie außerdem in der Bootreihenfolge vorgeben, ob die IDE-Platte C: den (potenziell) bootfähigen SCSI-Geräten vorgezogen werden soll. **Bootreihenfolge**

⇨ Überblicksseiten mit Verweisen: `http://de.wikipedia.org/wiki/SCSI`, `http://www.webopedia.com/TERM/S/SCSI.html`

9.6.2 Linux und SCSI

Linux unterstützt dank seiner wachsenden Beliebtheit im Servermarkt praktisch alle standardkonformen SCSI-Geräte und die meisten SCSI-Hostadapter. Das SCSI-Subsystem des Linux-Kerns hat eine »dreigeschossige« Architektur: Ganz unten befinden sich die Treiber für die einzelnen SCSI-Hostadapter, darüber eine generische »Mittelschicht« und ganz oben Treiber für die verschiedenen Geräte (Platten, Bandlaufwerke, . . .), mit denen Sie auf einem SCSI-Bus rechnen können. Dazu gehört auch ein »generischer« Treiber, der Geräte ohne speziellen Treiber wie Scanner oder CD-ROM-Brenner zugänglich macht. **Architektur**

Linux benennt die Hostadapter in einem Rechner beginnend bei `scsi0`; jeder Hostadapter unterstützt einen oder mehrere SCSI-

LUNs

Busse (genannt *channel*), an jeden Bus können bis zu 7 bzw. 15 andere Geräte angeschlossen sein und jedes Gerät selbst kann mehrere *local unit numbers* oder LUNs unterstützen, etwa die einzelnen CDs in einem CD-ROM-Wechsler (selten benutzt). Jedes SCSI-Gerät im System lässt sich also durch das Quadrupel (⟨host⟩, ⟨channel⟩, ⟨ID⟩, ⟨LUN⟩) eindeutig beschreiben; meist reichen auch schon (⟨host⟩, ⟨channel⟩, ⟨ID⟩) aus.

Einen Überblick über die vorhandenen SCSI-Geräte bekommen Sie in der »Datei« /proc/scsi/scsi:

```
# cat /proc/scsi/scsi
Attached devices:
Host: scsi0 Channel: 00 Id: 00 Lun: 00
  Vendor: IBM        Model: DCAS-34330 Rev: S65A
  Type:   Direct-Access               ANSI SCSI revision: 02
Host: scsi0 Channel: 00 Id: 03 Lun: 00
  Vendor: PLEXTOR  Model: CD-ROM PX-40TS   Rev: 1.00
  Type:   CD-ROM                      ANSI SCSI revision: 02
Host: scsi0 Channel: 00 Id: 05 Lun: 00
  Vendor: iomega   Model: jaz 1GB     Rev: G.55
  Type:   Direct-Access               ANSI SCSI revision: 02
Host: scsi0 Channel: 00 Id: 06 Lun: 00
  Vendor: YAMAHA   Model: CRW4260     Rev: 1.0q
  Type:   CD-ROM                      ANSI SCSI revision: 02
```

Insbesondere können Sie die SCSI-Adresse des Geräts finden.

In /proc/scsi stehen meist auch noch weitere Verzeichnisse und »Dateien«, die genauer Aufschluss über die Hostadapter geben:

```
# ls /proc/scsi
ncr53c8xx  scsi
# ls /proc/scsi/ncr53c8xx
0
# cat /proc/scsi/ncr53c8xx/0
  Chip NCR53C875, device id 0xf, revision id 0x3
  On PCI bus 0, device 10, function 0, IRQ 10
  Synchronous period factor 12, max commands per lun 4
```

Gerätenamen

SCSI-Geräte haben traditionell Namen wie /dev/sda, /dev/sdb, … (Platten), /dev/scd0, … (CD-ROM-Laufwerke), /dev/st0, … (Bandlaufwerke) oder /dev/sg0, … (»generische« Geräte). Innerhalb der Kategorien bekommen die Geräte ihre Nummern in der Reihenfolge der »Entdeckung« zugeordnet, was ein Problem darstellen kann – etwa wenn USB-Geräte wie Digitalkameras, USB-Sticks oder MP3-Player im Spiel sind, die kommen und gehen. Das pcmcia-cs-Paket zur Unterstützung von PC-Karten enthält ein Kommando namens scsi_info, das zu einem SCSI-Gerätenamen die tatsächliche »Adresse«, also Host, Bus, ID und LUN, bestimmt:

```
# scsi_info /dev/scd0
SCSI_ID="0,3,0"
HOST="0"
MODEL=" CD-ROM PX-40TS"
```

Die SCSI_ID besteht aus Bus, ID und LUN; die Hostadapter-Nummer steht in HOST. Das Kommando wird eigentlich benutzt, um im PCMCIA-System SCSI-Geräte automatisch verfügbar machen zu können. Es erspart Ihnen aber auch die Suche in /proc/scsi/scsi.

⇨ proc(5)
⇨ D. Gilbert, »The Linux 2.4 SCSI subsystem HOWTO« (Mai 2003), http://www.tldp.org/HOWTO/SCSI-2.4-HOWTO/

9.7 USB

9.7.1 Überblick

Der *Universal Serial Bus* oder USB ist als »narrensichere« Methode zum Anschluss von Peripheriegeräten gedacht und soll irgendwann die »althergebrachten« (engl. *legacy*) Schnittstellen wie die PS/2-Anschlüsse für Maus und Tastatur, den parallelen Druckeranschluss, die seriellen Schnittstellen für Modems und Ähnliches ersetzen – ein »altlastenfreier« (engl. *legacy-free*) PC hat nur noch USB. USB ist »asymmetrisch« – die beiden Enden eines USB-Kabels haben verschiedene Stecker –, um Fehlverkabelungen zu verhindern. Außerdem erlaubt USB das Umstecken von Geräten im laufenden Betrieb (engl. *hotplugging*).

hotplugging

USB ist heute Bestandteil aller neuen PCs (auch wenn es mit der Altlastenfreiheit nicht so recht vorwärtszugehen scheint). Das heißt, jeder PC enthält einen oder mehrere *USB-Controller*, deren jeder bis zu 127 USB-Geräte steuern kann. Da PCs nicht so viele USB-Buchsen haben, erlaubt USB die baumartige Verschaltung

USB-Controller

USB-Hubs

von Geräten über *USB-Hubs*. An eine USB-Buchse im Rechner können Sie also einen Hub mit 2, 4 oder 8 Buchsen anschließen; die Geräte am Hub teilen sich die Leitung zum Rechner. Natürlich können Sie an einen Hub auch weitere Hubs anschließen.

Geschwindig-keiten

Zuerst kannte USB zwei Geschwindigkeiten, »niedrige« Geschwindigkeit (1,5 MBit/s) und »volle« Geschwindigkeit (12 MBit/s). Niedrige Geschwindigkeit ist mehr als genug für Tastaturen, Mäuse, Modems oder Audiogeräte, während volle sogar für 10-MBit/s-Ethernet reicht. Auch Geräte wie Digitalkameras oder Scanner, die ab und zu ein paar Megabyte Daten schicken, sind damit gut zu betreiben. Für andere interessante Geräte wie Platten, hoch-auflösende Digitalkameras oder MP3-Spieler ist die »volle« Geschwindigkeit eigentlich zu niedrig. Daher wurde mit USB 2.0 eine weitere Geschwindigkeitsstufe, »hohe« Geschwindigkeit, mit 480 MBit/s standardisiert. Das reicht für Plattenlaufwerke, Gruppen von 100-Mbit/s-Ethernet-Adaptern oder Video aus. Aktuelle Linux-Kernels unterstützen alle drei Geschwindigkeitsstufen.

USB 2.0

Kompatibilität

Ganz wie bei SCSI können auch bei USB Geräte verschiedener Geschwindigkeit gleichzeitig denselben Bus benutzen. Ebenfalls wie bei SCSI ist jedoch die langsamste Komponente maßgeblich: Wenn Sie ein USB-2.0-Gerät an einen Rechner anschließen, der nur USB 1.1 unterstützt, dann nutzt dieses Gerät maximal 12 MBit/s. Dasselbe gilt für ein USB-1.1-Gerät an einem USB-2.0-Controller. Und wenn Sie einen USB-1.1-Hub mit einem USB-2.0-Controller verbinden, können alle Geräte an diesem Hub – auch USB-2.0-Geräte – nur die 12 MBit/s von USB 1.1 ausnutzen. Anderen, etwa direkt angeschlossenen, USB-2.0-Geräten steht jedoch die »hohe« Geschwindigkeit zur Verfügung. USB-2.0-Hubs bieten übrigens einen *transaction translator*, der in der Lage ist, zwischen USB 1.1 und USB 2.0 zu vermitteln. Die Daten von USB-1.1-Geräten an einem USB-2.0-Hub werden dabei für die Übertragung zum Rechner auf die »hohe« Geschwindigkeit umgesetzt, damit nicht der ganze Bus verlangsamt wird.

⇨ Überblicksseite mit Verweisen: http://de.wikipedia.org/wiki/USB

9.7.2 Linux und USB

Linux unterstützt USB in benutzbarer Form seit der Kernel-Version 2.4. Es gibt im Wesentlichen zwei Methoden, USB-Controller anzusteuern, das *Open Host Controller Interface* (OHCI) von Compaq und das *Universal Host Controller Interface* (UHCI) von Intel. Aus der Sicht des USB sind beide gleich; UHCI-Hardware ist einfacher und billiger, verlangt aber aufwendigere Treiber. Der Treiber sorgt dafür, alle USB-Anschlüsse des Rechners zu einem »virtuellen« Hub zusammenzufassen und so die Bustopologie zu vereinheitlichen. Alle Anschlüsse sehen damit gleich aus.

Wenn ein USB-Gerät an den Bus angeschlossen wird, bekommt es eine Zahl zwischen 1 und 127 als Gerätenummer zugewiesen und der Rechner liest den »Deskriptor« des Geräts aus. Dieser gibt an, um was für eine Sorte Gerät es sich handelt, welche Arten von USB-Schnittstellen es unterstützt und Ähnliches. Insbesondere gehört jedes Gerät zu einer Klasse von Geräten, die vom Rechner ähnlich behandelt werden – etwa den *Human Interface Devices*, also Geräten, die Eingabemöglichkeiten für Menschen realisieren: Tastaturen, Mäuse, Steuerknüppel, aber auch Schalter, Regler, Telefontastaturen, Steuerräder, Datenhandschuhe und anderes. Klassen können Unterklassen haben, die ein Gerät noch weiter eingrenzen.

Aufzählung

Deskriptor

Klasse

Unterklasse

Treiber

Um USB mit Linux benutzen zu können, brauchen Sie zunächst einen Kernel mit der entsprechenden Unterstützung. Die heutigen Distributionen liefern alles Nötige mit. Zunächst müssen Sie – falls die Installationsprozedur Ihrer Distribution Ihnen das nicht abnimmt – den richtigen Treiber für Ihren Controller im Rechner wählen. Im Zweifelsfall probieren Sie beide Treiber aus: Nur einer von ihnen wird funktionieren und das Protokoll des Systemkerns verrät Ihnen, welcher der richtige ist. (Tatsächlich gibt es für UHCI-Controller in Linux 2.4 zwei verschiedene Treiber, zwischen denen von der Funktion her kein großer Unterschied besteht. Nehmen Sie irgendeinen. In Linux 2.6 wurde dies vereinheitlicht.)

Für USB 2.0 schließlich gibt es ein drittes Treibermodul namens `ehci-hcd.o` (`ehci_hcd` bei Linux 2.6). Dieses muss parallel zu einem der USB-1.1-Module benutzt werden, weil bei USB-2.0-Controllern alle eigentlich direkt angeschlossenen USB-1.1-Geräte intern über einen logischen »Hilfscontroller« verwaltet werden, der sich nach UHCI oder OHCI richtet.

Module Zur USB-Unterstützung sollte neben dem Modul usbcore.o (dem controllerunabhängigen »Kern« des USB-Subsystems) einer der grundlegenden Treiber für UHCI oder OHCI sowie gegebenenfalls der EHCI-Treiber für USB 2.0 geladen sein. Dazu kommen natürlich noch Module für die einzelnen USB-Geräte.

⇨ B. Hards, »The Linux USB sub-system«, http://www.linux-usb.org/USB-guide/book1.html

9.7.3 Das usbfs

Informationen über die angeschlossenen USB-Geräte können Sie über das *USB Device Filesystem*, kurz usbfs, erhalten. (Früher hieß das Dateisystem usbdevfs, wurde aber umbenannt, um Verwirrung mit einem völlig anderen Dateisystem, devfs, zu vermeiden.) Das usbfs ist wie das proc-Dateisystem ein »virtuelles« Dateisystem, dessen Inhalte nach Bedarf vom Kernel zur Verfügung gestellt werden, und wird meist als /proc/bus/usb eingehängt, etwa mit

```
usbfs  /proc/bus/usb  usbfs  defaults  0 0
```

in /etc/fstab. Wenn das usbfs eingehängt ist, enthält /proc/bus/usb normalerweise Einträge wie die folgenden:

```
# ls -l /proc/bus/usb
total 0
dr-xr-xr-x  1 root   root        0 Dec 20 00:02 001
-r--r--r--  1 root   root        0 Dec 22 18:15 devices
-r--r--r--  1 root   root        0 Dec 22 18:15 drivers
```

Die Unterverzeichnisse mit numerischen Namen (001, ...) stehen für die einzelnen Busse; in jedem Verzeichnis finden sich Einträge für die jeweils angeschlossenen Geräte:

```
# ls -l /proc/bus/usb/001
total 0
-rw-r--r--  1 root   root       18 Dec 22 18:15 001
-rw-r--r--  1 root   root       18 Dec 22 18:15 002
-rw-r--r--  1 root   root       18 Dec 22 18:15 003
-rw-r--r--  1 root   root       18 Dec 22 18:15 004
-rw-rw----  1 root   scanner    18 Dec 22 18:15 005
```

Näheren Aufschluss über die Natur dieser Geräte gibt die »Datei«
/proc/bus/usb/devices:

```
# cat /proc/bus/usb/devices
T: Bus=01 Lev=00 Prnt=00 Port=00 Cnt=00 Dev#=1 Spd=12 MxCh=2
B: Alloc= 46/900 us ( 5%), #Int=  2, #Iso=  0
D: Ver= 1.00 Cls=09(hub) Sub=00 Prot=00 MxPS= 8 #Cfgs=  1
P: Vendor=0000 ProdID=0000 Rev= 0.00
S: Product=USB UHCI-alt Root Hub
S: SerialNumber=bf80
C:*#Ifs= 1 Cfg#= 1 Atr=40 MxPwr=  0mA
I: If#=0 Alt=0 #EPs=1 Cls=09(hub) Sub=00 Prot=00 Driver=hub
E: Ad=81(I) Atr=03(Int.) MxPS=   8 Ivl=255ms
◁◁◁◁◁
```

Diese Datei ist eigentlich weniger für den menschlichen Genuss
als für die Auswertung durch Programme geeignet, aber Sie können doch einiges daran sehen:

```
# cat /proc/bus/usb/devices | grep '^[TS]:'
T: Bus=01 Lev=00 Prnt=00 Port=00 Cnt=00 Dev#=1 Spd=12 MxCh=2
S: Product=USB UHCI-alt Root Hub
S: SerialNumber=bf80
T: Bus=01 Lev=01 Prnt=01 Port=00 Cnt=01 Dev#=2 Spd=12 MxCh=4
S: Manufacturer=ALCOR
S: Product=Generic USB Hub
T: Bus=01 Lev=02 Prnt=02 Port=00 Cnt=01 Dev#=3 Spd=12 MxCh=0
T: Bus=01 Lev=02 Prnt=02 Port=01 Cnt=02 Dev#=4 Spd=12 MxCh=0
S: Manufacturer=
S: Product=USB DISK 2.0
S: SerialNumber=07390A500C62
T: Bus=01 Lev=02 Prnt=02 Port=03 Cnt=03 Dev#=5 Spd=12 MxCh=0
S: Manufacturer=EPSON
S: Product=EPSON Scanner
```

Die T:-Zeilen deuten den Anfang einer Gerätedefinition an – die **Gerätedefinition**
verschiedenen Einträge beschreiben die Position des Geräts am
USB: Bus ist die Busnummer (001 in unserem Beispiel), Lev die
Entfernung von der »Wurzel« des USB-Baums (00 steht für den
(virtuellen) Hub an der Wurzel, 01 für alle direkt angeschlossenen
Geräte, 02 für Geräte, die an einen Hub angeschlossen sind, der direkt angeschlossen ist, …) und Prnt für das »Eltergerät« (ebenfalls

00 für den virtuellen Hub, 01 für direkt angeschlossene Geräte und die Nummer des Hubs sonst, hier 2). Cnt ist die Nummer des Geräts an diesem Hub und Dev# die Nummer des Geräts am Bus, Spd die Geschwindigkeit in MBit/s und MxCh die maximale Anzahl von »Kindern«, also an diesem Gerät anschließbaren weiteren Geräten (0 für die meisten Geräte, andere Werte für Hubs). Die S:-Zeilen beschreiben den Hersteller des Geräts und das Gerät selbst.

Beispiel An unserem Beispiel-USB ist also ein 4-Port-Hub angeschlossen (Gerät Dev#=2 auf dem Bus). An diesem Hub befinden sich ein nicht spezifiziertes Gerät (Dev#=3), ein USB-Stick (Dev#=4) und ein Scanner (Dev#=5). Programme wie usbview benutzen die T:-Zeilen, um eine grafische Darstellung des USB-Baums zu liefern.

/proc/bus/usb/devices enthält noch zahlreiche andere Informationen, etwa über Geräteklassen und -kennungen, verwendete Treiber oder den Strombedarf der Geräte.

↷ lsusb(8), usbview(8)
↷ B. Hards, »The Linux USB sub-system«, http://www.linux-usb.org/ USB-guide/book1.html

9.8 Hotplugging

Einer der wesentlichen Vorteile von USB ist das *hotplugging*, die Möglichkeit, Geräte im laufenden Betrieb des Rechners anschließen und abklemmen zu können. Für das Betriebssystem heißt das, dass es in der Lage sein muss, Datenstrukturen für die Geräte auf- und abzubauen und Gerätetreiber bei Bedarf zu laden. Daneben ist es nützlich, bei Ereignissen wie dem Verfügbarwerden eines neuen Geräts zum Beispiel ein Shell-Skript ausführen zu können. Der Zugriff auf den Scanner könnte aus Sicherheitsgründen etwa auf die Mitglieder der Gruppe scanner beschränkt sein; in diesem Fall sollte, wenn der Scanner angeschlossen wird, für die betreffende »Datei« in /proc/bus/usb automatisch etwas wie

```
chown root:scanner /proc/bus/usb/001/005
chmod 660 /proc/bus/usb/001/005
```

ausgeführt werden.

Linux stellt hierfür mehrere konkurrierende Mechanismen zur
usbmgr Verfügung: usbmgr ist ein Daemon, der anhand einer Konfigura-

tionsdatei (usbmgr.conf) gemäß der Hersteller- und Produktcodes eines USB-Geräts den passenden Treiber zur Laufzeit laden kann. usbmgr wird heutzutage nicht mehr viel verwendet, aber findet sich möglicherweise noch in älteren Distributionen.

⊃ http://www.dotaster.com/~shuu/linux/usbmgr/

hotplug

hotplug ist eine allgemeinere Infrastruktur, die Hotplugging nicht nur für USB, sondern auch für PC-Karten sowie SCSI-, IEEE-1394- und PCI-Geräte ermöglicht. Ziel von hotplug ist es, möglichst viele Aspekte der Gerätekonfiguration aus dem Kernel herauszunehmen. Dies wird erreicht, indem das System beim Start einen »Hotplug-Dienst« startet, der dann vom Kernel benachrichtigt wird, wenn neue Geräte eingesteckt oder existierende herausgezogen werden. Der Hotplug-Dienst kümmert sich darum, sogenannte Agenten zu starten, die die eigentliche Konfiguration übernehmen. Im Verzeichnis /etc/hotplug finden sich die dafür nötigen Konfigurationsdateien und Skripte.

Agenten

Mit hotplug lassen sich auch Geräte verwalten, die eigentlich gar nicht im laufenden Betrieb ein- und ausgestöpselt werden oder die schon angeschlossen wurden, bevor hotplug gestartet wird. Man spricht hierbei von *coldplugging*; die Geräte werden erst einmal konfiguriert und die hotplug-Ereignisse nachgetragen, sobald hotplug läuft, damit dessen Bild vom System mit der Wirklichkeit übereinstimmt. Für die Verwendung beim Systemstart – etwa in initrds – gibt es auch ein abgespecktes »Diät-hotplug«.

⊃ http://linux-hotplug.sourceforge.net/

udev

Die Hotplug-Infrastruktur ist auch eine wesentliche Zutat für das udev-System, das mit Linux 2.6 eingeführt wurde und dazu dient, das /dev-Verzeichnis (sub:lpi1-kommandos1:filesearch:fhs) zu entschlacken. Bei herkömmlichen Linux-Systemen stehen in /dev Einträge für alle möglichen denkbaren Geräte (nur so auf Verdacht), so dass sich dort durchaus einige tausend Dateien finden können. udev ersetzt dieses statische /dev-Verzeichnis durch ein dynamisch verwaltetes System à la /proc, in dem nur noch diejenigen Einträge auftauchen, die zu tatsächlich im System aktuell vorhandenen Geräten gehören. Außerdem kann udev dafür sorgen, dass Geräte wie USB-Sticks, Digitalkameras oder MP3-Player immer denselben Gerätenamen bekommen, statt dass sie

in der Reihenfolge ihres Auftretens benannt werden. Dies vereinfacht die Konfiguration von Programmen, die auf diese Geräte
zugreifen sollen.

sysfs

udev bedient sich des Hotplug-Systems, um sich über das Dazu-
kommen oder Verschwinden von Geräten benachrichtigen zu lassen. Eine weitere Voraussetzung für udev ist das sysfs-Dateisystem
in Linux 2.6. Über Einträge unterhalb von /sys ist es möglich, ähnlich wie bisher mit den verschiedenen Dateien in /proc Eigenschaften von Geräten an bestimmten Positionen auf den Bussen des
Rechners zu ermitteln; manche Einstellungen können Sie auch
setzen, indem Sie Werte in »Dateien« in der /sys-Verzeichnishier-
archie schreiben. Im Unterschied zu /proc ist /sys aber relativ konsequent strukturiert und erlaubt so einen logischeren Zugang zu
den verschiedenen Geräten.

Zur Gerätezuordnung verwendet udev vor allem eine Datei namens
/etc/udev/udev.rules, in der Geräte anhand verschiedener Eigenschaften ihre Namen zugeordnet bekommen. Zum Beispiel:

```
BUS="scsi", PROGRAM="/sbin/scsi_id", RESULT="OEM 0815",▷
◁ NAME="disk1"
BUS="usb", SYSFS_serial="W09090207101241330", NAME="lpcolor"
```

Die erste Regel tritt in Kraft, wenn udev darüber benachrichtigt
wird, dass ein neues SCSI-Gerät entdeckt wurde. Wenn das (von
udev bei Bedarf aufgerufene) Programm scsi_id das Ergebnis »OEM
0815« liefert, bekommt das Gerät den Namen /dev/disk1 zugeordnet. Die zweite Regel gilt für neue USB-Geräte und vergleicht den
Inhalt der serial-Datei im Verzeichnis des Geräts unter /sys mit
der angegebenen Zeichenkette. Stimmen die beiden überein, wird
das Gerät /dev/lp_color genannt.

⇨ http://www.kernel.org/pub/linux/utils/kernel/hotplug/udev.html

Für die LPIC-1-Prüfung müssen Sie nicht alle Feinheiten von
usbmgr, hotplug und udev beherrschen. Es genügt, wenn Sie wissen, dass diese Infrastrukturen existieren, welche Aufgaben sie
erfüllen und – in ganz groben Zügen – wie.

Kapitel 10 **Plattenspeicher**

In diesem Kapitel ...

✓ lernen Sie die Grundbegriffe der Plattenverwaltung und Partitionierung für Linux

✓ erfahren Sie, wie Sie Dateisysteme anlegen, in die Dateihierarchie integrieren und ihre Integrität prüfen

✓ lernen Sie mit den Mechanismen zur Kontingentierung von Plattenplatz umzugehen

✓ werden die Grundlagen einer erfolgreichen Strategie für Sicherheitskopien vorgestellt

10.1 Partitionierung

10.1.1 Überblick

Partitionen dienen zur Unterteilung einer Platte in mehrere kleinere »gedachte« Platten. Partitionen werden separat verwaltet und
können unterschiedlichen Betriebssystemen gewidmet sein. Sie
müssen eine Platte nicht in mehrere Partitionen aufteilen (eine
einzige kann unter Umständen reichen), aber es ist fast immer
eine gute Idee:

- Logisch getrennte Teile des Systems können getrennt werden.
  Beispielsweise können Sie die Daten Ihrer Benutzer auf einer
  anderen Partition ablegen als das eigentliche Betriebssystem.
  Damit können Sie das Betriebssystem komplett neu installieren, ohne dass die Benutzerdaten gefährdet werden. Bei den oft
  nur eingeschränkt funktionierenden »Upgrade«-Möglichkeiten
  selbst aktueller Distributionen ist das wichtig. Auch wenn Inkonsistenzen in einem Dateisystem auftauchen, ist davon zunächst nur eine Partition betroffen.

- Die Struktur des Dateisystems kann den zu speichernden Daten angepasst werden. Die meisten Dateisysteme verwalten
  den Platz in »Blöcken« fester Größe, wobei jede Datei, egal wie
  klein sie ist, zumindest einen kompletten Block belegt. Bei einer Blockgröße von 4 KiB bedeutet das etwa, dass eine 500 Bytes
  lange Datei nur rund 1/8 ihres Blocks ausnutzt – der Rest liegt
  als »interner Verschnitt« brach. Wenn Sie wissen, dass in einem
  Verzeichnis vor allem kleine Dateien liegen werden (Stichwort:
  Mailserver), dann kann es sinnvoll sein, dieses Verzeichnis auf
  eine eigene Partition zu legen, deren Dateisystem kleine Blöcke
  (1 oder 2 KiB) benutzt. Das verringert den Platzverlust durch
  »internen Verschnitt« erheblich. Einige Datenbankserver dagegen arbeiten am liebsten auf »rohen« Partitionen ganz ohne
  Dateisystem, die sie komplett selbst verwalten. Auch das muss
  das Betriebssystem ermöglichen.

- »Wild gewordene« Prozesse oder unvorsichtige Benutzer können den kompletten Plattenplatz auf einem Dateisystem belegen. Es ist zumindest auf wichtigen Serversystemen sinnvoll,
  Benutzerdaten (inklusive Druckaufträgen, ungelesener E-Mail

und Ähnlichem) nur auf solchen Partitionen zu erlauben, die voll laufen können, ohne dass das System selbst dabei Probleme bekommt, etwa indem wichtige Protokolldateien nicht weitergeführt werden können.

PC-Systeme unterstützen pro Platte bis zu vier »primäre« Partitionen. Eine dieser Partitionen kann stattdessen eine »erweiterte« Partition sein, in der sich praktisch beliebig viele »logische« Partitionen befinden können (Linux beschränkt die Gesamtanzahl der Partitionen – primäre, erweiterte und logische zusammen – pro Platte bei IDE-Platten auf 63 und bei SCSI-Platten auf 15). Diese Struktur ist historisch gewachsen.

Partitionstypen

⮑ Genauere Erklärung von Partitionen und Partitionstabelle: http://www.ata-atapi.com/hiwtab.htm

Platten und Partitionen werden wie fast alle anderen »Geräte« über Gerätedateien in /dev angesprochen. Die Platten »als Ganzes« haben nach Konvention die Namen hda, hdb, ... (für IDE) oder sda, sdb, ... (für SCSI). Über diese Gerätedateien kann die komplette Platte angesprochen werden, etwa um sie zu partitionieren – allerdings können Sie so auch die Datenstrukturen auf der kompletten Platte auf einmal vermurksen. Die Partitionen haben Namen, die sich aus dem Plattennamen und der Partitionsnummer ergeben, also zum Beispiel hda1 oder sdb2. Die primären Partitionen haben *immer* die Nummern 1 bis 4, die logischen 5 und darüber, auch wenn es in Wirklichkeit weniger als vier primäre Partitionen gibt.

Gerätenamen Platten

Partitionen

⮑ Gerätenamen: Documentation/devices.txt in den Kernel-Quellen

Die Platten und Partitionen im System stehen in /proc/partitions:

```
$ cat /proc/partitions
major minor  #blocks  name

   3     0  19535040  hda
   3     1    417658  hda1
   3     2   3903795  hda2
   3     3   3903795  hda3
   3     4         1  hda4
   3     5    248976  hda5
   3     6  11060721  hda6
```

195

Dieses System hat drei primäre Partitionen (hda1 bis hda3) und eine erweiterte Partition (hda4). In der erweiterten Partition stehen zwei logische Partitionen (hda5 und hda6).

/proc/partitions liefert die aktuelle Sicht des Linux-Kerns auf die Partitionssituation. Mit dem Kommando »fdisk -l« können Sie direkt die Partitionstabelle auf einer Platte anschauen.

↪ proc(5), fdisk(8)

Gerätenamen und SCSI Ein länger bekanntes Problem mit Linux ist, dass Gerätenamen für SCSI-Platten nicht direkt von »unveränderlichen Kennzeichen« wie SCSI-Host und -ID abhängen, sondern in der Reihenfolge der Entdeckung vergeben werden (Abschnitt 9.6.2). Wenn Sie ein Gerät vom SCSI-Bus entfernen, ändern sich dadurch die Namen aller Geräte mit höheren SCSI-IDs. Wenn Sie einen von mehreren SCSI-Hostadaptern entfernen, werden möglicherweise alle verbleibenden Geräte umbenannt. Die udev-Infrastruktur (Abschnitt 9.8) schafft Abhilfe.

Änderungen Die Partitionierung einer Platte wird in der Regel einmal festgelegt und ist anschließend nur noch mühsam zu ändern (im schlimmsten Fall durch Sichern der kompletten Platte anderswohin – eine andere Platte oder Band –, Umpartitionieren unter Datenverlust und Zurückspielen der Sicherung). Bequemer und sinnvoller ist **LVM** der *Logical Volume Manager* (LVM). Damit ist es möglich, dynamisch (auch im laufenden Betrieb) Partitionen anzulegen, zu löschen, zu verschieben, zu vergrößern und zu verkleinern und sogar Partitionen zu haben, die mehr als eine physikalische Platte überspannen. LVM ist für die LPIC-1-Zertifizierung nicht relevant.

↪ A. J. Lewis, »LVM HOWTO« (Oktober 2004), http://www.tldp.org/HOWTO/LVM-HOWTO/

10.1.2 Entwurf einer Partitionsstruktur

Da spätere Änderungen nur umständlich möglich sind, sollte die Partitionsstruktur eines Linux-Systems gut überlegt werden. Dabei gehen Faktoren ein wie der Verwendungszweck des Systems (Server oder Arbeitsplatzrechner? Sollen auch noch andere Betriebssysteme außer Linux installiert werden? ...), die Anzahl der verfügbaren Platten und deren Größe und Geschwindigkeit.

Minimalversion

Grundsätzlich reicht eine einzige Partition für die Installation eines Linux-Systems aus. Sinnvoll sind aber zumindest zwei Partitionen (eine für Linux mit dem Verzeichnis / und allem darunter, eine als Auslagerungspartition), besser drei (zusätzlich eine für /home). Dies ist das praktische Minimum für Arbeitsplatzrechner. Auf Serversystemen ist es sinnvoll, alle Verzeichnisse, deren Inhalt prinzipiell beliebig wachsen kann (also /tmp, /var und insbesondere Sachen wie /var/mail und Ähnliches), auf eigene Partitionen zu tun. Hier empfiehlt sich dringend der Einsatz von LVM.

Server

Die Partition für das Betriebssystem sollte, wenn Sie signifikante Teile einer gängigen Distribution installieren und Raum für Zuwachs lassen wollen, mindestens einige Gigabyte groß sein. Auf spezialisierten Servern mit einem eng umgrenzten Einsatzgebiet reicht oft weniger (und es ist günstig, wenn ein Katastrophenbackup auf eine bootfähige CD-ROM passt ...).

Partitionsgrößen

Weitere Überlegungen zur Partitionierung könnten sein:

Weitere Überlegungen

- Das Verzeichnis /opt enthält Software, die nicht Bestandteil der Distribution ist und ähnlich wie der Inhalt von /home vor versehentlichem Überschreiben bei Upgrades oder Neuinstallationen gerettet werden sollte. Sie könnten es auf einer eigenen Partition unterbringen oder – wenn Sie ohne LVM die Anzahl der Partitionen nicht ins Astronomische steigern möchten – den Inhalt zum Beispiel nach /home/opt verlegen und /opt zu einem symbolischen Link auf jenes Verzeichnis machen.

- Dasselbe gilt für /usr/local, in dem die von Ihnen selbst erstellte oder installierte Software steht.

- Zur Sicherheit können Sie den Inhalt von /usr schreibgeschützt zur Verfügung stellen. »Trojanische Pferde« können sich dann etwas schwerer im System festsetzen. In diesem Fall sollten Sie schon bei der Grundinstallation des Systems für /usr eine eigene Partition vorsehen, die Sie später für schreibgeschützt erklären (siehe Abschnitt 10.3.1).

↪ T. Harris, K. Köhntopp, »Linux Partition HOWTO« (Juli 2001), http://www.tldp.org/HOWTO/Partition/

mehrere Platten

Wenn Sie mehrere Platten haben, sollten Sie viel benutzte Verzeichnisse über alle Platten verteilen. Beispielsweise können Sie /

und /usr auf verschiedenen Platten unterbringen, genau wie /tmp und /home. Das System kann dann die Zugriffe effizienter parallelisieren und vermeidet Wartezeiten, die entstehen, weil die Schreib- und Leseköpfe oft über die Platte bewegt werden müssen. Eine andere Erwägung beim Einsatz mehrerer Platten ist die Konfiguration von RAID-Systemen, die die Folgen von Ausfällen mindern, indem Daten redundant auf verschiedenen Platten abgelegt werden. Auch dies ist nicht Gegenstand der LPIC-1-Zertifizierung.

RAID

⤳ S. Gjoen, »HOWTO: Multi Disk System Tuning« (Mai 2002), `http://www.tldp.org/HOWTO/Multi-Disk-HOWTO.html`

/boot Bei älteren Systemen kann es nötig sein, eine kleine /boot-Partition am Anfang der Platte zu platzieren, damit Bootlader und BIOS den Systemkern komplett finden und lesen können (»1024-Zylinder-Grenze«). 20 MiB oder so sind dafür in der Regel dicke genug. Bei heutigen Rechnern wird das nicht mehr gebraucht.

10.1.3 Partitionierungswerkzeuge

fdisk Das klassische Partitionierungswerkzeug für Linux heißt fdisk, und die LPIC-1-Prüfung behandelt es als solches, auch wenn Sie im »wirklichen Leben« eher auf die Partitionierungswerkzeuge der **Distributionen** Distributionen (*Disk Drake* bei Mandrake, *Disk Druid* bei Red Hat, *YaST* bei SUSE, ...) zurückgreifen werden, die bequemer zu benutzen sind und oft zusätzliche Möglichkeiten oder bessere Sicherheitsabfragen bieten. Neben fdisk gibt es andere distributionsunabhängige Werkzeuge, die komfortabler oder für bestimmte Zwecke besser geeignet sind.

fdisk wird mit dem Namen einer (Gerätedatei einer) Platte aufgerufen (natürlich nur als root). Bei modernen Platten gibt es eine (ignorierbare) Warnung über die 1024-Zylinder-Grenze aus:

```
# fdisk /dev/hda

The number of cylinders for this disk is set to 2432.
There is nothing wrong with that, but this is larger than
1024, and could in certain setups cause problems with:
1) software that runs at boot time (e.g., old versions of
   LILO)
2) booting and partitioning software from other OSs
```

```
     (e.g., DOS FDISK, OS/2 FDISK)

Command (m for help): _
```

Anschließend können Sie Kommandos eingeben (das Kommando »m« liefert eine Liste der möglichen Kommandos). Mit »p« werden die existierenden Partitionen angezeigt:

```
Command (m for help): p

Disk /dev/hda: 20.0 GB, 20003880960 bytes
255 heads, 63 sectors/track, 2432 cylinders
Units = cylinders of 16065 * 512 = 8225280 bytes

   Device Boot   Start    End    Blocks   Id  System
/dev/hda1            1     52    417658+  84  OS/2 hidden C:
/dev/hda2           53    538   3903795    b  W95 FAT32
/dev/hda3     *     539   1024   3903795   83  Linux
/dev/hda4         1025   2432  11309760    5  Extended
/dev/hda5         1025   1055    248976   82  Linux swap
/dev/hda6         1056   2432  11060721   83  Linux
```

Anfang und Ende der Partitionen werden in »Zylindern« gemessen, auch wenn das für heutige Platten keine Bedeutung mehr hat (Abschnitt 9.2.2). Verschiedene Arten von Partitionen haben unterschiedliche Kennungen, die die Partition für das betreffende Betriebssystem identifizieren. Diese werden in der Id-Spalte hexadezimal angezeigt, etwa 83 für »normale« Linux-Dateisysteme oder 82 für Linux-Auslagerungspartitionen. Eine komplette Liste aller Kennungen liefert fdisk mit »l«. **Partitions-kennungen**

Eine neue Partition legen Sie mit dem Kommando »n« an: **neue Partition**

```
Command (m for help): n
Command action
   e   extended
   p   primary partition (1-4)
p
Partition number (1-4): 1
First cylinder (1-2432, default 1): 1024
Last cylinder or +size or +sizeM or +sizeK
   (1-2432, default 2432): 6
```

```
Command (m for help): p

Disk /dev/hda: 20.0 GB, 20003880960 bytes
255 heads, 63 sectors/track, 2432 cylinders
Units = cylinders of 16065 * 512 = 8225280 bytes

   Device Boot   Start   End    Blocks   Id  System
/dev/hda1                1   1024   16450560   83  Linux
```

Was fdisk Ihnen anbietet, ist abhängig von der aktuellen Partitionierung: Im Moment existiert keine erweiterte Partition, so dass Sie nur primäre oder erweiterte Partitionen anlegen können.

Kennung zuweisen Die neue Partition bekommt standardmäßig die Kennung 83 (»Linux«) zugewiesen. Sie können sie mit »t« ändern:

```
Command (m for help): t
Selected partition 1
Hex code (type L to list codes): 82
```

Bootfähig? Mit »a« können Sie eine Partition für bootfähig erklären oder ihr diesen Status auch wieder aberkennen. Linux lässt sich auch von nicht offiziell bootfähigen Partitionen booten, aber ein gleichzeitig installiertes Windows benötigt gegebenenfalls diesen Status.

Partition löschen Eine existierende Partition löschen können Sie mit dem Kommando »d«. Am Ende schreiben Sie mit »w« die neue Partitionstabelle auf die Platte; Sie können fdisk auch mit »q« verlassen, ohne die Änderungen amtlich zu machen.

fdisk ändert nur die Partitionstabelle der Platte, nicht die Daten auf den eigentlichen Partitionen (mal abgesehen von den Informationen über logische Partitionen, die über die erweitere Partition hinweg verteilt sind). Dies hat einige wichtige Konsequenzen:

- Sie können fdisk dazu verwenden, unverbindlich die Partitionierung Ihrer (einzigen?) Platte anzuschauen, während das System läuft wie üblich. Sie können, wenn Sie vorsichtig sind, sogar die Partitionierung ändern, zum Beispiel, wenn Sie vorher am Ende der Platte Platz freigelassen haben und ihn jetzt einer Partition zuordnen wollen. Damit die neue Partitionierung der einzigen Platte aktiv wird, muss aber zumindest bei fdisk der Rechner neu gestartet werden. Die Partitionierung einer anderen Platte können Sie dagegen im laufenden Betrieb ungeniert ändern, solange schon vorhandene Partitionen dort gerade nicht benutzt werden.

■ Das Ändern einer Partitionstabelle mit fdisk macht die Daten auf den betreffenden Partitionen unzugänglich. Wenn Sie irrtümlich eine falsche Partitionstabelle auf die Platte schreiben, dann ist noch nicht alles verloren: Sie können die falsche Partitionstabelle durch eine korrekte ersetzen und die Chancen stehen gut, dass Sie so gut wie alle Ihre Daten auf der Platte wiederfinden können. *Tipp:* Bewahren Sie einen Ausdruck Ihrer Partitionstabelle(n) an einem sicheren Ort auf.

▷ fdisk(8)

Mit fdisk können Sie Partitionen anlegen und löschen, aber nicht ohne Datenverlust auf der Platte verschieben. Dafür brauchen Sie andere Programme, etwa GNU parted oder das kommerzielle Werkzeug *Partition Magic*. Das Programm cfdisk ist ein Partitionierungswerkzeug ähnlich fdisk, aber mit einer bequemeren Oberfläche; sfdisk ist ein nichtinteraktives Partitionierungsprogramm etwa zum Einsatz in Shell-Skripten.

▷ GNU Parted: http://www.gnu.org/software/parted/parted.html
▷ cfdisk(8), sfdisk(8)

10.1.4 Auslagerungsspeicher (*Swapspace*)

Auslagerungsspeicher brauchen Sie, um Programme laufen zu lassen, die einzeln oder insgesamt mehr Platz benötigen, als der Rechner freies RAM hat. **Virtueller Speicher** erlaubt es, nur die Teile eines Prozesses im Speicher zu halten, die gerade benötigt werden, und nicht benötigte Prozesse teilweise oder ganz auf Platte auszulagern, bis sie wieder gebraucht werden (engl. *swapping*).

Virtueller Speicher

Linux kann Auslagerungsspeicher in Form von Dateien oder dedizierten Partitionen benutzen. Auslagern in Dateien ist flexibler, aber (bis einschließlich Linux 2.4) etwas langsamer, so dass Linux-Systeme meist mit Auslagerungspartitionen konfiguriert werden.

Wie groß sollte eine Auslagerungspartition sein? Dies hängt vor allem davon ab, wie viel RAM der Rechner hat und wie viel davon benutzt wird. Bei Linux ergibt sich die Gesamtgröße des virtuellen Speichers als Summe von RAM und Auslagerungsspeicher – ein System mit 256 MiB RAM und 512 MiB Auslagerungsspeicher kann also Prozesse im Gesamtwert von fast 768 MiB laufen lassen (für den Linux-Kern und verschiedene andere Aspekte der PC-Architektur gehen ein paar MiB verloren). Allerdings sollten Sie die folgenden Überlegungen beachten:

- Plattenplatz ist billig, RAM auch. Sie sollten einen Rechner so auslegen, dass die »tägliche Arbeit« komplett im RAM stattfinden kann, da Swapping den Rechner extrem verlangsamt.

- Typische Programme brauchen gleichzeitigen Zugriff auf ca. 25 % ihres totalen (virtuellen) Platzbedarfs. Darum ist es meist nicht sinnvoll, mehr Auslagerungsplatz als das Dreifache des RAM vorzuhalten. Das ist allerdings nur eine Faustregel.

- Hinweise wie »Man sollte zwei- bis dreimal so viel Auslagerungsspeicher haben wie RAM« gelten meist für »traditionelle« Unix-Systeme, deren Speicherverwaltung ganz anders funktioniert. Wenn Sie ein Linux-System mit 1 GiB RAM haben, dann gibt es keinen zwingenden Grund dafür, 2,5 GiB Auslagerungsspeicher zu haben (auch wenn Plattenplatz billig ist).

- Sehr kleine Systeme sollten mindestens 16 MiB virtuellen Speicher zur Verfügung haben.

- Neue Linux-Versionen unterstützen einen BIOS-unabhängigen »Schlummermodus« (*software suspend*), bei dem der Rechner im laufenden Betrieb »eingefroren« und abgeschaltet werden kann und beim nächsten Neustart an derselben Stelle wieder weitermacht. Der Auslagerungsspeicher wird dabei zum Sichern des RAM-Inhalts benutzt und sollte groß genug sein.

Mehrere Platten Wenn Sie mehrere Platten zur Verfügung haben, sollten Sie auf jeder Platte Auslagerungsspeicher anlegen, um die Effizienz zu steigern (jedenfalls solange die Platten etwa gleich schnell sind). Linux unterstützt bis zu 8 Auslagerungspartitionen gleichzeitig.

Maximale Größe Wie groß eine Auslagerungspartition sein darf, hängt von der Plattform ab. Auf 32-Bit-Intel-PCs beträgt die maximale Größe 2 GiB, auf den anderen Plattformen ist die Grenze in der Regel höher.

⇨ T. Harris, K. Köhntopp, »Linux Partition HOWTO« (Juli 2001), `http://www.tldp.org/HOWTO/Partition/` (Abschnitt 4.4)

Eine Auslagerungspartition muss vor Gebrauch mit dem `mkswap`-Programm »formatiert« werden. Im Rahmen der Installationsprozedur einer Distribution passiert das automatisch; wenn Sie Auslagerungspartitionen von Hand anlegen, müssen Sie daran denken.

mkswap

⇨ `mkswap(8)`
⇨ `/etc/fstab` (Abschnitt 10.3.2)

10.2 Anlegen von Dateisystemen

10.2.1 Dateisysteme für Linux

Bevor auf einer Partition Daten gespeichert werden können, muss ein **Dateisystem** angelegt, also die zum Speichern von Dateien, Dateinamen, Verzeichnissen und Ähnlichem notwendigen Verwaltungsinformationen aufgebracht werden. Linux unterstützt eine ganze Reihe von verschiedenen Dateisystemformaten:

Dateisystem

ext2 Das »klassische« Linux-Dateisystemformat, basierend auf typischen Unix-Dateisystemen wie dem *Berkeley Fast Filesystem*.

ext3 Eine erweiterte, kompatible Version von ext2, die **Journaling** unterstützt. Hierbei werden schreibende Zugriffe auf die Platte als Transaktionen in einem »Journal« abgelegt, bevor sie tatsächlich auf der Platte ausgeführt werden (was aus Effizienzgründen bei allen Dateisystemen »irgendwann später« passiert). Stürzt der Rechner ab, bevor die Zugriffe tatsächlich ausgeführt werden konnten, muss beim Neustart keine zeitraubende Konsistenzprüfung der kompletten Platte vorgenommen werden, sondern nur die Transaktionen im Journal mmüssen abgearbeitet werden – ein massiver Zeitgewinn bei der Konsistenzprüfung. Sie bezahlen dafür allerdings mit einem Geschwindigkeitsverlust im laufenden Betrieb.

Journaling

ReiserFS Ein völlig neues Dateisystemformat, das effizientere Zugriffe auf kleine Dateien und große Verzeichnisse erlaubt. Es unterstützt ebenfalls Journaling, hat aber sonst nicht alle Eigenschaften von ext2 und ext3. Die Fehlerfreiheit von ReiserFS ist noch umstritten.

XFS Ein von SGI gestiftetes Journaling-Dateisystem für große Systeme, das aus *Irix*, der proprietären Unix-Version von SGI, stammt. Es ist schneller als ext2/3 und unterstützt verschiedene Funktionen, die dort nicht oder nur über Erweiterungen zur Verfügung stehen. XFS ist das jüngste »große« Dateisystem in Standard-Linux, bei vielen Distributionen aber schon dabei.

Dazu kommen noch einige Dateisysteme von anderen Plattformen, etwa das vfat-Dateisystem von MS-DOS bzw. Windows. (Das modernere NTFS wird von Linux nur partiell unterstützt.)

↪ Übersichtsseite mit Verweisen: http://www.linuxwiki.de/DateiSystem

10.2.2 Werkzeuge

mkfs Für die verschiedenen Dateisystemformate gibt es Anlegeprogramme, die üblicherweise über das »Sammelkommando« mkfs aufgerufen werden. mkfs akzeptiert Optionen, die die Art des Dateisystems und die zu formatierende Partition bezeichnen: Mit

```
# mkfs -t ext3 /dev/hda3
```

wird ein ext3-Dateisystem auf der Partition /dev/hda3 angelegt. mkfs bedient sich dazu des Programms /sbin/mkfs.ext3 – es gibt auch mkfs.ext2 (tatsächlich dasselbe Programm), mkfs.reiserfs, mkfs.vfat und so weiter. Wenn Sie wissen wollen, welches dieser Programme mkfs aufruft, können Sie die Option -V angeben; »-V Antäuschen -V« sorgt dafür, dass mkfs zwar sagt, was es tun würde, die Kommandos aber nicht wirklich ausführt.

Optionen Außer dem gewünschten Dateisystemtyp (ersatzweise wird »-t ext2« angenommen) können Sie auch andere Optionen angeben, die mkfs dann an das jeweilige dateisystemspezifische Programm weiterreicht. Die meisten dieser Programme unterstützen gängige Optionen, etwa -c zum Prüfen der Partition auf schadhafte Blöcke oder -v für eine ausführlichere Fortgangsbeschreibung.

↪ mkfs(8), mkreiserfs(8), mkfs.xfs(8), mkdosfs(8)

mke2fs Das Programm mke2fs (das von mkfs als mkfs.ext2 und mkfs.ext3 Blockgröße aufgerufen wird) erlaubt zum Beispiel die Spezifikation der Blockgröße und Inode-Dichte:

```
# mkfs -t ext2 -b 1024 -i 2048 /dev/hda3
```

zum Beispiel legt ein `ext2`-Dateisystem an, bei dem die einzelnen Datenblöcke 1024 Byte groß sind – jede Datei belegt also minimal 1 KiB statt der normalerweise bei Partitionen interessanter Größe benutzten 4 KiB. Die Inode-Dichte von 2048 Byte bedeutet, dass für zwei Datenblöcke Platz ein Inode reserviert wird. Die Anzahl der Inodes im Dateisystem gibt eine Obergrenze für die Anzahl von unabhängigen Dateien vor, da für jede Datei ein Inode gebraucht wird; Sie können theoretisch Platz sparen, indem Sie die Inode-Dichte verringern, aber laufen Gefahr, irgendwann keine neuen Dateien mehr anlegen zu können, obwohl noch Datenblöcke frei sind. Wenn nicht anders instruiert, setzt `mke2fs` die Inode-Dichte gleich der Blockgröße; dies ist ein konservativer Wert, da Sie dann im Prinzip so viele Dateien haben können wie Datenblöcke. Die Inode-Dichte kann später nicht mehr geändert werden!

Inode-Dichte

Einige andere Optionen von `mke2fs` betreffen spezielle Einstellungen oder das Journaling bei `ext3`-Dateisystemen. Mit `-m` können Sie die Größe der »Geheimreserve« definieren: Ein gewisser Teil der Plattenkapazität – typischerweise 5 % – bleibt dem Systemverwalter vorbehalten und kann nicht von Dateien normaler Benutzer belegt werden. Dies ist aus zwei Gründen sinnvoll:

Geheimreserve

- Wenn das Datcisystem extrem voll ist, hat der Systemverwalter immcr noch etwas Ellbogenfreiheit zum Aufräumen.

- Die `ext2`- und `ext3`-Dateisysteme sind sehr gut darin, Fragmentierung zu vermeiden – diese Geißel primitiver Dateisysteme, bei der die Datenblöcke einzelner Dateien über die ganze Platte verstreut sind und die Zugriffe entsprechend langsam sind, ist bei Linux kein Thema, da die Platzverteilung für Dateien ziemlich geschickt geregelt wird. Damit das gut funktioniert, muss aber ein gewisser Anteil der Platte frei bleiben; wenn nur noch ein paar Prozent der Kapazität zur Verfügung stehen, kann auch das `ext2`/`ext3`-Dateisystem nicht mehr viel gegen die Fragmentierung tun. Die 5 % Geheimreserve sorgen normalerweise aber für genug »Luft«. Eine explizite Defragmentierung von Linux-Dateisystemen ist nicht erforderlich bzw. kann sogar gefährlich sein (wenn während der Defragmentierung der Strom ausfällt).

Fragmentierung

Bei sehr großen Platten und eher kleinen Dateien mag es möglich sein, den Prozentsatz der Geheimreserve etwas zu senken und dadurch mehr Platz für Benutzerdateien zur Verfügung zu stellen. Allerdings sollten Sie dann die Leistung der Platte beobachten.

⇨ mke2fs(8)

10.3 Ein- und Aushängen von Dateisystemen

10.3.1 mount und umount

Bevor Dateisysteme benutzt werden können, müssen sie im Verzeichnisbaum verfügbar gemacht werden. Diesen Vorgang bezeichnet man als Einhängen oder »Mounten« (von engl. *to mount*). Dabei wird das »Wurzelverzeichnis« des Dateisystems über das Kommando mount mit einem existierenden Verzeichnis, dem *mount point*, identifiziert.

mount point

```
# mount /dev/hda3 /home
```

zum Beispiel erlaubt den Zugriff auf Dateien aus dem Dateisystem auf der Partition /dev/hda3 über Pfadnamen, die mit /home/ anfangen. Das erste Argument von mount ist meist eine Gerätedatei für ein blockorientiertes Gerät – Plattenpartition, CD-ROM-Laufwerk oder Ähnliches –, aber kann auch andere »Quellen« von Dateisystemen bezeichnen, etwa NFS-Server, SMB-Freigaben oder Dateien, die ein Abbild (*image*) eines Dateisystems enthalten.

Das Verzeichnis, das als *mount point* dient, muss nicht leer sein – es darf durchaus vor dem Einhängen Dateien enthalten. Diese Dateien werden aber für die Zeit, in der ein anderes Dateisystem über dieses Verzeichnis »gemountet« ist, unsichtbar und kommen erst nach dem Aushängen des Dateisystems mit dem Kommando umount wieder zum Vorschein.

Sie können mount auch mit nur einem Argument aufrufen. Das geht aber bloß, wenn die /etc/fstab-Datei »passt«. Näheres dazu steht im nächsten Abschnitt.

Schließlich kann das Kommando mount auch ganz ohne Parameter aufgerufen werden. In diesem Fall gibt es eine Liste der gerade eingehängten Dateisysteme aus:

```
$ mount
/dev/hda3 on / type ext2 (rw,errors=remount-ro)
```

```
proc on /proc type proc (rw)
devpts on /dev/pts type devpts (rw,gid=5,mode=620)
/dev/hda6 on /home type ext2 (rw)
none on /proc/bus/usb type usbdevfs (rw)
```

Alle Einhängevorgänge werden außerdem in der Datei /etc/mtab **/etc/mtab**
protokolliert, deren Inhalt vage der Ausgabe von mount-ohne-Para-
meter ähnelt:

```
$ cat /etc/mtab
/dev/hda3 / ext2 rw,errors=remount-ro 0 0
proc /proc proc rw 0 0
devpts /dev/pts devpts rw,gid=5,mode=620 0 0
/dev/hda6 /home ext2 rw 0 0
none /proc/bus/usb usbdevfs rw 0 0
/dev/hda2 /dos vfat ro,uid=1000,gid=100 0 0
```

(Sie hat außerdem eine große syntaktische Ähnlichkeit zur Datei
/etc/fstab, die wir im nächsten Abschnitt besprechen.) Zu guter
Letzt gibt es noch eine »Datei« /proc/mounts, die noch einmal in **/proc/mounts**
etwa dieselben Informationen liefert (im Detail anders).

Mit der Option -t können Sie den Typ des einzuhängenden Datei- **Dateisystemtyp**
systems angeben, also ext2, reiserfs, msdos und so weiter. In vielen
Fällen kann mount den Dateisystemtyp aber auch selbst herausfinden.

↪ Komplette Liste in mount(8)

Ferner erlaubt mount, Optionen für den eigentlichen Einhängvor- **Dateisystem-**
gang anzugeben. Es gibt einen gewissen Kanon, den alle Dateisys- **Optionen**
teme unterstützen sollten (Tabelle 10.1 zeigt die wichtigsten, den
Rest verrät mount(8)); außerdem haben verschiedene Dateisysteme
ihre eigenen Optionen. Viele Dateisysteme, die nicht alle Unix-Da-
teieigenschaften unterstützen – etwa msdos, vfat und iso9660, aber
auch smbfs (oder neuerdings cifs), das Dateisystem zum Einhängen von Windows-Freigaben über das Netz –, kennen die Optionen
uid=⟨UID⟩ und gid=⟨GID⟩, mit denen Sie global einen Benutzer
und eine Gruppe angeben können, die dann als Eigentümer und
Gruppe von Dateien auf dem Dateisystem erscheinen. Auf den Medien selber wird diese Information ja nicht gespeichert.

↪ Auch die dateisystemspezifischen Optionen stehen in mount(8).

Option	Bedeutung
noatime	Der Zugriffs-Zeitstempel von Dateien wird nicht aktualisiert
noauto	Dateisystem wird nicht beim Booten eingehängt
nodev	Gerätedateien im Dateisystem werden ignoriert
noexec	Vom Dateisystem können keine ausführbaren Dateien gestartet werden
nosuid	Vom Dateisystem können keine SUID/SGID-Dateien gestartet werden
remount	Die Optionen für ein schon eingehängtes Dateisystem werden geändert
ro, rw	Nur zum Lesen (ro) oder auch zum Schreiben (rw) einhängen
sync	Zugriffe auf das Dateisystem sind synchron
user	Gewöhnliche Benutzer dürfen das Dateisystem einhängen (impliziert noexec, nosuid, nodev); der Benutzer, der es eingehängt hat, darf es auch wieder aushängen
users	Wie user, aber jeder Benutzer darf das Dateisystem wieder aushängen

Tabelle 10.1: mount-Optionen für alle Dateisysteme (Auswahl)

Dateisystem-Optionen angeben

Alle dateisystemspezifischen Optionen werden durch Komma getrennt hinter der Option -o angegeben. Zum Beispiel könnten Sie ein Windows-95-Dateisystem auf /dev/hda2 nur zum Lesen so unter dem Mountpunkt /c einhängen, dass alle Dateien dem Benutzer hugo und der Gruppe staff zugesprochen werden:

```
# mount -t vfat -o ro,uid=hugo,gid=staff /dev/hda2 /c
```

Über die dateisystemspezifische Option remount können Sie die Optionen ändern, mit denen ein Dateisystem eingehängt wurde, ohne es dafür aushängen und wieder neu einhängen zu müssen:

```
# mount -o remount,ro /usr
```

aktiviert den Schreibschutz, wenn /usr auf einem eigenen Dateisystem untergebracht wurde (Abschnitt 10.1.2).

Das Kommando umount macht ein mount rückgängig. Sie können dabei entweder die Gerätedatei oder den Mountpunkt angeben.

```
# Beispiel für eine /etc/fstab-Datei
/dev/hda1  /              ext2    errors=remount-ro 0 1
/dev/hda2  none           swap    sw                0 0
/dev/hda3  /c             vfat    uid=hugo,gid=users 0 0
/dev/hda5  /home          ext2    defaults          0 2
proc       /proc          proc    defaults          0 0
/dev/fd0   /floppy        auto    user,noauto       0 0
/dev/cdrom /cdrom         iso9660 ro,user,noauto    0 0
/dev/sda1  /usb           auto    user,noauto       0 0
none       /proc/bus/usb  usbfs   defaults          0 0
foo:/home  /foo-home      nfs     noauto            0 0
```

Bild 10.1: Eine /etc/fstab-Datei

Das Aushängen ist nur möglich, wenn das Dateisystem gerade unbenutzt ist – kein Prozess darf eine Datei offen haben, die auf dem
Dateisystem abgelegt ist, oder ein Verzeichnis auf dem Dateisystem als aktuelles Verzeichnis benutzen. Die typische Fehlermeldung ist:

```
# umount /
umount: /: device is busy
```

⮆ mount(8), umount(8)
⮆ mount-Option remount zum Ändern von Optionen ohne Aushängen
⮆ Die Kommandos fuser(1) (Option -m) oder lsof(8) liefern Informationen über offene Dateien und aktuelle Verzeichnisse

10.3.2 Die Datei /etc/fstab

Die mit mount auf der Kommandozeile eingehängten Dateisysteme
bleiben längstens bis zum nächsten Neustart des Rechners eingehängt. Um Dateisysteme »permanent« einzuhängen – in dem
Sinne, dass sie beim Hochfahren des Rechners automatisch eingehängt und beim Herunterfahren wieder ausgehängt werden –,
können Sie sie in die Datei /etc/fstab eintragen. Das System geht
diese Datei beim Hochfahren vom Anfang her durch und hängt
die aufgeführten Dateisysteme ein, sofern sie nicht mit der Option
noauto gekennzeichnet sind.

Bild 10.1 zeigt ein Beispiel für eine /etc/fstab-Datei. Die ersten   **Beispiel**
beiden Spalten geben an, wie der Dateibaum sich aus den verschie-

denen Dateisystemen zusammensetzt: In diesem System liegt das /-Dateisystem auf /dev/hda1, /dev/hda2 ist eine Auslagerungspartition und auf /dev/hda3 befindet sich vermutlich ein Windows-Betriebssystem (das eine primäre Partition verlangt). /dev/hda4 ist die erweiterte Partition und taucht darum in /etc/fstab nicht auf; die nächste benutzte Partition ist /dev/hda5 mit /home. Das /proc-Verzeichnis wird ebenfalls über /etc/fstab zugänglich gemacht, genau wie /proc/bus/usb. Beim Systemstart werden /c, /home, /proc und /proc/bus/usb automatisch eingehängt; um das /-Dateisystem kümmert sich der Systemkern direkt, da es ja eingehängt sein muss, damit überhaupt erst auf /etc/fstab zugegriffen werden kann. Für /proc hat sich der »Gerätename« proc als Konvention eingebürgert; bei anderen Dateisystemen ohne »echtes« Gerät – in unserem Beispiel etwa /proc/bus/usb – ist none üblich.

Die dritte Spalte von /etc/fstab gibt das verwendete Dateisystem an – hier steht das, was Sie sonst bei der mount-Option -t angeben würden. In der vierten Spalte finden Sie die dateisystemspezifischen Optionen (die auf der Kommandozeile hinter -o genannt werden). Der Eintrag defaults steht hier für die »Standardoptionen« und dient als Platzhalter, wenn keine anderen Optionen angegeben werden, die die Standardoptionen überschreiben.

Auslagerungs-speicher In /etc/fstab werden auch die Auslagerungspartitionen erwähnt (betrachten Sie den Eintrag für /dev/hda2). Auslagerungspartitionen werden nicht mit mount eingehängt, sondern mit einem anderen Programm namens swapon in Betrieb genommen. Das Kommando »swapon -a« tut das für alle als swap gekennzeichneten Partitionen in /etc/fstab. Analog dazu gibt es ein Kommando swapoff.

dump Die beiden letzten Spalten sind etwas kryptisch. Die fünfte Spalte dient zur Steuerung von Sicherheitskopien über dump; da dump unter Linux nicht verwendet werden sollte (hierzu mehr in Abschnitt 10.6.4), ist »0« der richtige Wert. Die sechste Spalte gibt an, zu welchem Zeitpunkt während des Systemstartvorgangs gegebenenfalls eine automatische Integritätsprüfung stattfinden soll. **Integritäts-prüfung** Hier sollte beim /-Dateisystem eine »1« stehen und bei allen anderen Dateisystemen eine »2«, jedenfalls solange es sich um automatisch prüfenswerte handelt. Sonst signalisiert der Wert »0«, dass das Dateisystem gar nicht automatisch geprüft werden soll, was bei Wechselmedien sinnvoll ist – mitunter liegt ja beim Systemstart gar kein Medium im Laufwerk. Auch Medien, die ohnehin nur gelesen werden können oder für deren Dateisysteme keine Integritätsprüfung vorgesehen ist, also CD-ROMs, DVDs oder das /proc-Dateisystem, sollten mit »0« gekennzeichnet werden.

Dateisysteme auf derselben Platte kommen bei der Prüfung nacheinander an die Reihe, auch wenn sie denselben Wert in der sechsten Spalte von /etc/fstab haben, aber Dateisysteme auf verschiedenen Platten werden gleichzeitig geprüft, um die Hardware besser auszulasten. Damit das wirklich etwas bringt, muss die Hardware das natürlich unterstützen – bei SCSI oder den moderneren IDE-Varianten lohnt es sich eher als bei älteren IDE-Platten, insbesondere wenn diese sich denselben Controller teilen. **Prüfreihenfolge**

↪ fstab(5)
↪ M. Hinner, »Filesystems HOWTO« (August 2000), http://www.tldp.org/HOWTO/Filesystems-HOWTO.html (etwas veraltet)

Wenn Sie mount mit nur einem Argument – Dateisystem oder Mountpunkt – aufrufen, muss dieses Argument in einer der Zeilen von /etc/fstab zu finden sein. Im Beispiel aus Bild 10.1 würden die Kommandos **mount mit einem Argument**

```
# mount /c
```

und

```
# mount /dev/hda3
```

jeweils das Windows-Dateisystem auf der Partition /dev/hda3 mit den Optionen aus /etc/fstab unter /c einhängen.

Die meisten Dateisysteme erlauben, statt einer blockorientierten Gerätedatei einen Dateisystemnamen (engl. *label*) oder einen eindeutigen Dateisystembezeichner (engl. *universally unique identifier* oder *UUID*) anzugeben. In /etc/fstab würden Sie dann etwas schreiben wie **LABEL und UUID**

```
LABEL=home /home ext3 defaults 0 0
UUID=3e6be9de-8139-11d1-9106-a43f08d823a6 /data xfs ro 0 0
```

Dies ist insbesondere dann vorteilhaft, wenn Sie es mit SCSI-Geräten zu tun haben, bei denen die Gerätedateinamen sich ändern können (Abschnitt 10.1.1). Mit LABEL= oder UUID= können Sie eine /etc/fstab-Datei aufstellen, die gegen dieses Ärgernis immun ist.

Die UUID eines ext2- oder ext3-Dateisystems können Sie mit dem Kommando »tune2fs -l« herausfinden:

```
# tune2fs -l /dev/hda3 | grep UUID
Filesystem UUID:    67b184ea-6100-4fc5-9984-d5780e484d29
```

Sie wird von mke2fs vergeben und kann mit tune2fs notfalls auch geändert werden. Den Dateisystemnamen können Sie außer mit tune2fs auch mit e2label anzeigen oder setzen. Ein Dateisystem hat normalerweise keinen Namen, wenn Sie nicht selber einen vergeben. Das entsprechende Programm für xfs heißt xfs_admin.

⇨ tune2fs(8), e2label(8), xfs_admin(8)

10.3.3 Wechselmedien

In /etc/fstab werden nicht nur die beim Systemstart einzuhängenden Dateisysteme beschrieben, sondern auch der Einsatz von Wechselmedien wird vorbereitet. Vielleicht möchten Sie Ihren Benutzern ja erlauben, ihre eigenen Disketten oder CD-ROMs mitzubringen und auf diese zuzugreifen. Da das mount-Kommando in seiner ganzen Allgemeinheit dem Systemverwalter vorbehalten ist (es könnten kuriose Dinge passieren, wenn einfache Benutzer beliebige Dateisysteme unter /bin oder /etc einhängen könnten), sind hierfür besondere Vorkehrungen nötig.

mount points Zunächst müssen Sie festlegen, wo die Wechselmedien in den Dateibaum eingehängt werden sollen. Es gibt verschiedene Konventionen: Ältere Distributionen machen Verzeichnisse im Wurzelverzeichnis des Dateibaums, etwa /floppy, /cdrom, ...; innovativere Distributionen benutzen dafür ein Unterverzeichnis. Aktuelle SUSE-Distributionen zum Beispiel haben die *mount points* /media/cdrom, /media/floppy und so weiter, während die Red-Hat-Distributionen eher Namen wie /mnt/cdrom bevorzugen. Im Grunde ist das egal, es muss eben nur irgendwie entschieden werden.

Eintrag in /etc/fstab Damit ein einfacher Benutzer ein Wechselmedium einhängen kann, muss in /etc/fstab ein Eintrag für das betreffende Medium und einen passenden Mountpunkt existieren, der die Option user verwendet. Etwa so (siehe Bild 10.1 – beachten Sie auch die noauto-Option, die Probleme vermeidet, wenn beim Systemstart kein Medium eingelegt ist):

```
/dev/fd0    /floppy         auto    user,noauto         0 0
/dev/cdrom  /cdrom          iso9660 ro,user,noauto      0 0
```

Hier können beliebige Benutzer mit dem Kommando

```
$ mount /floppy
```

oder

```
$ mount /dev/fd0
```

eine eingelegte Diskette einhängen. Entsprechendes gilt für /cdrom.

Die Option user impliziert neben ihrer eigentlichen Funktion die Optionen nodev, nosuid und noexec. Dies dient der Vermeidung von Sicherheitslücken, die sonst etwa dadurch bestehen könnten, dass Benutzer geschickt präparierte Medien einschleppen, die SUID-root-Shells oder für sie lesbare /dev/kmem-Gerätedateien enthalten. Da die dateisystemspezifischen Optionen von mount aber von links nach rechts abgearbeitet werden, ist es in /etc/fstab möglich, einzelne dieser Verbote gezielt wieder aufzuheben: **Option user**

```
/dev/cdrom  /media/cdrom auto  ro,user,exec  0 0
```

Aushängen darf ein unter user eingehängtes Dateisystem nur der Benutzer, der es ursprünglich eingehängt hat (und natürlich der Systemverwalter). Wenn Sie statt user die Option users (mit »s« am Ende) verwenden, dann darf jeder beliebige Benutzer das Dateisystem aushängen. **Aushängen**

Mit der Option owner können Sie erreichen, dass nur derjenige Benutzer ein Dateisystem einhängen darf, der der Eigentümer der entsprechenden Blockgerätedatei ist. Gehört zum Beispiel /dev/fd0 dem Benutzer hugo, dann darf nur hugo mit »mount /floppy« auf die Diskette zugreifen. Dies ist sicherer als die user-Option. Die notwendigen Eigentümerverhältnisse lassen sich zum Beispiel beim Anmelden herstellen; ein Benutzer, der sich auf der »Konsole« anmeldet, also unmittelbar am Rechner selbst sitzt, bekommt Zugriff auf die Wechselmedien, während andere über das Netz angemeldete Benutzer leer ausgehen. **Option owner**

Bei einigen Sorten von Wechselmedien ist es möglich, dass ein Medium aus dem Laufwerk entfernt wird, ohne dass das Dateisystem darauf vorher sauber mit umount ausgehängt wurde. Bei PCs gilt das vor allem für Disketten und USB-Sticks; optische Laufwerke **Synchroner Zugriff** geben eingehängte Medien nicht frei[1]. Ohne umount kann es jedoch passieren, dass wichtige Schreibvorgänge, die noch im RAM des Rechners gepuffert sind, es nicht auf das Medium schaffen. Eine Möglichkeit zur Abhilfe ist die Dateisystemoption sync, die für »synchronen Zugriff« sorgt: Entgegen dem üblichen Linux-Verhalten werden Schreibzugriffe nicht im RAM gepuffert, sondern direkt auf dem Medium ausgeführt. Aus der Sicht eines schreibenden Programms meldet das Betriebssystem erst Vollzug, wenn die Daten auf dem Medium stehen, und nicht wie sonst schon, wenn sie im RAM für das tatsächliche Schreiben vorgemerkt sind.

10.4 Integritätsprüfung von Dateisystemen

10.4.1 Freier und belegter Platz

Freier Plattenplatz   df gibt an, wie viel Platz auf Ihren Dateisystemen vorhanden ist:

```
$ df
Filesystem    1K-blocks      Used Available Use% Mounted on
/dev/hda3       3842408   3223160    424060  89% /
/dev/hda6      10886900   6005692   4328172  59% /home
/dev/hda2       3896156   1382756   2513400  36% /dos
```

Die Optionen -h und -H bereiten die Ausgabe »menschenfreundlicher« auf:

```
$ df -h /home
Filesystem              Size  Used Avail Use% Mounted on
/dev/hda6               11G   5.8G  4.2G  59% /home
$ df -H /home
Filesystem              Size   Used  Avail Use% Mounted on
/dev/hda6               12G    6.2G   4.5G  59% /home
```

Der Unterschied zwischen beiden ist, dass -h in Zweier- und -H in Zehnerpotenzen rechnet – bei »df -h« steht »G« für 2^{30} Byte, also 1.073.741.824 Byte (1 GiB), bei »df -H« dagegen für 10^9 Byte, also 1.000.000.000 Byte (1 GB). Entsprechendes gilt für K und M. (Plattenhersteller rechnen gerne in Zehnerpotenzen, weil das ihre Platten größer aussehen lässt.)

---

[1]Jedenfalls solange Sie nicht mit aufgebogenen Büroklammern im Notauswurfloch herumbohren.

df hat noch einige andere Optionen, die Sie am besten der Info-Seite über df entnehmen. Die wichtigste, jedenfalls für ext-Dateisysteme, ist -i, die statt der Anzahl von freien und belegten Datenblöcken die Anzahl von freien und belegten Inodes angibt:

Freie Inodes

```
$ df -i /home
Filesystem      Inodes    IUsed    IFree IUse% Mounted on
/dev/hda6      1384480    61395 1323085    5% /home
```

(Erinnern Sie sich: Wenn die Inodes ausgehen, können keine neuen Dateien mehr angelegt werden, selbst wenn noch Datenblöcke frei sind.) Auf reiserfs-Dateisystemen liefert »df -i« keine vernünftigen Werte, da Inodes dort nach Bedarf generiert werden. Dasselbe gilt für Nicht-Unix-Dateisysteme:

```
$ df -i /dos
Filesystem      Inodes    IUsed    IFree IUse% Mounted on
/dev/hda2            0        0        0    -  /dos
```

⇨ df(1), »info df«

Den von Dateien belegten Platz können Sie mit dem Kommando du herausfinden. Normalerweise bestimmt du separat den von den Dateien in einem Verzeichnis und in den darin enthaltenen Unterverzeichnissen belegten Platz und zeigt diesen kumuliert an:

Platz in Dateien

```
# cd /usr; du
3164     ./bin/mh
24       ./bin/kconf_update_bin
140084   ./bin
10800    ./sbin
2420     ./share/modconf
32       ./share/doc/libart-2.0-2
<⊲⊲⊲⊲⊲
442588   ./share/doc
<⊲⊲⊲⊲⊲
1030948  ./share
<⊲⊲⊲⊲⊲
2647528  .
```

Hier entfallen von den 140 MiB in /usr/bin 3164 KiB auf Dateien in /usr/bin/mh und 24 KiB auf Dateien in /usr/bin/kconf_update_bin. /usr/share belegt gut 1 GiB, davon stehen 442 MiB in /usr/share/doc. Insgesamt benötigt /usr rund 2,6 GiB Platz.

Mit der Option -s zeigt du nur die Gesamtsumme pro Verzeichnis an (also das, was sonst die letzte Zeile der Ausgabe wäre). Mit -a liefert es nicht nur den Platzbedarf aller Dateien in einem Verzeichnis zusammen, sondern auch den Platzbedarf jeder einzelnen Datei. Die Optionen -h und -H werden genau wie bei df unterstützt. Weitere Optionen verrät Ihnen die Info-Seite zu du.

Sie können du auch mit einem oder mehreren Datei- oder Verzeichnisnamen als Argumenten aufrufen. In diesem Fall betrachtet du alle benannten Objekte wie bisher beschrieben, gemäß den anderen Optionen:

```
# du -sh /usr /home
2.6G    /usr
5.8G    /home
```

Mit -c aufgerufen ermittelt du außerdem noch die große Gesamtsumme über alle betrachteten Verzeichnisse:

```
# du -sch /usr /home
2.6G    /usr
5.8G    /home
8.4G    total
```

↪ du(1), »info du«

Platzbedarf und Größe

Bei Linux muss man übrigens genau zwischen der »Größe« einer Datei (wie »ls -l« sie ausgibt) und ihrem Platzbedarf auf der Platte unterscheiden. Im folgenden Beispiel wird eine Datei angelegt, die erst 100 Millionen Byte nach dem Anfang tatsächlich Daten enthält (einen Zeilentrenner):

```
$ echo "" | dd bs=1 seek=100000000 of=datei
1+0 records in
1+0 records out
1 bytes transferred in 0.000483 seconds (2070 bytes/sec)
```

So eine »dünn besetzte« Datei (engl. *sparse file*) scheint ziemlich groß, belegt aber nur vernachlässigbaren Plattenplatz, hauptsächlich für Verwaltungsinformationen:

```
$ ls -l datei; du datei
-rw-r--r-- 1 hugo  users  100000001 Jan  8 10:11 datei
20      datei
```

Wenn Sie eine dünn besetzte Datei ungeschickt kopieren, machen Sie die Platzersparnis zunichte. Erfreulicherweise können Werkzeuge wie cp auf die Dünnbesetztheit Rücksicht nehmen:

```
$ cat datei >datei1; du datei1
97760    datei1
$ cp datei datei2; du datei2
20       datei2
```

Mit »ls -l« sehen alle drei Dateien natürlich gleich lang aus!

10.4.2 Integritätsprüfung

Wenn Sie einen Linux-Rechner abschalten, ohne vorher die Dateisysteme ordentlich auszuhängen, kann es passieren, dass Schreibzugriffe, die aus der Sicht der Programme abgeschlossen waren, nicht mehr vom RAM auf die Platte übertragen werden konnten. Im ungünstigsten Fall heißt das, dass die Datenstrukturen auf der Platte in Unordnung geraten – etwa wenn beim Löschen einer Datei ihre Datenblöcke zwar aus dem Inode ausgetragen, aber noch nicht als wieder verfügbar gekennzeichnet wurden. Aus diesem Grund prüfen die meisten Linux-Systeme beim Hochfahren, ob die Dateisysteme sauber ausgehängt wurden. Ist das nicht der Fall, wird eine automatische Integritätsprüfung ausgelöst. Wenn Sie Zweifel an der Konsistenz Ihrer Dateisysteme haben, können Sie das auch manuell tun. *Sie sollten das aber niemals bei Dateisystemen versuchen, die gerade eingehängt sind!*

Zur Integritätsprüfung dient ein Programm namens fsck. Wie mkfs (Abschnitt 10.2.2) ist es eigentlich nur ein »Überbau« für dateisystemspezifische Programme wie e2fsck (das von fsck als /sbin/fsck.ext2 oder /sbin/fsck.ext3 aufgerufen wird). Für die meisten Dateisysteme gibt es solche Prüfprogramme. **fsck**

fsck wird üblicherweise mit dem Namen eines oder mehrerer (nicht eingehängter) Dateisysteme aufgerufen:

```
# fsck /dev/hda3
```

Das Programm konsultiert dann /etc/fstab, um den Typ des Dateisystems herauszufinden und das richtige /sbin/fsck.*-Programm zu starten; »Nachhilfe« ist mit der -t-Option möglich. Statt einer Blockgerätedatei können Sie auch einen *mount point* (aus /etc/fstab), einen symbolischen Dateisystemnamen oder eine UUID angeben. Ganz ohne Argumente aufgerufen prüft fsck nacheinander alle Dateisysteme in /etc/fstab. Sie können die Konsistenzprüfung auch auf Dateisysteme bestimmter Typen einschränken (mit etwas wie »fsck -t ext2« ohne Blockgeräteangabe) und den Grad der Parallelverarbeitung von fsck steuern.

↪ fsck(8)

Sie können beim fsck-Aufruf auch Optionen an das dateisystemspezifische Prüfprogramm (etwa e2fsck) übergeben. Allerdings empfiehlt es sich in diesem Fall, das dateisystemspezifische Programm direkt aufzurufen. fsck dient hauptsächlich dazu, die automatische Integritätsprüfung beim Systemstart zu organisieren.

e2fsck
e2fsck übernimmt die Integritätsprüfungen für ext2- und ext3-Dateisysteme. Im Einzelnen prüft es Details wie ob die Inodes vernünftig aussehende Einträge haben, ob für jede gültig aussehende Inode mindestens ein Verweis aus einem Verzeichnis existiert, ob die Verzeichnisse alle korrekt miteinander verbunden sind, ob die von Inodes für die betreffenden Dateien beanspruchten Blöcke auch tatsächlich als belegt gekennzeichnet sind und die nicht beanspruchten als frei und einiges andere mehr. Stößt e2fsck auf Fehler, kann es diese nach bestem Wissen zu korrigieren versuchen. Für »verlorene« Dateien ohne Verzeichniseintrag macht es zum Beispiel einen neuen Eintrag im lost+found-Verzeichnis, das jedes ext-Dateisystem in seinem »obersten« Verzeichnis hat.

Arbeitsmodi
Normalerweise verrichtet e2fsck seine Arbeit »interaktiv«, das heißt, wenn es einen Fehler findet, fragt es, ob dieser behoben werden soll. Sie bekommen dann die Gelegenheit, zuzustimmen oder ein Veto einzulegen. In aller Regel macht e2fsck aber ziemlich vernünftige Vorschläge. Sie können es daher mit der Option -y (wie *yes*) aufrufen, das alle Fragen pauschal mit »Ja« beantwortet. Als Gegenteil dazu gibt es eine Option -n, die zu allem »Nein« sagt; damit können Sie sich immerhin ein Bild der Lage verschaffen. Gängig ist auch die Option -p (von *to preen*, also etwa »putzen«), mit der e2fsck keine Fragen stellt, sondern automatisch so weit wie möglich sein Ding tut.

Bei ext3-Dateisystemen versucht e2fsck zunächst, das Journal abzuarbeiten, und macht die aufwendige Komplettprüfung erst,

wenn das Dateisystem hinterher immer noch als »unsauber« gekennzeichnet ist, ansonsten erklärt es sich für fertig. In jedem
Fall kann e2fsck über die Option -f dazu gebracht werden, ein an
sich »sauber« aussehendes Dateisystem zur Sicherheit trotzdem
komplett zu prüfen.

Analog zu e2fsck gibt es auch ein reiserfsck für das reiserfs, das   **reiserfsck**
aber nicht so gut funktioniert wie sein älteres Äquivalent. Die Abwesenheit eines Prüfprogramms, das qualitativ mit e2fsck konkur-
rieren kann, ist eines der gewichtigeren Argumente gegen die Verwendung von reiserfs.

↪ e2fsck(8), reiserfsck(8)

10.4.3 Dateisystemwerkzeuge

Über e2fsck hinaus gibt es für die ext-Dateisysteme noch einige
weitere Werkzeuge. dumpe2fs liefert eine ausführliche Analyse der
Dateisystemstruktur, die vor allem für die Fehlersuche in e2fsck
wichtig ist, und debugfs ist ein interaktives Programm, mit dem
die Datenstrukturen des Dateisystems direkt geändert werden können. Das sollten Sie nur ausprobieren, wenn Sie *weit* mehr über
ext2 und ext3 wissen, als für die LPIC-1-Prüfung relevant ist; aus
diesem Grund ersparen wir Ihnen und uns eine weitere Diskussion dieser Programme. (Ähnliche Software steht auch für die meisten anderen Dateisysteme zur Verfügung.)

Eher nützlich ist noch das Programm tune2fs, mit dem Sie ver-   **tune2fs**
schiedene Dateisystemparameter abfragen und einstellen können.
tune2fs ist für Dateisysteme weit weniger gefährlich als debugfs;
Sie sollten aber trotzdem davon absehen, es für eingehängte Dateisysteme auszuführen.

Im einfachsten Fall dient tune2fs dazu, die Einstellungen der ver-   **Information**
schiedenen Dateisystemparameter abzufragen:

```
# tune2fs -l /dev/hda3
Filesystem volume name:   <none>
Last mounted on:          <not available>
Filesystem UUID:          67b184ea-6100-4fc5-9984-d5780e484d2
Filesystem magic number:  0xEF53
Filesystem revision #:    1 (dynamic)
```

```
Filesystem features:      filetype sparse_super
Default mount options:    (none)
◁◁◁◁◁
```

Dazu gehören neben den gezeigten Informationen auch die Gesamtanzahl von Datenblöcken und Inodes, die Anzahl der freien Datenblöcke und Inodes, die Blockgröße und einiges andere mehr.

Erzwungene Prüfung

Mit tune2fs können Sie zum Beispiel einstellen, dass entweder nach einer gewissen Anzahl von Rechnerneustarts oder nach einer gewissen Zeitspanne eine Dateisystemintegritätsprüfung erzwungen wird, selbst wenn das Dateisystem »sauber« aussieht. Dies ist vor allem beim ext3-Dateisystem nützlich, da ext3-Systeme eigentlich immer sauber aussehen – trotzdem könnten sich zum Beispiel über schlechte Kabel oder Hardwareprobleme Inkonsistenzen eingeschlichen haben, die e2fsck zwar bemerken (und möglicherweise korrigieren) würde, wozu es aber nie die Gelegenheit bekommt. Mit der Option -i von tune2fs können Sie ein Zeitintervall für die erzwungene Prüfung in Tagen, Wochen oder Monaten einstellen oder die Zeitabhängigkeit ausschalten; entsprechend können Sie mit -c eine Grenze für die Anzahl von Einhängvorgängen angeben, nach denen eine automatische Prüfung erfolgt. Beim Anlegen eines Dateisystems mit mke2fs werden hier übrigens innerhalb vernünftiger Grenzen zufällige Werte gewählt.

Weitere Einstellungen

Ferner gestattet tune2fs zum Beispiel die Konfiguration der »Geheimreserve« an für den Systemverwalter vorbehaltenen Blöcken, die Vergabe eines Dateisystemnamens oder einer UUID oder das Setzen von Standardoptionen für das Einhängen oder das Journaling. Sie können mit tune2fs auch ein ext2- in ein ext3-Dateisystem konvertieren und umgekehrt.

⮑ tune2fs(8)

10.5 Plattenkontingentierung (Quota)

10.5.1 Überblick

Linux macht es möglich, die Maximalzahl von Inodes oder Datenblöcken pro Benutzer oder pro Gruppe zu beschränken. Da

weiche Grenze

bei werden zwei Grenzen unterschieden: Die **weiche Grenze** (engl.

soft quota) darf langfristig nicht überschritten werden. Sie können Benutzern aber einen »Dispositionskredit« einräumen, indem Sie die **harte Grenze** (engl. *hard quota*) auf einen höheren Wert setzen. Dann können sie kurzfristig Platz bis zur harten Grenze belegen, aber innerhalb einer bestimmten Frist muss der belegte Platz wieder unter die weiche Grenze gesenkt werden. Wird die harte Grenze erreicht oder läuft die Schonfrist ab, während mehr Platz belegt ist, als die weiche Grenze erlaubt, schlagen weitere Schreiboperationen fehl.

harte Grenze

Kontingente können pro Dateisystem vergeben werden. Sie können also zum Beispiel eine Grenze für die Größe des Eingangspostfachs in /var/mail setzen, ohne die Heimatverzeichnisse der Benutzer einzuschränken, oder umgekehrt. Kontingente stehen für die gängigen Linux-Dateisysteme zur Verfügung (für ext2/3 und XFS direkt, für ReiserFS mit einem Patch).

➭ Verweisseite: http://www.linuxwiki.de/quota
➭ R. van Dooren, »Quota mini-HOWTO« (August 2003), http://tldp.org/HOWTO/Quota.html

10.5.2 Kontingentierung für Benutzer

Um Kontingente für Benutzer einzurichten, müssen Sie zunächst die Quota-Software installieren (die meisten Distributionen liefern sie mit.) Anschließend können Sie in /etc/fstab die Dateisysteme, für die die Kontingentierung gelten soll, mit der mount-Option usrquota versehen:

```
/dev/hda5 /home    ext2   defaults,usrquota 0 2
```

Die Kontingent-Datenbank wird mit

```
# quotacheck -avu
```

neu initialisiert (achten Sie auf Warnmeldungen). Am besten rufen Sie quotacheck auch im laufenden Betrieb periodisch auf, um die Datenbank zu »putzen«.

Danach sollten Sie das Dateisystem mit der neuen Option neu einhängen und das Kontingentierungssystem starten, damit die Kontingentierung wirksam wird:

```
# mount -o remount,usrquota /home
# quotaon -avu
```

(Ihre Distribution enthält wahrscheinlich ein Init-Skript, das diese Schritte beim Systemstart automatisch ausführt.)

⤷ quotacheck(8), quotaon(8), fstab(5)
⤷ Periodisches Ausführen von Kommandos (Abschnitt 16.2.3)
⤷ Einhängen von Dateisystemen (Abschnitt 10.3.1)
⤷ Init-Skripte (Abschnitt 14.4.1)

Kontingente setzen
Die Kontingente für verschiedene Benutzer können Sie mit dem Kommando edquota setzen. edquota startet Ihren Lieblingseditor (gemäß der Variablen EDITOR) mit einer »Schablone«, in der Sie die weiche und harte Quota für die in Frage kommenden Dateisysteme setzen können:

```
# edquota -u hugo                                    Kontingente für hugo
```

Die Schonfrist in Tagen setzen Sie mit »edquota -t«.

Sie können sich auch auf die Kontingente eines »Musterbenutzers« beziehen:

```
# edquota -p tux hugo
```

setzt die Kontingente von hugo auf die für tux definierten. Dies macht es einfach, neu eingerichteten Benutzern vorgegebene Kontingente zuzuweisen, ohne diese manuell mit edquota einstellen zu müssen.

Kontingente abfragen
Benutzer können ihre Kontingente mit dem Kommando quota abfragen. »quota -q« gibt eine Kurzmeldung aus, in der nur die Dateisysteme erwähnt werden, bei denen die weiche Grenze überschritten ist. Dieses Kommando eignet sich für Dateien wie ~/.profile.

Das Kommando repquota erzeugt einen tabellarischen Überblick über den Plattenplatzverbrauch verschiedener Benutzer, zusammen mit möglicherweise aktiven Kontingenten:

```
# repquota -a
                    Block limits          File limits
User         used  soft  hard grace  used soft hard grace
root    --  166512    0     0         19562   0    0
tux     --    2304 10000 12000          806 1000 2000
hugo    --    1192  5000  6000          389  500 1000
```

Die grace-Spalte gibt die noch verbleibende Schonfrist an, wenn die weiche Grenze überschritten wurde.

⮩ edquota(8), quota(1), repquota(8)
⮩ ~/.profile (Abschnitt 6.1.6)

Sie können auch Gruppenkontingente vergeben, die für alle Mitglieder einer Gruppe gemeinsam gelten. Die Quota-Kommandos
unterstützen dafür die Option -g.

**Gruppen-
kontingente**

10.6   Sicherheitskopien

10.6.1   Strategien

Sicherheitskopien bedürfen genauer Planung, wenn sie optimale
Ergebnisse bringen sollen. Je häufiger Sie die Daten sichern, desto weniger Daten gehen verloren, wenn Sie eine Sicherung wieder einspielen müssen – aber da während des Sicherungsvorgangs
normalerweise nicht gearbeitet werden kann, leidet die Produkti-
vität. Komplette Sicherungen aller Daten dauern lange und brauchen viel Platz auf dem Sicherungsmedium; »inkrementelle« Sicherungen der Änderungen seit der letzten kompletten Sicherung
brauchen weniger Platz und sind schneller fertig, aber das Wieder-
einspielen ist aufwendiger. Normalerweise landet man bei einem
Kompromiss, wo in gewissen Abständen, etwa wöchentlich, Komplettsicherungen gemacht und die Zeit dazwischen mit beispielsweise täglichen inkrementellen Sicherungen abgedeckt wird.

Moderne Plattenspeichersysteme, die Hardwareausfälle durch redundante Datenspeicherung ausgleichen können (RAID), machen
regelmäßige Sicherheitskopien nicht überflüssig. Eine häufige Ursache für Datenverluste sind Fehlbedienungen wie übereifriges
Aufräumen, gegen die auch das beste RAID-System nicht hilft.

**RAID und
Sicherungen**

Gängigstes Sicherungsmedium sind Bandgeräte, die es in verschiedenen Ausführungen gibt und die im Extremfall auch sehr
große Plattenspeicher sichern können (»Tape-Roboter«).Als güns-
tige Alternative sind auch magnetooptische, CD-ROM- oder schreib-
bare DVD-Laufwerke oder portable Festplatten denkbar. In jedem
Fall sollten Sicherungsmedium und Partitionierungsschema so gewählt werden, dass Komplettsicherungen der »interessanten« Daten in einem Rutsch ohne manuellen Medienwechsel angefertigt
werden können. Auf eine Komprimierung der Sicherungsdaten
mit Programmen wie gzip sollten Sie dabei unbedingt verzichten,

**Sicherungs-
medien**

da die Kopie schon durch einen einzigen Bitfehler unbrauchbar werden kann – und Bänder sind anfällig.

Hard- und Software Ernstgemeinte Bandlaufwerke sind SCSI-Geräte und werden von Linux gleich angesprochen, egal wie die Bandlaufwerk-Hardware aussieht. Für die Erstellung von Sicherheitskopien sind »Bordmittel« wie tar oder cpio geeignet, möglicherweise mit etwas Shell-Programmierung außen herum; es gibt aber auch diverse freie oder proprietäre Werkzeuge, die komfortableres Arbeiten zulassen. Die gängigen proprietären Datensicherheitspakete, die Sie für ein Windows-Netz einsetzen würden, unterstützen inzwischen größtenteils auch Linux.

10.6.2 Sichern kompletter Partitionen mit dd

Mit dem Programm dd können Sie komplette Partitionen in Dateien oder andere Partitionen kopieren oder aus Dateien wieder herstellen. dd ist von einem Programm namens CC (*copy and convert*[2]) für IBM-Großrechner inspiriert und hat darum eine sehr ungewöhnliche Parametersyntax:

```
# dd if=/dev/hda3 of=hda3.img
```

liest von /dev/hda3 (if, engl. *input file*) und schreibt auf hda3.img (of, engl. *output file*). Dabei sollte /dev/hda3 natürlich nicht eingehängt sein! Zur Beschleunigung können Sie mit bs eine abweichende Blockgröße angeben:

```
# dd if=/dev/hda3 of=hda3.img bs=1M
```

Probleme Die mit dd hergestellten Kopien sind Block für Block identisch mit dem Original. Sie enthalten also auch den »unbenutzten« Platz auf dem Dateisystem, der eigentlich ja gar nicht gesichert werden müsste. Leider können Sie nicht davon ausgehen, dass in einem zu 30 % belegten Dateisystem alle belegten Datenblöcke am Anfang der Partition stehen, und nur die ersten 30 % der Partition kopieren. Die resultierende »Sicherheitskopie« wäre wertlos. Diese **partimage** Einschränkung umgeht ein Programm namens partimage, das das Partitionsabbild auf Wunsch sogar komprimiert (unter den oben genannten Vorbehalten).

Wenn Sie eine Partition aus einer dd-Kopie wiederherstellen, dann

---

[2]Unter Unix war der Name »cc« schon anderweitig vergeben, daher »dd«.

glaubt das Dateisystem, es wäre exakt so groß wie im Original. Die Zielpartition sollte also mindestens so groß sein wie die Originalpartition vor Erstellung der Kopie! Wenn sie größer ist, füllt das Dateisystem sie nicht ganz aus; dieser Umstand lässt sich je nach der Art des Dateisystems zum Beispiel mit `ext2resize` korrigieren. Bei Kopien ganzer Platten (mit etwas wie »dd if=/dev/hda«) sollte die »Geometrie« der neuen Platte mit der der alten übereinstimmen, da Partitionen sonst möglicherweise an ungeschickten Stellen anfangen.

↪ dd(1), ext2resize(8)
↪ partimage(8), http://www.partimage.org/

10.6.3 tar und cpio

Die Programme `tar` und `cpio` erfüllen in etwa denselben Zweck, nämlich das Zusammenfassen diverser Dateien zu einer großen, die dann zum Beispiel als Sicherheitskopie auf Band geschrieben werden kann.

Das Programm tar Das wichtigste Werkzeug zum Archivieren unter Linux ist `tar`. `tar` ist ein sehr weit verbreitetes Programm, das auf fast jeder Unix-Implementierung zur Verfügung steht. Die Dateien der verschiedenen `tar`s sind weitgehend untereinander austauschbar, so dass `tar`-Archive das Datenformat der Wahl für die Softwareverteilung auf dem Internet darstellen. Gegenüber den »herkömmlichen« `tar`-Versionen hat das bei Linux übliche GNU-Tar einige Erweiterungen insbesondere für das Erstellen von Sicherheitskopien.

GNU-Tar

Wenn Sie `tar` aufrufen, müssen Sie genau einen Betriebsmodus angeben, der darüber entscheidet, was `tar` machen soll; weitere Optionen bestimmen nur, *wie* es gemacht werden soll. Einige allgemeine Optionen sind: -v (engl. *verbose*, »geschwätzig«), die die Mitteilsamkeit des Programms erhöht, und -f (engl. *file*), die die Angabe des Dateinamens des Archivs erlaubt (ohne diese Option werden Standardein- und -ausgabe benutzt).

Betriebsmodus

Optionen

Geben Sie `tar` einen Dateinamen mit, so wird je nach Modus diese Datei ins Archiv getan, ausgepackt usw. Ein Verzeichnisname bewirkt hingegen, dass `tar` das ganze Verzeichnis mit Unterverzeichnissen usw. bearbeitet. Das heißt, `tar` arbeitet implizit immer rekursiv: Verzeichnisse werden immer als Ganzes (mitsamt ihren Dateien, Unterverzeichnissen, deren Inhalt usw.) behandelt.

⇨ tar(1), »info tar«

Erzeugung eines neuen Archivs Der Modus für das Erzeugen eines Archivs ist -c (engl. *create*), der sich analog zu > bei der Kanalumlenkung verhält: Bestehende Dateien werden überschrieben. Wollen Sie analog zu >> an ein Archiv anhängen, so müssen Sie den Modus -r benutzen; dieser funktioniert aber nur mit Archiven auf Festplatte. Durch

```
$ tar -cf /tmp/archiv.tar /home/tux /var/mail/tux
```

wird das Archiv archiv.tar neu angelegt, das das Heimatverzeichnis und die Mailbox des Benutzers tux enthält. Dabei ist zu beachten, dass tar beim Einlagern die Pfadnamen »relativiert«, so dass sich im Archiv das Verzeichnis und die Datei als home/tux bzw. var/mail/tux wiederfinden. Dadurch können Sie das tar-Archiv ohne Probleme an jeder Stelle des Dateisystems auspacken, ohne zum Beispiel mit Pfadnamen der Form /etc/... die Konfiguration des Rechners zu überschreiben.

Dies sehen Sie gut mit der Option -v, die hier alle eingelagerten Dateien und Verzeichnisse anzeigt:

```
$ tar -cvf archiv.tar /home/tux /var/mail/tux
tar: Removing leading '/' from member names
home/tux/
home/tux/.Xmodmap
home/tux/.bashrc
home/tux/public_html/
home/tux/public_html/index.html
◁◁◁◁
```

Archive durchsuchen Den Inhalt eines Archivs können Sie sich durch den Modus -t (engl. *table of contents*, »Inhaltsverzeichnis«) anzeigen lassen. Wollen Sie mehr Informationen, so erhalten Sie durch -v eine Ausgabe, die der von »ls -l« entspricht. Wie bei ls können Sie nur einzelne Dateien oder Verzeichnisse anzeigen:

```
$ tar -tvf archiv.tar home/tux/.bashrc
-rw-r--r-- tux/users   1286 2004-01-04 18:41:43 home/tux/▷
◁.bashrc
```

Beachten Sie, dass hier Pfade *ohne* den führenden Schrägstrich angegeben werden müssen, weil die Datei im Archiv als `home/tux/.bashrc` und eben nicht als `/home/tux/.bashrc` geführt wird.

Wie Sie an der Ausgabe sehen, archiviert `tar` nicht nur die blanke Datei, sondern auch den Eigentümer und die Gruppe, Zeitstempel usw. Das Archiv enthält damit alles, was eine Rekonstruktion der entsprechenden Dateien und Verzeichnisse erforderlich macht. GNU-Tar ist auch in der Lage, symbolische Verknüpfungen und Gerätedateien zu archivieren. (Dies gilt nicht für alle `tar`-Implementierungen; wenn Ihr `tar`-Archiv portabel sein soll, sollten Sie davon Abstand nehmen.)

Archive auspacken Archive können Sie mit `-x` (für *extract*) auspacken; die Option `-v` sorgt auch hier wieder für die Auflistung der ausgepackten Dateien. Auch beim Auspacken werden Pfade relativiert, so dass die extrahierten Dateien und Verzeichnisse immer im aktuellen Arbeitsverzeichnis liegen und Sie nicht versehentlich wichtige Dateien überschreiben. So wird durch

```
$ cd /tmp
$ tar -xf ~/archive.tar
$ ls -F /tmp
home/    mail/
$ ls -F /tmp/home
tux/
```

im Verzeichnis `/tmp` das Archiv ausgepackt. Gegebenenfalls notwendige Verzeichnisse (hier: `home`) legt `tar` an.

Die Datei `/home/tux/.bashrc` wurde also als `home/tux/.bashrc` im Archiv abgelegt und als `/tmp/home/tux/.bashrc` ausgepackt.

Beim Auspacken von Dateien setzt `tar` die Zugriffsrechte auf den jeweils im Archiv gespeicherten Wert, modifiziert durch die aktuelle *umask*. Wenn Sie `tar` als `root` aufrufen oder als normaler Benutzer die Option `-p` angeben, werden die Rechte stattdessen direkt aus dem Archiv genommen. Dasselbe gilt für den Dateieigentümer; da Sie als normaler Benutzer unter Linux aber keine Dateien »verschenken« können, ist die Option `--same-owner`, mit der laut Anleitung das Extrahieren von Dateien mit dem im Archiv verzeichneten Eigentümer möglich sein soll, aber relativ nutzlos. Läuft `tar` als `root`, wird der Eigentümer aus dem Archiv genom-

Zugriffsrechte

Dateieigentümer

men, solange nicht die Option --no-same-owner angegeben wurde. Dabei hat der Benutzername Vorrang; nur wenn auf dem System kein Benutzer mit dem Namen aus dem Archiv existiert, wird die numerische UID angenommen.

Komprimierte Archive Gemäß der Unix-Philosophie »Mach nur eine Sache, die aber richtig!« komprimiert tar seine Archive nicht. Dafür sind andere Werkzeuge zuständig.

GNU-Tar kommt Ihnen aber wenigstens so weit entgegen, dass es erlaubt, beim Aufruf von tar per Option ein Kompressionsprogramm anzugeben. Dies wird von tar dann automatisch nach der Erstellung eines Archivs bzw. vor dem Auspacken des Archivs angewendet. Die unterstützten Kompressionsprogramme sind compress, gzip (Abschnitt 10.7.2) und bzip2 (Abschnitt 10.7.3), die dafür notwendigen Optionen sind -Z, -z bzw. -j oder das generische --use-compress-program, womit Sie allgemein ein Kompressionsprogramm angeben können. Somit ist

```
$ tar -czf archiv.tar.gz Verzeichnis
```

äquivalent zu

```
$ tar -c Verzeichnis | gzip > archiv.tar.gz
```

oder, wenn man es unbedingt in zwei Schritten mag,

```
$ tar -cf archiv.tar Verzeichnis
$ gzip archiv.tar
```

Umgekehrt sind

```
$ tar -xzf archiv.tar.gz
```

und

```
$ gzip -dc archiv.tar.gz | tar -x
```

gleichbedeutend. Beachten Sie die Reihenfolge: Die Optionen bewirken, dass das ganze tar-Archiv (de-)komprimiert wird, und nicht, dass die Dateien einzeln vor dem Archivieren komprimiert bzw. nach dem Auspacken dekomprimiert würden.

Unter Betriebssystemen, die keine Mehrfachendungen unterstützen, sind .tgz und .tbz statt .tar.gz und .tar.bz2 üblich.

Das Programm cpio Ein naher Verwandter von tar ist das Programm cpio – die unter Linux übliche GNU-Version kann sogar tar-Archive erzeugen und auspacken. cpio sammelt ähnlich wie tar Dateien von der Platte ein und schreibt sie in eine Datei, auf ein Band oder in eine Pipe, oder es liest ein Archiv aus einer Datei, einer Pipe oder von einem Band und schreibt die enthaltenen Dateien auf die Platte. Beim Lesen von Archiven erkennt cpio selbsttätig das Archivformat und kann auch Archive lesen, die auf Systemen mit anderer Bytereihenfolge angelegt wurden.

Anlegen von cpio-Archiven Die Aufrufsyntax von cpio ist allerdings völlig verschieden von der von tar. Beim Anlegen von Archiven – dem *copy-out mode* – übernimmt cpio eine Liste der zusammenzufassenden Dateien auf seiner Standardeingabe und liefert das Archiv auf der Standardausgabe: **Aufrufsyntax**

```
$ ls | cpio -ov >archiv.cpio
```

Dabei steht die Option -o für den *copy-out mode*, während die Option -v zur Kontrolle die Namen der archivierten Dateien auf der Standardfehlerausgabe ausgibt.

Eine ganze Dateihierarchie – ähnlich wie bei tar – können Sie archivieren, indem Sie die Liste der zu betrachtenden Dateinamen mit find erzeugen:

```
$ find . -depth -print | cpio -ov >archiv.cpio
```

Hier sorgt die Option -depth dafür, dass die Namen von Verzeichniseinträgen vor dem Namen ihres Verzeichnisses ausgegeben wird. Das hilft dabei, mögliche Probleme mit Zugriffsrechten zu vermeiden.

Wenn Sie sichergehen wollen, dass eigenartige Dateinamen keine Probleme verursachen, dann verwenden Sie die Pipeline

```
$ find . -depth -print0 | cpio -ov --null >archiv.cpio
```

In diesem Fall werden die Dateinamen in der Ausgabe von find nicht wie sonst durch Zeilentrenner, sondern durch Nullbytes getrennt. Die Option --null bereitet cpio darauf vor. Damit kann das find/cpio-Duo auch Dateinamen verarbeiten, die Zeilentrenner enthalten.

Auspacken von Archiven Zum Auspacken von Archiven dient der *copy-out mode* von cpio. Im Gegensatz zu tar legt cpio nicht unaufgefordert Verzeichnisse an und überschreibt auch keine existierenden Dateien; es muss dafür respektive die Optionen -d und -u übergeben bekommen:

```
$ cpio -ivdu <archiv.cpio
```

Ohne die Option -u verschont cpio Dateien, die genauso heißen wie Dateien im Archiv und deren *mtime* der Archivversion gleicht oder später ist.

Kopieren von Verzeichnishierarchien Mit cpio können Sie auch ein Verzeichnis von einem Platz im Dateisystem an einen anderen kopieren (*copy-pass mode*). Dazu dient die Option -p:

```
$ find . -depth -print0 | cpio --null -pvd /anderswo
```

kopiert das aktuelle Verzeichnis mit allen seinen Dateien und Unterverzeichnissen ins Verzeichnis /anderswo. Dasselbe können Sie natürlich auch mit tar oder »cp -a« erreichen.

Andere Optionen cpio unterstützt noch eine ganze Menge weitere Optionen, etwa zur Auswahl des Archivformats oder zum Ansprechen von Bandgeräten an anderen Rechnern.

↪ cpio(1), »info cpio«

10.6.4 dump und restore

dump und restore sind die traditionellen Unix-Programme zum Sichern und Wiederherstellen von Dateien auf Partitionsbasis. dump kann Dateisysteme auf Blockebene (also am eigentlichen Dateisystem vorbei) lesen und so zum Beispiel recht effizient inkrementelle Sicherheitskopien machen.

Spätestens seit Kernel 2.4 funktioniert dump offiziell nicht mehr, jedenfalls nicht mehr zum Sichern von eingehängten Dateisystemen – was den Gebrauchswert doch einschränkt! Außerdem sind dump und restore dateisystemspezifisch und existieren aktuell nur für ext2/3 und XFS. Linus Torvalds hat dump sogar in einem Beitrag auf der Kernel-Mailingliste als »dummes Programm« bezeichnet.

↪ Linus Torvalds' Nachricht: http://lwn.net/2001/0503/a/lt-dump.php3

Nach dieser Vorbemerkung hier dennoch eine kurze Syntaxbeschreibung. Im Gegensatz zu tar und cpio funktioniert dump am besten, wenn es komplette Dateisysteme sichert statt beliebige

Verzeichnisse (das geht auch, allerdings nicht mit der kompletten Funktionalität). Der grundlegende Aufruf ist etwas wie

```
dump -⟨Stufe⟩ -f ⟨Sicherungslaufwerk⟩ ⟨Dateisystem⟩
```

also zum Beispiel

```
# dump -0 -f /dev/st0 /home
```

⟨Sicherungslaufwerk⟩ bezeichnet das Gerät oder die Datei, auf die die Sicherheitskopie geschrieben wird (hier das SCSI-Band), und ⟨Dateisystem⟩ das zu sichernde Dateisystem. Wichtig ist die ⟨Stufe⟩, mit der Sie zwischen kompletten und inkrementellen Sicherungen unterscheiden können: Stufe 0 entspricht einer kompletten Sicherung, während bei höheren Zahlen n nur diejenigen Dateien gesichert werden, die sich seit dem letzten Backup mit der Ebene $m < n$ geändert haben oder seitdem neu dazugekommen sind.

Die Option -u sorgt übrigens dafür, dass nach einer erfolgreichen Sicherheitskopie ein Eintrag in der Datei /var/lib/dumpdates auf den neuesten Stand gebracht wird. Diese Datei enthält (höchstens) einen Eintrag für jedes Dateisystem und jede Sicherungsebene, der Datum und Uhrzeit der Kopie angibt.

Das Programm restore ist das Gegenstück zu dump; es dient dazu, die mit dump angelegten Sicherungskopien wieder einzuspielen. Im Gegensatz zu dump schreibt es aber nicht direkt auf die Verwaltungsstrukturen der Platte, sondern geht den ordentlichen Weg über Dateinamen und den Kernel. restore unterstützt eine Reihe von Betriebsarten, die wichtigsten sind:

Interaktives Restaurieren von Dateien Diese Betriebsart wird über ein Kommando der Form

```
# restore -i -f /dev/st0
```

angesprochen. Anschließend können Sie eine Reihe von Kommandos wie add oder delete geben, um auf der Basis der Verzeichnisinformationen in der Sicherung Dateien und Verzeichnisse zum Zurückspielen auszuwählen oder sie abzubestellen. Mit Kommandos wie cd und ls können Sie in der Verzeichnisstruktur der Sicherung navigieren, und ein letztendliches extract restauriert dann die ausgewählten Dateien und Verzeichnisse.

Automatisches Restaurieren eines Dateisystems Hierfür müssen Sie mit einem »sauberen« und eingehängten Dateisystem beginnen:

```
# mke2fs /dev/hdb2
# mount /dev/hdb2 /mnt
# cd /mnt
# restore -rf /dev/st0          Ebene-0-Sicherung einspielen
# restore -rf /dev/st0          Ebene-1-Sicherung einspielen
◁◁◁◁◁                                              ...
```

Inkrementelle Sicherungen können Sie einspielen, indem Sie sie nacheinander als »restore -r« angeben. Diese Sorte Operation führen Sie am besten im Einbenutzermodus aus.

Prüfmodus Mit der Option -C können Sie veranlassen, dass restore die Sicherheitskopie mit dem gesicherten Dateisystem auf der Platte vergleicht.

⇨ dump(8), restore(8), xfsdump(8), xfsrestore(8)

10.7   Komprimieren von Daten

10.7.1   Vorbemerkungen

Weiter oben haben wir dringend davon abgeraten, Sicherheitskopien mit Linux-Bordmitteln zu komprimieren – die Gefahr, durch ein gekipptes Bit den Zugriff auf große Teile der gesicherten Daten zu verlieren, ist zu groß. Komprimierungswerkzeuge wie gzip und bzip2 spielen dennoch eine wichtige Rolle, sei es, um Platz auf der Platte zu sparen, indem nicht so oft gebrauchte Dateien etwas »verkleinert« werden, oder um schonend mit der Netzanbindung umzugehen, wenn Sie Software, E-Mail oder andere Daten aus dem Internet holen oder verschicken. Auch für kryptographische Anwendungen sind Komprimierungswerkzeuge wichtig.

10.7.2   Arbeiten mit gzip

GNU-Zip

Das Standard-Werkzeug zur Komprimierung unter Linux ist das Programm gzip (für GNU-Zip). Das unter anderen Unix-Varianten gebräuchliche Programm compress steht nicht zur Verfügung, da es den lange Zeit patentierten Lempel-Ziv-Welch-Kompressionsalgorithmus verwendet, der zum Beispiel auch im Grafikdateiformat GIF eingesetzt wird.

GNU-Zip kann mit compress komprimierte Dateien (Endung .Z) dekomprimieren. Zum Komprimieren benutzt gzip jedoch einen anderen (und effektiveren) Algorithmus, der nicht unter das Patent fällt. Mit gzip komprimierte Dateien haben die Endung .gz. Daneben etabliert sich bzip2 (Abschnitt 10.7.3). **Bzip 2**

Auch wenn der Name es nahelegt: Außer dem Algorithmus hat GNU-Zip nichts mit WinZip oder PKZIP zu tun. Das Dateiformat ist ein anderes und Letztere können auch archivieren, während GNU-Zip und Bzip 2 reine Kompressionsprogramme sind. Für das Arbeiten mit PKZIP- und ähnlichen Archiven können Sie das Programm zip benutzen. (gzip dekomprimiert auch PKZIP-Archive, solange diese nur eine Datei enthalten und diese mit dem *deflate*-Verfahren komprimiert ist.) **WinZip** **PKZIP**

Zum Komprimieren einer Datei rufen Sie einfach gzip mit dem Dateinamen als Argument auf. Dadurch wird die Originaldatei ersetzt durch eine komprimierte Version, erkennbar an der Endung .gz: **gzip**

```
$ ls -s grosse_datei*
6518 grosse_datei
$ gzip grosse_datei
$ ls -s grosse_datei*
1321 grosse_datei.gz
```

Zum Dekomprimieren benutzen Sie die Option -d; dadurch wird die komprimierte Datei wieder durch das Original ersetzt:

```
$ gzip -d grosse_datei.gz
$ ls -s grosse_datei*
6518 grosse_datei
```

Wollen Sie eine Datei komprimieren, ohne dabei die Originaldatei zu verlieren, so können Sie die Option -c benutzen. Sie veranlasst gzip dazu, das Ergebnis der Komprimierung oder Dekomprimierung auf die Standardausgabe auszugeben; damit lässt sich gzip auch in einer Pipeline benutzen.

```
$ gzip -c grosse_datei > grosse_datei.gz
$ ls -s grosse_datei*
```

```
6518 grosse_datei   1321 grosse_datei.gz
```

Die Option -c kann auch nützlich sein, wenn die komprimierte Datei nicht die Standard-Endung .gz hat.

gunzip
zcat

Zur bequemeren Handhabung gibt es zwei Abkürzungen: Rufen Sie gzip unter dem Namen gunzip auf, so verhält es sich wie »gzip -d«, und zcat ist äquivalent zu »gzip -dc«.

Die Effizienz der Komprimierung lässt sich durch die Optionen -1, -2, ... -9 steuern. Dabei ist -1 (oder äquivalent: --fast) die schnellste Komprimierung und -9 (oder äquivalent: --best) die mit dem besten Kompressionsfaktor. Voreingestellt ist -6:

```
$ gzip -1 -c grosse_datei > grosse_datei.1.gz
$ gzip -9 -c grosse_datei > grosse_datei.9.gz
$ gzip -c grosse_datei > grosse_datei.6.gz
$ ls -s grosse_datei*
6518 grosse_datei          1321 grosse_datei.6.gz
1618 grosse_datei.1.gz     1313 grosse_datei.9.gz
```

Wollen Sie ganze Verzeichnisse komprimieren (oder dekomprimieren), so können Sie gzip zusammen mit der Option -r (für engl. *recursive*) aufrufen. Dadurch werden alle Dateien in Unterverzeichnissen usw. ebenfalls komprimiert; bereits komprimierte Dateien, also Dateien mit der Endung .gz, werden nicht erneut komprimiert.

⇨ gzip(1), gunzip(1), zcat(1), »info gzip«

10.7.3 Arbeiten mit bzip2

bzip2

Das Kompressionsprogramm bzip2 benutzt einen anderen Algorithmus als gzip, weswegen es noch bessere Kompressionsfaktoren erzielen kann, allerdings zum Preis einer etwas höheren Rechenzeit.

Die grundlegenden Optionen von bzip2 sind bewusst an gzip angelehnt, so dass Sie sich hier nicht umstellen müssen. Mit bzip2 komprimierte Dateien sind erkennbar an der Endung .bz2.

Analog zu gunzip und zcat gibt es die Programme bunzip2 und bzcat, die sich genau so verhalten wie ihre GNU-Zip-Gegenstücke.

Anders als bei GNU-Zip bewirken die Effizienzoptionen -1 bis -9 keinen Tausch von Zeit gegen Kompressionsfaktor, sondern einen Tausch von Speicherplatz (beim Komprimieren und Dekomprimieren) gegen Kompressionsfaktor. Mit bzip2 -1 komprimieren Sie daher nicht schneller, sondern sind freundlicher zu Rechnern mit wenig RAM. Voreingestellt ist -9:

```
$ bzip2 -1 -c grosse_datei > grosse_datei.1.bz2
$ bzip2 -6 -c grosse_datei > grosse_datei.6.bz2
$ bzip2 -c grosse_datei > grosse_datei.9.bz2
$ ls -s grosse_datei*
6518 grosse_datei        1049 grosse_datei.6.bz2
1253 grosse_datei.1.bz2  1017 grosse_datei.9.bz2
```

Die im Vergleich zu gzip deutlich bessere Kompression macht bzip2 besonders für die Software-Verteilung über das Internet interessant, da hier die Bandbreitenschonung bei jedem Download den einmaligen Zeitverlust beim Komprimieren aufwiegt.

Die Option -r für rekursives Komprimieren kennt bzip2 nicht.

⇨ bzip2(1), http://www.bzip.org/

Kapitel 11 Die Grafikoberfläche X11

In diesem Kapitel ...

- ✓ erfahren Sie etwas über die Struktur und Funktionsweise von X11
- ✓ erhalten Sie einen Überblick über die Konfigurationsmöglichkeiten von X11
- ✓ lernen Sie verschiedene Methoden zum Start von X11 kennen
- ✓ erfahren Sie mehr über die Funktionsweise und Konfiguration von Fenstermanagern

11.1   Aufbau des X-Window-Systems

11.1.1   Überblick

X-Protokoll

X-Server

X-Clients

Das *X Window System*, kurz »X11« oder »X«, ist eine grafische Betriebsumgebung, die 1985–1987 am MIT (*Massachusetts Institute of Technology*) entwickelt wurde. Grundlage von X11 ist das **X-Protokoll**, eine Methode zur Übertragung von grafischen Grundoperationen über eine Netzverbindung. X11 ist ein Client-Server-System, wenn auch etwas anders als sonst: Der **X-Server** läuft auf einem Arbeitsplatzrechner mit Grafikkarte, Maus, Grafiktablett oder ähnlichen Peripheriegeräten, und **X-Clients** – Anwendungsprogramme, die entweder lokal oder auf einem entfernten Rechner (z. B. auf einem Großrechner) laufen – schicken ihm Grafikbefehle über das X-Protokoll. Umgekehrt schickt der X-Server Ereignisse, etwa Tastendrücke und Mausbewegungen, an die X-Clients zurück. X-Server und X-Clients können dabei auf verschiedenen Rechnern laufen. Außer X11 gibt es noch andere grafische Betriebsumgebungen, die unter Linux aber praktisch keine Rolle spielen.

XFree86

X.Org

XFree86 ist eine Implementierung des X-Window-Systems, Version 11, Release 6 (kurz X11R6), unter anderem für PCs mit Intel-Prozessor, deshalb auch die »86« im Namen. Von XFree86 sind momentan mehrere Versionen in Umlauf, nämlich die Versionen 3 und 4. Version 3 wird zum Teil noch für alte Grafikkarten benötigt. In den meisten Distributionen wird statt XFree86 inzwischen **X.Org** verwendet, ein modernisierter Ableger von XFree86. (X.Org entstand nach diversen Querelen in der XFree86-Entwicklermannschaft um Themen wie die Weiterentwicklung von X(Free86) und die Lizenzierung der Software. Im Moment findet alles Interessante bei X.Org statt; XFree86 stagniert.) Entsprechend geht die LPIC-1-Prüfung inzwischen auch auf X.Org ein – die Unterschiede sind allerdings nicht gravierend und betreffen vor allem Erweiterungen abseits des klassischen X-Protokolls. Für Programmierer hat die interne Struktur des Pakets sich deutlich geändert; das ist für die Administration aber nicht so wichtig.

⇨ Das XFree86-Projekt: `http://www.xfree86.org/`
⇨ Die *X.Org Foundation*: `http://www.x.org/`

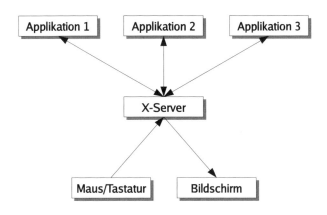

Bild 11.1: X-Window-System als Client-Server-System

11.1.2 Arbeitsweise des X-Protokolls

Die Operationen des X-Protokolls sind ziemlich primitiv – es unterstützt vor allem simple Grafikoperationen wie das Zeichnen von Punkten, Linien, Kreisen, Rechtecken und die Anzeige von Zeichenketten. Außerdem gibt es Funktionen zur Verwaltung von **Fenstern** – rechteckigen Bereichen auf dem Bildschirm, die Ziel von Ereignissen wie Mausklicks oder Tastendrücken sein können – und für die interne Organisation. Das heißt, wenn eine Anwendung zum Beispiel ein Aufklappmenü anbietet, muss der X-Server der Anwendung einen Mausklick auf den »Knopf« des Menüs melden; die Anwendung schickt dann die notwendigen Befehle zur Darstellung des Menüs und übernimmt – vom X-Server mit einem stetigen Strom von Mausbewegungs-Nachrichten versorgt – die Interaktion mit dem Benutzer, bis dieser sich schließlich für einen Menüeintrag entscheidet.

11.1.3 Fenstermanager

Über die Größe und Position eines Fensters auf dem Bildschirm entscheidet der X-Client normalerweise nicht selbst, sondern der Benutzer bedient sich eines **Fenstermanagers** (engl. *window*

Grafikoperationen

Fenster

Fenstermanager

manager), um Größe und Position festzulegen und auch später noch ändern zu können. Die meisten Fenstermanager erlauben Verschieben und Größenänderungen von Fenstern mit der Maus. Außerdem sind Fenstermanager verantwortlich für die Darstellung dekorativer Fensterrahmen. Fenstermanager sind gewöhnliche X-Clients (etwa so, wie Shells gewöhnliche Anwenderprogramme sind).

11.1.4 Displaymanager

Bei heutigen Client-Rechnern ist es in der Regel wünschenswert, dass direkt beim Systemstart die grafische Oberfläche hochfährt und eine Aufforderung zum Anmelden anzeigt. Dies wird unter X11 in der Regel über einen **Displaymanager** realisiert. Dieser bietet ein grafisches Loginfenster und oft auch eine Auswahl zwischen verschiedenen Arbeitsumgebungen an.

Displaymanager

Displaymanager erlauben auch den Einsatz von »X-Terminals«, auf denen nur ein X-Server läuft. Der Displaymanager liefert dann ein Loginfenster für einen »richtigen« Computer, das auf dem X-Terminal angezeigt wird (Abschnitt 11.5.4).

11.2 Installation und Konfiguration von X11

11.2.1 Vor der Installation

Ein Rechner, auf dem X11 laufen soll, benötigt eine Grafikkarte (sinnvollerweise VGA oder besser) und ausreichend RAM. Eine Maus oder verwandte Zeigevorrichtung ist sehr nützlich. Bei heutigen Rechnern ist das kein Thema mehr; X11 läuft sogar auf PDAs.

Bevor Sie eine grafische Oberfläche installieren, sollten Sie sich überlegen, ob der Rechner überhaupt eine braucht. Bei Arbeitsplatzrechnern ist das meist keine Frage, aber auf den meisten Servern ist ein X-Server überhaupt nicht nötig (auch wenn es sich mitunter lohnen kann, die X-Bibliotheken für die Client-Seite zu installieren). Eine grafische Administration ist dank der Netzwerktransparenz von X auch von einem Arbeitsplatzrechner aus möglich (Abschnitt 11.5).

11.2.2 Installation

X.Org und XFree86 sind umfangreiche Systeme, gehören heute aber zu allen namhaften Linux-Distributionen dazu. Neben dem Server enthalten die Pakete diverse Clients, Client-Bibliotheken, Schriften, Konfigurationsdateien und einiges andere mehr. Es ist ohne Weiteres möglich, auf einem Rechner nur die Clients und Client-Bibliotheken zu installieren; diese können dann einen entfernten X-Server zur Anzeige nutzen (Abschnitt 11.5).

11.2.3 Manuelle Konfiguration

Der X-Server holt alle Informationen, die er braucht, aus einer Konfigurationsdatei namens XF86Config (XFree86) oder xorg.conf (X.Org). Diese steht typischerweise in /etc/X11; der genaue Platz ist distributionsabhängig und manche Distributionen benennen auch die Datei selber um (vor allem bei XFree86, um zwischen den Versionen 3 und 4 unterscheiden zu können). Sowohl XFree86 als auch X.Org suchen die Datei auch anderswo im Dateisystem, wenn sie nicht in /etc/X11 zu finden ist; die Details stehen in der Dokumentation. **Konfigurations-datei**

↪ XF86Config(5x), xorg.conf(5x)

Die Konfigurationsdateien bestehen aus einzelnen Abschnitten. Die Abschnitte werden durch das Schlüsselwort Section eingeleitet und mit EndSection abgeschlossen. Im Folgenden sollen die möglichen Abschnitte näher beschrieben werden. Dabei beschränkt sich die Beschreibung auf die Konfigurationen von X.Org und XFree86 4, die sich an einigen Stellen von der Konfiguration von XFree86 3 unterscheiden. Einige der Abschnitte, namentlich diejenigen, die die einzelnen Geräte definieren, können mehrfach auftreten, damit redundante Geräte parallel betrieben werden können (z. B. Maus und Touchpad). In den Konfigurationsdateien sind Groß- und Kleinschreibung außer in Dateinamen nicht relevant. **Syntax Abschnitte**

Der Files-Abschnitt definiert Pfade, nämlich: **Files**

ModulePath legt das Verzeichnis fest, in dem die X-Server-Module für X.Org bzw. XFree86 4 liegen (meist /usr/X11R6/lib/modules, bei neueren Distributionen zum Beispiel /usr/lib/xorg/modules).

RGBPath benennt die Datei, in der alle dem X-Server bekannten Farbnamen mit den zugehörigen RGB-Werten (Rot, Grün, Blau) stehen.

FontPath benennt Verzeichnisse, in denen der X-Server nach Schriften sucht, oder einen Schriftenserver (Abschnitt 11.3). Meist gibt es sehr viele Schriftenverzeichnisse und damit viele FontPath-Parameter. Die Reihenfolge ist wichtig!

```
Section "Files"
    ModulePath    "/usr/X11R6/lib/modules"
    RgbPath       "/usr/X11R6/lib/X11/rgb.txt"
    FontPath      "/usr/X11R6/lib/X11/fonts/misc:unscaled"
    ⊲⊲⊲⊲◁
EndSection
```

Module Der Module-Abschnitt gibt an, welche grafikkartenunabhängigen X-Server-Module geladen werden sollen, etwa zur Unterstützung bestimmter Schriftformate (Type1, TTF, ...) oder für besondere Eigenschaften wie direkte Videodarstellung.

```
Section "Module"
    Load "dbe"
    Load "type1"
    Load "speedo"
    Load "freetype"
    Load "extmod"
    Load "glx"
    Load "v4l"
EndSection
```

Welche Module zur Verfügung stehen, hängt von der Geschmacksrichtung des X-Servers ab; normalerweise muss die Liste nicht geändert werden. (Je nach der verwendeten Grafikkarte sind möglicherweise außerdem noch Kernel-Module nötig, etwa für 3D-Grafikausgabe.)

ServerFlags Der ServerFlags-Abschnitt beeinflusst das Verhalten des X-Servers. Einzelne Optionen werden mit dem Parameter Option gesetzt und können im ServerLayout-Abschnitt oder beim Start des Servers auf der Kommandozeile überschrieben werden. Die Option im folgenden Beispiel bewirkt, dass der X-Server auch dann gestartet wird, wenn keine Maus initialisiert werden kann:

```
Section "ServerFlags"
  Option "AllowMouseOpenFail"
EndSection
```

Einige andere wichtige Server-Optionen sind:

DisableVidTuneExtension Schaltet die X-Protokollerweiterung aus, die die dynamische Anpassung der Bildlage über das xvidtune-Programm (Abschnitt 11.2.4) erlaubt.

DontZap Normalerweise können Sie den X-Server mit der Tastenkombination [Strg]+[Alt]+[⬅] beenden. Diese Option verbietet das und empfiehlt sich zum Beispiel auf öffentlichen »Kiosk«-Systemen.

Xinerama Wenn der Rechner mehrere Bildschirme hat, funktionieren sie mit »Xinerama« nicht getrennt, sondern als ein großer logischer Bildschirm. Dafür müssen alle Bildschirme mit derselben Farbtiefe konfiguriert werden (die Auflösung muss nicht gleich sein). Braucht einen entsprechenden Fenstermanager.

Der InputDevice-Abschnitt konfiguriert jeweils ein Eingabegerät wie Maus oder Tastatur und kann mehrmals vorkommen. Im Folgenden einige kommentierte Beispiele: **InputDevice**

```
Section "InputDevice"
  Driver      "Keyboard"
  Identifier  "Tastatur1"
  Option      "XkbLayout" "de"
  Option      "XkbModel" "pc105"
  Option      "XkbVariant" "nodeadkeys"
EndSection
```

Ein typischer Eintrag für eine moderne PC-Tastatur. Die einzelnen Einträge haben die folgende Bedeutung:

Driver lädt ein Modul (»Treiber«) aus dem ModulePath.

Identifier gibt dem Abschnitt einen Namen, damit er in einem ServerLayout-Abschnitt erwähnt werden kann.

XkbLayout legt das Tastaturlayout auf Deutsch fest.

XkbModel definiert die Tastatur als Standard-PC-Tastatur mit 105 Tasten.

XkbVariant Der Wert deadkeys erlaubt es, Zeichen mit Akzenten aus mehreren Eingaben zusammenzusetzen, also beispielsweise »ñ« als $\boxed{\sim}$ $\boxed{n}$ einzugeben. Mit nodeadkeys liefert $\boxed{\sim}$ $\boxed{n}$ »~n«.

(In alten Konfigurationsdateien finden Sie manchmal noch die Abschnitte Keyboard oder Pointer. Diese Namen sind verpönt; benutzen Sie lieber InputDevice.)

```
Section "InputDevice"
    Driver    "mouse"
    Identifier "Maus1"
    Option    "ButtonNumber" "5"
    Option    "Device" "/dev/usbmouse"
    Option    "Protocol" "auto"
    Option    "ZAxisMapping" "4 5"
EndSection
```

Ein typischer Eintrag für eine USB-Maus mit Scrollrad.

ButtonNumber legt die Anzahl der Maustasten auf fünf fest, wobei die Tasten 4 und 5 dem Scrollrad entsprechen.

Device weist die Maus als USB-Maus aus.

Protocol weist den X-Server an, das zu verwendende Protokoll eigenständig auszuwählen.

ZAxisMapping aktiviert das Scrollrad.

```
Driver    "mouse"
Identifier "Maus2"
Option    "Device" "/dev/psaux"
Option    "Protocol" "imps/2"
Option    "Emulate3Buttons"
```

Ein typischer Eintrag für eine Zwei-Tasten-Maus, die über eine PS/2-Schnittstelle an den Rechner angeschlossen ist. Das Beispiel könnte auch das Touchpad eines Notebooks beschreiben. Speziell für Touchpads sind noch sehr viel mehr Einstellungen möglich, so können Sie bestimmte Bereiche wie die Ränder und Ecken mit alternativen Funktionen belegen.

Monitor Der Monitor-Abschnitt beschreibt die Eigenschaften des verwendeten Monitors. Auch dieser Abschnitt kann mehrmals auftreten.

```
Section "Monitor"
  Identifier   "Monitor1"
  HorizSync    30-69
  VertRefresh  54-80
  UseModes     "Modus1"
EndSection
```

Wie InputDevice muss dieser Abschnitt einen Identifier haben, mit dem er in ServerLayout-Abschnitten aufgerufen wird. Die horizontalen und vertikalen Frequenzen können Sie der Dokumentation des Monitors entnehmen. Mit UseModes benennen Sie die zu verwendende »Modeline«.

Der optionale Modes-Abschnitt erlaubt es Ihnen, die Einstellungen **Modes** der Grafik im Detail festzulegen, wenn Sie Ihre Grafikhardware genau kennen. Das ist der kritische Punkt bei der X-Server-Konfiguration. Hier ein Beispiel:

```
Section "Modes"
 Identifier "Modus1"
 Modeline    "800x600" 48.67 800 816 928 1072 600 600 610 626
EndSection
```

Der Device-Abschnitt legt fest, welche Grafikkarte für den X-Ser- **Device** ver verwendet werden soll. Auch dieser Abschnitt kann mehrmals auftreten. Ein Beispiel für eine Minimalkonfiguration mit VGA-Treiber:

```
Section "Device"
  Identifier   "Standard VGA"
  Driver       "vga"
EndSection
```

Ein Beispiel für eine AGP-»ATI Rage Pro«-Grafikkarte:

```
Section "Device"
  Identifier  "ATI Rage Pro 3D"
  BusID       "PCI:1:0:0"
  Driver      "ati"
EndSection
```

Die BusID ist nur nötig, wenn das System mehrere gleiche Grafikkarten oder mehrere Bildschirme hat. Sie gibt den Ort der Karte auf dem Bus an. PCI:1:0:0 entspricht dem AGP-Bus.

↪ PCI: Abschnitt 9.3.1

Screen Der Screen-Abschnitt verknüpft jeweils einen Monitor und eine Grafikkarte:

```
Section "Screen"
  Identifier  "Screen1"
  DefaultDepth 16
  SubSection "Display"
    Depth       16
    Modes       "800x600"
  EndSubSection
  SubSection "Display"
    Depth       24
    Modes       "1024x768"
  EndSubSection
  Device      "ATI Rage Pro 3D"
  Monitor     "Monitor1"
EndSection
```

Die Unterabschnitte namens Display legen verschiedene Kombi-nationen aus Farbtiefe und Auflösung fest, zwischen denen im lau-fenden System mit [Strg]+[Alt]+[+] bzw. [Strg]+[Alt]+[-] hin- und herge-schaltet werden kann.

Möglicherweise haben Sie auch einen DRI-Abschnitt, in dem Ein-stellungen für den direkten Zugriff des X-Servers auf die Grafik-hardware gemacht werden.

ServerLayout Der ServerLayout-Abschnitt beschreibt die Gesamtkonfiguration des Servers mit Ein- und Ausgabegeräten. Hier würde zum Bei-spiel auch die Anordnung mehrerer Bildschirme angegeben.

```
Section "ServerLayout"
  Identifier  "Layout1"
  InputDevice "Keyboard1" "CoreKeyboard"
  InputDevice "Maus1" "CorePointer"
  Screen      "Screen1"
EndSection
```

Sie können mehrere ServerLayout-Abschnitte in Ihrer Konfigu-rationsdatei haben und sich über die Kommandozeilenoption -layout beim (direkten) Aufruf des X-Servers eine davon aussu-chen. Einen Standardwert können Sie auch über die Server-Option DefaultServerLayout vorgeben. Das ist beispielsweise nützlich, um auf einem Notebook-Rechner verschiedene Konfigurationen für den externen Videoausgang vorzuhalten.

In ServerLayout-Abschnitten können Sie auch Optionen aus dem ServerFlags-Abschnitt unterbringen. Diese Optionen gelten dann nur für die betreffende Konfiguration.

Hier eine kurze Zusammenfassung der Konfigurationsdatei: Die **Zusammen-** ServerLayout-Abschnitte stehen auf der höchsten Ebene. In ihnen **fassung** werden die Eingabe- und Ausgabegeräte benannt, die zu einer Konfiguration gehören; sie beziehen sich auf InputDevice- und Screen-Abschnitte anderswo in der Datei. Ein Screen besteht dabei aus einer Grafikkarte (Device) und einem zugeordneten Monitor (Monitor). Auf den X-Server im Ganzen beziehen sich die Abschnitte Files, ServerFlags, Module und DRI.

11.2.4 X11-Konfigurationsprogramme

Die manuelle Konfiguration eines X-Servers ist eine mühselige und fehleranfällige Sache; die meisten Distributionen enthalten heute darum komfortable Werkzeuge, die die nötigen Konfigurationsdateien mehr oder weniger automatisch erzeugen. Außer den distributionseigenen Programmen gibt es einige distributionsübergreifende Standardwerkzeuge.

X.Org bietet im Wesentlichen zwei Programme an:

Den X-Server selbst Wenn Sie als root »X -configure« ausfüh- **X-Server** ren, probiert der X-Server seine verschiedenen Treiber aus und schreibt eine experimentelle Konfigurationsdatei nach /root/xorg.conf. Diese Datei können Sie dann mit der Hand anpassen und nach /etc/X11 kopieren.

xorgcfg Ein menügesteuertes Programm, das zunächst automa- **xorgcfg** tisch versucht, die vorhandene Hardware zu analysieren und einen X-Server mit einer einfachen Konfiguration zu starten. Anschliessend können Sie manuell eingreifen, um Einstellungen für die Tastatur, Maus, Grafikkarte(n) und Monitor(e) vorzunehmen oder zu ändern. Wenn xorgcfg keinen X-Server hochfahren kann, können Sie es mit der Option -textmode starten.

↪ Xorg(1x), xorgcfg(1x)

Hier der Vollständigkeit halber die distributionsunabhängigen Konfigurationswerkzeuge für XFree86:

xf86config
- Bei xf86config handelt es sich um ein textbasiertes Programm, das im Dialog eine passende XF86Config-Datei erstellt. Dafür sind nicht die detaillierten Kenntnisse notwendig, die Sie für ein manuelles Erstellen der Datei bräuchten, die Gerätespezifikationen (etwa Monitorfrequenzen) sollten Sie aber schon kennen. xf86config gibt es in unterschiedlichen Versionen für XFree86 3 und XFree86 4.

XF86Setup
- XF86Setup stammt ebenfalls von XFree86 selbst, bietet aber im Gegensatz zu xf86config einen grafischen Modus. Es ist nicht bei allen Distributionen dabei und wird mehr und mehr von den distributionseigenen Werkzeugen verdrängt.

xvidtune
- Interessant ist noch xvidtune, das eine Konfiguration des X-Servers über die XFree86-Videomodus-Erweiterung (engl. *XFree86-VidModeExtension*) ermöglicht. Auf Deutsch heißt das, Sie können die Lage und Größe der Bildanzeige auf dem Monitor unabhängig von den entsprechenden hardwareseitigen Monitoreinstellungen beeinflussen. (Das funktioniert übrigens auch mit X.Org.)

↪ xf86config(1), xvidtune(1x)

11.3 Schriften unter X11

11.3.1 Überblick

Neben dem Zeichnen von Punkten und Linien ist es eine Hauptaufgabe des X-Servers, auf dem Bildschirm Text darzustellen. Mit den aktuellen Linux-X11-Servern können Sie verschiedene Schriftformate verwenden. Dazu gehören unter anderem native X11-Schriften und die skalierbaren Speedo-, Type1-(PostScript-) und TrueType-Schriften. Vor allem TrueType-Schriften haben an Bedeutung gewonnen, weil neue Entwicklungen in der Darstellungstechnik eine optimierte Bildschirmausgabe ermöglichen und dadurch die optische Qualität erhöhen und ein entspannteres Arbeiten zulassen. Linux erlaubt den Einsatz aller verfügbaren TrueType-Schriften.

11.3.2 Lokale Schrifteninstallation

Erste Anlaufstelle für die Konfiguration von Schriften für XFree86/ X.Org ist der Files-Abschnitt in der Konfigurationsdatei mit den dort zu hinterlegenden Verzeichnissen (Einträge FontPath), in denen der X-Server nach Schriften sucht. Üblicherweise wird pro Verzeichnis ein FontPath-Eintrag gesetzt.

FontPath

In der Praxis bedeutet das für die Schrifteninstallation: Sie müssen die Schriften in einem passenden Verzeichnis unterbringen und das entsprechende Verzeichnis über einen FontPath-Eintrag dem X-Server bekannt machen. Die Reihenfolge der Einträge in der Datei spielt dabei eine wichtige Rolle, da sie der Suchreihenfolge des X-Servers entspricht. Es wird immer die erste passende Schrift verwendet.

Anstatt ein Schriftenverzeichnis dauerhaft in die Datei einzutragen, können Sie es dem X-Server auch temporär mit dem Kommando xset bekannt machen. Das Kommando

xset

```
$ xset +fp /usr/X11R6/lib/X11/fonts/truetype
```

meldet ein Schriftenverzeichnis temporär an (bis zum nächsten Server-Neustart).

```
$ xset -fp /usr/X11R6/lib/X11/fonts/truetype
```

lässt den X-Server das Ganze wieder vergessen.

⇨ xset(1)

Mit dem Kopieren und Bekanntmachen des Schriftenverzeichnisses ist es noch nicht getan. Das Verzeichnis kann außer den Schriften selber noch die folgenden Dateien enthalten:

Die Datei fonts.dir enthält eine Liste aller im Verzeichnis befindlichen Schriften inklusive Dateiname, Hersteller, Schriftname, Gewicht, Neigung, Breite, Stil, Pixel, Punkte, x-Auflösung, y-Auflösung, Zeichensatzcodierung und noch einiger anderer Daten. Ein (einzeiliger) Eintrag für eine Schrift könnte beispielsweise so aussehen:

fonts.dir

```
luBIS12-ISO8859-4.pcf.gz-b&h-lucida-bold-i-normal-sans-▷
◁12-120-75-75-p-79-iso8859-4
```

In der ersten Zeile der Datei steht die Gesamtzahl der im Verzeichnis enthaltenen Schriften.

mkfontdir

Die Datei `fonts.dir` muss existieren. Sie müssen sie aber selbstverständlich nicht von Hand pflegen, sondern können das Programm `mkfontdir` dazu verwenden. Angenommen, Sie haben im Verzeichnis `/usr/local/X11R6/lib/X11/fonts/truetype` eine Schrift hinzugefügt, reicht ein Aufruf von

```
# mkfontdir /usr/local/X11R6/lib/X11/fonts/truetype
```

um die entsprechende `fonts.dir`-Datei zu aktualisieren.

fonts.scale

Die Datei `fonts.scale` enthält bei Verzeichnissen mit skalierbaren (vektorbasierten statt bitmapbasierten) Schriften eine Liste der entsprechenden Schriften.

fonts.alias

Die Datei `fonts.alias` ermöglicht die Vergabe von Aliasnamen für einzelne Schriften.

11.3.3   Aufsetzen eines Schriftenservers

Mit dem Schriftenserver (engl. *font server*) xfs (nicht zu verwechseln mit dem XFS-Dateisystem) ist es möglich, Schriften im Netz zentral auf einem Server zu verwalten. Bei den heutigen Plattenpreisen ist eine komplette Zentralisierung der X11-Schriften nicht mehr notwendig (oder wünschenswert), aber für Spezialschriften, die nicht Teil der X11- oder Linux-Distribution sind und im lokalen Netz verfügbar sein sollen, kann das die Wartung deutlich vereinfachen.

Konfiguration des Servers

Neuladen der Konfiguration

xfs ist ein freistehender Daemon. Er bietet seine Dienste auf dem TCP-Port 7100 an und wird über `/usr/X11R6/lib/X11/fs/config` (veraltet), `/etc/X11/fs/config` oder `/etc/X11/xfs.conf` konfiguriert. Nach Änderungen an dieser Datei muss der Server mit dem Signal `SIGHUP` von der neuen Situation in Kenntnis gesetzt werden:

```
# killall -1 xfs
```

xfs greift auf Schriften zurück, die wie für den X-Server beschrieben installiert werden müssen und damit übrigens auch vom lokalen X-Server verwendet werden können. Die Schriftenverzeichnisse werden mittels des `catalogue`-Parameters in die Konfigurationsdatei eingetragen, beispielsweise so:

```
catalogue = /usr/X11R6/lib/X11/fonts/misc:unscaled,
            /usr/X11R6/lib/X11/fonts/75dpi:unscaled,
            /usr/X11R6/lib/X11/fonts/100dpi:unscaled
```
◁◁◁◁◁

Die einzelnen Pfade müssen jeweils durch Kommas voneinander getrennt werden. Weitere Parameter können Sie der Dokumentation entnehmen.

⇨ xfs(1x)

Um einen X-Server an den Schriftenserver anzubinden, müssen Sie lediglich einen Eintrag im Files-Abschnitt der XF86Config-Datei hinzufügen:

Konfiguration des Clients

```
FontPath    "tcp/⟨Rechnername⟩:⟨Portnummer⟩"
```

Wenn Sie wollen, dass standardmäßig die Schriften des Schriftenservers bevorzugt werden, sollten Sie den beschriebenen Eintrag vor allen anderen FontPath-Abschnitten einfügen.

11.4 Starten der grafischen Oberfläche

11.4.1 Displaynamen und DISPLAY-Variable

Beim Start sucht der X-Server eine freie Konsole, auf der er seine Grafik anzeigen kann. Nach Konvention ist das die siebte Konsole, tty7. Läuft der X-Server, schaltet die Anzeige automatisch auf diese Konsole um. Auf andere Konsolen können Sie mit Strg+Alt+F1 usw. wechseln.

Der oder die X-Server auf einem Rechner werden über ihren **Displaynamen** angesprochen. Dieser hat die folgende Struktur:

Displaynamen

⟨Rechnername⟩:⟨Servernummer⟩.⟨Bildschirmnummer⟩

Gültige Displaynamen wären also zum Beispiel »rechner1:0.0« oder »192.168.0.3:1.0« oder einfach nur »:0«. Letzteres impliziert den (ersten) lokalen X-Server mit dem schnellstmöglichen Transportmechanismus für das X-Protokoll – meist ein Unix-Domain-Socket statt des langsamen TCP/IP.

Die Bildschirmnummer müssen Sie nur angeben, wenn der Server mehrere separate Bildschirme ansteuert (die xinerama-Erweiterung verwaltet mehrere Bildschirme als großen logischen Schirm). Den Rechnernamen brauchen Sie nur, um einen entfernten X-Server ansprechen zu können.

Die X-Clients müssen wissen, mit welchem X-Server sie eine Verbindung aufbauen sollen, und brauchen den Displaynamen darum eigentlich dringender als der Server selbst. Viele X-Clients erlauben die Angabe eines Displaynamens auf der Kommandozeile mit einer Option wie »-display rechner1:0«, aber die Methode der Wahl verwendet eine Umgebungsvariable namens DISPLAY. In einer X-Sitzung sollte diese Variable ohne Ihr Zutun korrekt gesetzt werden.

11.4.2 Direkter Start des X-Servers

Sie können den X-Server einfach als Programm starten, was hauptsächlich für Test- und Lernzwecke nützlich ist. Anschließend können Sie zum Beispiel mit »xterm -display :0« einen grafischen Terminalemulator starten. Von diesem xterm aus ist es möglich, weitere X-Clients ohne expliziten Displaynamen zu starten, da die im xterm laufende Shell eine passende DISPLAY-Variable hat.

11.4.3 Start des X-Servers mit startx

startx

Eine bequemere Methode zum Start von X aus einer Textsitzung ist die Verwendung des Kommandos startx. startx macht einige Initialisierungen und ruft dann ein anderes Programm namens xinit auf, das die eigentliche Arbeit erledigt – es kümmert sich um den Start des X-Servers und eines ersten X-Clients.

Über die Dateien ~/.xinitrc und /etc/X11/xinit/xinitrc können Sie X-Clients starten, beispielsweise eine Uhr, einen Terminalemulator und einen Fenstermanager. Alle X-Clients müssen mit einem »&« am Zeilenende im Hintergrund gestartet werden, lediglich der letzte X-Client (in aller Regel der Fenstermanager) muss im Vordergrund gestartet werden. Wird dieser letzte Prozess beendet, beendet xinit den X-Server. Hier ein einfaches Beispiel für eine ~/.xinitrc-Datei:

```
# Ein Terminal
xterm -geometry 80x40+10+10 &
```

```
# Eine Uhr
xclock -update 1 -geometry -5-5 &
# Der Fenstermanager
fvwm2
```

Mit -geometry können Sie die Position der sich öffnenden Fenster im Vorhinein festlegen.

Sie können beim Aufruf von startx auch einen Displaynamen angeben:

```
$ startx -- :1
```

Damit können Sie zum Beispiel einen zweiten X-Server starten.

↪ startx(1)

11.4.4 Start des X-Servers über einen Displaymanager

Der Start des Displaymanagers erfolgt über ein Init-Skript (Abschnitt 14.4.1). Nach LSB-Standard läuft im Runlevel 5 ein Displaymanager – der einzige Unterschied zwischen Runlevel 3 und Runlevel 5. Die einfachste Möglichkeit, den Start des Displaymanagers zu konfigurieren, ist es demnach, den Standard-Runlevel in /etc/inittab zu verändern. Um den Displaymanager nicht beim Systemstart mit zu starten, setzen Sie den Standard-Runlevel auf 3:

Runlevel 5

```
id:3:initdefault:
```

Ihnen stehen verschiedene Displaymanager zur Verfügung. Welcher gestartet wird, hängt von einem distributionsspezifischen Auswahlmechanismus ab:

xdm Der xdm ist der Standard-Displaymanager von XFree86. Er bietet lediglich ein simples grafisches Login-Fenster an. Seine Konfiguration erfolgt über die Dateien im Verzeichnis /etc/X11/xdm/:

XFree86

/etc/X11/xdm/

Xresources Hier können unter anderem die Begrüßungsmeldung (xlogin*greeting), die Schrift dafür (xlogin*login.greetFont) und das Logo (xlogin*logoFileName) eingestellt werden.

Xsetup Dies ist ein Shell-Skript, das beim Start von xdm abgearbeitet wird. Hier können Sie unter anderem ein Programm starten, das ein Hintergrundbild auf den Anmeldebildschirm projiziert, etwa xsetroot oder xloadimage.

Xservers Hier wird festgelegt, welche X-Server auf welchen Displays starten.

Xsession Spielt eine ähnliche Rolle wie die Datei ~/.xinitrc (Abschnitt 11.4.3), was die Initialisierung einer Sitzung für Benutzer angeht; auch hier gibt es ein benutzerspezifisches Analogon, nämlich ~/.xsession.

kdm kdm kommt aus dem KDE-Projekt und ist im Wesentlichen eine Erweiterung von xdm. Seine Konfiguration entspricht der des xdm (die Konfigurationsdateien stehen eventuell distributionsabhängig woanders). kdm können Sie außerdem über das KDE-
kcontrol Kontrollzentrum kcontrol konfigurieren, dessen Einstellungen in /etc/X11/kdm/kdmrc oder /opt/kde3/share/config/kdm/kdmrc abgelegt werden (Namen möglicherweise distributionsabhängig).

gdm Der GNOME-Displaymanager gdm ist Bestandteil der Desktopumgebung GNOME. Er ist eine komplett neue Entwicklung, bietet aber ungefähr die gleichen Möglichkeiten wie kdm. Er wird
gdm.conf in der Datei gdm.conf konfiguriert, die entweder in /etc/X11/gdm/
gdmconfig oder /etc/opt/gnome2/gdm/ liegt. Auch für gdm gibt es mit gdmconfig ein komfortables Konfigurationsprogramm.

11.5　X11 im Netz

11.5.1　Zugriffsschutz für den X-Server

Grundsätzlich ist der X-Server über einen TCP-Port (6000 + »Servernummer«) für Clients von außen erreichbar. Diese müssen nur mit der korrekten Display-Einstellung aufgerufen werden und können ihre Ausgabe auf dem Server anzeigen und Eingaben akzeptieren, aber theoretisch auch die Sitzung beliebig stören oder ausspähen.

Prinzipiell gibt es zwei X-interne Möglichkeiten, um Zugriffe auf den X-Server zu kontrollieren, nämlich xhost und xauth.

xhost xhost bietet rechnerbasierten Zugriffsschutz. »xhost ⟨Name⟩« oder »xhost +⟨Name⟩« erlauben den Zugriff für einen bestimmten Rechner; »xhost -⟨Name⟩« sperrt den Zugriff wieder. »xhost« allein gibt eine Liste aller zugelassenen Rechner aus. Da hiermit *jeder* Benutzer auf dem entfernten Rechner direkten Zugang zu Ihrer X-Sitzung bekommt, sollten Sie xhost *nicht* einsetzen.

Bei xauth wird beim Start (meist vom Displaymanager oder startx) ein zufälliger *magic cookie* erzeugt und dem X-Server mitgeteilt. Außerdem wird der Schlüssel in der Datei ~/.Xauthority des angemeldeten Benutzers abgelegt, die für andere Benutzer nicht lesbar ist. Der Server nimmt nur Verbindungen von Clients an, die den korrekten *magic cookie* vorweisen können. Die *magic cookies* lassen sich mit xauth auch auf andere Rechner übertragen oder von diesen wieder entfernen.

xauth

~/.Xauthority

↪ xhost(1), xauth(1), Xsecurity(7)

11.5.2   Direkter Zugriff über TCP

Wenn Sie einen X-Client auf einem anderen Rechner ausführen, die Grafikdarstellung aber auf Ihren Arbeitsplatzrechner umleiten wollen, dann müssen Sie sich auf dem entfernten Rechner anmelden (mit telnet, rlogin oder ssh) und dort den X-Client starten. Dabei müssen Sie ihm mitteilen, bei welchem X-Server er sich melden soll. Das geschieht üblicherweise mittels der DISPLAY-Variablen (siehe Abschnitt 11.4.1), die dann natürlich den Rechnernamen enthalten muss.

DISPLAY

11.5.3   Zugriff mittels SSH-X11-Forwarding

Eine elegantere Methode für grafische Fernzugriffe bietet das SSH-X11-Forwarding. Aktiviert werden kann es auf der Client-Seite z. B. über die Option »-X« beim Anmelden auf einem entfernten Rechner. Akzeptiert der entfernte SSH-Server diese Verbindung, so werden alle X-Protokoll-Pakete statt über eine TCP-Verbindung auf Port $6000 + x$ über die SSH-Verbindung an den lokalen X-Server geleitet. Das heißt, die X11-Sitzung kann von Unbefugten nicht beobachtet werden, so wie das bei direkten TCP-Verbindungen möglicherweise der Fall wäre. – In diesem Fall können Sie den lokalen X-Server auch mit der Option »-nolisten tcp« starten, so dass er überhaupt keine direkten Verbindungen annimmt.

↪ SSH: Abschnitt 18.7

11.5.4 Zugriff mittels XDMCP

XDMCP Mit dem XDMCP (engl. *X Display Manager Control Protocol*) können Sie sich einen entfernten Displaymanager und damit eine entfernte grafische Umgebung auf den lokalen X-Server holen.

Vorgehensweise Auf dem entfernten Rechner muss zuerst XDMCP für den entsprechenden Displaymanager aktiviert werden und dann der Zugriff für den lokalen Rechner erlaubt werden:

Für xdm und kdm: Der Eintrag `DisplayManager.requestPort: 0` in `xdm-config` im jeweiligen Konfigurationsverzeichnis muss mit einem »!« auskommentiert werden. In der Datei `Xaccess` muss ein Eintrag für alle zugelassenen Rechner hinzugefügt werden. Sollen »alle Rechner« zugelassen werden, reicht ein »*«.

Für gdm: In der Datei `gdm.conf` wird der Eintrag `Enable=true` in der Sektion `[xdmcp]` hinzugefügt, die Zugriffsbeschränkung läuft über `Xaccess` im `gdm`-Konfigurationsverzeichnis.

Auf dem lokalen Rechner muss ein X-Server gestartet werden, der Konfiguration und X-Clients vom entfernten Rechner bezieht. Das geschieht etwa mit »`X :0 -query` ⟨Rechnername⟩«. Der lokale **X-Terminal** Rechner wird dadurch zu einem **X-Terminal**.

11.6 Konfiguration von X-Clients

Alle X-Clients, die das X11-Toolkit benutzen, können sowohl rechnerspezifisch als auch benutzerspezifisch in einheitlicher Weise **Parameter** konfiguriert werden, beispielsweise über Kommandozeilenparameter beim Aufruf. So können Sie etwa mit der Option `-geometry` eine Anfangsposition und -größe für das Fenster vorgeben.

Ressourcen Eine Alternative zu den Kommandozeilenparametern sind *Ressourcen*. Dabei handelt es sich um Einstellungen, die der Server speichert und die von den Clients beim Start abgeholt und ausgewertet werden. Typischerweise wird mit einem Kommando wie »`xrdb ~/.Xresources`« in der `~/.xsession`-Datei eines Benutzers dessen Ressourceneinstellung in den Server geladen.

Viele X-Clients werten neben den Ressourcen im Server die Datei `/etc/X11/app-defaults/`⟨Name⟩ aus (wobei ⟨Name⟩ der Name des Clients ist, meist mit einigen großgeschriebenen Buchstaben). Hier können Sie systemweite Voreinstellungen machen.

Typische Ressourcen für xterm könnten zum Beispiel sein:

```
xterm*font:       lucidasanstypewriter-12
xterm*background: LightYellow2
xterm*foreground: black
xterm*geometry:   100x50
```

Die gültigen Ressourcennamen und -werte entnehmen Sie der Dokumentation des jeweiligen X-Clients.

## Kapitel 12

Software- und Paketverwaltung

In diesem Kapitel ...

✓ lernen Sie Software aus den Quellen zu übersetzen und zu installieren

✓ lernen Sie mit Programm-Bibliotheken umzugehen

✓ werden die beiden wichtigsten Software-Paketverwaltungssysteme vorgestellt

12.1 Software übersetzen und installieren

12.1.1 Warum die Mühe?

Im Normalfall besteht keine Notwendigkeit, Software selbst zu übersetzen, da moderne Distributionen durch ihre Paketverwaltungssysteme Ihnen die Arbeit abnehmen. Wollen Sie jedoch Software einsetzen, die nicht oder zumindest nicht in der gewünschten Version von Ihrer Distribution unterstützt wird, so kommen Sie um Eigenbau nicht herum. Das kann auch notwendig sein, wenn Sie die Software an eigene Bedürfnisse anpassen wollen.

Die verbreitetste Form des Austausches von Software ist im Linux-Bereich das komprimierte Quellcode-Archiv. Bevor Software übersetzt werden kann, muss also das Archiv dekomprimiert und ausgepackt werden. Das Übersetzen und Installieren selbst ist heutzutage weitestgehend automatisiert, so dass es oft mit drei Kommando-Aufrufen erledigt ist.

➪ Software zum Selbstübersetzen findet sich im Web u. a. über die Seiten `http://freshmeat.net/`, `http://sourceforge.net/` und `http://www.gnu.org/`

12.1.2 Übersetzung und Installation

Das Dekomprimieren und Auspacken von komprimierten Archiven haben wir bereits in den Abschnitten 10.6.3 und 10.7 behandelt. Wenden wir uns daher dem eigentlichen Übersetzen zu.

Nach dem Dekomprimieren und Extrahieren des Archivs in einem geeigneten Verzeichnis, also beispielsweise

```
$ tar -xjf squid-2.5.STABLE4.tar.bz2
$ ls -F
squid-2.5.STABLE4/   squid-2.5.STABLE4.tar.bz2
```

erhalten Sie üblicherweise ein Verzeichnis, das so heißt wie die Software, die Sie gerade zu übersetzen gedenken. Darin stehen **README** hoffentlich Dateien README oder INSTALL, die Auskunft über das weitere Vorgehen und ergänzende Informationen enthalten:

```
$ cd squid-2.5.STABLE4/
$ ls -F
```

```
COPYRIGHT      Makefile.in    aclocal.m4     contrib/   lib/
ChangeLog      README         bootstrap.sh*  doc/          scripts/
INSTALL        acconfig.h     configure*     helpers/   snmplib/
Makefile.am    acinclude.m4   configure.in   include/   src/
◁◁◁◁◁
```

Im Einzelfall kann das Verfahren abweichen, aber sehr wahr- **Vorgehen**
scheinlich werden Sie mit dem »Übersetzungsdreisprung« – das
Paket mit ./configure konfigurieren, mit make übersetzen und
schließlich mit »make install« installieren – zum Ziel gelangen.

Übersetzung und Installation können komplexe Vorgänge sein
und aus vielen einzelnen Schritten bestehen, die in der richtigen
Reihenfolge ausgeführt werden müssen. (Ein in der Sprache C
geschriebenes Programm besteht üblicherweise aus sehr vielen
Dateien, die allesamt einzeln übersetzt werden müssen; danach
müssen alle übersetzten Dateien zu einem einzigen ausführbaren
Programm verbunden werden.) Diesen sehr aufwendigen Prozess
verwaltet das Programm make, das die in der Steuerdatei Makefile
festgelegten Aktionen durchführt.

Diese Steuerdatei wird aber meist *nicht* mitgeliefert, sondern
durch das configure-Skript lokal erzeugt. So lässt sich die Steuerdatei an Besonderheiten der Übersetzungsplattform anpassen.

Konfiguration der Übersetzung Nachdem Sie in das Quellcode-
Verzeichnis gewechselt sind, können Sie das Paket mit dem Kommando configure konfigurieren: **./configure**

```
$ ./configure
creating cache ./config.cache
checking for a BSD compatible install... /usr/bin/install -c
checking whether build environment is sane... yes
checking for mawk... no
checking for gawk... gawk
◁◁◁◁◁
creating Makefile
◁◁◁◁◁
```

(Durch das ./ wird sichergestellt, dass die Shell das Skript in Ihrem Arbeitsverzeichnis findet.) Das configure-Skript versucht nun
möglichst gut zu raten, wie das System aussieht, auf dem die Übersetzung stattfinden soll: Welches Betriebssystem liegt vor? Welcher

C-Übersetzer ist vorhanden? Haben wir yacc oder bison als Parser-Generator oder überhaupt keinen? usw. configure untersucht das über kleine Testprogramme und Systemabfragen. Die Aufgabe von configure ist, ein optimal an die lokalen Gegebenheiten angepasstes Makefile zu generieren, so dass danach die Übersetzung fehlerfrei durchläuft.

Anpassungen   Die erzeugte Steuerdatei Makefile können Sie beim Aufruf von configure beeinflussen. So wird durch

```
$ ./configure --prefix=$HOME
```

das Installationsverzeichnis von (üblicherweise) /usr/local/bin, /usr/local/lib usw. auf bin usw. in Ihrem Heimatverzeichnis verbogen. (Nützlich beispielsweise, wenn Sie nicht über Administrator-Rechte verfügen.) Welche weiteren Werte Sie verändern können und was deren Voreinstellungen sind, erfahren Sie durch

```
$ ./configure --help
```

Zum configure-Skript gibt es keine Handbuchseite, da es sich hierbei nicht um ein Standard-Programm handelt, sondern um ein speziell für das jeweilige Software-Paket zugeschnittenes Skript. (Nicht jedes Programm benötigt beispielsweise einen Parser-Generator für die Übersetzung. Auch das Erstellen des configure-Skripts ist automatisiert; hierzu dient das Programm autoconf.)

⇨ Autoconf: http://www.gnu.org/software/autoconf/

Übersetzung des Programm-Pakets   Das Programm-Paket wird durch einfaches Ausführen von

```
$ make
```

übersetzt. Dabei sucht make im aktuellen Arbeitsverzeichnis nach seiner Steuerdatei Makefile (die ggf. vorher von configure erzeugt wurde) und arbeitet sie ab. Sollten sich Anpassungen nicht bereits über configure erledigen lassen, so können Sie diese Steuerdatei auch von Hand bearbeiten. Außerdem haben Sie so die Möglichkeit, zu kontrollieren, was make eigentlich macht.

Makefile   Die Steuerdatei besteht im Wesentlichen aus *Variablenzuweisungen* und *Zielen*. In einem ersten Schritt werden alle Variablen wie angegeben initialisiert, wobei Umgebungsvariablen übernommen werden. In einem zweiten Schritt werden die Ziele, die Sie make als Argument mitgeben können, abgearbeitet; ist kein Ziel explizit angegeben, so arbeitet make das erste Ziel in Makefile ab. Bei der Steuerdatei Makefile handelt es sich also nicht um ein »make-Skript«, das von oben nach unten durchgegangen wird.

Die Syntax und Semantik von Variablenzuweisungen unterscheidet sich deutlich von denen der Shell-Variablen. Daher ist etwas Vorsicht angezeigt. Anders als bei der Shell darf zwischen Variablenname, Gleichheitszeichen und Wert Platz gelassen werden, und Anführungszeichen werden nicht benötigt, wie in

Variablen-zuweisungen

```
BCC = gcc -g -O2
```

denn der Wert ist alles, was dem Gleichheitszeichen folgt (ohne führende Leerzeichen). Den Wert einer Variablen erhält man durch ${...} oder $(...), also durch

```
prefix = /usr/local/squid
exec_prefix = ${prefix}
```

wird der Variablen exec_prefix der Wert von prefix zugewiesen.

↪ make(1), »info make«
↪ Shell-Variable: Abschnitt 6.1.2

Der eigentlich spannende Teil der Datei Makefile sind die Ziele (*targets*). Ein Ziel beschreibt, wie eine Datei erzeugt werden kann und was die Vorbedingungen für die Erzeugung sind. So sagt

Ziele
targets

```
blah: blah.c blub.h
        gcc -o blah blah.c
```

dass die Datei vor dem Doppelpunkt (blah) von zwei Vorbedingungen abhängt (blah.c und blub.h; der Rest der Zeile); die zweite Zeile, die *zwingend* mit einem Tabulator ⌷Tab⌷ beginnen muss, enthält die Bauanleitung für die Datei blah, den Übersetzeraufruf »gcc -o blah blah.c«.

Ein Aufruf von »make blah« wird daher den Übersetzer starten, falls die Datei blah nicht existiert. Existiert blah, so wird der C-Übersetzer nur gestartet, wenn blah älter ist als eine der Vorbedingungen, also wenn seit dem letzten Übersetzerlauf mindestens eine der Dateien blah.c oder blub.h verändert wurde. (Sie müssen blah.c übrigens im Makefile gar nicht als Vorbedingung von blah angeben, make kriegt das auch selbst heraus.)

Ziele lassen sich auch schachteln. So werden mit

```
blah.dvi: blah.tex
        latex blah.tex

blah.ps: blah.dvi
        dvips blah.dvi
```

zwei Ziele definiert. Ein »make blah.ps« wird wie gewohnt die Datei blah.ps mit dvips neu erstellen, sofern sie nicht mehr aktuell ist. Vorher wird aber überprüft, ob blah.dvi noch aktuell ist, und gegebenenfalls wird es neu durch latex erzeugt. Eine Änderung von blah.tex seit der letzten Erstellung von blah.ps bewirkt also eine komplette Neuübersetzung aller beteiligten Komponenten, obwohl blah.tex keine direkte Vorbedingung von blah.ps ist.

Uneigentliche Ziele

Diese Abhängigkeiten von Zielen werden auch benutzt, um benutzerfreundlichere, uneigentliche Ziele anzubieten. Durch

```
doc: blah.ps
```

wird das Ziel doc definiert, allerdings ohne Bauanleitung für die »Datei« doc. Ein Aufruf von

```
$ make doc
```

sorgt daher nur dafür, dass die Vorbedingung aktualisiert wird. Sie müssen also nicht wissen, wie die Dokumentation wirklich aussieht, sondern nur, dass Sie sie haben wollen.

Da das erste Ziel abgearbeitet wird, wenn kein Ziel explizit angegeben wurde, trägt es häufig den Namen all und versammelt alle anderen Ziele unter sich. Also beispielsweise

```
all: blah doc
```

Ein Blick in die Datei Makefile lohnt sich immer, denn häufig finden sich hierin Ziele, die nicht Teil des Standard-Ziels sind: Nicht immer wird die Dokumentation automatisch miterstellt oder es finden sich Ziele wie test oder check, die vor der Installation die ordnungsgemäße Funktion des Programmpakets überprüfen.

↪ make(1), »info make«
↪ A. Oram, S. Talbott, *Managing Projects with make* (Sebastopol, CA: O'Reilly & Associates, 1991), 2. Aufl., http://www.oreilly.de/catalog/make2/

Installation des Programm-Pakets Haben Sie das Programmpaket übersetzt und getestet, so können Sie ans Installieren gehen. Vorausgesetzt, das Ziel »install« existiert, erfolgt dies einfach durch

```
# make install
```

Wenn das Installationsverzeichnis nicht durch configure oder Editierung von Makefile geändert wurde, so wird es wahrscheinlich /usr/local sein. Folglich müssen Sie diesen Aufruf von make mit Administrator-Rechten ausführen.

Auch wenn make install glatt durchläuft, ist doch häufig noch Handarbeit angesagt: Es kann sein, dass zwar die Software installiert wurde, nicht jedoch die Dokumentation, die Sie dann nach /usr/local/man oder wohin auch immer kopieren müssen.

Komplizierter wird es, wenn wie im Falle des Proxy-Servers Squid ein eigenes Verzeichnis (/usr/local/squid) voreingestellt ist. Ohne Änderung werden Programme unter /usr/local/squid/bin abgelegt, Handbuchseiten unterhalb von /usr/local/squid/man usw.

Diese Verzeichnisse sind aber nicht Teil der Suchpfade; die Shell wird die Programme nicht finden, man nicht die Handbuchseiten. Um die volle Funktionalität zu gewährleisten, müssen Sie also noch folgende Anpassungen vornehmen:

Programme Erweiterung von PATH um die Pfade der entsprechenden bin- und sbin-Verzeichnisse (Abschnitt 6.1.2, Seite 104).

Bibliotheken Erweiterung von LD_LIBRARY_PATH oder des Bibliotheks-Index ld.so.cache; (Abschnitte 12.2.3, 12.2.4)

Dokumentation Erweiterung von MANPATH; Erstellung eines neuen Index für apropos und whatis durch Aufruf von mandb (Abschnitt 2.3).

12.2   Programm-Bibliotheken

12.2.1   Dynamisch und statisch gelinkte Programme

Programm-Bibliotheken dienen dazu, das Rad nicht dauernd neu erfinden zu müssen, und Ressourcen zu sparen. Sie bestehen aus übersetztem Code, der mit den Programmen verbunden wird (engl. *link*, »verbinden«). Dies kann statisch zum Übersetzungszeitpunkt des Programms geschehen oder dynamisch beim Starten des Programms. Letzteres ist Standard, da es Ressourcen spart: Das Betriebssystem muss die Bibliothek nur einmal in den Speicher laden, selbst wenn sie von vielen Programmen benötigt wird,

shared libraries   da sich diese die Bibliothek teilen (engl. *shared libraries*). Ersteres hingegen erzeugt robustere Programme, da sie nicht auf eine funktionierende Infrastruktur angewiesen sind. Statisch gelinkte Programme spielen daher besonders in Notfallsituationen und bei der Installation eine Rolle.

Ob ein Programm dynamisch mit Bibliotheken verlinkt ist, verrät Ihnen das Programm file, beispielsweise

```
$ file /bin/cat
/bin/cat: ELF 32-bit LSB executable, Intel 80386, version ▷
◁ 1 (SYSV), dynamically linked (uses shared libs), stripped
```

Wollen Sie hingegen genau wissen, welche Bibliotheken von einem Programm (oder auch von einer Bibliothek) benötigt werden,

ldd   so hilft Ihnen ldd weiter, das die dynamisch geladenen Bibliotheken auflistet:

```
$ ldd /bin/cat
        libc.so.6 => /lib/libc.so.6 (0x40027000)
        /lib/ld-linux.so.2 => /lib/ld-linux.so.2 (0x40000000)
```

↳ file(1), /usr/share/misc/file/magic
↳ ldd(1)

12.2.2 Koexistenz verschiedener Versionen

Aus der Sicht eines Programms ist die eigentliche Version der Bibliothek irrelevant, solange sich nicht die Schnittstelle nach außen, also für das Programm, ändert. Daher fordern die Programme nur die Hauptnummer einer Bibliothek an, beispielsweise libncurses.so.5. Im Verzeichnis /lib, /var/lib o. Ä. findet sich neben der eigentlichen Bibliothek libncurses.so.5.3 ein symbolischer Link von libncurses.so.5 darauf.

Wollen Sie irgendwann in der Zukunft eine neue Version 5.4 dieser Bibliothek installieren, beispielsweise weil dort ein paar mehr oder weniger schwere Fehler entfernt worden sind, so müssen Sie nur durch

```
# ln -sf libncurses.so.5.4 libncurses.so.5
```

den symbolischen Link verbiegen. Da sich für die Programme, die diese Bibliothek benutzen, nichts geändert hat, müssen sie nicht neu übersetzt werden. Erst bei einer Schnittstellen-Änderung, also beim Sprung auf Version 6, müssen Sie Ihre Programme neu übersetzen (und wahrscheinlich vorher den Quellcode anpassen).

Durch dieses Schema es ist ohne Weiteres möglich, ein Programm zu betreiben, das gegen eine andere Version einer Bibliothek gelinkt ist als der Rest Ihres Systems.

⤳ Symbolische Links: Abschnitt 3.3.5

12.2.3 Suche nach Bibliotheken

Zum Startzeitpunkt eines Programms muss der dynamische Linker die passenden Bibliotheken nachladen. Im Programm steht aber nur der Name der Bibliothek und nicht ihr voller Pfad. Der Linker benötigt also noch den Ort der Bibliothek. Das Absuchen des Dateisystems wäre aber viel zu aufwendig, deswegen wird ein Index in die Datei /etc/ld.so.cache abgelegt.

`/etc/ld.so.cache`

Zum Erzeugen dieses Index dient das Programm ldconfig, das alle in /etc/ld.so.conf aufgeführten Verzeichnisse sowie die beiden Standard-Verzeichnisse /lib und /usr/lib nach Bibliotheken durchsucht. Alle gefundenen Bibliotheken werden in den Index übernommen; außerdem legt ldconfig die notwendigen Links von der Hauptversion auf die verwendete Bibliothek an.

`ldconfig`
`/etc/ld.so.conf`

Den aktuellen Zustand des Index können Sie sich durch

```
# ldconfig -p
909 libs found in cache '/etc/ld.so.cache'
        libzvt.so.2 (libc6) => /opt/gnome/lib/libzvt.so.2
        libz.so.1 (libc6) => /lib/libz.so.1
        libz.so (libc6) => /usr/lib/libz.so
◁◁◁◁
```

anzeigen lassen. Dadurch wird kein neuer Index erzeugt, sondern nur der Inhalt von ld.so.cache in lesbarer Form ausgegeben. Findet sich eine Bibliothek nicht wie gewünscht hierin, so kann sie vom Linker auch nicht gefunden werden. Sie müssen daher das Verzeichnis, in dem sich diese Bibliothek befindet, in ld.so.conf eintragen und danach ldconfig aufrufen.

↪ ldconfig(8), ld.so(8)

12.2.4 Individuelle Anpassungen

Sind Ihnen die Administrator-Rechte verwehrt, um ldconfig aufzurufen, oder wollen Sie eine Bibliothek nur kurzfristig benutzen, so können Sie statt eines dauerhaften Eintrags im Index die Umgebungsvariable LD_LIBRARY_PATH setzen. Beispielsweise:

```
$ export LD_LIBRARY_PATH=$HOME/lib
```

Sie funktioniert genau wie PATH: Sie enthält Verzeichnisse (durch Doppelpunkt getrennt), in denen *zusätzlich* nach Bibliotheken gesucht werden soll. Da die Verzeichnisse aus LD_LIBRARY_PATH nur als Ergänzung zur Hashtabelle benutzt werden, ist diese Variable normalerweise nicht gesetzt (anders als PATH).

↪ ld.so(8), ldd(1)

12.3 Paketverwaltung 1: Debian

Bis Ende 2005 wurden in der LPIC-1-Zertifizierung wahlweise Kenntnisse der Debian- oder der RPM-basierten Paketverwaltung verlangt. Inzwischen müssen Sie allerdings beide Geschmacksrichtungen beherrschen.

12.3.1 Einleitung

Die Softwarepakete der Debian-GNU/Linux-Distributionen werden mit dem Werkzeug dpkg verwaltet. Es dient zur Installation von Softwarepaketen, zur Verwaltung von Abhängigkeiten, zur Katalogisierung der installierten Software, zum kontrollierten *Upgrade* von Softwarepaketen und zur Deinstallation nicht mehr benötigter Pakete. Die komfortable Auswahl von Softwarepaketen erlaubt das Programm dselect, das als Oberfläche für dpkg fungiert. Für die Konfiguration von Paketen bei der Installation sorgt die *Debconf*-Infrastruktur, später ist das über das Kommando dpkg-reconfigure möglich. Zum Schluss bietet apt-get einen von anderen Distributionen bisher unerreichten Komfort für die Installation und den Upgrade einzelner Pakete und der ganzen Distribution.

Die dpkg-Infrastruktur ist nicht ganz so weit verbreitet wie das Konkurrenzprodukt RPM (Abschnitt 12.4). Mit der zunehmenden Beliebtheit von Distributionen, die von Debian GNU/Linux abstammen – neben Ubuntu und Knoppix zum Beispiel Xandros Desktop, Linspire oder SkoleLinux –, wächst aber auch die Bedeutung von dpkg und Verwandten.

12.3.2 Paketverwaltung mit dpkg

In der dpkg-Infrastruktur ist die Software auf dem System in Pakete eingeteilt. Pakete haben Namen, die auf die enthaltene Software und deren Versionsstand hinweisen. Die Datei

Pakete
Paketnamen

```
xtartan_2.3-9_i386.deb
```

zum Beispiel enthält das Programm xtartan in der Version 2.3, dabei handelt es sich um die 9. Auflage dieses Pakets in der Distribution (bei einem künftigen Paket für die Version 2.4 würde wieder bei 1 begonnen). Pakete wie apt, die speziell für Debian entwickelt wurden, haben keine »Auflagennummer«. Das i386 zeigt an, dass das Paket architekturspezifische Teile für Intel-x86-Prozessoren (und Kompatible) enthält – Pakete, in denen nur Dokumentation oder architekturunabhängige Skripte stehen, verwenden stattdessen all.

⇨ Debian-Policy (http://www.de.debian.org/doc/debian-policy/), Abschnitte 5.6.6 und 5.6.11

Ein Debian-Paket ist ein mit dem Archivprogramm ar erstelltes Archiv, das üblicherweise drei Bestandteile enthält:

Paketstruktur

```
$ ar t xtartan_2.3-9_i386.deb
debian-binary
control.tar.gz
data.tar.gz
```

Die Datei debian-binary enthält die Versionsnummer des Paketformats (aktuell 2.0). In control.tar.gz befinden sich Debian-spezifische Skripte und Steuerdateien und data.tar.gz enthält die eigentlichen Paketdaten. Bei der Installation wird zunächst control.tar.

Installations-
vorgang

gz entpackt, damit ein eventuell vorhandenes preinst-Skript vor dem Auspacken der eigentlichen Paketdaten ausgeführt werden kann. Anschließend wird data.tar.gz entpackt und bei Bedarf das Paket konfiguriert, indem das postinst-Skript aus control.tar.gz ausgeführt wird. Das Kommando

```
# dpkg --install xtartan_2.3-9_i386.deb
```

führt alle diese Schritte aus, wobei --install auch zu -i abge-kürzt werden kann. Mit --unpack und --configure (-a) können der Entpack- und der Konfigurationsvorgang auch separat ausgeführt werden.

⇨ dpkg(8), deb(5), deb-control(5)
⇨ http://www.debian.org/doc/debian-policy/ch-maintainerscripts.html

Upgrade Wenn mit »dpkg --install« ein Paket installiert wird, das bereits in einer älteren Version vorliegt, wird die ältere Version deinstal-liert, bevor die neue konfiguriert wird. Wenn bei der Installation ein Fehler auftritt, kann die alte Paketversion in vielen Fällen wie-derhergestellt werden.

Probleme beim Es gibt verschiedene Gründe, die eine erfolgreiche Paketinstallati-
Installieren on verhindern können, zum Beispiel:

■ Das Paket benötigt ein oder mehrere andere Pakete, die nicht schon installiert sind oder im selben Installationsvorgang mit-installiert werden sollen. Die entsprechende Prüfung kann mit der Option --force-depends außer Kraft gesetzt werden – aller-dings kann das System dann übel durcheinandergeraten.

■ Eine frühere Version des Pakets ist vorhanden und auf hold ge-setzt (etwa mit dselect). Damit können keine neueren Versio-nen dieses Pakets installiert werden.

■ Das Paket versucht eine Datei zu entpacken, die bereits im Sys-tem vorliegt und einem Paket anderen Namens gehört, es sei denn, das aktuelle Paket ist explizit als das andere Paket »überla-gernd« gekennzeichnet oder die Option --force-overwrite wur-de angegeben.

Manche Pakete schließen einander aus (siehe die Möglichkeiten für Paketabhängigkeiten auf Seite 274). Zum Beispiel kann im-mer nur ein Mailtransportprogramm installiert sein; wenn Sie also zum Beispiel Postfix installieren wollen, muss Exim (das Debian-

Standardprogramm) gleichzeitig entfernt werden. dpkg kümmert sich darum, wenn bestimmte Bedingungen erfüllt sind.

Mit dem Kommando

Pakete löschen

```
# dpkg --remove xtartan
```

(kurz »dpkg -r«) wird ein Paket entfernt, aber die Konfigurationsdateien (alle Dateien, die in conffiles in control.tar.gz aufgezählt sind) bleiben erhalten. Dies vereinfacht eine spätere Wiederinstallation des Pakets. Das Kommando

```
# dpkg --purge xtartan
```

(oder »dpkg -P«) entfernt das Paket mitsamt den Konfigurationsdateien.

Auch das Entfernen eines Pakets muss nicht funktionieren. Mögliche Hinderungsgründe sind:

Probleme beim Entfernen

■ Das Paket wird von einem oder mehreren anderen Paketen benötigt, die nicht gleichzeitig mit entfernt werden.

■ Das Paket ist als *essential* (unverzichtbar für die Systemfunktionalität) gekennzeichnet. Die Shell zum Beispiel kann nicht ohne Weiteres entfernt werden, da sonst diverse wichtige Skripte nicht mehr ausgeführt werden können.

Auch hier lassen die Prüfungen sich über geeignete --force-...-Optionen außer Kraft setzen (auf eigene Gefahr).

Manchmal hängen Pakete nicht von einem konkreten anderen Paket ab, sondern von einem »virtuellen« Paket, das eine Funktionalität beschreibt, die prinzipiell von mehreren Paketen erbracht werden kann, etwa mail-transport-agent, das von Paketen wie postfix, exim oder sendmail zur Verfügung gestellt wird. In diesem Fall ist es möglich, trotz Abhängigkeiten zum Beispiel Exim durch Postfix zu ersetzen, weil zu jeder Zeit ein Paket installiert ist, das die »virtuelle« Funktionalität bietet.

Virtuelle Pakete

⮑ dpkg(8)
⮑ http://www.debian.org/doc/debian-policy/ch-relationships.html

Optionen für dpkg können Sie auf der Kommandozeile angeben oder in der Datei /etc/dpkg/dpkg.cfg hinterlegen. In dieser Datei

dpkg.cfg

müssen die Minuszeichen am Anfang der Optionsnamen wegge-lassen werden.

⇨ dpkg(8), dpkg.cfg(5)

Quellcode Im Umgang mit Quellcode ist es ein Grundprinzip des Projekts, sauber zwischen dem originalen Quellcode und den Debian-spe-zifischen Änderungen zu trennen. Entsprechend werden alle Än-derungen in einer Datei untergebracht, die mit diff erzeugt wird und nur die Unterschiede zwischen der Urversion und der Debian-Version der Software enthält. Dazu gehören neben den Debian-ei-genen Steuerdateien auch mehr oder weniger umfangreiche Repa-raturen oder Anpassungen an der Software selbst. Ferner gibt es zu jeder Paketversion eine Quellcode-Steuerdatei (Endung .dsc), die Prüfsummen des Originalarchivs und der Änderungsdatei enthält und die von dem für das Paket verantwortlichen Debian-Entwickler digital signiert wird:

```
$ ls xtartan*
xtartan_2.3-9.diff.gz
xtartan_2.3-9.dsc
xtartan_2.3.orig.tar.gz
```

Hier sehen Sie auch, dass das originale Quellcodearchiv sich für die ganze Version 2.3 des Programms nicht ändert (es hat keine Debian-Auflagennummer). Jede neue Version des Debian-Pakets für die Version 2.3 von xtartan hat allerdings eine neue .dsc- und eine neue .diff.gz-Datei. Letztere enthält alle Änderungen relativ zum Originalarchiv (nicht etwa zum Paket xtartan_2.3-8).

dpkg-source Das Kommando dpkg-source dient dazu, aus dem Originalarchiv (vom Debian-Server) und den Debian-spezifischen Änderungen den Quellcode des Pakets so zu rekonstruieren, dass Sie Ihre eige-ne Fassung des Debian-Pakets übersetzen können. Dazu rufen Sie es mit dem Namen der Quellcode-Steuerdatei des Pakets auf:

```
$ dpkg-source -x xtartan_2.3-9.dsc
```

Das Originalarchiv und die .diff.gz-Datei müssen dabei im selben Verzeichnis wie die Quellcode-Steuerdatei stehen; dpkg-source legt dort auch den ausgepackten Quellcode ab.

⇨ dpkg-source(1)
⇨ http://www.debian.org/doc/debian-policy/ap-pkg-sourcepkg.html

dpkg-source dient auch zum Erzeugen von Quellcodearchiven und Debian-Änderungsdateien im Rahmen der Erstellung von Debian-Paketen. Dieses Thema ist jedoch kein Bestandteil der LPIC-1-Zertifizierung.

Debian-Pakete erstellen

12.3.3 Informationen über Pakete

Eine Liste von installierten Paketen erhalten Sie mit »dpkg --list« (kurz -l):

Paketliste

```
$ dpkg --list
Desired=Unknown/Install/Remove/Purge/Hold
| Status=Not/Installed/Config-files/Unpacked/Failed-config/H
|/ Err?=(none)/Hold/Reinst-required/X=both-problems (Status,
||/ Name          Version          Description
+++-==============-================-===========================
ii  a2ps          4.13b+cvs.2003   GNU a2ps - 'Anything to Po
ii  aalib1        1.4p5-19         ascii art library
ii  abcm2ps       4.0.7-1          Translates ABC music descr
ii  abcmidi       20030521-1       A converter from ABC to MI
<<<<<
```

(Aus Platzgründen rechts abgeschnitten.) Die Liste kann über ein Shell-Suchmuster eingeschränkt werden:

```
$ dpkg -l lib*-tcl
Desired=Unknown/Install/Remove/Purge/Hold
| Status=Not/Installed/Config-files/Unpacked/Failed-config/H
|/ Err?=(none)/Hold/Reinst-required/X=both-problems (Status,
||/ Name          Version          Description
+++-==============-================-===========================
pn  libdb3-tcl    <none>           (no description available)
un  libdb4.0-tcl  <none>           (no description available)
un  libdb4.1-tcl  <none>           (no description available)
un  libmetakit-tcl <none>          (no description available)
ii  libsqlite-tcl 2.8.9-1          SQLite TCL bindings
rc  libsqlite0-tcl 2.6.1-2         SQLite TCL bindings
```

Die Pakete mit Version »<none>« sind zwar Bestandteil der Distribution, aber auf dem vorliegenden System nicht installiert (Zustand un) oder entfernt worden (Zustand pn). Von mit rc markierten Paketen liegen nur noch Konfigurationsdateien vor.

Paketstatus Den Status eines einzelnen Pakets liefert die Option `--status` (`-s`):

```
$ dpkg --status xtartan
Package: xtartan
Status: install ok installed
Priority: optional
Section: x11
Installed-Size: 232
Maintainer: Anselm Lingnau <lingnau@debian.org>
Version: 2.3-9
Depends: libc6 (>= 2.3.2.ds1-4), xlibs (>> 4.1.0)
Conffiles:
 /etc/X11/app-defaults/XTartan 4d3bea6199eef117cf46dab19f727
Description: Display Scottish tartans
 Xtartan is a program that displays Scottish tartans (check
 patterns) in an X window or the root window. It can write
 the images to files for use on WWW pages etc. There is a
 library of over 240 tartan setts (really spelled with a
 double t) included with the program, and you can also add
 your own.
```

In der Ausgabe finden sich neben dem Paketnamen (`Package:`) Angaben über den Status und die Priorität des Pakets (von `required` über `important`, `standard` und `optional` bis `extra`) und den ungefähren Themenbereich (`Section:`). Der `Maintainer:` ist die Person, die sich im Debian-Projekt um das Paket kümmert.

Paket-abhängigkeiten Wichtig sind die Angaben über Paketabhängigkeiten, darunter:

Depends Die angegebenen Pakete müssen konfiguriert sein, damit das Paket konfiguriert werden kann. Eventuell können (wie im obigen Beispiel) sogar bestimmte Paketversionen nötig sein.

Pre-Depends Die angegebenen Pakete müssen fertig installiert sein, bevor überhaupt mit der Installation des Pakets begonnen werden kann. Diese Form von Abhängigkeit wird verwendet, wenn zum Beispiel die Installationsskripte des Pakets zwingend Software aus dem anderen Paket benötigen.

Recommends Eine nicht absolute, aber sehr naheliegende Abhängigkeit. Die erwähnten Pakete würde man fast immer gemeinsam mit dem Paket installieren und nur in sehr ungewöhnlichen Umständen darauf verzichten.

Suggests Die genannten Pakete sind im Zusammenhang mit dem aktuellen Paket nützlich, aber nicht erforderlich.

Enhances Wie Suggests, aber andersherum – dieses Paket ist nützlich für das oder die genannten Pakete.

Conflicts Das Paket kann nicht gleichzeitig mit den genannten Paketen installiert sein.

⇨ `http://www.debian.org/doc/debian-policy/ch-relationships.html`

Die Option `--listfiles` (`-L`) liefert eine Liste der Dateien im Paket: **Liste der Dateien**

```
$ dpkg --listfiles xtartan
/.
/etc
/etc/X11
/etc/X11/app-defaults
/etc/X11/app-defaults/XTartan
/usr
/usr/bin
/usr/bin/xtartan
/usr/lib
/usr/lib/menu
/usr/lib/menu/xtartan
◁◁◁◁◁
```

Schließlich können Sie mit der Option `--search` (kurz `-s`) heraus- **Paketsuche** finden, zu welchem Paket (wenn überhaupt) eine Datei gehört. Suchmuster sind dabei erlaubt:

```
$ dpkg -S bin/m*fs
dosfstools: /sbin/mkdosfs
cramfsprogs: /usr/sbin/mkcramfs
util-linux: /sbin/mkfs.cramfs
smbfs: /sbin/mount.smbfs
◁◁◁◁◁
```

Die Suche kann allerdings einige Zeit dauern.

⇨ `http://www.debian.org/distrib/packages#search_contents` erlaubt das Suchen in lokal nicht installierten Paketen.

12.3.4   Verifikation von Paketen

Integrität eines installierten Pakets

Die Integrität eines installierten Pakets kann mit dem Kommando debsums (aus dem gleichnamigen Paket) überprüft werden:

```
$ debsums xtartan
usr/bin/xtartan                       OK
usr/lib/menu/xtartan                  OK
usr/share/doc/xtartan/ANNOUNCE        OK
usr/share/doc/xtartan/TODO            OK
usr/share/doc/xtartan/README.Debian   OK
<|<|<|<|
```

Dabei werden die MD5-Prüfsummen der einzelnen Dateien mit dem Inhalt der entsprechenden Datei in /var/lib/dpkg/info (hier xtartan.md5sums) verglichen. Stimmt die Prüfsumme der tatsächlichen Datei nicht mit dem Vorgabewert überein, erscheint statt OK die Meldung FAILED.

Schutz vor Eindringlingen

Damit können »versehentliche« Änderungen der Dateien eines Pakets aufgedeckt werden, aber einen Schutz vor Eindringlingen, die mutwillig Dateien ändern, bietet der Mechanismus nicht. Schließlich kann ein Cracker auch in der .md5sums-Datei des Pakets die korrekte Prüfsumme eintragen. Ebenso wenig hilft die Methode gegen »trojanische« Pakete, die hinter einer unverfänglichen Fassade bösartigen Code verstecken. Das Debian-Projekt arbeitet an Infrastrukturen, die eine Integritätsprüfung von Paketen entlang des ganzen Wegs vom Paketentwickler über die FTP-Server des Projekts und deren Spiegel bis zum Endanwender gestatten, auf der Basis digitaler Signaturen. Die entsprechende Software ist aber noch nicht in allgemeinem Gebrauch.

Probleme

Sie sollten den Sicherheitsgewinn durch digitale Signaturen auch nicht überbewerten; die Signatur garantiert nicht, dass sich im Paket kein schädlicher Code versteckt, sondern nur, dass der Paketentwickler das Paket signiert hat. Theoretisch ist es möglich, dass ein Cracker das Aufnahmeverfahren als Debian-Entwickler durchläuft und ganz offiziell Pakete in die Distribution tun kann – deren Steuerskripte von den meisten Anwendern unkritisch mit root-Rechten ausgeführt werden. Die meisten anderen Linux-Distributionen haben die gleichen Schwächen.

⇨ debsums(1)

12.3.5 Paketauswahl mit dselect

Das Programm dselect ist eine bequeme Oberfläche für dpkg. Es präsentiert Ihnen eine Liste von zur Installation verfügbaren Paketen – von einer CD (möglicherweise aus einem Satz von CDs), einem FTP- oder HTTP-Server, einer lokalen Platte oder einem über NFS eingebundenen Dateisystem oder einer anderen Quelle. Die Paketliste kann durchsucht werden, Sie können Paketbeschreibungen und die Informationen über Abhängigkeiten einsehen und Pakete zur Installation auswählen oder installierte Pakete zum Entfernen vorsehen. dselect kümmert sich auch darum, dass alle Pakete installiert werden, von denen ein gewünschtes Paket abhängt (inklusive derer, von denen die Abhängigkeiten abhängen und so fort).

Bedienung Die Bedienung von dselect ist schon seit langem Gegenstand vehementer Kritik. Es empfiehlt sich, die Hilfeseiten, die dselect beim Start anzeigt, genau durchzulesen.

➪ dselect(1)

12.3.6 apt: Paketverwaltung der nächsten Generation

Seit Jahren beschäftigt die Debian-Gemeinde sich damit, unter dem Namen apt (für *advanced packaging tool*) einen Ersatz für das vielgeschmähte dselect zu entwickeln. Das Projekt ist längst nicht abgeschlossen, aber dennoch sind aus ihm bereits einige Werkzeuge hervorgegangen, deren Komfort und Leistungsumfang ihresgleichen suchen (einige RPM-basierte Distributionen sind deswegen dazu übergegangen, diese für ihre Zwecke zu ad-»apt«-ieren).

Das wichtigste dieser Werkzeuge ist apt-get, das eine Art intelligenten Überbau für dpkg darstellt; es bietet aber keine Oberfläche zur Paketauswahl wie dselect an. (Stattdessen können Sie es als *back-end* für dselect benutzen, um in dselect ausgewählte Pakete zu installieren.) Zu den wichtigsten Eigenschaften von apt-get gehören die folgenden:

■ apt-get kann eine Menge von Installationsquellen gleichzeitig verwalten. Beispielsweise ist es möglich, eine »stabile« Debian-Distribution auf CD parallel zu einem HTTP-basierten Server mit Sicherheits-Updates zu verwenden. Pakete werden normalerweise von CD installiert; nur wenn der HTTP-Server eine aktuellere Version des Pakets anbietet, wird das Paket über das Netz geholt. Bestimmte Pakete können aus bestimmten Quellen angefordert werden, zum Beispiel können Sie weitestgehend eine stabile Debian-Distribution benutzen, aber ein paar Pakete der neueren *unstable*-Distribution entnehmen.

- Die ganze Distribution kann automatisch aktualisiert werden (mit »apt-get dist-upgrade«), auch wenn Pakete umbenannt oder gelöscht wurden.

- Eine Vielzahl von Hilfsprogrammen erlaubt es etwa, cachende Proxy-Server für Debian-Pakete aufzubauen (apt-proxy), Pakete auf Rechnern zu installieren, die nicht direkt am Internet sind (apt-zip), oder vor der Installation eines Pakets eine Liste der für das Paket gemeldeten Fehler anzuzeigen (apt-listbugs). Mit apt-build können Sie Pakete speziell für Ihre Systeme optimiert übersetzen und eine lokale Paketquelle mit solchen Paketen zusammenstellen.

Paketquellen Paketquellen für apt-get werden in /etc/apt/sources.list vereinbart:

```
deb http://ftp.de.debian.org/debian/ stable main
deb http://security.debian.org/ stable/updates main
deb-src http://ftp.de.debian.org/debian/stable main
```

Binärpakete werden von http://ftp.de.debian.org/ geholt, genau wie der dazugehörige Quellcode. Außerdem wird der Server security.debian.org mit eingebunden, wo das Debian-Projekt aktualisierte Paketversionen zur Verfügung stellt, in denen Sicherheitsprobleme repariert sind.

⤷ apt-get(8), sources.list(5)
⤷ APT-HOWTO: http://www.debian.org/doc/manuals/apt-howto/

Arbeitsweise Die allgemeine Arbeitsweise mit apt-get ist wie folgt: Zunächst aktualisieren Sie die lokalen Informationen über verfügbare Pakete:

```
# apt-get update
```

Hiermit werden sämtliche Paketquellen konsultiert und die Resultate in eine gemeinsame Paketliste aufgenommen. Pakete installieren Sie mit »apt-get install«:

```
# apt-get install xtartan
Reading Package Lists... Done
Building Dependency Tree... Done
The following NEW packages will be installed:
  xtartan
0 upgraded, 1 newly installed, 0 to remove and 0 not upgraded.
Need to get 53.4kB of archives.
After unpacking 232kB of additional disk space will be used.
```

Dabei werden alle in Depends:-Abhängigkeiten erwähnten Pakete ebenfalls installiert oder auf den erforderlichen Versionsstand aktualisiert, genau wie jegliche Pakete, von denen diese Pakete abhängen und so weiter.

Sie können auch mehrere Pakete gleichzeitig installieren:

```
# apt-get install xtartan xmms
```

Oder einige Pakete installieren und andere gleichzeitig deinstallieren: Das Kommando

```
# apt-get install xtartan- xmms xmms-wmdiscotux+
```

würde das Paket xtartan entfernen und die Pakete xmms und xmms-wmdiscotux (mit ihren Abhängigkeiten) installieren (das »+« ist nicht erforderlich, aber erlaubt). Mit »apt-get remove« können Sie Pakete direkt entfernen.

Einfache Aktualisierung Das Kommando »apt-get upgrade« installiert die neuesten verfügbaren Versionen aller im System vorhandenen Pakete. Dabei werden aber keine installierten Pakete entfernt und keine neuen Pakete installiert; Pakete, die sich ohne solche Aktionen nicht aktualisieren lassen (weil sich Abhängigkeiten geändert haben), bleiben auf ihrem älteren Stand.

»Intelligente« Aktualisierung Mit dem Kommando »apt-get dist-upgrade« wird ein »intelligentes« Konfliktauflösungsschema aktiviert, das versucht, geänderte Abhängigkeiten durch das gezielte Entfernen und Installieren von Paketen zu erfüllen. Dabei werden gemäß der Priorität wichtigere Pakete gegenüber weniger wichtigen bevorzugt.

Quellcode Den Quellcode zu einem Paket holen Sie sich mit dem Kommando »apt-get source«:

```
# apt-get source xtartan
```

Dies funktioniert auch, wenn das Binärpaket eines von mehreren
ist, die aus demselben (anders heißenden) Quellcodepaket erstellt
werden.

apt-cache   Ein nützliches Programm ist apt-cache, das die Paketliste von
apt-get durchsucht:

```
$ apt-cache search tartan
xtartan - Display Scottish tartans
$ apt-cache show xtartan
Package: xtartan
Priority: optional
Section: x11
Installed-Size: 232
Maintainer: Anselm Lingnau <lingnau@debian.org>
Architecture: i386
<◁◁◁◁◁
```

↪ apt-cache(1)

Die apt-Programme werden in der Datei /etc/apt/apt.conf konfiguriert. Hier können Sie Optionen für apt-get, apt-cache und
andere Kommandos aus dem apt-Umfeld unterbringen.

↪ apt.conf(5)

12.3.7   alien: Pakete aus fremden Welten

Viele Softwarepakete stehen nur in dem verbreiteten RPM-Format
zur Verfügung. Gerade kommerzielle Pakete werden eher für die
Red-Hat- oder SUSE-Distributionen angeboten, obwohl grundsätzlich nichts dagegen spricht, die Software auch unter Debian
GNU/Linux auszuprobieren (dem ernsthaften Einsatz steht möglicherweise entgegen, dass der Softwarehersteller dafür keine Unterstützung leistet). Sie können RPM-Pakete nicht direkt auf einem
Debian-System installieren, aber das Programm alien erlaubt es,
die Paketformate diverser Linux-Distributionen – neben RPM auch
die Stampede- und Slackware-Formate – ins Debian-Paketformat
umzuwandeln (und umgekehrt).

↪ alien(1)

12.4 Paketverwaltung 2: RPM

12.4.1 Einleitung

Der *RPM Package Manager* (oder kurz: RPM) ist ein Werkzeug zur Verwaltung von Softwarepaketen. Er erlaubt die einfache Installation und Deinstallation von Software, wobei dafür gesorgt wird, dass sich unterschiedliche Pakete nicht in die Quere kommen bzw. dass Abhängigkeiten zwischen den Paketen berücksichtigt werden. Außerdem erlaubt es RPM Ihnen, detaillierte Informationen über Pakete zu erheben sowie die Integrität von Paketen sicherzustellen.

Der Kern von RPM ist eine Datenbank. Bei ihr melden sich Softwarepakete beim Installieren und Deinstallieren an bzw. ab. Dazu müssen die Softwarepakete in einer standardisierten Form vorliegen, eben als RPM-Pakete.

Obzwar der *RPM Package Manager* von Red Hat entwickelt wurde, wird er auch von vielen anderen Distributionen (zum Beispiel Novell/SUSE und Mandrake) verwendet. Ein beliebiges RPM-Paket kann allerdings normalerweise *nicht* bedenkenlos auf jeder RPM-basierten Distribution installiert werden: Da das RPM-Paket die Software in schon übersetzter Form enthält, muss das Paket zur benutzten Prozessor-Architektur passen; da Dateisystem-Struktur, die Form der Dienststeuerung (etwa Init-Skripte) und die paketinterne Beschreibung von Paketabhängigkeiten sich von Distribution zu Distribution, mitunter auch zwischen verschiedenen Versionen einer Distribution unterscheiden, kann das Quer-Installieren zu Problemen führen.

Dateinamen

Ein RPM-Paket hat einen zusammengesetzten Dateinamen, beispielsweise

```
openssh-3.5p1-107.i586.rpm
```

der normalerweise aus dem Paketnamen (openssh-3.5p1-107), der Architektur (i586) und der Endung .rpm besteht. Der Paketname dient zur internen Identifizierung des Pakets, wenn es installiert ist. Er setzt sich zusammen aus dem Namen der Software (openssh), der Version der Software, so wie die *Entwickler* sie ihr gegeben haben (3.5p1), gefolgt von einer Release-Nummer (107), die ihr der Paket-Bauer, also der *Distributor*, gegeben hat.

Basis-Modus Der *RPM Package Manager* wird über das Kommando rpm aufgerufen, gefolgt von einem Basis-Modus. Die wichtigsten Modi werden im Folgenden besprochen – bis auf die Modi für das Einrichten der RPM-Datenbank und das Bauen und Signieren von RPM-Paketen, die für LPIC-1 keine Rolle spielen.

Optionen Es gibt eine Reihe von globalen Optionen sowie ergänzende, modusspezifische Optionen. Weil einige Modi und ergänzende Optionen gleich heißen, muss der Modus (anders als bei tar) zwingend als Erstes kommen.

Globale Optionen sind u. a. -v und -vv, die den Wortreichtum der Ausgabe erhöhen (engl. *verbose*, »wortreich«).

Konfiguration Die Konfiguration von RPM ist im Verzeichnis /usr/lib/rpm/ abgelegt; lokale oder individuelle Anpassungen erfolgen in /etc/ rpmrc bzw. ~/.rpmrc, dürften aber für den Normalbetrieb nicht notwendig sein.

12.4.2 Installation und Update

Ein RPM-Paket wird durch den Modus -i gefolgt vom Pfad zum Paket installiert, also beispielsweise

```
# rpm -i /tmp/openssh-3.5p1-107.i586.rpm
```

Dabei können Sie den Pfad auch als URL angeben; dadurch wird die Installation über das Netzwerk ermöglicht. Die Angabe mehrerer Pakete auf einmal ist erlaubt, wie in »rpm -i /tmp/*.rpm«.

Daneben gibt es noch die beiden verwandten Modi -U (engl. *upgrade*) und -F (engl. *freshen*). Ersterer entfernt zusätzlich evtl. vorhandene ältere Versionen eines zu installierenden Pakets, während Letzterer nur installiert, wenn es eine ältere Version gibt (die dann entfernt wird).

Alle drei Modi erlauben eine Reihe von Optionen, die zwingend *hinter* dem Modus aufgeführt werden müssen. Neben -h (engl. *hashmark* = »#«; für einen Fortschrittsbalken) gibt es --test, was eine Installation verhindert und nur auf mögliche Konflikte testet.

Bei einem Konflikt wird das entsprechende Paket nicht installiert. Konflikte entstehen, wenn

- ein bereits installiertes Paket erneut installiert werden soll,

- ein Paket installiert werden soll, obwohl es in einer anderen Version (Modus -i) oder einer aktuelleren Version (Modus -U) bereits installiert ist,

- die Installation eine Datei überschreiben würde, die einem anderen Paket gehört,

- ein Paket ein anderes benötigt, das nicht ebenfalls installiert wird oder schon installiert ist.

Sollte die Installation deshalb fehlschlagen, so können Sie sie durch Optionen erzwingen. Beispielsweise wird durch --nodeps die Abhängigkeitsprüfung (engl. *dependencies*) deaktiviert.

Durch weitere Optionen lässt sich darüber hinaus die Installation selbst beeinflussen. Beispielsweise können Sie Pakete bei der Installation in andere Verzeichnisse verschieben. Nur so ist es etwa möglich, Apache 1.3 und Apache 2.0 parallel zu installieren, da normalerweise beide /sbin/httpd für sich reklamieren würden: Einer von beiden muss nach /usr/local ausweichen.

12.4.3 Deinstallation

Die Deinstallation erfolgt durch den Modus -e (engl. *erase*, »löschen«), also beispielsweise

```
# rpm -e openssh-3.5p1-107
```

Dabei ist zu beachten, dass Sie hier den *internen Paketnamen* angeben und nicht der Pfad zum Paket, denn RPM merkt sich diesen nicht. (Im nächsten Abschnitt werden wir sehen, wie Sie den Paketnamen in Erfahrung bringen können.) Sie können den Paketnamen auch gekürzt angeben, falls er eindeutig ist: Gibt es kein weiteres Paket openssh, so dürften Sie es daher auch mit

```
# rpm -e openssh
```

entfernen. Auch hier achtet RPM darauf, dass Sie keine Pakete entfernen, von deren Anwesenheit andere Pakete abhängen.

Die Optionen --test und --nodeps haben die gleiche Bedeutung wie beim Installieren; auch sie müssen nach dem Modus erscheinen.

**Konfigurations-
dateien**

Beim Deinstallieren werden alle installierten Dateien dieses Pakets entfernt, es sei denn, es handelt sich um Konfigurationsdateien, die Sie verändert haben. Diese werden nicht entfernt, sondern nur umbenannt: RPM hängt die Endung .rpmsave an. (Was als Konfigurationsdatei gilt, legt das jeweilige RPM-Paket selbst fest.)

12.4.4 Datenbank- und Paketanfragen

Seine volle Nützlichkeit entwickelt der *RPM Package Manager*, wenn Sie ihn nicht nur als Installationswerkzeug betrachten, sondern auch als Informationsquelle. Der Modus dafür ist -q (für engl. *query*, »abfragen«); wobei Sie angeben können, welche Informationen Sie erhalten möchten und über welches Paket.

Spezifikation des Pakets Ohne weitere Optionen erwartet rpm die Angabe eines internen Paketnamens, der auch gekürzt sein kann, und es antwortet mit dem vollen Paketnamen:

```
$ rpm -q openssh
openssh-3.5p1-107
```

Damit lässt sich schnell feststellen, wie aktuell Ihr System ist. Sie können auch (durch -f) das Paket finden, dem eine Datei gehört:

```
$ rpm -qf /usr/bin/ssh
openssh-3.5p1-107
```

Damit lassen sich unbekannte Dateien zumindest einem Paket zuordnen. Als dritte Möglichkeit können Sie mit -a *alle* installierten Pakete befragen. So erstellt

```
$ rpm -qa
```

eine Liste aller installierten Pakete, die sich natürlich auch weiterverarbeiten lässt, wie im folgenden Beispiel:[1]

```
$ rpm -qa | grep cups
cups-client-1.1.18-82
cups-libs-1.1.18-82
kdelibs3-cups-3.1.1-13
cups-drivers-1.1.18-34
cups-drivers-stp-1.1.18-34
```

---

[1]Die Benennung und Aufteilung von Paketen ist Sache des Paket-Bauers; je nach Distribution und Version können sich Abweichungen ergeben.

```
cups-1.1.18-82
```

Schließlich erlaubt Ihnen RPM, ein nicht installiertes Paket zu befragen. Verwenden Sie -p gefolgt vom Pfad des Pakets:

```
$ rpm -qp /tmp/openssh-3.5p1-107.i586.rpm
openssh-3.5p1-107
```

Das sieht nicht sehr spektakulär aus, war der interne Paketname doch schon Teil des Dateinamens. Aber erstens könnte der Dateiname verändert worden sein und mit dem eigentlichen Paketnamen nichts zu tun haben und zweitens gibt es ja noch andere Anfragen, die Sie stellen können.

Spezifikation der Anfrage   Interessiert Sie nicht nur der Paketname, so können Sie Ihre Anfrage erweitern, um zusätzliche Informationen auszugeben. Dabei ist jede Erweiterung mit jeder Spezifikation des Pakets kombinierbar. Durch

```
$ rpm -qi openssh
```

erhalten Sie Informationen (-i) zum Paket; während -l eine Liste aller zu diesem Paket gehörenden Dateien ergibt, zusammen mit -v ergibt sich das Äquivalent von ls -l:

```
$ rpm -qlf /bin/bash
/bin/bash
/bin/sh
<<<<
$ rpm -qlvf /bin/bash
-rwxr-xr-x  root  root   491992 Mar 14  2003 /bin/bash
lrwxrwxrwx  root  root        4 Mar 14  2003 /bin/sh -> bash
<<<<
```

Zu beachten ist hier, dass die zu einem Paket gehörenden Dateien nur die in der RPM-Datenbank vermerkten sind. Und das sind nur die, die ein Paket bei der Installation mitbringt. Nicht darunter fallen Dateien, die während der Installation erzeugt werden (durch paketinterne Installations-Skripte) oder die im laufenden Betrieb erst entstanden sind (Protokolldateien usw.).

Wir hatten gesehen, dass RPM Konfigurationsdateien gesondert behandelt (bei der Deinstallation). Die zweite Klasse von besonderen Dateien sind Dateien der Dokumentation; diese können Sie von der Installation ausnehmen. Die Optionen -c und -d des Anfrage-Modus verhalten sich wie -l, nur dass sie sich auf Konfigurations- bzw. Dokumentationsdateien beschränken.

Fortgeschrittene Anfragen Die folgenden Details sind für LPIC-1 nicht erforderlich, sie erleichtern aber das Verständnis für die hinter RPM steckenden Konzepte und die Datenbankstruktur.

Abhängigkeiten Die Abhängigkeiten zwischen Paketen können vielfältiger Natur sein. So kann es sein, dass ein Paket einfach nur eine Shell benötigt, d. h. /bin/sh. Durch

```
$ rpm -qf /bin/sh
bash-2.05b-105
```

ist schnell herausgefunden, dass diese Datei durch das Bash-Paket bereitgestellt wird (analog für nicht installierte Pakete).

Anders sieht die Sache z. B. beim Programm SAINT aus, einem Sicherheits-Analyse-Werkzeug, das zwingend einen Web-Browser voraussetzt. Jede Festlegung auf einen konkreten Web-Browser wäre unangemessen einschränkend. Deswegen bietet RPM die Möglichkeit, dass ein Paket eine *capability* anbieten oder voraussetzen kann, was man in diesem Zusammenhang mit »abstrakte Dienstleistung« übersetzen könnte. Im unserem Beispiel fordert SAINT daher die abstrakte Dienstleistung »Web-Browser« ein. Welche Dateien und Dienstleistungen ein Paket benötigt, lässt sich durch die Option --requires erfahren:[2]

```
$ rpm -q --requires saint
web_browser
/bin/rm
/bin/sh
/usr/bin/perl
⊲⊲⊲⊲
```

Welche Pakete diese Dienstleistung hingegen zur Verfügung stellen, verrät die Option --whatprovides:

```
$ rpm -q --whatprovides web_browser
w3m-0.3.2.2-53
mozilla-1.2.1-65
lynx-2.8.4-391
```

---

[2]Auch hier gilt: Die Zuordnung und Benennung der Dienstleistungen ist Sache der Paket-Bauers, sie ist damit je nach Distribution und Version verschieden.

Für SAINT brauchen Sie also nur eines dieser Pakete.

In analoger Weise können mit `--provides` und `--whatrequires` das Angebot eines Pakets (nur Dienstleistungen; Dateien über `-l`) und die Abnehmer einer Dienstleistung erfragt werden.

12.4.5 Verifikation von Paketen

Überprüfung vor der Installation Zwei Dinge können einem Paket zustoßen, die gegen eine Installation sprechen: Beim Herunterladen des Pakets wurde es beschädigt, das Paket ist also fehlerhaft. Oder das Paket ist nicht das, was es vorgibt zu sein, es wurde also verfälscht. (Beispielsweise weil ein übelwollender Zeitgenosse Pakete mit Trojanischen Pferden als Original ausgibt.)

Gegen beide Szenarien sind Sie dank RPM gewappnet; durch

```
$ rpm --checksig /tmp/openssh-3.5p1-107.i586.rpm
/tmp/openssh-3.5p1-107.i586.rpm: md5 gpg OK
```

wird eine MD5-Prüfsumme des Pakets mit dem im Paket abgelegten Wert verglichen, was garantiert, dass das Paket richtig angekommen ist. Ferner wird die Signatur im Paket, die mit dem privaten PGP- oder GPG-Schlüssel des Paket-Bauers erzeugt wurde, mit dem öffentlichen Schlüssel des Paket-Bauers verglichen. Dies garantiert, dass das richtige Paket angekommen ist.

Sollte zwar die MD5-Prüfsumme, aber nicht die Signatur korrekt sein, so sieht die Ausgabe entsprechend anders aus:

```
$ rpm --checksig /tmp/openssh-3.5p1-107.i586.rpm
/tmp/openssh-3.5p1-107.i586.rpm: md5 GPG NOT OK
```

Natürlich muss für die Signaturprüfung der öffentliche Schlüssel Ihres Distributors auf dem System vorhanden sein.

Überprüfung nach der Installation RPM erlaubt es, gewisse Werte der RPM-Datenbank mit dem Dateisystem zu vergleichen. Dies geschieht durch den Modus `-V` (engl. *verify*, »überprüfen«); statt einem oder mehreren internen Paketnamen verträgt dieser Modus auch alle Spezifikationen, die der Anfrage-Modus erlaubt.

```
# rpm -V openssh
.......T c /etc/init.d/sshd
S.5....T c /etc/pam.d/sshd
```

```
S.5....T c /etc/ssh/ssh_config
SM5....T c /etc/ssh/sshd_config
.M......   /usr/bin/ssh
```

Die Ausgabe listet alle Dateien auf, für die mindestens ein Soll-Wert der Datenbank vom Ist-Wert des Dateisystems abweicht: Ein ».« kennzeichnet Übereinstimmung, während ein Buchstabe eine Abweichung darstellt. Die durchgeführten Tests sind: Zugriffsrechte und Dateityp (M), Eigentümer und Gruppe (U, G); bei symbolischen Links der Pfad der Referenzdatei (L); bei Gerätedateien Haupt- und Nebengerätenummer (D); bei regulären Dateien Größe (S), Änderungszeit (T) und Inhalt (5). Da sich Konfigurationsdateien sehr wahrscheinlich nicht mehr im Originalzustand befinden, sind diese durch ein c gekennzeichnet.

Wenngleich die Überprüfung installierter Pakete durch RPM ein *Intrusion Detection System* nicht ersetzen kann (warum sollte ein Eindringling nicht auch die RPM-Datenbank manipulieren?), so kann sie doch sehr nützlich sein zur Schadenseingrenzung, beispielsweise nach einem Dateisystemcrash.

▷ rpm(8)
▷ E. Bailey, *Maximum RPM* (MacMillan Publ. Comp., 1997), http://www.rpm.org/max-rpm/

## Kapitel 13

Kernel und Kernel-Module

In diesem Kapitel ...

- ✓ lernen Sie Ihren Kernel kennen
- ✓ erfahren Sie, wie Sie Ihren Kernel im laufenden Betrieb durch Module verändern können
- ✓ wird alles besprochen, was Sie zum Konfigurieren, Übersetzen und Installieren eines neuen Kernels benötigen

13.1 Kernel und Kernel-Module

13.1.1 Monolithische und modulare Kernel

Kernel Der Linux-**Kernel** ist der innerste Teil des Betriebssystems. Er stellt ganz elementare Funktionen wie Speicher- und Prozessverwaltung und die Steuerung der Hardware zur Verfügung. Genau genom-

Linux men bezeichnet der Begriff **Linux** nur diesen Betriebssystemkern; Anwendungen, grafische Oberflächen, die Kommandozeile usw. gehören zwar zum Gesamtsystem, kommen aber aus ganz unterschiedlichen Quellen. (Daher besteht Richard Stallman auch auf der Bezeichnung GNU/Linux, weil Linux eben nur ein Teil von Linux ist.)

monolithischer Von seiner Struktur her ist der Linux-Kernel ein traditioneller,
Kernel monolithischer Unix-artiger Betriebssystemkern, so wie man sie schon in den 1970er Jahren implementiert hat. Neue Funktionalität, beispielsweise ein anderes Dateisystem oder der Treiber für eine andere Netzwerkkarte, erfordert damit immer eine Verände-

Mikro-Kernel rung des Kernels. (Den monolithischen Kerneln steht der Mikro-Kernel-Ansatz gegenüber: Hierbei werden fast alle Aufgaben des Betriebssystems in spezielle Benutzerprogramme ausgelagert. Der Wechsel des Dateisystems unterscheidet sich damit nicht sehr von dem Wechsel des Editors. Der Grund, dass Linus Torvalds sich nicht für den flexiblen Mikro-Kernel-Ansatz entschieden hat, liegt darin, dass monolithische Kernel viel einfacher effizient zu implementieren sind.)

Durch den monolithischen Kernel war bei frühen Linux-Versionen (Kernel 1.x) der Austausch der Netzwerkkarte daher gleichbedeutend mit der Neuübersetzung des Kernels, was durchaus mehrere Stunden in Anspruch nehmen konnte.[1] Um das zu umgehen, wurden neuere Kernel-Versionen mit der Fähigkeit ausgestattet, zusätzliche Komponenten in Form von Modulen einzubinden.

Module **Module** sind Kernel-Teile, die dynamisch (also zur Laufzeit des Kernels) hinzugeladen und auch wieder entfernt werden können. Möchten Sie beispielsweise einen neuen SCSI-Controller verwen-

---

[1] Die Idee, einfach gleich alles in den Kernel einzubauen, ist nicht praktikabel. Erstens wird der Kernel zu groß, zweitens verträgt sich nicht jeder Treiber mit jeder Hardware.

den, müssen Sie keinen neuen Kernel kompilieren, sondern lediglich ein neues Kernel-Modul hinzuladen. (Der Zugriff auf modulare Treiber erfolgt marginal langsamer als auf statisch eingebundene Treiber, was bei den heute üblichen Computern jedoch keine Einschränkung mehr sein sollte.)

Da Module direkte Erweiterungen des Kernels sind, muss jedes verwendete Modul zum Kernel passen. Es ist nicht sinnvoll, ein Modul für den Kernel 2.2 in einem 2.4er-Kernel betreiben zu wollen, und schon ein 2.4.18er-Modul in einem Kernel 2.4.24 ist nicht unproblematisch.

13.1.2 Seinen Kernel kennen

Aufgrund der äußerst dynamischen Entwicklung des Linux-Systems (Programme *und* Kernel) ist es wichtig, jederzeit herausfinden zu können, um was für ein System es sich handelt, vor dem Sie gerade sitzen. Wie Sie Informationen über die installierten Programme erhalten, hatten wir im Kapitel 12 gesehen. Wenden wir uns nun dem Kernel zu.

Die grundlegende Frage ist sicherlich, welche Kernel-Version Sie betreiben. Hierbei kann das Kommmando uname weiterhelfen. Mit der Option -a bekommen Sie eine vollständige Ausgabe, uns genügen hier aber die *kernel release* (-r) und *kernel version* (-v):

uname

```
$ uname -rv
2.4.20-4GB #1 Wed Dec 3 10:42:32 UTC 2003
```

Damit wissen wir, dass es sich um einen 2.4.20er-Kernel handelt (der Zusatz »4GB« wird in Abschnitt 13.2.4 erklärt), der am 3. Dezember im ersten Anlauf (daher: »#1«) übersetzt wurde. Insbesondere die *kernel release* ist von besonderem Interesse, denn sie bestimmt die Charakteristik des Kernels. Dabei ist die Versionsnummer traditionell wie folgt zu interpretieren: Die erste Nummer ist für *sehr große* Umstellungen des Kernels vorgesehen. So hielten mit 2.0 unter anderem der Modul-Mechanismus und die Mehrprozessor-Unterstützung Einzug in den Kernel, und viele hatten erwartet, dass der neue 2.6er-Kernel wegen seiner grundlegenden Überarbeitung eigentlich 3.0 heißen würde. Die zweite Nummer bedeutet immer noch *große* Umstellungen, sie hatte aber bis zum Kernel 2.6 noch eine zusätzliche Bedeutung: Ist sie un-

Versionsnummer

Entwickler-Kernel gerade, so handelt es sich um einen Kernel, an dem gerade aktiv weiterentwickelt wird. Neue Entwicklerversionen kommen sehr häufig heraus; sie sind allesamt *nicht* für den Produktiv-Einsatz geeignet und müssen eigentlich gar nicht wirklich funktionieren. **stabile Kernel-** Bei gerader zweiter Nummer handelte es sich um eine sog. **sta-** **Version** **bile Kernel-Version**. Zwar wurde an diesen auch weiterentwickelt, häufig beschränkten sich die Änderungen aber auf Bugfixes; sie schlugen sich in einer Erhöhung der dritten Nummer wieder. Normalerweise sollte also zum Beispiel der Linux-Kernel 2.4.24 besser sein als Linux 2.4.18, weil hier diverse Probleme behoben usw., Linux 2.5.18 konnte aber auch viel schlechter sein als Linux 2.4.18 (oder – mit Pech – 2.5.17).

Original- und Distributions-Kernel In unserem Beispiel handelt es sich also um eine stabile Kernel-Version – einen 2.4er-Kernel –, der den Patch-Level 20 hat. Das bedeutet allerdings nicht, dass Sie blindlings Patches oder Module, die im Internet für den 2.4.20er-Kernel im Umlauf sind, benutzen könnten. Sie müssen hier nämlich unterscheiden zwischen dem Original-Kernel, so wie er sich auf `http://www.kernel.org` findet, und dem Kernel, den die Distribution geliefert hat. Letztere werden von den Distributoren in vielfältiger Weise verändert, beispielsweise dadurch, dass für nützlich befundene Eigenschaften des folgenden Entwickler-Kernels zurückportiert werden.[2]

Linux 2.6 Mit Linux 2.6 wurde die Vorgehensweise geändert, da die strikte Aufteilung in stabile und Entwickler-Kernels dazu führte, dass die Kernels der Distributionen – die auf stabilen Kernels beruhten, aber zum Teil wichtige oder nützliche Eigenschaften der Entwickler-Kernels übernommen hatten – weder dem einen noch dem anderen Zweig wirklich zuzuordnen waren. Inzwischen gibt es auch bessere Werkzeuge zur Verwaltung der zahlreichen Megabyte Kernel-Quellcode, so dass es möglich ist, Änderungen »experimenteller« Qualität kontrolliert in einem ansonsten stabilen Kernel weiterzuentwickeln. Entsprechend wird jetzt nicht mehr zwischen »stabilen« und »Entwickler«-Versionsfolgen unterschieden, sondern neue Eigenschaften oder durchgreifende Änderungen werden zunächst in einer experimentellen Version von Linux

---

[2]Beispielsweise enthält der Kernel des *SUSE LINUX Enterprise Server* 8 um 800 solche Veränderungen gegenüber dem Standard-Kernel derselben Version.

erprobt (die Wagemutigen natürlich frei zur Verfügung steht – der »-mm-Baum«). Bewähren sie sich dort, werden sie gezielt in die »offizielle« Version übernommen. In gewissen Abständen erscheinen »Release-Kandidaten« für die nächste offizielle Kernel-Version, etwa »2.6.18-rc1«, und wenn es keine großen Probleme damit gibt, kommt die nächste offizielle Version selbst (2.6.18) heraus. Anschließend werden bis mindestens zum Erscheinen der nächsten offiziellen Version (hier 2.6.19) noch kleine und überschaubare Reparaturen für gravierende Probleme gemacht; daraus entstehen dann die Kernels 2.6.18.1, 2.6.18.2, …

Diese Vorgehensweise hat sich seitdem gut bewährt, auch wenn die Entwickler sich prinzipiell vorbehalten, irgendwann zum vorigen Modell zurückzukehren und eine 2.7-Serie zu eröffnen.

Module Durch uname -r wissen wir, dass es sich beim gerade laufenden Kernel um den Kernel 2.4.20-4GB handelt. Seine Module befinden sich daher im Verzeichnis /lib/modules/2.4.20-4GB. modprobe listet alle verfügbaren Module auf:

modprobe

```
# modprobe -l
/lib/modules/2.4.20-4GB/kernel/abi/cxenix/abi-cxenix.o
/lib/modules/2.4.20-4GB/kernel/abi/ibcs/abi-ibcs.o
/lib/modules/2.4.20-4GB/kernel/abi/isc/abi-isc.o
⊲⊲⊲⊲⊲
```

Welche dieser Module gerade im Kernel geladen sind, verrät das Programm lsmod:

lsmod

```
# lsmod
Module                Size  Used by    Not tainted
vfat                 10476  0 (unused)
fat                  31640  0 [vfat]
ipv6                145108  -1 (autoclean)
usbserial            19580  0 (autoclean) (unused)
3c59x                27024  1
usb-uhci             23664  0 (unused)
usbcore              63116  1 [usbserial usb-uhci]
ext3                 85928  1 (autoclean)
jbd                  50896  1 (autoclean) [ext3]
reiserfs            217364  2
⊲⊲⊲⊲⊲
```

Neben den Namen der geladenen Module erfahren Sie auch, ob diese gerade benutzt werden (dritte Spalte). So können Sie dieser Ausgabe entnehmen, dass im Moment eine Ext3-Partition und zwei ReiserFS-Partitionen in Betrieb sind, denn bei ext3 steht eine 1, bei reiserfs aber eine 2. Die vierte Spalte schließlich informiert Sie darüber, ob ein Modul automatisch geladen wurde (»autoclean«, Abschnitt 13.1.4) und ob es von anderen Modulen benutzt wird (Angabe in eckigen Klammern, Abschnitt 13.1.5). In diesem Beispiel wird jbd von ext3 und fat von vfat in Anspruch genommen.

13.1.3 Module manuell laden und entladen

insmod

Zur Laufzeit des Kernels können Module jederzeit nachgeladen werden. Geben Sie dazu dem Programm insmod die volle Pfadangabe mit oder einfach den Modul-Namen, also den Dateiname ohne Endung .o:

```
# insmod cramfs
Using /lib/modules/2.4.20-4GB/kernel/fs/cramfs/cramfs.o
```

rmmod

Umgekehrt können Sie dieses Modul durch rmmod im laufenden Betrieb auch wieder entladen:

```
# rmmod cramfs
```

vorausgesetzt, es wird nicht benötigt.

modprobe

Für den Normalbetrieb empfiehlt sich jedoch die Verwendung eines anderen Programms: modprobe. Das Laden von Modulen erfolgt ganz genauso und zum Entladen müssen Sie die Option -r verwenden:

```
# modprobe cramfs
# lsmod | grep cramfs
cramfs               37332    0  (unused)
# modprobe -r cramfs
# lsmod | grep cramfs
# _
```

Bei modprobe handelt es sich um einen Aufsatz auf insmod. Der Vorteil für Sie liegt darin, dass sich modprobe um Abhängigkeiten zwischen Modulen kümmert und konfigurierbar ist (Abschnitte 13.1.5 und 13.1.6). Außerdem erlaubt es modprobe Ihnen, ganze Klassen von Modulen probeweise zu laden, beispielsweise um herauszufinden, welches Modul Ihre exotische Hardware unterstützt. (Daher auch der Name des Programms.)

Das grundlegende Werkzeug insmod wird somit nur dann benötigt, wenn die Konfiguration noch nicht vorhanden oder beschädigt ist.

13.1.4 Module automatisch laden und entladen

Das manuelle Laden von Kernel-Modulen ist in der Erprobungsphase nützlich, im laufenden Betrieb wird es aber schnell unpraktisch: Jede neue Hardware und jede neue Funktionalität erfordert die Intervention des Administrators, um die passenden Module nachzuladen. Auch bei einem perfekt administrierten System kommt dies vor, beispielsweise wenn USB-Geräte (Abschnitt 9.7) und Wechselmedien (Disketten oder CD-ROMs mit abweichenden Dateisystemen) Verwendung finden.

Glücklicherweise ist der Kernel (entsprechende Konfiguration vorausgesetzt) in der Lage, Module automatisch nachzuladen. Dazu dient der kernelinterne Daemon kmod.

Soll der Kernel eine Partition mit einem Dateisystem einbinden, das er bis dahin nicht unterstützt, etwa ReiserFS, so wird kmod das Programm modprobe aufrufen, damit dieses das Modul reiserfs in den Kernel lädt.

So geladene Module werden markiert: Sie erscheinen in der Ausgabe von lsmod mit der Ergänzung »(autoclean)«. Anders als man vielleicht vermuten würde, bedeutet dies *nicht*, dass automatisch geladene Module nach Gebrauch auch wieder aus dem Kernel entfernt würden. (Der Vorgänger von kmod entlud auch Module nach einiger Zeit; kmod selbst entlädt nicht und in Linux 2.6 können Sie das Entladen von Modulen ganz deaktivieren.) Wollen Sie unbenutzte Module automatisch entfernen lassen, so müssen Sie sich daher einen cron-Job einrichten, z. B.

```
## /etc/crontab
*/5 * * * *     root    modprobe -r
```

der alle 5 Minuten modprobe -r ausführt. Alternativ kann auch rmmod -a benutzt werden. Allerdings dürfen Sie dabei nicht zu ungeduldig werden, denn erst beim *zweiten* Aufruf des Kommandos werden die Module entfernt: Der erste Aufruf markiert die unbenutzten Module und erst im zweiten Schritt werden seit der letzten Markierung unbenutzte Module entfernt. Dadurch werden Module, die nur kurzfristig unbenutzt sind, vor dem Entfernen geschützt. In Linux 2.6 funktioniert diese Methode des automatischen Entladens gar nicht mehr.

Der Mechanismus des automatischen Entladens funktioniert auch nicht bei Modulen, die manuell geladen wurden; diese müssen manuell entladen werden.

Eine Sonderstellung nimmt in unserem Beispiel auf Seite 293 das Modul ipv6 ein, denn sein Zähler steht auf -1. Dies besagt, dass dieses Modul sich entweder selbst darum kümmert, sich zu entladen, wenn es nicht mehr benötigt wird, oder gar nicht entladen werden kann (im Falle von ipv6 Ersteres).

13.1.5   Modul-Abhängigkeiten

Module können voneinander abhängen, wie im Falle von vfat, das auf dem Modul fat aufsetzt:

```
# lsmod
Module            Size  Used by     Not tainted
vfat             10476  0 (unused)
fat              31640  0 [vfat]
<KKKK
```

Der Versuch, das zugrunde liegende Modul zu entfernen, führt zu der Fehlermeldung

```
# rmmod fat
fat: Device or resource busy
```

obwohl das Modul anscheinend nicht benutzt wird – in der dritten Spalte steht 0. Der Grund für die Fehlermeldung liegt darin, dass vfat auf dieses Modul angewiesen ist, wie Sie am »[vfat]« sehen. Zum Entladen des Moduls müssen Sie also erst alle abhängigen Module entfernen:

```
# rmmod vfat
# rmmod fat
```

Umgekehrt können Sie ein Modul nicht laden, wenn es andere, nicht geladene Module benötigt:

```
# insmod vfat
Using /lib/modules/2.4.20-4GB-athlon/kernel/fs/vfat/vfat.o
/lib/modules/2.4.20-4GB/kernel/fs/vfat/vfat.o: unresolved ▷
◁ symbol fat_scan
/lib/modules/2.4.20-4GB/kernel/fs/vfat/vfat.o: unresolved ▷
◁ symbol fat_dir_empty
◁◁◁◁◁
```

Um das Leben zu vereinfachen, aber auch um das selbstständige Laden der Module durch den Kernel zu ermöglichen, müssen diese Abhängigkeiten automatisch aufgelöst werden. Dazu dient das Programm depmod, das aufgrund der in den Modulen gefundenen Informationen (über benutzte und definierte *symbols*) die Abhängigkeiten zwischen den Modulen herausfindet und diese in die Datei modules.dep im Modul-Verzeichnis, also hier /lib/modules/2.4.20-4GB, ablegt.

depmod

```
$ grep vfat /lib/modules/2.4.20-4GB/modules.dep
/lib/modules/2.4.20-4GB/kernel/fs/vfat/vfat.o:    /lib/▷
◁modules/2.4.20-4GB/kernel/fs/fat/fat.o
```

Diese Datei wird von modprobe ausgewertet, so dass der Aufruf

```
# modprobe vfat
```

auch ohne vorhergehendes Laden von fat zum Erfolg führt. Normalerweise müssen Sie depmod nicht selbst aufrufen, da Ihre Distribution an geeigneter Stelle in den Bootskripten den Aufruf

```
/sbin/depmod -a
```

untergebracht haben wird, um alle (-a) Modul-Abhängigkeiten zu vermerken.

13.1.6 Konfiguration von Modulen

Modul-Optionen Obgleich Module Kernel-Code enthalten, können Sie sie nicht wie den Rest des Kernels durch Kernel-Parameter konfigurieren, die Sie beim Booten angeben (durch LILO oder GRUB, Abschnitt 14.3), denn da sind noch keine Module geladen.

Optionen für Kernel-Module müssen diesen also beim Laden des Moduls mitgegeben werden; sie werden bei insmod und modprobe einfach hinter dem Modul-Namen mit aufgeführt:

```
# insmod 3c501 io=0x280 irq=5
```

modules.conf Haben Sie die optimalen Optionen für Ihre Module gefunden, so können Sie diese in die Datei /etc/modules.conf in der Form

```
options 3c501   io=0x280 irq=5
```

eintragen. Wann immer modprobe das Modul 3c501 laden soll, wird es ihm die angegebenen Optionen mitgeben. Damit werden die Optionen insbesondere auch beim automatisierten Modul-Laden durch den Kernel berücksichtigt.

Mit den neuen Modul-Werkzeugen für Linux 2.6 wurde modules. conf übrigens in modprobe.conf umbenannt, außerdem wurde die Syntax geändert und vereinfacht. Ferner werden, sofern /etc/ modprobe.conf nicht existiert, alle Dateien im Verzeichnis /etc/ modprobe.d gelesen.

⇨ modules.conf(5) (bis Linux 2.4)
⇨ modprobe.conf(5) (ab Linux 2.6)

modinfo Welche Optionen ein Modul akzeptiert, darüber gibt die Ausgabe von modinfo Auskunft.

```
# modinfo 3c501
filename:     /lib/modules/2.4.20-4GB/kernel/drivers/net/▷
◁3c501.o
description: <none>
author:       <none>
license:      "GPL"
parm:         io int, description "EtherLink I/O base address"
parm:         irq int, description "EtherLink IRQ number"
```

Neben dem Pfad zum Modul, einer Kurzbeschreibung, dem Autor und der Lizenz gibt es für jede unterstützte Option eine Zeile an, die mit »parm:« (für Parameter) beginnt. Es folgen der Name der Option und der Typ (hier: »int«, also eine ganze Zahl) sowie eine kurze Beschreibung.

Die vollständige Beschreibung der Option, insbesondere die genaue Bedeutung der Werte, entnehmen Sie der hoffentlich vorhandenen Dokumentation zum Modul, die sich (im Falle von Standard-Modulen) im Verzeichnis Documentation der Kernel-Quellen findet, also in /usr/src/linux/Documentation.

Modul-Aliase Neben der Festschreibung von Modul-Optionen hat die Datei modules.conf (bzw. modprobe.conf) noch eine weitere wichtige Bedeutung: die Definition von Modul-Aliasen. Wollen Sie das Modul 3c501 unter einem anderen Namen ansprechen, so genügt die Zeile

```
alias   eth0     3c501
```

in der Konfigurationsdatei. Immer wenn modprobe aufgefordert wird, das »Modul« eth0 zu laden, wird es jetzt den Netzwerkkartentreiber 3c501 laden. Was zunächst nur wie eine nette Spielerei aussieht, um Tipparbeit zu sparen, ist in Wirklichkeit immens wichtig. Denn hierdurch wird eine Beziehung hergestellt zwischen der abstrakten Netzwerkschnittstelle eth0 und der konkreten Hardware, der Netzwerkkarte. Der Aufruf von

```
# ifconfig eth0 192.168.0.1
```

bewirkt nämlich Folgendes: ifconfig fordert den Kernel auf, die »Netzwerkkarte« eth0 zu konfigurieren. Der Kernel stellt fest, dass er keine Ahnung hat, wie er das machen soll, da er nicht weiß, wie er sich mit eth0 verständigen kann. Er wird daher modprobe beauftragen, das »Modul« eth0 nachzuladen. Durch den Alias-Eintrag lädt modprobe aber in Wirklichkeit 3c501, womit der Kernel in die Lage versetzt wird, die Netzwerkkarte zu betreiben.

Die Hardware-Erkennung, die viele Distributionen vornehmen, sorgt vor allem dafür, dass in modules.conf bzw. modprobe.conf die passenden Einträge gemacht werden.

Hardware-Erkennung

Die Datei /etc/modules.conf hieß in einem früheren Leben /etc/conf.modules. Wenngleich die alte Form nicht mehr empfohlen wird, so kann sie doch noch immer z. B. in alter Dokumentation ihr Unwesen treiben.

13.2 Kernel konfigurieren, übersetzen und installieren

13.2.1 Kernel von der Stange und Maß-Kernel

Heutzutage ist es nur noch in Ausnahmefällen notwendig, den Kernel selbst zu übersetzen, da der von der Distribution gelieferte Kernel fast alle Fälle abdeckt. Wollen Sie aber beispielsweise spezielle Komponenten benutzen (wie die Sicherheitsmodule der NSA), die nicht schon im Kernel Ihrer Distribution integriert sind, so kommen Sie um den Eigenbau nicht herum.

13.2.2 Kernel-Übersetzung vorbereiten

Die Kernel-Quellen packen Sie zweckmäßigerweise im Verzeichnis /usr/src aus:

```
# tar -xjvf linux-2.4.20.tar.bz2
```

worauf ein Verzeichnis /usr/src/linux-2.4.20 entsteht. In Dokumentationen wird auch vom Verzeichnis /usr/src/linux die Rede sein: Die tar-Archive früherer Kernel-Versionen enthielten nur das Verzeichnis linux (ohne Version); heutzutage ist /usr/src/linux eine Verknüpfung auf das eigentliche Verzeichnis. Achten Sie daher darauf, dass /usr/src/linux auch nicht als Verknüpfung existiert, wenn Sie Kernel-Quellen auspacken, die das Verzeichnis linux enthalten.

README Nach dem Auspacken sollten Sie als Erstes die Datei README im Quellen-Verzeichnis (/usr/src/linux-2.4.20) studieren, da es mit jeder neuen Kernel-Version mehr oder weniger große Änderungen am Vorgehen gibt. Wichtige Punkte sind insbesondere: Für welchen C-Übersetzer sind die Kernel-Quellen ausgelegt (genauer: für welche gcc-Version) und welche Programme benötigen Sie zum Betreiben des neuen Kernels, beispielsweise welche Version der Modul-Werkzeuge (insmod usw.)?

13.2.3 Kernel-Übersetzung konfigurieren

Anders als normale Software (Abschnitt 12.1) wird der Kernel nicht durch ein configure-Skript konfiguriert: Die Konfigurationsmöglichkeiten sind zu vielfältig, als dass man sie vollständig automatisieren könnte. Stattdessen existiert schon die Steuerdatei Makefile make für make, so dass die Konfiguration durch Aufruf geeigneter make-Ziele erfolgt.

Aufräumen Bevor Sie die Konfiguration starten, sollten Sie erst aufräumen, damit Sie sicher sind, dass keine Altlasten eines früheren Versuchs die Kernel-Übersetzung stören. Durch make clean

```
# cd /usr/src/linux-2.4.20
# make clean
```

werden Zwischenprodukte einer früheren Übersetzung entfernt.
Diesen Aufruf sollten Sie vor jeder Übersetzung wiederholen.
Komplett reinen Tisch machen Sie durch den Aufruf

make mrproper

```
# make mrproper
```

(genau: das Putzmittel), der auch alte Konfigurations-Dateien entfernt.

Alte Konfiguration als Ausgangspunkt   Am besten starten Sie mit
der Konfigurationsdatei des Kernels, der bei Ihnen normalerweise
Dienst tut, und passen sie nur entsprechend an. Dazu müssen Sie
die alte Konfigurationsdatei nach .config kopieren.

.config

Durch den Aufruf

make oldconfig

```
# make oldconfig
```

wird automatisch eine neue Datei .config aus der alten generiert
– es werden also Einstellungen, die in der neuen Kernel-Version
vorkommen, nicht jedoch in Ihrer alten, ergänzt usw. Wenn Sie
keine alte Konfigurationsdatei haben, so wird einfach eine neue
erstellt.

In jedem Fall sollten Sie die neue Konfiguration überprüfen und
anpassen.

Neue Konfiguration erstellen   Zum Verändern oder Erstellen einer
Konfiguration, d. h. der Datei .config, haben Sie drei Möglichkeiten:

make config

```
# make config
```

fragt nacheinander alle Konfigurations-Parameter ab. Diese Methode ist *nicht empfehlenswert*, da Sie nach einer Fehleingabe nicht
zurückspringen können und wieder von vorne anfangen müssen.
Bei ca. 2000 Parametern ist das lineare Vorgehen aber ohnehin un-
übersichtlich.

make menuconfig

```
# make menuconfig
```

erzeugt im Terminal eine Menü-Auswahl, so dass Sie bequem
einzelne Bereiche auswählen und zu diesen auch später zurück-
kehren können. Damit dieses make-Ziel erstellt werden kann,

make xconfig

benötigen Sie die Header-Dateien der Ncurses-Bibliothek; stellen Sie sicher, dass die entsprechenden Pakete (z. B. bei SUSE: ncurses-devel) installiert sind.

```
# make xconfig
```

ist ähnlich zu make menuconfig, nur benutzt es Tcl/Tk (bis Linux 2.4) oder Qt (ab Linux 2.6) und erfordert X11. (In Linux 2.6 gibt es, wie könnte es anders sein, auch eine Gtk-basierte Variante namens »make gconfig«.)

Alle drei Methoden erlauben bei der Konfiguration das Aufrufen von Hilfstexten, die Erläuterungen zu den einzelnen Optionen liefern. Alle drei sichern die Datei .config nach .config.old, so dass Sie Ihre Arbeit durch

```
# diff .config .config.old
```

o. Ä. überprüfen können.

Bei der Konfiguration können Sie Fragen im Normalfall mit »y« (Ja) oder »n« (Nein) beantworten. Viele Komponenten bieten außerdem die Option »m« (Modul) an. Dadurch wird die Komponente zwar übersetzt, aber nicht direkt in den endgültigen Kernel eingebunden, sondern als ladbares Modul bereitgestellt. Manche Komponenten können sogar *nur* als Module übersetzt werden.

Bei der Auswahl, welche Komponenten man fest in den Kernel einbauen, weglassen oder als Modul übersetzen will, kann man viel falsch machen. Beispielsweise setzen viele Programme interne TCP/IP-Unterstützung voraus, selbst wenn der Rechner nicht Teil eines Netzwerks ist; die Netzwerk-Funktionalität des Kernels sollten Sie deswegen nicht mutwillig weglassen (auf die Hardware-Treiber können Sie dann allerdings verzichten). Zum Glück geben die Hilfetexte häufig Hinweise wie »Wenn Sie nicht wissen, was das Ganze soll, können Sie gefahrlos N drücken«.

13.2.4 Kernel übersetzen und installieren

Makefile

Bevor wir ans eigentliche Übersetzen des Kernels gehen, sind noch zwei Schritte notwendig. Als Erstes öffnen Sie die Datei Makefile mit einem Editor. Dort steht am Anfang

```
VERSION = 2
PATCHLEVEL = 4
SUBLEVEL = 20
EXTRAVERSION =
```

Diese vier Variablen ergeben zusammen den Namen des neuen Kernels, so wie ihn die Ausgabe von `uname -r` liefern würde. Ändern Sie *nur die letzte* Variable geeignet ab, beispielsweise in

```
EXTRAVERSION = -test1
```

Ihr Kernel wird dann 2.4.20-test1 heißen. Damit können Sie verschiedene von Ihnen erstellte Varianten des 2.4.20er-Kernels unterscheiden. Außerdem hat dadurch jeder Kernel sein eigenes Modul-Verzeichnis in /lib/modules; verschieden konfigurierte Varianten des 2.4.20er-Kernels kommen sich nicht in die Quere.

Die Datei Makefile liefert noch eine ganze Reihe weiterer Einstellmöglichkeiten; schauen Sie sich ruhig um.

Als zweites werden durch

make dep

```
# make dep
```

Abhängigkeiten (engl. *dependencies*) aufgespürt, um die folgende Übersetzung zu steuern. Wenn Sie noch kein

```
# make clean
```

ausgeführt haben, ist jetzt die letzte Gelegenheit.

Zum eigentlichen Übersetzen des Kernels gibt es eine Reihe von möglichen Zielen wie zImage, install, zlilo, zdisk, die nur das *image*, also den übersetzten Kernel, erzeugen oder auch noch verschiedene Installationsschritte durchführen. So schreibt zdisk nach der Übersetzung den Kernel gleich auf Diskette. Am sichersten ist aber das Installieren von Hand.

Der einfache Aufruf von make zImage wird aber nicht mehr empfohlen; sehr wahrscheinlich endet er auch mit einer Fehlermeldung, die besagt, dass Ihr Kernel zu groß für zImage ist.

Obwohl der erstellte Kernel komprimiert ist (daher das »z« in zImage; der Kernel packt sich beim Booten selbst aus), ist er immer noch zu groß für das BIOS. Besser geht es, wenn man den Kernel gleich durch

make bzImage

```
# make bzImage
```

erstellt; das »b« deutet an, dass hier ein *big kernel* erstellt werden soll.

Wenn alles durchgelaufen ist, kann das Kernel-Image installiert werden. Dazu müssen Sie nur den Kernel nach /boot kopieren:

```
# cp arch/i386/boot/bzImage /boot/vmlinuz-2.4.20-test1
```

und einen entsprechenden Eintrag im Bootmanager vornehmen (vgl. Abschnitt 14.2).

Die Bezeichnungen vmlinuz und vmlinux sind für das komprimierte bzw. unkomprimierte Kernel-Image üblich. Eine Erweiterung des Dateinamens wie im Beispiel ist nicht notwendig, aber äußerst empfehlenswert, damit Sie nicht bei mehreren Kernel-Images den Überblick verlieren.

In Linux 2.6 ist der Übersetzungsvorgang aus der Benutzersicht nur geringfügig verändert worden (unter der Motorhaube wurde alles mögliche umgestellt). Der separate »make dep«-Schritt ist nicht mehr erforderlich. Außerdem ist es nicht mehr möglich, einen Linux-2.6-Kernel à la zdisk direkt auf eine Diskette zu schreiben; die Verwendung eines Bootladers ist Pflicht.

13.2.5   Kernel-Module übersetzen und installieren

make modules   Die Module übersetzen Sie durch den Aufruf

```
# make modules
```

make modules_install   und durch

```
# make modules_install
```

werden die Module nach /lib/modules/2.4.20-test1 installiert, oder was auch immer die genaue Kernel-Bezeichnung sein mag. Dadurch wird auch die Liste der abhängigen Module modules.dep durch depmod erzeugt (Abschnitt 13.1.5), Sie müssen sich also darum nicht kümmern.

Je nach Ihrer Auswahl an Modulen kann die Übersetzung deutlich mehr Zeit als die eigentliche Kernel-Übersetzung benötigen.

## Kapitel 14

Systemstart und Runlevel

In diesem Kapitel ...

- ✓ lernen Sie die Vorgänge beim Systemstart kennen

- ✓ lernen Sie die Funktion und die Konfiguration der Bootloader LILO und GRUB kennen

- ✓ erfahren Sie, wie Sie die Laufzeiteigenschaften des Kernels beeinflussen können

- ✓ wird Ihnen Wissen vermittelt, das Sie zum Lösen von Problemen beim Systemstart benötigen

- ✓ erfahren Sie, was Runlevel sind und wie man sie einrichtet

- ✓ lernen Sie die Vorgänge beim Herunterfahren des Systems kennen

14.1 Der Systemstart

14.1.1 BIOS, Bootlader und Kernel

Direkt nach dem Einschalten eines Intel-kompatiblen PCs übernimmt das BIOS die Kontrolle über den Rechner. Es führt einen
POST Satz von Selbsttestroutinen aus (*power-on self test*, POST) und sucht auf den verschiedenen angeschlossenen Medien nach einem Bootlader für ein Betriebssystem.

Wenn das BIOS einen Bootlader findet, holt es ihn in den Hauptspeicher und startet ihn. Der Bootlader sucht und lädt dann das eigentliche Betriebssystem, zum Beispiel einen Linux-Kernel. Der
Protected Mode Linux-Kernel entpackt sich, aktiviert den *Protected Mode* zur linearen Adressierung des Hauptspeichers und initialisiert die Hardware. Dabei kann er direkt auf fest einkompilierte Treiber zurückgreifen. Als Module ausgelegte Treiber können dem Kernel in die-
initrd ser Phase über die *Initial RAM Disk* oder *initrd* zugänglich gemacht werden, die vom Bootlader mit geladen wird und ein kleines Dateisystem mit Modulen und Hilfsprogrammen enthält.

↪ BIOS (Abschnitt 9.2)
↪ Bootlader (Abschnitt 14.2)
↪ Linux-Kernel (Kapitel 13)

14.1.2 Der Init-Prozess

Anschließend hängt der Kernel die designierte /-Partition ein und ruft den ersten echten Prozess auf, den init-Prozess mit der Prozess-ID 1. Der init startet den Rest des Betriebssystems, zunächst u. a. die getty-Prozesse zur Terminalansteuerung und diverse Dienstprogramme. Der Prozess ist damit der Urahn aller weiteren Prozesse auf dem System.

/etc/inittab init liest /etc/inittab, um zu erfahren, was genau zu tun ist:

Bootskript ■ init startet ein Shell-Skript, das **Bootskript**. Der Pfad zum Bootskript kann über den Eintrag

```
si::bootwait:⟨Datei⟩
```

festgelegt werden. Das Bootskript ist meist in Teile zerlegt und
Init-Verzeichnis liegt im Init-Verzeichnis. Das **Init-Verzeichnis** (/etc/init.d

oder /etc/rc.d/init.d) ist das Verzeichnis, in dem fast alle Skripte und Einstellungen für Systemstart und Runlevel-Konfiguration stehen. Das Bootskript überprüft zum Beispiel die in /etc/fstab eingetragenen Dateisysteme auf Inkonsistenzen und repariert sie, falls möglich. Außerdem ist es für das Einhängen der weiteren Dateisysteme zuständig.

- init arbeitet weitere Skripte im Init-Verzeichnis ab, die zum Beispiel Dienste wie die Netzwerkdienste starten. Man spricht von **Init-Skripten**. Welche Init-Skripte genau aufgerufen werden, hängt vom Runlevel ab, den das System anstrebt. **Init-Skripte**

- init startet getty-Prozesse, die das Anmelden auf (textorientierten) Terminals ermöglichen, insbesondere auf den virtuellen Konsolen:

```
1:2345:respawn:/sbin/mingetty --noclear tty1
```

Wenn Sie an /etc/inittab etwas ändern, können Sie init mit dem Kommando »init q« dazu bringen, die Datei neu einzulesen und auszuwerten.

⇨ init(8), inittab(5)
⇨ /etc/fstab (Abschnitt 10.3.2), Dateisystemintegrität (Abschnitt 10.4.2)
⇨ Runlevel (Abschnitt 14.4)

Beim Startvorgang geben Kernel, Boot- und Init-Skripte ein ausführliches Protokoll ihrer Aktivitäten aus. Dieses können Sie auch nachträglich noch einsehen, um Probleme zu finden.

⇨ Startprotokoll (Abschnitt 16.1.3)

14.2 Bootlader und Bootmanager

14.2.1 Was ist ein Bootlader?

Der Bootlader ist ein kleines Programm, das das eigentliche Betriebssystem (den Linux-Kernel) in den Speicher holen und starten soll. Das BIOS liest den Bootsektor, den ersten Sektor (512 Bytes) eines bootfähigen Mediums; in diesem Sektor sind 446 Bytes Platz für die erste Stufe eines Bootladers. Dieses sehr kleine Programm genügt, um den eigentlichen Bootlader von anderswo auf dem Medium zu holen und zu starten. Den Bootsektor einer Fest- **Bootsektor**

MBR

platte (nicht zu verwechseln mit dem Bootsektor der ersten Partition einer Festplatte) nennt man übrigens auch *Master Boot Record* oder MBR; neben dem Bootlader enthält der MBR auch die ersten vier Einträge der Partitionstabelle.

LILO
GRUB

Bootmanager

Die beiden gängigsten Bootlader für Linux sind der »Linux-Loader« (**LILO**) und der »Grand Unified Bootloader« (**GRUB**). Beide können nicht nur den Kernel finden, ins RAM laden und starten und ihm dabei Konfigurationsparameter übergeben, sondern sie funktionieren auch als **Bootmanager**: Sie können mehrere Kernel verwalten und dem Benutzer per Menü die Auswahl zwischen ihnen geben, außerdem können LILO und GRUB auch andere Betriebssysteme (etwa Windows) laden und starten.

LOADLIN

SYSLINUX

Es gibt noch einige andere Bootlader für Linux, etwa LOADLIN, ein DOS-Prögrämmchen, mit dem Sie Linux aus einer laufenden DOS-Umgebung heraus starten können. Ein weiterer Linux-Bootloader ist SYSLINUX, das auf externen Bootmedien wie Disketten und CD-ROMs (als ISOLINUX) verwendet wird. Auch das Booten über Ethernet ist möglich. Alle diese Methoden sind für LPIC-1 nicht relevant.

↪ Überblicksseite mit Verweisen: `http://www.linuxwiki.de/BootManager`
↪ Partitionierung (Abschnitt 10.1.1)

14.2.2 LILO: Der »Linux-Loader«

Klassiker

Der LILO ist ein Klassiker unter den Linux-Bootloadern, er versieht schon seit vielen Jahren klaglos seinen Dienst. Bei vielen Distributionen wurde er allerdings von GRUB abgelöst, der moderner ist und mehr kann.

Bestandteile

LILO besteht aus folgenden Teilen: dem *LILO-Bootsektor* mit dem ersten Teil des LILO-Codes, dem *LILO-Maschinencode* unter /boot/boot.b (manchmal auch, wie beim GRUB, *Stage 2* genannt) und einer *Map-Datei*, in der der Ort der Linux-Kernels und andere wichtige Daten eingetragen sind (/boot/map). Manchmal existiert zusätzlich zu den genannten Teilen noch eine Begrüßungsnachricht unter /boot/message, die auch eine Grafik sein kann, die beim Systemstart als Hintergrund verwendet wird.

Installation

Die Bestandteile von LILO werden bei der Installation von LILO mit Hilfe des Kommandos lilo an ihren Platz kopiert:

```
# Allgemeine Optionen
boot=/dev/hda
prompt
timeout=150
read-only

# Systeme
image=/boot/vmlinuz-2.4.24
  label=Linux
  root=/dev/hda1
image=/boot/vmlinuz-2.4.23
  label=Alt
  root=/dev/hda1
other=/dev/hda3
  label=AnderesOS
```

Bild 14.1: Eine einfache /etc/lilo.conf-Datei

```
# lilo
Added linux *
Added win
Added linux2
```

↪ LILO: http://brun.dyndns.org/pub/linux/lilo/
↪ Verweisseite für LILO: http://www.linuxwiki.de/LILO
↪ 1024-Zylinder-Grenze (Abschnitt 9.2.2)

Die Konfiguration von LILO steht in der Datei /etc/lilo.conf. Sie wird vom lilo-Programm ausgelesen – um Änderungen in der Datei wirksam zu machen, müssen Sie mit dem Kommando »lilo« den Bootlader aktualisieren. Ein einfaches Beispiel finden Sie in Bild 14.1.

/etc/lilo.conf

Die Konfigurationsdatei besteht aus einem allgemeinen Teil und einem oder mehreren Abschnitten für die zu bootenden Systeme. Im allgemeinen Teil sind unter anderem die folgenden Einträge erlaubt:

Allgemeiner Teil

boot=⟨Gerät⟩ LILO wird im Bootsektor des angegebenen Geräts installiert (wenn das Gerät sich auf eine komplette Platte bezieht, etwa /dev/hda1, im MBR).

prompt Mit diesem Eintrag gibt LILO beim Systemstart eine Eingabeaufforderung (engl. *boot prompt*) aus und wartet die in timeout festgelegte Zeitspanne auf die Eingabe einer Kommandozeile für den Kernel.

timeout=⟨Zeit⟩ Hiermit wird die Zeit in Zehntelsekunden eingestellt, die LILO am Bootprompt auf eine Eingabe wartet, bevor er den Standard-Kernel (s. u.) lädt. Ist die Variable nicht gesetzt, wartet LILO beliebig lange.

default=⟨Name⟩ Der Name des Abschnitts, dessen System als Standard gestartet werden soll, wenn die in timeout festgelegte Zeitspanne abgelaufen ist (ersatzweise der erste Abschnitt).

In den weiteren Abschnitten von /etc/lilo.conf können Sie auf verschiedene Linux-Kernels und andere Betriebssysteme verweisen. Die Abschnitte reichen von einer image=- oder other=-Zeile bis zur nächsten oder bis zum Dateiende, je nachdem, was früher kommt.

image=⟨Kernel⟩ Der Pfad zu einem Linux-Kernel.

label=⟨Name⟩ Ein beliebiger alphanumerischer Name für den Abschnitt. Die maximale Länge beträgt 15 Zeichen.

root=⟨Gerät⟩ Die Gerätedatei für die /-Partition. Wird als Kernel-Parameter an den Kernel weitergegeben.

initrd=⟨Datei⟩ Pfad zur *initrd*, falls benutzt.

append=⟨Zeichenkette⟩ Hier können Sie Kernel-Parameter angeben, die ungefiltert an den Kernel weitergegeben werden.

other=⟨Gerät⟩ Dieses Gerät enthält im Bootsektor einen alternativen Bootlader, der von LILO gestartet werden soll, etwa um Windows zu booten.

Fehlermeldungen Übrigens: Wenn beim Booten unter LILO etwas schiefgelaufen ist, bleibt der LILO nicht stumm. Je nach Fehler bekommt man nur Teile des Bootprompts zu sehen, z. B. LI, denen je nach Beschaffenheit eine bestimmte Bedeutung zugrunde liegt.

↪ lilo(8), lilo.conf(5)

14.2.3 GRUB: Der »Grand Unified Bootloader«

GRUB ist moderner und größer als LILO und kann mehr: Er kennt die Formate der gängigen Linux-Dateisysteme und kann seine Konfigurationsdateien und den Kernel direkt über ihre Dateinamen finden, statt eine vorgekochte Blockliste lesen zu müssen wie LILO. Anders als bei LILO ist daher keine Anpassung der Bootlader-Komponenten nötig, wenn die GRUB-Konfiguration oder der Kernel verändert werden – Sie können keinen lilo-Aufruf mehr vergessen.

GRUB hat keine Eingabeaufforderung wie LILO, sondern ein text-basiertes Bootmenü. Sie können Einträge im Bootmenü vor dem Booten manuell abändern oder eine »GRUB-Shell« mit diversen Befehlen aufrufen. Ähnlich wie LILO besteht GRUB aus einem kurzen Programm für den Bootsektor und einer umfangreicheren Routine, die dieses kurze Programm lädt. Dazu kommen Programme zur Unterstützung der verschiedenen Dateisysteme.

Bootmenü

⇨ grub(8), http://www.gnu.org/software/grub/

Die GRUB-Konfigurationsdatei heißt /boot/grub/menu.1st, manch-

Konfigurationsdatei

```
default 1
timeout 10

title linux
    kernel (hd0,1)/boot/vmlinuz root=/dev/hda2
    initrd (hd0,1)/boot/initrd
title failsafe
    kernel (hd0,1)/boot/vmlinuz.bak root=/dev/hda2 acpi=off
    initrd (hd0,1)/initrd.bak
title anderessystem
    root (hd0,2)
    makeactive
    chainloader +1
title floppy
    root (fd0)
    chainloader +1
```

Bild 14.2: Eine einfache Konfigurationsdatei für GRUB

mal auch /boot/grub/grub.conf. Die Datei liegt abweichend vom sonstigen Standard in /boot, weil GRUB beim Systemstart im Gegensatz zu LILO direkt auf seine Konfigurationsdatei zugreift. In der Konfigurationsdatei werden die Grundeinstellungen vorgenommen und die einzelnen zu bootenden Betriebssysteme festgelegt. Die Datei könnte zum Beispiel aussehen wie in Bild 14.2.

Die einzelnen Parameter bedeuten:

default Das standardmäßig zu bootende System. GRUB zählt ab 0, das Beispiel in Bild 14.2 startet also standardmäßig den Eintrag failsafe.

timeout So lange (in Sekunden) wird das Bootmenü angezeigt, bevor das Standardsystem gestartet wird.

title Beginnt einen Eintrag für ein System und bestimmt dessen Namen für das Bootmenü.

kernel Bestimmt den zu bootenden Kernel. (hd0,1)/boot/vmlinuz bedeutet etwa, dass der Kernel in /boot/vmlinuz auf der 1. Partition auf der 0. Festplatte zu finden ist, also im Beispiel auf /dev/hda2. Die genaue Zuordnung der einzelnen Laufwerke findet GRUB in der Datei device.map (meistens/boot/grub/device.map). Nach der Pfadangabe können Sie noch beliebige Kernel-Parameter übergeben (wie bei append bei LILO). Dazu gehört auch der »root«-Parameter für die /-Partition[1].

initrd Den Ort der *initrd* (falls benutzt).

root Gibt die Systempartition für einen anderen Bootlader an (nicht zu verwechseln mit dem Kernel-Parameter root). Hier können Sie auch Medien angeben, wo nur manchmal etwas Bootbares zu finden ist, beispielsweise das Floppy-Laufwerk – so können Sie von Floppy booten, ohne dass das im BIOS eingestellt ist.

chainloader +1 Benennt den von der Fremd-Systempartition zu ladenden Bootlader (in der Regel den Inhalt des Bootsektors der Systempartition).

---

[1]Sie können den Kernel so kompilieren, dass er seine /-Partition kennt. Viele Distributionen machen das aber aus naheliegenden Gründen nicht so.

makeactive Setzt für die angesprochene Partition temporär das »bootable-flag«, was bestimmte Systeme (nicht Linux) brauchen, um von der betreffenden Partition booten zu können.

GRUB unterstützt noch viele weitere Konfigurationsoptionen.

Neu installieren müssen Sie GRUB nur selten, da es genügt, einfach die Konfigurationsdatei zu ändern. Die Änderungen treten beim nächsten Systemstart automatisch in Kraft. Eine Neuinstallation von GRUB ist nur dann nötig, wenn Sie z. B. die Datei device. map verändern – und natürlich auch dann, wenn Sie versehentlich den Bootloader überschrieben haben.

Neu installieren

Zur Installation verwenden Sie das Kommando grub, das die GRUB-Shell aufruft. Am besten benutzen Sie dafür ein »GRUB-Skript«, um nicht nach einer falschen Eingabe alles neu tippen zu müssen. Einige Distributionen liefern auch schon ein passendes Skript mit. Der Installationsvorgang könnte dann so aussehen:

```
# grub --batch --device-map=⟨Devicemap⟩ </etc/grub.inst
```

Die Option --device-map legt eine device.map-Datei unter dem angegebenen Namen an, falls noch keine existiert.

/etc/grub.inst kann zum Beispiel den folgenden Inhalt haben:

```
root (hd0,1)
setup (hd0)
quit
```

root kennzeichnet die Partition, auf der sich das »Heimatverzeichnis« von GRUB befindet (meistens /boot/grub). setup installiert GRUB auf dem angegebenen Gerät, hier im MBR von hd0. Das setup-Kommando von GRUB ist eine vereinfachte Fassung eines allgemeineren Kommandos namens install, das in den meisten Fällen funktionieren sollte.

Alternativ zur beschriebenen Methode können Sie auch das Skript grub-install zur Installation der GRUB-Komponenten benutzen, das manche Distributionen mitbringen.

grub-install

↪ grub(8), grub-install(8)
↪ »info grub«

Booten von CD-ROM Bootfähige CD-ROMs oder DVDs spielen eine wichtige Rolle bei der Installation oder Aktualisierung von

Linux-Systemen oder als Grundlage von Live-Systemen, die direkt von CD ablaufen, ohne auf der Platte installiert werden zu müssen. Um einen Linux-Rechner von CD zu booten, müssen Sie im einfachsten Fall nur dafür sorgen, dass das CD-Laufwerk weiter vorne in der Bootreihenfolge des BIOS steht als die Festplatte, und den Rechner starten, während die gewünschte CD im Laufwerk liegt.

Allerdings widerspricht das der Maxime, dass der Rechner immer von der Platte booten sollte, damit niemand Hergelaufenes mit einer Linux-Live-CD das System »übernehmen« kann. Es gibt Mittel und Wege, von GRUB aus eine CD-ROM zu booten; die Details führen allerdings zu weit und werden für LPIC-1 auch nicht verlangt.

⇨ CD booten von GRUB: `http://www.lrz.de/~bernhard/grub-chain-cd.html`

14.3   Kernel-Parameter

Der Linux-Kernel kann vom Bootlader eine Kommandozeile übernehmen und diese während der Initialisierung auswerten. Mit den Parametern auf der Kommandozeile können Sie Gerätetreiber einstellen und verschiedene Kernel-Optionen ändern. Dieser Mechanismus zur Laufzeitkonfigurierung des Linux-Kernels ist vor allem bei den generischen Kernels auf den Bootmedien der Linux-Distributionen hilfreich, um Rechner mit problematischen Hardwarekonfigurationen zum Laufen zu bringen. Zum dauerhaften Festhalten von Kernel-Parametern bei einer Linux-Installation dient bei LILO der Parameter `append`, bei GRUB können Sie die Parameter einfach dem Pfad zum Kernel im `kernel`-Eintrag folgen lassen.

boot prompt   Ferner können Sie Kernel-Parameter am *boot prompt* oder im Bootmenü eingeben. Als Bootmanager erwarten GRUB und LILO als erstes Argument die Bezeichnung des Betriebssystems, das geladen werden soll. Im Anschluss an diese Bezeichnung können Sie Parameter für den Kernel übergeben, die Sie jeweils durch Leerzeichen voneinander trennen müssen. Achtung: Das gilt nicht für Parameter, die für denselben Treiber gemeint sind. Solche Parameter werden durch Kommas getrennt, aber ohne Leerzeichen aneinandergereiht (z. B. `aic7xxx=0x300,10,7` für einen SCSI-Controller).

Hier einige typische Kernel-Parameter:

ro Die /-Partition soll schreibgeschützt eingehängt werden.

rw Die /-Partition soll schreibbar eingehängt werden, auch wenn in der Kernel-Datei oder in der Konfiguration des Bootladers etwas anderes festgelegt ist.

init=⟨Programm⟩ Startet ⟨Programm⟩ (etwa /bin/bash) anstelle von /sbin/init. Es findet keine Kennwortabfrage statt, der Aufrufer wird typischerweise root.

1 … 5 Startet das System in den durch die Ziffer gegebenen Runlevel (kein Kernel-Parameter im eigentlichen Sinne).

↪ Documentation/kernel-parameters.txt im Kernel-Quellcode

14.4 Runlevel

Die »Runlevel« des Systems sind eine Methode zur Strukturierung der laufenden Dienste (lokale Dienste wie der Druckdienst oder cron und Netzwerkdienste wie Mail- oder Web-Server) und damit zur Charakterisierung der »Betriebsart« des Systems. In der *Linux Standard Base* (LSB) sind sechs verschiedene Runlevel wie folgt definiert:

S oder 1 Ein-Benutzer-Modus (engl. *single-user mode* oder *maintenance mode*), minimales laufendes System

2 Mehrbenutzerbetrieb ohne Netzwerkdienste (Client-Zugriff auf das Netz und Anmelden auf virtuellen oder seriell angeschlossenen Terminals ist möglich)

3 Mehrbenutzerbetrieb mit Netzwerkdiensten

4 Unbenutzt, kann individuell konfiguriert werden

5 Mehrbenutzerbetrieb mit Netzwerkdiensten und X11-Displaymanager für grafische Anmeldung

6 Systemneustart

0 Systemhalt

Die Runlevels 7 bis 9 stehen im Prinzip auch zur Verfügung.

Standard-Runlevel Der **Standard-Runlevel**, den das System beim Starten anstrebt, wenn nichts anderes gesagt wurde, wird im `initdefault`-Eintrag in `/etc/inittab` festgelegt, zum Beispiel

```
id:5:initdefault:
```

RunlevelWechsel Im Betrieb können Sie den Runlevel mit dem Befehl `init` (alternativ dazu `telinit`, von *tell init*). »`init 3`« zum Beispiel wechselt sofort in den Runlevel 3. Den aktuellen Runlevel (und den vorigen) können Sie mit `runlevel` abfragen.

⇨ `init`(8), `inittab`(5), `runlevel`(8)

14.4.1 Konfiguration der Runlevel

Um die Verwaltung der Runlevel kümmert sich `init`. Die Datei `/etc/inittab` enthält Einträge der Form

```
l3:3:wait:/etc/init.d/rc 3
```

die beim Wechsel in einen Runlevel (hier 3) konsultiert werden. Der gezeigte Eintrag legt fest, dass zum Betreten von Runlevel 3 das Skript `/etc/init.d/rc` mit dem Parameter 3 aufgerufen wird. `wait` bestimmt, dass `init` das Ende des gestarteten Prozesses abwartet. Die Aufgabe des `rc`-Skripts ist es, die passenden Dienste für den Runlevel zu starten und alle unnötigen anzuhalten.

⇨ `inittab`(5)

Init-Skripte Die Dienste für die verschiedenen Runlevel werden über die **Init-Skripte** (auch »Runlevel-Skripte«, »Startskripte« oder »rc-Skripte« genannt) im Init-Verzeichnis der jeweiligen Distribution (`/etc/init.d` oder `/etc/rc.d/init.d`) gesteuert. Die Skripte werden jeweils beim Wechsel von einem Runlevel in den anderen **Manueller Aufruf** abgearbeitet, können aber auch von Hand aufgerufen werden. Sie können eigene Skripte für beliebige Programme hinzufügen.

Parameter Die Init-Skripte verstehen in der Regel mindestens die Parameter `start`, `stop`, `restart` und `reload`, mit denen Sie die entsprechenden Dienste starten, stoppen usw. können. `restart` entspricht dabei »`stop` unmittelbar gefolgt von `start`«. `reload` versucht den Dienst umzukonfigurieren, ohne ihn dafür anzuhalten; wenn das nicht möglich ist, ist es äquivalent zu `restart`. Einige Distributionen unterstützen weitere Parameter, etwa `status`. Die *Namen* der Init-Skripte sind nicht standardisiert.

Mit einer Kommandofolge wie

```
# cd /etc/init.d
# ./network restart
```

könnten Sie beispielsweise die Netzwerkschnittstellen manuell deaktivieren und (mutmaßlich mit einer geänderten Konfiguration) wieder aktivieren.

Zu jedem Runlevel *n* gibt es im Init-Verzeichnis ein Unterverzeichnis rc*n*.d[2]. In diesen Unterverzeichnissen befinden sich symbolische Links zu den Skripten im Init-Verzeichnis. Über diese Links werden die Init-Skripte beim Betreten und Verlassen der Runlevel aufgerufen, um die Dienste zu starten oder anzuhalten. **Symbolische Links**

Dies richtet sich nach den Namen der Links: Dem Namen des Init-Skripts, auf das der Link zeigt, wird ein »K« oder ein »S« und eine zweistellige Zahl vorangestellt. Für fast jedes Skript gibt es einen S- und einen K-Link. S-Links werden beim Betreten des jeweiligen Runlevels aufgerufen, K-Links beim Verlassen, und zwar in der lexikografischen Reihenfolge der Namen (so wie ls sie anzeigt). Die Zahl nach dem »S« oder »K« soll sicherstellen, dass das Anhalten und das Starten bestimmter Prozesse in einer bestimmten Reihenfolge geschieht, um Abhängigkeiten der Dienste voneinander zu beachten. Zum Beispiel müssen die Netzwerkschnittstellen aktiviert sein, bevor Sie Netzdienste starten können. Das Anhalten der Dienste in einem Runlevel erfolgt meist mehr oder weniger in der umgekehrten Reihenfolge des Startens. **S-Links und K-Links**

Durch Hinzufügen oder Wegnehmen von Links können Sie die Definition der Runlevel verändern. Es kann sein, dass dafür die Zahlen in den Linknamen angepasst werden müssen. Viele Distributionen haben Werkzeuge wie insserv bei SUSE oder chkconfig bei Red Hat, die die Start- und Stoppreihenfolge der Dienste aus einer abstrakten Beschreibung erzeugen; bei anderen Distributionen ist das die Aufgabe des Administrators. Auch grafische Werkzeuge zur Runlevel-Verwaltung kommen in Gebrauch.

Bei Debian-GNU/Linux-Distribution weicht die Runlevel-Konfiguration vom beschriebenen Standard ab; zum einen ist die Runlevel-Zuordnung anders und zum anderen wird weniger auf Auto- **Debian-GNU/Linux**

---

[2]Diese Verzeichnisse können auch direkt in /etc liegen, was aber nicht LSB-konform ist.

matismen als vielmehr auf die expliziten Wünsche des Systemadministrators gesetzt. So existiert zum Beispiel kein Programm wie insserv, das Abhängigkeiten zwischen Diensten analysiert und die symbolischen Links in den rc-Verzeichnissen entsprechend setzt. Stattdessen gibt es das Programm update-rc.d, mit dem Sie die Dienste gezielt konfigurieren können.

Ein-Benutzer-Modus Im Ein-Benutzer-Modus (Runlevel 1 oder S) gibt es nur eine Konsole, an der nur der Systemadministrator arbeiten kann. Der Ein-Benutzer-Modus wird meist für Administrationsaufgaben verwendet, bei denen Sie keine anderen Benutzer und Prozesse auf dem System brauchen können (zum Beispiel wenn das Dateisystem repariert werden muss oder zum Einrichten von Plattenkontingenten).

⇨ init(8), inittab(5), init.d(7) (distributionsabhängig)
⇨ insserv(8), chkconfig(8), update-rc.d(8)

14.5 Problembehandlung beim Systemstart

Der Systemstart ist ein komplexer Vorgang, bei dem einiges schiefgehen kann. Im Folgenden eine kleine Übersicht möglicher Probleme und die entsprechenden Lösungsansätze.

Der Bootlader ist defekt oder falsch konfiguriert Starten Sie das System von der Bootdiskette oder -CD-ROM und installieren Sie den Bootloader korrekt (mit lilo oder grub).

Der Kernel ist defekt oder falsch konfiguriert Gar kein Problem, wenn Sie ein »failsafe«-System mit einem als funktionierend bekannten (älteren) Kernel starten können. Ansonsten können **Rettungssystem** Sie ein externes Rettungssystem starten und einen »guten« Kernel einspielen oder einen neuen Kernel produzieren.

Die Partitionstabelle ist fehlerhaft Starten Sie ein externes Rettungssystem und rekonstruieren Sie die Partitionstabelle mit dd, sfdisk oder fdisk.

Init-Skripte haben Fehler Sofern der Ein-Benutzer-Modus nicht betroffen ist, booten Sie das System in diesen und gehen Sie die Init-Skripte durch. Ansonsten hilft hier das direkte Booten **Booten in eine Shell** in eine Shell mit dem Kernel-Parameter »init=/bin/bash rw«, bei dem der Init-Mechanismus komplett links liegen gelassen wird.

Festplatte oder Dateisystem sind fehlerhaft Schäden an Festplatten sind mit die schlimmsten Fehlertypen. Wenn Systemdateien oder gar das ganze Laufwerk beschädigt sind und nicht wiederhergestellt werden können, hilft oft nur eine Neuinstallation mit einer vorher erstellten Sicherheitskopie. Selbstverständlich sollte im Falle eines Festplattendefekts die entsprechende Platte ausgewechselt werden. Auch die Datenreste einer defekten Platte können noch mit dd gerettet werden.

↪ Bootlader (Abschnitt 14.2)
↪ Partitionen (Abschnitt 10.1.3)
↪ Dateisystemintegrität und fsck (Abschnitt 10.4.2)
↪ Sicherheitskopien (Abschnitt 10.6)

14.6   Anhalten des Systems

Einen Linux-Server müssen Sie prinzipiell nur selten anhalten oder neu starten, etwa um eine neue Kernel-Version zu aktivieren oder um Arbeiten an der Hardware durchzuführen. Arbeitsplatzrechner dagegen müssen nicht immer angeschaltet sein.

Einen Linux-Rechner sollten Sie nicht einfach ausschalten, da das zu Problemen mit den Dateisystemen führen kann, wenn geschriebene Daten noch nicht auf die Platte umgetragen worden sind. Rechner, die von mehreren Benutzern interaktiv verwendet werden, sollten Sie auch nicht einfach herunterfahren, ohne die Benutzer zu warnen und ihnen eine »Gnadenfrist« zu lassen, um ihre aktuellen Arbeiten zu sichern.

Das System anhalten darf in der Regel nur der Administrator; manche Systeme machen Ausnahmen auf der grafischen Oberfläche, damit Benutzer ihre Arbeitsplatzrechner selbst ausschalten können. Konfiguriert wird das meist über den X11-Sitzungsmanager (Abschnitt 11.1.4).

Es gibt verschiedene Möglichkeiten, das System sicher herunterzufahren:

■ Mit dem Befehl shutdown. Dieses Kommando ist die sauberste Form, das System herunterzufahren.

- Mit der Tastenkombination [Strg]+[Alt]+[Entf]. Die Bedeutung dieser Tastenkombination können Sie in /etc/inittab festlegen (meist entweder Anhalten oder Neustart).

- Durch Wechsel in den Runlevel 0 (init 0).

- Mit dem Kommando halt. Früher war das eine sehr direkte Möglichkeit, das System rücksichtslos anzuhalten (typische Anwendung: Feuer), heute verhält sich halt, wenn das System nicht schon im Runlevel 0 oder 6 ist, wie shutdown, das System wird also ordentlich angehalten.

Die empfehlenswerte Methode ist shutdown:

```
# shutdown -h +10
```

fährt zum Beispiel das System in zehn Minuten herunter. Mit der Option -r wird das System neu gestartet, ganz ohne Option wird der Ein-Benutzer-Modus (Runlevel 1) aktiviert.

Folgendes passiert beim Auslösen des Kommandos shutdown:

1. Alle Benutzer bekommen die Mitteilung auf ihre Terminals, dass und wann das System heruntergefahren wird.

/etc/nologin
2. Das shutdown-Kommando legt die Datei /etc/nologin an, die von login ausgewertet wird und das Anmelden normaler Anwender während des Herunterfahrens verhindert.

Runlevel-Wechsel
3. Das System wechselt in den Runlevel 0, 1 oder 6. Dadurch werden alle Dienste über ihre Init-Skripte (K-Links) beendet.

SIGTERM
4. Alle noch laufenden Prozesse erhalten erst das Signal SIGTERM. Prozesse können dieses Signal abfangen und laufende Aktivitäten sichern oder abschließen, bevor sie sich beenden.

5. Einige Sekunden später (einstellbar über -t) werden alle noch vorhandenen Prozesse brutal mit SIGKILL beendet.

SIGKILL

6. Die Dateisysteme werden ausgehängt, der Auslagerungsspeicher wird deaktiviert.

halt
7. Die Kontrolle wird an das Programm halt übergeben, das einen Neustart auslöst oder das System über APM oder ACPI ausschaltet. Ist Letzteres nicht möglich, erscheint auf der Konsole die Meldung »System halted«.

Sie können shutdown nach der Anhaltezeit weiteren Text übergeben, den die Benutzer dann mit angezeigt bekommen:

```
# shutdown -h 12:00 '
Systemhalt wegen Hardwareaufrüstung.
Sorry für die Störung!
'
```

⇨ shutdown(8), halt(8), poweroff(8)
⇨ Signale (Abschnitt 8.4.1)
⇨ Dateisysteme aushängen (Abschnitt 10.3.1)

## Kapitel 15

Drucken

In diesem Kapitel ...

✔ lernen Sie den Berkeley-Druckerdaemon kennen

✔ erfahren Sie einiges über die Verwaltung von Druckern und Warteschlangen

✔ finden Sie heraus, wie Sie Dateien drucken können

✔ lernen Sie Drucker zu installieren und zu konfigurieren

15.1 Drucken unter Linux

Drucken unter Linux ist ein aufwendiges Unterfangen: Grundsätzlich können mehrere Benutzer gleichzeitig Druckaufträge einreichen, und es ist die Aufgabe des Systems, dafür zu sorgen, dass diese nacheinander abgewickelt werden. Aus diesem Grund dürfen Anwendungsprogramme nicht direkt mit Druckern kommunizieren, sondern alle Druckaufträge werden über ein Systemprogramm geleitet, den **Druckerdaemon**, das sie dann an den oder die Drucker weiterleitet. Außer verschiedenen direkt, etwa über parallele oder serielle Schnittstellen oder USB, angeschlossenen Druckern können auch diverse Netzwerkdruckprotokolle verwendet werden, etwa das *Internet Printing Protocol* (IPP), Berkeley-LPD oder das Druckerprotokoll von Windows (SMB).

Druckerdaemon

Drucksysteme
Berkeley-LPD

Für Linux stehen verschiedene Drucksysteme zur Verfügung: Das traditionelle, aber eigentlich längst veraltete Berkeley-LPD-System wurde Anfang der 1980er Jahre entwickelt und kann die heute üblichen Tintenstrahl- und Laserdrucker nicht adäquat ansteuern; der Zugriff auf die meisten Optionen moderner Drucker bleibt LPD-Anwendern verwehrt oder ist doch nur unter großer Mühsal zu erreichen. Inzwischen gibt es modernere Ansätze, etwa CUPS, die einen Leistungsumfang anbieten, der dem entspricht, was Anwender anderer Plattformen erwarten, oder teilweise sogar deutlich darüber hinausgeht. Da diese Systeme eine echte Obermenge der Funktionalität von LPD zur Verfügung stellen und obendrein flexibler und leichter zu administrieren sind, gibt es für den Einsatz von LPD eigentlich keinen Grund mehr. LPIC-1 verlangt allerdings Kenntnisse sowohl über Berkeley-LPD als auch CUPS. Es gibt auch eine modernere Implementierung von LPD namens »LPRng« (wie *next generation*), die allerdings nicht Gegenstand von LPIC-1 ist und hier auch nicht weiter besprochen wird.

CUPS

⊃ http://www.linuxprinting.org/ ist die definitive Anlaufstelle für alle Druckerfragen unter Linux.
⊃ Informationen über CUPS: http://www.cups.org/; wenn Sie auf Ihrem Rechner CUPS installiert haben, probieren Sie mal http://localhost:631/ aus.
⊃ Informationen über LPRng: http://www.lprng.org/

15.2 Der lpd-Druckerdaemon

15.2.1 Grundlagen

Das Berkeley-LPD-Drucksystem besteht aus mehreren Komponenten. Zentral ist der Druckerdaemon lpd (engl. *line printer daemon*), der auf jedem System laufen muss, von dem aus gedruckt werden soll (selbst wenn keine Drucker direkt angeschlossen sind). Er kümmert sich um die Verwaltung von Warteschlangen, in die Benutzer Druckaufträge einstellen können. Diese Aufträge werden dann an lokale oder entfernte Drucker weitergeleitet. Zweiter Bestandteil von LPD ist eine Reihe von Hilfsprogrammen zum Einreichen und Stornieren von Aufträgen, Anzeigen des Inhalts von Warteschlangen und zur Administration des Drucksystems.

Komponenten

Warteschlangen

Hilfsprogramme

Normalerweise wird lpd beim Hochfahren des Systems gestartet und wartet auf Druckaufträge. Sie können anschließend mit einem Programm wie lpr einen Druckauftrag absetzen. lpr kopiert die Daten in ein Zwischenverzeichnis (engl. *spool directory*), zusammen mit Optionen für das tatsächliche Drucken. Dann weist es den lpd auf den neuen Auftrag hin. Der lpd erzeugt anschließend einen Kindprozess, der die Daten an den gewünschten Drucker weiterreicht. Gegebenenfalls werden die Daten vorher noch durch einen »Filter« geschickt, in dem verschiedene Formatumwandlungen möglich sind (Abschnitt 15.2.3).

Ablauf

Filter

Der lpd ist nicht nur lokal auf demselben Rechner, sondern auch über das Netz erreichbar. Geeignete Konfiguration vorausgesetzt ist es also möglich, von allen Rechnern im Netz Druckaufträge an den oder die Rechner zu leiten, an die tatsächlich Drucker angeschlossen sind. Eine rudimentäre Authentisierung ist über die Datei /etc/hosts.lpd möglich – hierin werden zeilenweise die Namen der Rechner aufgezählt, die tatsächlich Druckaufträge an den Rechner schicken dürfen, auf dem die Datei liegt.

Drucken im Netz

⇨ lpd(8)

15.2.2 Die Datei /etc/printcap

Die Drucker, die von einem Rechner aus benutzt werden können – egal, ob sie direkt angeschlossen oder über das Netz erreichbar sind –, werden in der Datei /etc/printcap konfiguriert. Streng genommen konfigurieren Sie in /etc/printcap keine Drucker, sondern Warteschlangen; es ist ohne Weiteres möglich, dass für einen tatsächlichen Drucker mehrere Warteschlangen existieren. Das ist bei LPD sogar eine ganz probate Methode, um zum Beispiel sowohl einseitiges als auch doppelseitiges Drucken auf demselben Drucker zu unterstützen. (Mit CUPS sind solche plumpen Tricks übrigens nicht nötig.)

Eintrag Jede Warteschlange hat einen Eintrag in /etc/printcap, der eine Zeile in der Datei einnimmt. Da die meisten Einträge ziemlich lang sind, verteilt man sie auf mehrere Zeilen und versteckt die Zeilenumbrüche mit »\«:

```
lp|lj|laserjet:\
    :sd=/var/spool/lpd/lj:\
    :lp=/dev/lp0:\
    :mx#0:
```

definiert zum Beispiel eine Warteschlange, die unter den Namen lp, lj und laserjet angesprochen werden kann. Aufträge, die an diese Warteschlange geschickt werden, werden im Verzeichnis /var/spool/lpd/lj zwischengespeichert; sie dürfen beliebig groß sein (mx#0) und landen letztendlich auf dem direkt an die erste parallele Schnittstelle angeschlossenen Drucker (lp=/dev/lp0).

Schlüssel In den Warteschlangen-Einträgen kann eine ganze Reihe von Schlüsseln verwendet werden, die die Ansteuerung der jeweiligen Drucker beeinflussen. Das Beispiel zeigte die allerwichtigsten; weitere Schlüssel stehen in der Handbuchseite printcap(5). Zum Beispiel wird normalerweise vor jedem Auftrag eine Trennseite (die *burst page*) gedruckt, die den Einreicher des Auftrags identifiziert. Wenn Sie das als Papierverschwendung empfinden, können Sie diese Seiten mit dem Schlüssel sh unterdrücken.

Arten von Schlüsseln Es gibt drei verschiedene Arten von Schlüsseln: Schlüssel mit Booleschen Werten (wie sh) stehen einfach für sich selbst – die Trennseite ist eingeschaltet, wenn sh *nicht* im Eintrag vorkommt, und sh schaltet sie ab. Schlüssel mit numerischen Werten wie mx verwenden die Raute (#) als Trennzeichen zwischen Schlüsselname und Wert, Schlüssel mit Zeichenketten als Wert das Gleichheitszeichen.

Das Beispiel oben ist so einfach, dass es in vielen Fällen nicht wirklich funktioniert. Sie können damit einen »echten« PostScript-Drucker mit PostScript-Daten versorgen; wenn Sie aber eine Textdatei an einen simplen Nadel- oder Tintenstrahldrucker schicken, ist es wahrscheinlich, dass Sie eine Ausgabe wie diese sehen:

```
Erste Zeile
            Zweite Zeile
                        Dritte Zeile
```

Dieser »Treppeneffekt« entsteht, weil die Zeilen in einer Linux-Textdatei durch Zeilenvorschubzeichen getrennt sind, die der Drucker wörtlich nimmt. Eigentlich sollten Sie dem Drucker ein »Wagenrücklaufzeichen« (CR) gefolgt von einem Zeilenvorschubzeichen schicken. Das können Sie mit einem **Eingabefilter** erreichen: **Eingabefilter**

```
lp|lj|laserjet:\
    :sd=/var/spool/lpd/lj:\
    :lp=/dev/lp0:\
    :if=/var/spool/lpd/lj/filter:\
    :mx#0:
```

/var/spool/lpd/lj/filter ist dabei ein Programm oder Shell-Skript, das praktisch beliebige Transformationen einer Datei vornehmen kann, in unserem Fall vielleicht etwas wie

```
#!/bin/sh
sed -e 's/$/\r/'
```

Im wirklichen Leben verwenden Sie besser eines der fertigen Pakete mit Druckerfiltern (Abschnitt 15.2.3).

⇨ printcap(5)
⇨ G. Taylor, D. Allaert, »The Printing HOWTO« (Juni 2003), http://www.tldp.org/HOWTO/Printing-HOWTO/, Abschnitt 8.2.

In /etc/printcap können Sie auch Warteschlangen für Drucker definieren, die an andere Rechner angeschlossen sind und über das Netz erreicht werden. Dies kann ungefähr so aussehen: **Drucken übers Netz**

```
remote|rlj|remote-laserjet:\
    :sd=/var/spool/lpd/lj:\
    :rm=printer.example.com:\
    :rp=lp:\
    :mx#0:
```

Hier werden die Aufträge nicht lokal gedruckt, sondern an die Warteschlange lp auf dem Rechner printer.example.com (der ebenfalls LPD unterstützen muss) weitergeleitet. Sie brauchen immer
noch ein sd-Verzeichnis zum Zwischenspeichern; falls der entfernte Rechner nicht erreichbar ist, werden die Aufträge dort gelagert.

⇨ printcap(5)

⇨ G. Taylor, D. Allaert, »The Printing HOWTO« (Juni 2003), http://www.
tldp.org/HOWTO/Printing-HOWTO/, Abschnitt 11.1.

Andere
Betriebssysteme
Sie können von Ihrem Linux-Rechner aus auch Drucker benutzen,
die zum Beispiel von einem Windows-Rechner (oder einem Unix-
Rechner mit Samba) als »Freigabe« verfügbar gemacht werden.
Das Samba-Paket enthält hierzu ein Programm namens smbclient
und ein Shell-Skript smbprint, das als Eingabefilter geeignet ist:

```
smblj|smb-laserjet:\
    :sd=/var/spool/lpd/lj:\
    :lp=/dev/lpd/smblj:\
    :if=/usr/local/sbin/smbprint:\
    :sh:\
    :mx#0:
```

In vielen Anleitungen werden Sie auch den Schlüssel lp=/dev/null
finden; dagegen ist prinzipiell nichts zu sagen, nur versucht LPR
die Datei exklusiv zu öffnen, damit nicht zwei Aufträge gleichzeitig
gedruckt werden können. Alle anderen Prozesse, die mit /dev/null
arbeiten wollen (nicht nur LPR-Prozesse), bekommen also Probleme. Es ist besser, eine Datei wie /dev/lpd/smblj zu erzeugen (kann
leer sein), die nur für diese Warteschlange benutzt wird, oder Sie
kopieren /dev/null mit »cp -p«.

⇨ smbclient(1)

⇨ G. Taylor, D. Allaert, »The Printing HOWTO« (Juni 2003), http://www.
tldp.org/HOWTO/Printing-HOWTO/, Abschnitt 11.2.

⇨ M. P. da Silva, »The Linux Print2Win mini-HOWTO« (Januar 2002),
http://www.tldp.org/HOWTO/Print2Win/, insbesondere Abschnitt 4

15.2.3 Druckerfilter

PostScript
Die meisten Linux-Programme erzeugen Druckausgabe in Post-
Script, einer speziellen, geräteunabhängigen Programmiersprache
zur Beschreibung von Druckseiten (und Folgen davon). Dies hat
unter Unix Tradition, da Unix-Rechner meist von Firmen und

Institutionen verwendet wurden, die sich auch entsprechende Drucker leisten konnten. Das heißt aber nicht, dass Sie für Linux einen teuren PostScript-Drucker brauchen; das frei verfügbare Programm »GhostScript« wandelt PostScript-Daten in die Steuersprachen der meisten preisgünstigen Drucker um. PostScript spielt also auch unter Linux eine wichtige Rolle als *lingua franca* in der Druckausgabe.

a2ps

Sie können mit einem Programm wie a2ps fast beliebige Dateien manuell in PostScript umwandeln und dabei Parameter wie Zeichensätze, Ränder oder Kopf- und Fußzeilen wählen. Für Programmierer beherrscht a2ps sinnvolle Syntaxhervorhebung für viele Programmiersprachen, und es kann auch mit Dateiformaten wie TEX-DVI-Dateien, Handbuchseiten und vielem anderen mehr umgehen.

⇨ a2ps(1)

Moderne Drucksysteme wie CUPS (Abschnitt 15.4) wandeln auch ohne Eingriff des Benutzers alle Druckdaten erst einmal in PostScript um und führen Transformationen wie Seitenauswahl oder Umarrangieren der Seitenfolge in dieser Sprache durch; anschließend wird der Auftrag gegebenenfalls in die druckerspezifische Sprache übersetzt.

Druckerfilter für LPR

Auch für LPR gibt es Programmsysteme, die die transparente Umsetzung von Druckdaten in PostScript und das Drucken dieser Daten auf nahezu beliebigen (Nicht-PostScript-)Druckern ermöglichen. Diese beruhen auf der in Abschnitt 15.2.2 vorgestellten Methode der Eingabefilterung: Mit dem if-Schlüssel im Eintrag einer Warteschlange in /etc/printcap wird verfügt, dass die Druckdaten erst an das Filtersystem übergeben werden, das dann alles Nötige tut. Für den Benutzer scheint es so, als hätte das System einen echten PostScript-Drucker. Die beiden gängigsten Filtersysteme heißen apsfilter und magicfilter; in früheren Versionen von LPIC-1 waren sie prüfungsrelevant, aber heute nicht mehr.

⇨ http://www.apsfilter.org/, vor allem die Handbücher
⇨ http://www.apsfilter.org/filetypes.html für eine Liste der von apsfilter unterstützten Eingabedateiformate
⇨ B. W. Cunningham, »Linux Apprentice: Power Printing with MagicFilter«. *Linux Journal* (1997), http://www.linuxjournal.com/article.php?sid=2337

15.2.4 Drucker und Warteschlangen verwalten: lpc

Das Kommando lpc (von *line printer control*) erlaubt dem Systemadministrator diverse Verwaltungsoperationen für Drucker und
Warteschlangen:

■ Mit »lpc enable« und »lpc disable« können Sie eine Warteschlange freigeben oder sperren. Eine Warteschlange kann freigegeben sein, obwohl der Drucker für die Warteschlange deaktiviert ist; in diesem Fall stauen sich die Aufträge in der Warteschlange, bis der Drucker wieder aktiviert wird. Eine gesperrte
Warteschlange nimmt keine neuen Aufträge an.

■ Mit »lpc start« und »lpc stop« wird die Druckausgabe einer
Warteschlange aktiviert oder deaktiviert (es werden keine Aufträge mehr an den Drucker geschickt). Bei stop druckt der Drucker einen angefangenen Auftrag noch zu Ende; abort ist wie
stop, versucht aber auch einen laufenden Druckvorgang zu beenden; ob das funktioniert, ist zweifelhaft und vom Drucker abhängig.

■ Die Optionen »lpc up« und »down« legen einen Drucker komplett still (Warteschlange *und* Drucker selbst). Mit

```
# lpc down color "Keine Tinte mehr da"
```

wird der Drucker gesperrt; wer einen Auftrag einzureichen versucht, bekommt vom Drucksystem die angegebene Meldung
angezeigt. Dieses Kommando würden Sie zum Beispiel verwenden, wenn der Drucker über längere Zeit ausfällt, etwa wegen
eines Hardwareschadens. Mit

```
# lpc up color
```

wird der Drucker wieder freigegeben.

■ Mit »lpc topq« können Sie einen Auftrag oder alle Aufträge eines Benutzers an den Anfang der Warteschlange holen. »lpc
clean« entfernt alle Aufträge aus der Warteschlange.

Die meisten lpc-Optionen erlauben entweder die Angabe eines
Warteschlangennamens oder all, für »alle Warteschlangen«.

Interaktiver lpc unterstützt auch einen »interaktiven Modus«: Wenn Sie das
Modus Kommando ohne Parameter aufrufen, erhalten Sie eine Eingabe-

aufforderung, an der Sie die oben erwähnten Optionen eingeben können. Das macht es einfach, mehrere dieser Optionen hintereinander abzusetzen:

```
# lpc
lpc> stop color
          ... Teures Fotopapier in den Drucker einlegen ...
lpc> start color-photo
```

15.3 Kommandos zum Drucken

15.3.1 Dateien drucken: lpr, lp und mpage

Prinzipiell können Sie Daten drucken, indem Sie sie einfach an die Schnittstelle schicken, an die der Drucker angeschlossen ist:

»Direktes« Drucken

```
# cat daten.txt >/dev/lp0
```

Je nach den eingestellten Zugriffsrechten müssen Sie dafür natürlich Administratorprivilegien haben. So ein Zugriff setzt aber voraus, dass niemand sonst im selben Moment etwas auf dieselbe Art druckt, und außerdem müssen die Daten in einem Format sein, die der Drucker versteht. Teurere Drucker erwarten zum Beispiel Eingaben im PostScript-Format und können mit reinem Text möglicherweise nichts anfangen. Wir erwähnen diese Methode trotzdem, da sie sich zur Fehlersuche eignet – wenn Sie Ihren Drucker auf diese Weise zum Drucken bringen, dann sind zumindest Hardware, Verkabelung und andere grundlegende Sachen in Ordnung und Sie können die Probleme auf der Softwareseite suchen.

Fehlersuche

Im täglichen Leben sollten Sie besser eines der Systemprogramme zum Drucken verwenden, die die Schnittstelle nicht direkt ansprechen, sondern sich an den installierten Druckerdaemon (etwa LPD) wenden. So erreichen Sie eine saubere Nacheinanderbearbeitung von Aufträgen. Auch eine Umwandlung der Daten in ein für den Drucker adäquates Format lässt sich arrangieren.

System-
programme

Das gängigste Programm zum Drucken ist lpr. Sie können damit entweder die Standardausgabe eines anderen Programms oder das Ergebnis einer Pipeline drucken:

lpr

```
$ pr -150 handbuch.txt | lpr
```

Oder Sie übergeben dem Programm eine Liste von zu druckenden Dateien:

```
$ lpr datei1.txt datei2.ps
```

In jedem Fall werden die Daten wie in Abschnitt 15.2.1 beschrieben zwischengespeichert und von lpd ausgedruckt.

Beim lpr-Aufruf können Sie verschiedene Optionen angeben: Mit

```
$ lpr -#3 -P color datei1.txt
```

werden zum Beispiel drei Exemplare der Datei datei1.txt auf dem Drucker color gedruckt (genau genommen in die Warteschlange color eingestellt).

↪ lpr(1)
↪ Das M. Komarinski, »The Linux Printing Usage HOWTO« (Februar 1998), http://www.tldp.org/HOWTO/Printing-Usage-HOWTO.html, Abschnitt 2.2.

Warteschlange wählen Wenn Sie nichts anderes sagen, stellt lpr die Aufträge in die Warteschlange lp. (*Vorsicht:* Manche Distributionen, etwa die von SUSE, erlauben es dem Administrator, das systemweit zu ändern.) Wenn Sie nicht explizit bei jedem Auftrag die Warteschlange mit -P wählen wollen, können Sie die Umgebungsvariable PRINTER auf den Namen der gewünschten Warteschlange setzen.

Neben dem lpr-Kommando, das aus der Berkeley-LPR-Tradition stammt, unterstützen viele Systeme ein fast äquivalentes Programm namens lp. Dies kommt aus der System-V-Unix-Tradition und ist vielen Benutzern proprietärer Unix-Systeme geläufig. Dem letzten lpr-Beispiel oben entspricht das lp-Kommando

lp

```
$ lp -n 3 -d color datei.txt
```

↪ lp(1)

Es gibt eine Vielzahl von Programmen, die eine Vorverarbeitung der zu druckenden Daten übernehmen. Hier verweisen wir nur **mpage** exemplarisch auf mpage, ein Programm, das mehrere Seiten der Druckausgabe auf einem Blatt Papier zusammenfassen kann (unter anderem):

```
$ pr -l60 handbuch.txt | mpage -2 | lpr
```

druckt den Inhalt der Datei handbuch.txt so aus, dass zwei DIN-A4-
Seiten auf DIN-A5-Format verkleinert und nebeneinander auf ein
quer genommenes A4-Blatt gedruckt werden. (Es kann sein, dass
Ihre Version von mpage nicht für DIN-, sondern für US-amerika-
nische Papiergrößen installiert wurde; prüfen können Sie das mit
»mpage -x«.)

mpage unterstützt jede Menge Optionen, die die Anzahl und Anordnung der Druckseiten auf dem Papier, die Auswahl der zu druckenden Seiten aus einem großen Auftrag, das gezielte Weglassen
jeder zweiten Seite zum doppelseitigen Drucken »für Arme« und
Ähnliches steuern. Es kann einfachen Text oder PostScript bearbeiten und liefert PostScript-Ausgabe; das Drucksystem muss also so installiert sein, dass PostScript-Daten gegebenenfalls in das
druckerspezifische Datenformat umgewandelt werden.

⇨ mpage(1), http://freshmeat.net/projects/mpage/, http://www.mesa.
  nl/pub/mpage/
⇨ Abschnitt 15.2.3 für Formatumwandlung

15.3.2 Kontrolle von Druckaufträgen: lpq und lprm

Auch als Benutzer möchten Sie sich möglicherweise ein Bild vom
Zustand der Druckerwarteschlangen machen: Lohnt es sich schon,
aufzustehen und zum Druckerraum am anderen Ende des Flurs
zu gehen, oder druckt Herr Schmidt aus der Buchhaltung wieder
seinen fünfhundertseitigen Bericht für die Geschäftsleitung, während Ihr Brief dahinter Schlange steht? Hierfür ist das Kommando
lpq nützlich: Ohne Parameter aufgerufen liefert es den Inhalt der
Standard-Warteschlange:

```
$ lpq
lp is ready and printing
Rank   Owner   Job  Files          Total Size
active hugo    333  bericht.ps     1112942 bytes
```

Wie bei lpr können Sie auch hier mit -P den Namen einer anderen
Warteschlange angeben, ansonsten gilt der Wert der Umgebungsvariablen PRINTER oder lp.

⇨ lpq(1)

⇨ Das M. Komarinski, »The Linux Printing Usage HOWTO« (Februar 1998), `http://www.tldp.org/HOWTO/Printing-Usage-HOWTO.html`, Abschnitt 2.3.

Wenn Sie es sich nach dem Einreichen eines Druckauftrags noch anders überlegen, können Sie den Auftrag mit `lprm` stornieren. Dazu brauchen Sie die Auftragsnummer, die `lpq` in der Spalte »Job« ausgibt:

```
$ lprm 333
```

Da die Auftragsnummern für jede Warteschlange getrennt vergeben werden, müssen Sie gegebenenfalls auch hier mit -P die Warteschlange angeben, die Sie meinen. Alle Ihre ausstehenden Druckaufträge werden Sie mit

```
$ lprm -
```

los.

Fremde Aufträge stornieren Als normaler Benutzer können Sie nur Ihre eigenen Druckaufträge stornieren (Herr Schmidt wäre Ihnen böse). Um die Druckaufträge anderer Benutzer mit `lprm` stornieren zu können, müssen Sie Administrator-Rechte in Anspruch nehmen.

Einschränkungen Sie können mit `lprm` nur Aufträge stornieren, die noch nicht an den Drucker geschickt wurden. Heutige Drucker haben meist interne Speicher, in die ein Auftrag oder mehr hineinpassen, selbst wenn sie noch gar nicht an der Reihe sind, und auf solche Aufträge kann Ihr Rechner keinen Einfluss mehr nehmen. Ob ein großer Auftrag storniert werden kann, der gerade halb an den Drucker geschickt ist, ist systemabhängig.

⇨ `lprm(1)`
⇨ Das M. Komarinski, »The Linux Printing Usage HOWTO« (Februar 1998), `http://www.tldp.org/HOWTO/Printing-Usage-HOWTO.html`, Abschnitt 2.3.

lpstat und cancel Auch für `lpq` und `lprm` gibt es Äquivalente aus der System-V-Tradition, nämlich `lpstat` zur Abfrage des Warteschlangen- (und, allgemeiner, Drucksystem-)Zustands und `cancel` zum Stornieren von Aufträgen.

15.4 Das Common Unix Printing System (CUPS)

15.4.1 Grundlagen

Der weitreichendste neue Ansatz für die Druckeransteuerung unter Linux ist das **Common Unix Printing System** oder **CUPS**. Hierbei handelt es sich um ein völlig neu konzipiertes Druckersystem, das zwar zum Berkeley-LPD kompatible Benutzerkommandos anbietet, ansonsten aber ganz anders funktioniert und verwaltet wird. CUPS ist inzwischen Standard bei fast allen namhaften Linux-Distributoren oder lässt sich wenigstens bequem vom Distributionsmedium nachinstallieren.

Common Unix Printing System CUPS

CUPS basiert auf dem **Internet Printing Protocol**, das das alte Berkeley-LPD-Protokoll ablösen soll. IPP stellt in erster Linie standardisierte Operationen zur Verfügung, mit denen ein »Drucker« im weitesten Sinne – hierzu zählen nicht nur »echte« Drucker, sondern auch zum Beispiel Druckerserver, die einen oder mehrere nicht IPP-fähige Drucker ansteuern – nach seinen Fähigkeiten befragt und mit Aufträgen versorgt werden kann. IPP wird normalerweise als erweiterte Form des Web-Protokolls HTTP dargestellt.

Internet Printing Protocol

⇨ Berkeley LPD: L. McLaughlin III, »Line Printer Daemon Protocol« (August 1990), http://www.ietf.org/rfc/rfc1179.txt
⇨ IPP: R. Herriot, S. Butler, u. a., »Internet Printing Protocol/1.1: Encoding and Transport« (September 2000), http://www.ietf.org/rfc/rfc2910.txt; T. Hastings, R. Herriot, u. a., »Internet Printing Protocol/1.1: Model and Semantics« (September 2000), http://www.ietf.org/rfc/rfc2911.txt

CUPS ist eine Implementierung von IPP für diverse Unix-Versionen (darunter Linux), die von der US-amerikanischen Firma *Easy Software Products* entwickelt und unter der GPL vertrieben wird. Herzstück des Systems ist ein HTTP-Server (bei CUPS *scheduler* genannt), der nicht nur IPP-Anfragen entgegennimmt und bearbeitet, sondern auch die Online-Dokumentation zur Verfügung stellt und Statusabfragen für Drucker und Aufträge ermöglicht. Ferner stellt er eine Liste der erreichbaren Drucker zur Verfügung und hält diese aktuell. Zugriff auf den HTTP-Server ist außer über direktes HTTP auch über eine Programmierschnittstelle, das »CUPS-API«, möglich, und CUPS verwendet diese, um Benutzerkommandos zur Verfügung zu stellen, die denen von BSD

Filter
Backends

(lpr, lpq, lprm, ...) oder denen von System-V-Unix (lp, lpstat, ...) entsprechen. Außerdem gehören zu CUPS noch diverse **Filter** für unterschiedliche Eingabedatenformate sowie einige **Backends**, um Drucker über verschiedene Zugriffsmedien wie die parallele oder serielle Schnittstelle, USB, SMB, AppDirect (etwa für HP-JetDirect-fähige Drucker) oder LPR anzusprechen. Der Benutzer sieht in jedem Fall nur den von CUPS implementierten IPP-fähigen »Drucker«.

PPD-Dateien

Wichtigstes Element der CUPS-Konfiguration für einen bestimmten Drucker sind **PPD-Dateien** (kurz für »PostScript Printer Description«). Die PPD-Datei für einen Drucker gibt an, welche besonderen Optionen (Auflösung, Duplexdruck, verschiedene Papierzufuhrmöglichkeiten, ...) der Drucker unterstützt, und CUPS kann diese Informationen an Anwenderprogramme weiterreichen, die dem Benutzer dann komfortablen Zugriff auf die besonderen Fähigkeiten jedes Druckers ermöglichen. Die PPD-Datei für einen PostScript-Drucker sollte vom Druckerhersteller mitgeliefert oder über das WWW zur Verfügung gestellt werden; für viele – auch Nicht-PostScript- – Drucker finden sich PPD-Dateien neben diversen anderen Tips unter http://www.linuxprinting.org.

Druckauftrag
Warteschlange

Wenn ein Benutzer unter CUPS einen Druckauftrag einreicht, wird der Auftrag zunächst in der gewünschten Warteschlange gespeichert. Neben den eigentlichen zu druckenden Daten gehören dazu auch »Metadaten« wie der Benutzername des Einreichers oder die gewünschten Optionen für den Ausdruck (doppelseitig, ...). Danach entnimmt der Scheduler den Auftrag der Warteschlange und versucht zunächst, die Druckdaten ins PostScript-Format zu bringen. Hierzu konsultiert er die Datei /etc/cups/mime.types, um erst einmal den aktuellen Datentyp zu bestimmen. mime.types enthält die Namen von Datentypen und zu jedem Datentyp eine Reihe von Kriterien, anhand derer dieser Typ erkannt werden kann. Beispielsweise wird durch die Regel

```
image/gif    gif string(0,GIF87a) string(0,GIF89a)
```

eine Datei als GIF-Grafik identifiziert, wenn ihr Name auf »gif« endet oder der Inhalt mit den Zeichenketten »GIF87a« oder »GIF89a« anfängt. (Die genauen Regeln für die Kriterien sind am Anfang der mime.types-Datei angegeben.)

```
application/pdf           application/postscript  33  pdftops
application/postscript    application/vnd.cups-postscript 66▷
◁ pstops
application/vnd.hp-HPGL application/postscript  66  hpgltops
application/x-shell       application/postscript  33  texttops
text/plain                application/postscript  33  texttops
text/html                 application/postscript  33  texttops
◁◁◁◁◁
```

Bild 15.1: Die Datei /etc/cups/mime.convs (Auszug)

Wenn der MIME-Typ der zu druckenden Datei bekannt ist, versucht CUPS, die Daten in ein druckbares Format zu bringen, namentlich application/vnd.cups-postscript. Dazu stehen verschiedene Filterprogramme zur Verfügung, deren Einsatz in der Datei /etc/cups/mime.convs (Bild 15.1) beschrieben wird. Dort werden verschiedene Programme (rechts auf der Zeile) aufgezählt, die in der Lage sind, Daten vom in der linken Spalte benannten Typ in den in der zweiten Spalte benannten zu konvertieren. Jeder Konvertierung ist ein »Kostenfaktor« zugeordnet, über den direkte Konvertierungen solchen auf »Umwegen« vorgezogen werden können. Beispielsweise können HPGL-Daten auf dem Weg über application/postscript ins CUPS-PostScript-Format gebracht werden, wobei insgesamt »Kosten« von 99 Einheiten anfallen; gäbe es einen direkten Konverter, so würde dieser bevorzugt, wenn ihm ein geringerer Kostenfaktor als 99 zugeordnet wäre. **Filterprogramme**

Die meisten Formate werden zunächst ins »unabhängige« PostScript übersetzt, während das pstops-Programm sie dann ins CUPS-spezifische Format bringt. Dies ist ein durchaus wichtiger Schritt, da bei dieser Gelegenheit beispielsweise die Anzahl der Seiten im Auftrag bestimmt und protokolliert wird (die Sie einer PostScript-Datei ja nicht im Allgemeinen ansehen können, ohne das PostScript zumindest ansatzweise auszuführen). Außerdem leistet pstops noch ein paar andere Extras, die sehr nützlich sind und vor CUPS bei Unix-Drucksystemen durchaus nicht selbstverständlich waren – zum Beispiel können mehrere Seiten verkleinert auf einer einzigen Druckseite ausgegeben (ps-n-up) oder nur bestimmte Seiten des Auftrags tatsächlich gedruckt werden **pstops** **Extras** (psselect), ohne dass das druckende Anwendungsprogramm dies selbst unterstützen muss.

Das CUPS-spezifische PostScript wird dann entweder direkt weitergeleitet (wenn der Auftrag letztendlich von einem PostScript-fähigen Drucker ausgegeben wird) oder mit GhostScript in eine **PCL** druckerspezifische Sprache wie PCL oder ESC/P umgewandelt. **ESC/P** Die tatsächliche Ausgabe an den Drucker (oder Weiterleitung an einen anderen Druckerserver) übernimmt eines der »Backends« in /usr/lib/cups/backend.

15.4.2 Installation und Konfiguration eines CUPS-Servers

CUPS bietet verschiedene Möglichkeiten zur Konfiguration von Druckern an. Der CUPS-interne Web-Server erlaubt die Einrichtung von Druckerwarteschlangen mit einem Web-Browser und es gibt auch Kommandozeilenwerkzeuge dafür.

Konfiguration mit einem Web-Browser Zur Konfiguration von Warteschlangen mit einem Web-Browser rufen Sie auf dem CUPS-Rechner den URL http://localhost:631/ auf (631 ist der dem IPP zugeordnete TCP-Port). Dort sollte sich die CUPS-Bedienungsoberfläche melden. Sie finden Funktionen zur Druckerverwaltung und zur komfortablen Einrichtung neuer Drucker.

Konfiguration über die Kommandozeile Ferner ist es möglich, neue Drucker über das Kommandozeilenwerkzeug lpadmin einzurichten. lpadmin ist an das gleichnamige System-V-Werkzeug angelehnt, aber nicht vollständig kompatibel. Einen parallel angeschlossenen Laserjet-Drucker könnten Sie beispielsweise wie folgt konfigurieren:

```
# lpadmin -p newlp -E -v parallel:/dev/lp0 -m laserjet.ppd
```

Dabei ist newlp der Name der neuen Warteschlange, die Option -E schaltet die Warteschlange für Aufträge frei, -v gibt die Anschlussart des Druckers an und -m benennt die PPD-Datei für diesen Drucker (muss in /usr/share/cups/model stehen).

↪ http://localhost:631/help (auf einem Rechner mit CUPS)
↪ lpadmin(8)

Das Kommando lpinfo kann zur Druckerinstallation nützlich sein. »lpinfo -v« gibt eine Liste der verfügbaren Anschlussmög-

```
# Printer configuration file for CUPS v1.1.19
# Written by cupsd on Thu Jul 31 23:51:00 2003
<DefaultPrinter newlp>
Info Laserjet 4050 TN
Location Auf dem Tisch neben dem Fenster
DeviceURI lpd://localhost/lp
State Idle
Accepting Yes
JobSheets none none
QuotaPeriod 0
PageLimit 0
KLimit 0
</Printer>
<Printer home>
Info Laserjet 6L
◁◁◁◁◁
```

Bild 15.2: Datei /etc/cups/printers.conf (Auszug)

lichkeiten aus und »lpinfo -m« eine Liste der vorhandenen PPD-Dateien (und damit Druckertypen).

Mit »lpadmin -p« lassen sich auch bestehende Druckerkonfigurationen modifizieren. »lpadmin -x« löscht einen nicht mehr benötigten Drucker.

⇨ lpinfo(8), lpadmin(8)

Unabhängig von der Konfigurationsmethode werden Informationen über die installierten Drucker in der Datei /etc/cups/printers.conf (Bild 15.2) abgelegt. Für jeden Drucker steht eine PPD-Datei in /etc/cups/ppd.

Allgemeine Konfigurationseinstellungen für den CUPS-Scheduler stehen in der Datei /etc/cups/cupsd.conf. Die Syntax dieser Datei ist an die des Apache-Web-Servers angenähert.

Besonders wichtig sind in der Datei cupsd.conf die Einstellungen für Zugriffsrechte und Authentisierung. Standardmäßig ist der Zugriff auf den CUPS-Scheduler nur vom lokalen Rechner (der IP-Adresse 127.0.0.1) aus möglich. Für den Einsatz von CUPS als Drucker-Server in einem lokalen Netz muss diese Restriktion gelockert werden, damit andere Client-Rechner auf den Scheduler zugreifen können. Dies kann durch Definitionen der Form

```
<Location /printers>
  Order Deny,Allow
  Deny from all
  Allow from 127.0.0.1
  Allow from 192.168.123.0/24
</Location>
```

oder

```
<Location /printers/newlp>
  Order Allow,Deny
  Allow from 127.0.0.1
  Allow from 192.168.123.0/24
  Deny from 192.168.123.45
</Location>
```

geschehen. Dabei beschränkt das erste Beispiel den Zugriff auf alle Drucker auf den lokalen Rechner und die Rechner im Netz 192.168.123.0/24; im zweiten Beispiel wird nur der Zugriff auf den Drucker newlp für den lokalen Rechner und die Rechner im lokalen Netz freigegeben, bis darauf, dass der Rechner 192.168.123.45 ausgesperrt bleibt. Genauso lässt sich auch der Zugriff auf die Administrationsfunktionen der CUPS-Web-Oberfläche steuern.

⇨ TCP/IP-Grundlagen: Kapitel 17
⇨ Apache: Abschnitt 18.4

Warteschlangen Die eigentlichen Warteschlangen mit unausgedruckten Aufträgen und anderen Interna speichert CUPS normalerweise unter /var/spool/cups.

15.4.3 CUPS-Anwenderkommandos zum Drucken

Trotz seiner völlig anderen internen Struktur soll CUPS sich leicht anstelle von Berkeley-LPD in existierende Systeme einfügen, jedenfalls was die Ansteuerung aus Anwenderprogrammen und -skripten heraus angeht. Das gilt sowohl für die BSD-artigen wie auch die System-V-Kommandos.

Dateien drucken: lpr und lp Zum Einreichen von Druckaufträgen bietet CUPS die Kommandos lpr (LPD) und lp (System V) mit praktisch kompatibler Syntax an. Mit »-o ⟨Option⟩« (beliebig oft wiederholbar) können außerdem CUPS-Druckoptionen gesetzt werden. Das Kommando

```
# lpr -Pcolor -o landscape datei1.txt
```

würde zum Beispiel die Datei datei1.txt im Querformat drucken (sofern der Drucker das unterstützt).

Welche Optionen im konkreten Fall zulässig sind, hängt von den Fähigkeiten des angesteuerten Druckers ab, aber hier sind einige gängige CUPS-Optionen aufgeführt:

media=⟨typ⟩ Bestimmt die Papiergröße und -quelle. Gültige Werte für die Papiergröße sind zum Beispiel A4 oder Letter. Die genauen Werte für bestimmte Drucker ergeben sich aus den entsprechenden PPD-Dateien.

landscape Druckt im Querformat.

sides={one-sided,two-sided-short-edge,two-sided-long-edge} Druckt beidseitig; two-sided-short-edge ist sinnvoll für Seiten im Querformat und two-sided-long-edge für Seiten im Hochformat. one-sided sorgt für einseitigen Druck bei Warteschlangen, die standardmäßig doppelseitig drucken.

page-ranges=⟨liste⟩ Druckt nur eine Teilmenge der Seiten des Auftrags. Die ⟨liste⟩ ist eine durch Kommata getrennte Folge von Seitenzahlen oder Bereichen von Seitenzahlen, etwa wie »1-4,7,9-12«.

page-set={even,odd} Druckt nur die geraden (even) oder ungeraden (odd) Seiten.

number-up={1,2,4,6,9,16} Druckt 1, 2, 4, 6, ... Seiten des Auftrags verkleinert auf einer Druckseite.

↪ Informationen über alle möglichen Optionen finden Sie in der CUPS-Dokumentation.

Verfolgen von Aufträgen Während Aufträge in der Warteschlange verbleiben, ist es oft interessant, sich ein Bild vom Fortgang des Druckens zu machen. CUPS unterstützt hierfür zu den Originalen weitgehend kompatible Versionen der traditionellen Kommandos lpq und lpstat.

Während lpq die Aufträge in einer gegebenen Warteschlange auflistet, arbeitet lpstat deutlich anders. Hier gibt es Optionen, die
angeben, welche Art von Status ausgegeben werden soll:

-**a** Zeigt an, ob die Warteschlangen Aufträge akzeptieren

-**c** Zeigt Druckerklassen und dazugehörige Drucker an

-**d** Zeigt den aktuellen Standarddrucker an

-**o** [⟨**Warteschlange**⟩] Zeigt den Inhalt der ⟨Warteschlange⟩ an
(oder aller Warteschlangen, wenn keine angegeben wurde)

-**p** Zeigt die Drucker (Warteschlangen) an und ob sie gerade zum
Drucken freigeschaltet sind

-**r** Zeigt an, ob der CUPS-Server läuft

-**s** Zeigt eine Status-Zusammenfassung (äquivalent zu »lpstat
-dcp«)

-**t** Zeigt kompletten Status (äquivalent zu »lpstat -rdcvapo«)

-**v** Zeigt die Drucker (Warteschlangen) und die zugehörigen An-
schlussarten an

(Auch hier ist nur ein Ausschnitt der kompletten Optionenliste angegeben.)

Stornieren von Aufträgen   Zum Stornieren von Aufträgen enthält
CUPS Versionen von lprm und cancel. Auch bei CUPS können nur
solche Aufträge storniert werden, die noch nicht an den Drucker
geschickt wurden.

Standardwerte für Druckoptionen   Die Druckoptionen, die Sie mit
-o bei lpr und lp angeben können, haben gewisse systemweite
Standardwerte, die bei der Installation der betreffenden Warteschlange in Kraft gesetzt werden. Später ist es möglich, diese Standardwerte entweder als Systemverwalter für alle Benutzer oder als
Benutzer für sich selbst umzudefinieren. Es bleibt einem Benutzer
natürlich unbenommen, über Kommandooptionen für einen Auftrag Werte der Optionen einzustellen, die von den Vorgabewerten
abweichen.

Das Kommando lpoptions dient zum Einstellen von Druckoptionen und akzeptiert dieselben -o-Optionen wie lpr und lp. Diese

Optionen werden für alle Warteschlangen oder, wenn mit -p eine Warteschlange angegeben wurde, nur für diese Warteschlange in Kraft gesetzt. lpoptions trägt die angegebenen Optionen in die Datei ~/.lpoptions ein, wo sie später als Standardwerte für lpr und lp angenommen werden. »lpoptions -l« gibt die Optionsnamen, die möglichen Werte und die aktuellen Standardwerte (durch einen Stern gekennzeichnet) aus.

Ruft der Systemverwalter lpoptions als Benutzer root auf, gelten die Einstellungen für die systemweite Voreinstellung für alle Benutzer (sie werden in /etc/cups/lpoptions abgelegt). Für root gibt es keine Druckvoreinstellungen.

## Kapitel 16

Systemverwaltung

In diesem Kapitel ...

- werden Sie den Syslog-Daemon kennen und konfigurieren lernen
- wird vorgestellt, wie Sie die Protokolldateien mit `logrotate` verwalten können
- erlernen Sie Kommandos mit at zu einem zukünftigen Zeitpunkt auszuführen
- werden Sie lernen, Kommandos periodisch mit `cron` ausführen zu lassen
- erfahren Sie, wie Sie die Systemzeit Ihres Rechners sinnvoll verwalten

16.1 Protokolldateien

16.1.1 Das Problem

Der Betriebssystemkern und die diversen im Hintergrund laufende System- und Netzwerkdienste sind mit keinem Benutzerterminal direkt verbunden. Wenn ein solcher Prozess eine Nachricht ausgeben will, dann tut er das normalerweise auf dem Bildschirm der Systemkonsole direkt; unter X11 erscheinen solche Nachrichten im xconsole-Fenster. Allerdings ist nicht sichergestellt, dass die Meldungen auch vom Systemadministrator gelesen werden, zum anderen lassen sich die Bildschirmmeldungen nicht sichern und gehen leicht verloren.

16.1.2 Der Syslog-Daemon

syslogd Eine Lösung für dieses Problem stellt der Syslog-Daemon syslogd bereit. Anstelle der direkten Ausgabe einer Meldung auf die Systemkonsole können Programme über einen Funktionsaufruf ihre Meldungen an den Syslog-Daemon abliefern. Für den Kernel über-
klogd nimmt diese Arbeit das Programm klogd; es liest die Kernel-Meldungen aus /proc/kmsg und leitet sie an syslogd weiter.

Der syslogd erweist sich bei der Fehlersuche als sehr nützlich. Er protokolliert die verschiedenen Systemmeldungen und wird in der Regel beim Booten über ein Init-Skript gestartet. Erhält der syslogd Meldungen, so schreibt er sie zum Beispiel in eine Datei oder schickt sie über das Netz weiter an einen Rechner, der eine zentrale Protokolldatei verwaltet.

/etc/syslog.conf In der Konfigurationsdatei /etc/syslog.conf ist festgelegt, welche Meldungen wohin geschrieben werden sollen. Diese Datei besteht aus zwei Spalten und könnte folgendermaßen aussehen:

```
kern.warn;*.err;authpriv.none        /dev/tty10
kern.warn;*.err;authpriv.none        |/dev/xconsole
*.emerg                              *
*.=warn;*.=err                       -/var/log/warn
*.crit                               /var/log/warn
◁◁◁◁◁
*.*;mail.none;news.none              -/var/log/messages
```

Kategorie	Bedeutung
authpriv	Meldungen der Sicherheitsdienste
cron	Meldungen von cron und at
daemon	Meldungen von Daemon-Programmen ohne eigene Kategorie
ftp	Meldungen des FTP-Daemons
kern	Systemmeldungen aus dem Betriebssystemkern
lpr	Meldungen des Druckersystems
mail	Meldungen des Mailsystems
news	Meldungen des Usenet-News-Systems
syslog	Meldungen des syslogd
user	Meldungen von Benutzerprogrammen
uucp	Meldungen des UUCP-Systems
local0 ... local7	Frei verwendbar für lokale Nachrichten

Tabelle 16.1: Kategorien für den syslogd

Die erste Spalte jeder Zeile bestimmt, welche Meldungen ausgewählt werden sollen, und die zweite Spalte gibt an, wohin die Meldungen geschrieben werden. Die erste Spalte hat das Format:

⟨Kategorie⟩.⟨Priorität⟩[;⟨Kategorie⟩.⟨Priorität⟩]...

Kategorien

Dabei bezeichnet die Kategorie das Systemprogramm oder die Komponente des Systems, die die Meldung verursacht. Das kann zum Beispiel der Mail-Daemon sein, der Kernel selbst oder auch Programme, die den Zugang zum System kontrollieren. Tabelle 16.1 zeigt die gültigen Kategorien. Wenn Sie anstelle der Kategorie einen Stern (»*«) setzen, steht dieser als Platzhalter für alle Kategorien. Es ist nicht ohne Weiteres möglich, eigene zusätzliche Kategorien zu definieren; die »lokalen« Kategorien local0 bis local7 sollten aber für die meisten Zwecke ausreichen.

Prioritäten

Die Priorität gibt an, wie schwerwiegend die Meldung ist. Die gültigen Prioritäten stehen in Tabelle 16.2. Jeder Meldung an den Syslog-Daemon muss Kategorie und Priorität mitgegeben werden. Viele Programme lassen es zu, dass der Administrator zumindest die Kategorie der Meldungen frei wählt und unwichtige Meldungen unterdrücken kann.

Priorität	Bedeutung
none	Keine Priorität im eigentlichen Sinne – dient dazu, alle Nachrichten einer Herkunftskategorie auszuschließen
debug	Mitteilung innerer Programmzustände bei der Fehlersuche
info	Protokollierung des normalen Betriebsgeschehens
notice	Dokumentation besonders bemerkenswerter Situationen im Rahmen des normalen Betriebs
warning	(oder warn) Warnung über Zustände, die nicht gravierend sind, aber nicht mehr zum normalen Betrieb gehören
err	Fehlermeldungen aller Art
crit	Kritische Fehlermeldungen (die Grenze zur Priorität err ist nicht definiert)
alert	»Alarmierende« Nachrichten, die sofortiges Eingreifen erfordern
emerg	Die letzten Meldungen vor dem Absturz

Tabelle 16.2: Prioritäten für den syslogd (nach aufsteigender Dringlichkeit)

Auswahlkriterien

Ein Auswahlkriterium der Form mail.info bedeutet »alle Meldungen des Mail-Daemon mit der Priorität info und höher«. Möchten Sie nur die Meldungen einer einzigen Prioritätsstufe erfassen, dann können Sie das über ein Auswahlkriterium wie mail.=info tun. Der Stern (»*«) steht für alle Prioritäten (man könnte auch »debug« angeben). Ein vorgestelltes ! bedeutet Negation: mail.!info unterdrückt Meldungen des Mail-Daemons mit einer Priorität von info und höher; dies ist vor allem in Kombinationen wie mail.*;mail.!err sinnvoll, um gewisse Meldungen niedriger Prioritätsstufen auszuwählen.

Mehrere Kategorien – selbe Priorität

Sie können auch mehrere Kategorien mit derselben Priorität in der Form mail,news.info angeben; dieser Ausdruck selektiert Meldungen der Priorität info und höher, die zu den Kategorien mail oder news gehören.

Aktionen

Nun zur rechten Spalte, dem Ziel der Meldungen. Die Nachrichten können auf verschiedene Weise verarbeitet werden:

- Sie können in eine *Datei* geschrieben werden. Dazu wird der absolute Dateiname angegeben. Normalerweise schreibt syslogd seine Meldungen *synchron*, also ohne Zwischenspeicherung im RAM, auf die Platte, damit bei einem Systemabsturz möglichst viele Indizien gesichert sind. Dies ist jedoch nur bei kritischen Meldungen zentraler Komponenten (Kernel, ...) notwendig. Alle anderen Meldungen können *asynchron*, also wie alle anderen Dateioperationen auch, geschrieben werden. Ein »-« vor dem Dateinamen erlaubt asynchrones Schreiben.

  Der Dateiname darf sich auch auf ein Gerät (etwa /dev/tty10 im obigen Beispiel) beziehen.

- Protokollnachrichten können in eine *benannte Pipe* (FIFO: First In First Out) geschrieben werden. Dazu muss der FIFO-Name als absoluter Pfad mit einem davorstehenden »|« angegeben werden. Ein solcher FIFO ist /dev/xconsole.

- Sie können *über das Netz* an einen anderen syslogd weitergeleitet werden. Dazu wird der Name oder die IP-Adresse des Zielrechners mit einem vorgestellten @-Zeichen angegeben. Das ist besonders sinnvoll, wenn es zu einem kritischen Systemzustand kommt, bei dem der Zugriff auf die lokale Nachrichtendatei nicht mehr möglich ist; um das Protokoll dem Zugriff allfälliger Cracker zu entziehen, die gerne ihre Spuren verwischen würden; oder um die Protokollnachrichten aller Rechner im Netz auf einem Rechner zu sammeln und gemeinsam auszuwerten.

  Auf dem Zielrechner muss der syslogd mit der Option -r (engl. *remote*) gestartet worden sein, damit er Meldungen anderer Rechner annimmt

- Sie können *direkt an Benutzer* geschickt werden. Die Benutzernamen müssen dazu in einer durch Kommas getrennten Liste aufgeführt werden. Die Nachricht wird den aufgelisteten Benutzern auf dem Terminal angezeigt, sofern diese im Augenblick des Eingangs der Nachricht angemeldet sind. Ein Stern »*« als Benutzername steht für »alle angemeldeten Benutzer«.

In der Regel enthält Ihr System nach der Installation bereits einen laufenden syslogd und die Datei /etc/syslog.conf in einer brauch-

/etc/syslog.conf

Konfiguration ändern

baren Konfiguration. Falls Sie weitere Meldungen protokollieren lassen möchten, z. B. weil spezielle Probleme auftreten, sollten Sie die Datei syslog.conf editieren und dann den syslogd mit dem Signal SIGHUP anweisen, seine Konfigurationsdatei erneut zu lesen.

logger

Testen können Sie den syslogd-Mechanismus übrigens mit dem Programm logger, das auch für Shell-Skripte nützlich ist. Ein Aufruf der Form

```
$ logger -p local0.err -t TEST " Hallo Welt"
```

produziert eine Protokollnachricht der Form

```
Aug  7 18:54:34 linux1 TEST: Hallo Welt
```

⇨ syslogd(8), logger(1), syslog(3)

16.1.3 Die Protokolldateien

/var/log

Protokolldateien werden in der Regel unter /var/log abgelegt. Die Namen variieren, aber verbreitet ist zum Beispiel /var/log/messages als Datei, die die meisten Meldungen aufnimmt.

Protokolldateien anschauen

Die vom syslogd erzeugten Logdateien können mit less angeschaut werden, bei langen Dateien bietet sich tail an (evtl. mit der Option -f für engl. *follow*).

⇨ »Anfang und Ende von Dateien« in Abschnitt 4.2.1
⇨ less(1), tail(1)

/var/log/wtmp

last

Die Protokolldateien mancher Programme werden binär gespeichert und sind nur mit speziellen Werkzeugen einsehbar. Dazu gehört die Protokolldatei /var/log/wtmp, die alle Anmeldevorgänge protokolliert. Anschauen können Sie sie mit last:

```
$ last
tux  pts/1            Sat Jan 10 12:09 - 12:23  (00:14)
tux  pts/0            Sat Jan 10 12:09 - 12:23  (00:14)
tux  :0     console   Sat Jan 10 12:08 - 12:23  (00:15)

wtmp begins Fri Jan  9 18:20:37 2004
```

Es werden der Benutzername, der Ort der Anmeldung und die Dauer der Sitzung ausgegeben.

⇨ wtmp(5), last(1)

Fehlgeschlagene Anmeldevorgänge werden in der Datei /var/log/ faillog vermerkt, die Sie sich als Administrator mit dem gleichnamigen Programm faillog ansehen können.

```
# faillog
Username    Failures  Maximum  Latest
tux            0         0     Mon Jan 12 13:58:40 on tty1
```

In /var/log/faillog kann auch bestimmt werden, wie viele ungültige Anmeldeversuche für den Benutzer erlaubt sind. Wird diese Zahl überschritten, ist (zumindest auf der Textkonsole) keine weitere Anmeldung möglich, bis der Systemadministrator das Benutzerkonto wieder freischaltet.

⇨ faillog(8), faillog(5)

Die Kernel-Meldungen aus der Boot-Phase können Sie sich nachträglich mit dem Befehl dmesg anschauen. Sie werden aus einen Zwischenspeicher gelesen. Die meisten Distributionen schreiben die Startmeldungen zusätzlich in eigene Dateien im Verzeichnis /var/log; die Namen variieren.

⇨ dmesg(8)

16.1.4 Das Programm logrotate

Je nach der Anzahl der Benutzer und der Anzahl und Art der laufenden Dienste können die Protokolldateien ziemlich schnell ziemlich groß werden. Um ein »Zumüllen« des Systems zu verhindern, sollten Sie einerseits zumindest auf vielbeschäftigten Serversystemen versuchen, die entsprechenden Verzeichnisse (z. B. /var/log oder /var) auf eine eigene Partition zu legen. Andererseits gibt es Software wie logrotate, die die Protokolldateien regelmäßig nach verschiedenen Kriterien, etwa der Größe, überwacht, kürzt und alte Protokolle löscht oder archiviert. logrotate ist kein Daemon, sondern wird zum Beispiel täglich über cron gestartet.

logrotate wird über die Datei /etc/logrotate.conf und über die Dateien in /etc/logrotate.d konfiguriert. Die Datei /etc/ logrotate.conf setzt allgemeine Parameter, die aber von den Dateien in /etc/logrotate.d wieder überschrieben werden können. In /etc/logrotate.conf steht unter anderem der Parameter include /etc/logrotate.d, der bewirkt, dass die dort befindlichen Dateien an der entsprechenden Stelle als Teil der Datei /etc/logrotate.conf integriert werden.

```
# wöchentlich rotieren
weekly
# Alte Dateien im Werte von 4 Wochen aufheben
rotate 4
# neue (leere) Protokolldateien anlegen
create
include /etc/logrotate.d
```

logrotate überwacht alle Dateien, die ihm über die genannten Konfigurationsdateien mitgeteilt werden, also nicht nur diejenigen von syslogd. Als Beispiel ein Ausschnitt aus der Konfigurationsdatei für alle Protokolldateien von wtmp aus /etc/logrotate.d/wtmp:

```
$ cat /etc/logrotate.d/wtmp
/var/log/wtmp {
    compress
    maxage 365
    rotate 99
    size=+400k
    notifempty
    missingok
    copytruncate
}
```

Im Beispiel wird für alle in der ersten Zeile angegebenen Dateien, also /var/log/wtmp, festgelegt, dass alle alten Dateien komprimiert aufbewahrt werden, und zwar die letzten 99, dass eine leere Datei nicht rotiert wird, außer sie wird älter als 365 Tage, etc.

⇨ logrotate(8)

16.2 Zeitgesteuerte Vorgänge

16.2.1 Das Problem

Ein wichtiger Bestandteil der Systemverwaltung besteht darin, wiederholt ablaufende Vorgänge zu automatisieren. Eine denkbare Aufgabe wäre, dass sich der Mail-Server eines Firmennetzwerks in regelmäßigen Abständen beim Internet-Provider einwählt und die eingegangenen Nachrichten abholt. Auch Administrationsaufgaben wie Datenarchivierung lassen sich automatisch in der Nacht ausführen.

16.2.2 Einmalige Ausführung von Kommandos

Mit Hilfe des Kommandos at lassen sich beliebige Shell-Befehle zu einem späteren Zeitpunkt, also zeitversetzt, einmalig ausführen. Wenn Kommandos hingegen in regelmäßigen Intervallen wiederholt ausgeführt werden sollen, ist die Verwendung von cron (Abschnitt 16.2.3) vorzuziehen. **at**

Die Idee hinter at ist, einen Zeitpunkt vorzugeben, zu dem dann ein Kommando oder eine Folge von Kommandos ausgeführt wird. Etwa so:

```
$ at 01:00
warning: commands will be executed using /bin/sh
at> tar -cvzf /dev/st0 $HOME
at> echo "Backup fertig" | mail -s Backup $USER
at> Strg + D
Job 123 at 2004-01-08 01:00
```

Hiermit können Sie um 1 Uhr nachts eine Sicherheitskopie Ihres Heimatverzeichnisses auf Band schreiben und sich anschließend per Mail eine Vollzugsmeldung schicken lassen.

Das Argument von at ist eine Zeitangabe für die Ausführung der Kommandos. Zeiten im Format »⟨HH⟩:⟨MM⟩« bezeichnen den nächstmöglichen solchen Zeitpunkt: Wird das Kommando »at 14:00« um 8 Uhr früh angegeben, bezieht es sich auf denselben Tag; wird es um 16 Uhr angegeben, auf den Folgetag. Sie können die Zeitpunkte durch Anhängen von today und tomorrow eindeutig machen: »at 14:00 today«, vor 14 Uhr gegeben, bezieht sich auf heute, »at 14:00 tomorrow« auf morgen. Möglich sind auch angelsächsische Zeitangaben wie 01:00am oder 14:20pm sowie die symbolischen Namen midnight (0 bzw. 24 Uhr), noon (12 Uhr) und teatime (16 Uhr) (!); der ebenfalls erlaubte Zeitpunkt now ist vor allem in Verbindung mit relativen Zeitangaben (siehe unten) sinnvoll. **Zeitangabe**

Neben Uhrzeiten versteht at auch Datumsangaben in der (amerikanischen) Form »⟨MM⟩⟨TT⟩⟨JJ⟩« und »⟨MM⟩/⟨TT⟩/⟨JJ⟩« so- **Datumsangabe** wie »⟨TT⟩.⟨MM⟩.⟨JJ⟩« (für uns Europäer). Daneben sind ausgeschriebene amerikanische Daten der Form »⟨Monatsname⟩ ⟨Tag⟩« und »⟨Monatsname⟩ ⟨Tag⟩ ⟨Jahr⟩« erlaubt. Wenn Sie nur ein Datum angeben, werden die Kommandos zur aktuellen Zeit am betreffenden Tag ausgeführt; Sie können auch Zeit- und Datumsangabe kombinieren, müssen dann aber das Datum nach der Zeit anführen:

```
$ at 11:11 November 11
warning: commands will be executed using /bin/sh
at> echo 'Helau!'
at> Strg + D
Job 124 at 2004-11-11 11:11
```

»Relative« Angaben Außer »expliziten« Zeit- und Datumsangaben können Sie auch »relative« Angaben machen, indem Sie eine Differenz zu einem gegebenen Zeitpunkt bestimmen:

```
$ at now + 5 minutes
```

führt die Kommandos in fünf Minuten aus, während

```
$ at noon + 2 days
```

sich auf 12 Uhr am übermorgigen Tag bezieht (jedenfalls solange das at-Kommando vor 12 Uhr angegeben wurde). at unterstützt die Zeiteinheiten minutes, hours, days und weeks.

Kommandos at liest die Kommandos von der Standardeingabe, also normalerweise der Tastatur; mit der Option »-f ⟨Datei⟩« können Sie stattdessen eine Datei angeben. at versucht, die Kommandos in einer Umgebung auszuführen, die der zum Zeitpunkt des at-Aufrufs möglichst ähnelt. Das aktuelle Arbeitsverzeichnis, die umask und die aktuellen Umgebungsvariablen (außer TERM, DISPLAY und _) werden gesichert und vor der Kommandoausführung wieder aktiviert. Eine etwaige Ausgabe der per at gestarteten Kommandos – **Ausgabe** Standardausgabe- und Standardfehlerausgabekanal – bekommen Sie per Mail geschickt. Wenn Sie vor dem Aufruf von at mit su eine andere Identität angenommen haben, werden die Kommandos mit dieser Identität ausgeführt. Die Ausgabemails gehen aber trotzdem an Sie.

batch Es gibt ein Programm namens batch, das Aufträge annimmt wie at, aber ohne Zeitangabe: Es führt sie »baldmöglichst« aus, etwa wenn die Systemlast das zulässt, ohne dass aber Garantien gegeben werden.

▷ at(1), batch(1)

at-Hilfsprogramme Das System reiht die mit at registrierten Aufträge in eine Warteschlange ein. Diese können Sie mit atq inspizieren (Sie sehen aber nur Ihre eigenen Aufträge, es sei denn, Sie sind Systemadministrator): **atq**

```
$ atq
123     2003-11-08 01:00 a hugo
124     2003-11-11 11:11 a hugo
125     2003-11-08 21:05 a hugo
```

Das »a« in der Liste bezeichnet die »Auftragsklasse«, einen Buchstaben zwischen »a« und »z«. Sie können mit der Option -q für at eine Auftragsklasse bestimmen; Aufträge in Klassen mit »größeren« Buchstaben werden mit höheren nice-Werten ausgeführt.

Mit atrm können Sie einen Auftrag stornieren. Dazu müssen Sie **atrm** dessen Auftragsnummer angeben, die Sie bei der Einreichung genannt oder mit atq gezeigt bekommen haben. Wenn Sie nachschauen wollen, aus welchen Kommandos der Auftrag besteht, können Sie das mit »at -c ⟨Auftragsnummer⟩«.

▷ atq(1), atrm(1)

Zuständig für die tatsächliche Ausführung der at-Aufträge ist ein Daemon namens atd. Dieser wird üblicherweise beim Systemstart **at-Daemon** geladen und wartet im Hintergrund auf Arbeit. Der Daemon atd benötigt zu seiner Arbeit die folgenden Verzeichnisse: Im Verzeichnis /var/spool/atjobs werden die at-Aufträge abgelegt; das Verzeichnis /var/spool/atspool dient zur Zwischenspeicherung von Ausgaben.

▷ atd(8)

Zugangskontrolle Die Dateien /etc/at.allow und /etc/at.deny **/etc/at.allow** bestimmen, wer mit at und batch Aufträge einreichen darf. Wenn **/etc/at.deny** die Datei /etc/at.allow existiert, sind nur die darin eingetragenen Benutzer berechtigt, Aufträge einzureichen. Gibt es die Datei /etc/at.allow nicht, aber die Datei /etc/at.deny, dann dürfen diejenigen Benutzer Aufträge einreichen, die *nicht* in der Datei stehen. Existiert weder die eine noch die andere, dann stehen at und batch nur root zur Verfügung. Die Voreinstellung ist meist eine leere /etc/at.deny-Datei; jeder Benutzer darf Aufträge einreichen.

⇨ at.allow(5), at.deny(5)

16.2.3 Wiederholte Ausführung von Kommandos

Im Unterschied zu den at-Kommandos dient der Daemon cron zur automatischen Ausführung von sich regelmäßig wiederholenden Aufgaben.

Aufgabenlisten für Benutzer Jeder Anwender hat seine eigene Aufgabenliste (vulgo crontab), die im Verzeichnis /var/spool/cron/tabs unter seinem Benutzernamen abgelegt ist. Die dort beschriebenen Kommandos werden mit den Rechten des betreffenden Anwenders ausgeführt. crontab-Dateien sind zeilenweise aufgebaut; jede Zeile beschreibt einen (wiederkehrenden) Zeitpunkt und ein Kommando, das zu dem betreffenden Termin ausgeführt werden soll. Leerzeilen und Kommentarzeilen (mit einem »#« am Anfang) werden ignoriert. Die übrigen Zeilen bestehen aus fünf Zeitfeldern und einem Kommando; die Zeitfelder beschreiben respektive die Minute (0–59), die Stunde (0–23), den Tag im Monat (1–31), den Monat (1–12 oder der englische Name) und den Wochentag (0–7, 0 und 7 stehen für Sonntag, oder der englische Name), zu denen das Kommando ausgeführt werden soll. Alternativ ist jeweils ein Sternchen (»*«) erlaubt, das für »egal« steht. Zum Beispiel bedeutet

Aufgabenliste

Syntax

Zeitfelder
Kommando

```
58 19 * * * echo "Gleich kommt die Tagesschau"
```

dass das Kommando täglich um 19.58 Uhr ausgeführt wird (Tag, Monat und Wochentag sind egal). Das Kommando wird ausgeführt, wenn Stunde, Minute und Monat genau stimmen und *mindestens eine* der beiden Tagesangaben – Tag im Monat oder Wochentag – zutrifft. Die letzte Zeile in einer crontab-Datei *muss* mit einem Zeilentrenner aufhören, sonst wird sie ignoriert.

cron akzeptiert in den Zeitfeldern nicht nur einzelne Zahlen, sondern erlaubt auch Listen. Die Angabe »0,30« im Minutenfeld würde also dazu führen, dass das Kommando zu jeder »vollen halben« Stunde ausgeführt wird. Außerdem sind Bereiche erlaubt: »8-11« ist äquivalent zu »8,9,10,11«, »8-10,14-16« entspricht »8,9,10,14,15,16«. Auch gestattet ist die Angabe einer »Schritt-

Listen

Schrittweite

weite« in Bereichen. Die Spezifikation »0-59/10« im Minutenfeld ist dasselbe wie »0,10,20,30,40,50«. Wird – wie hier – der komplette Wertebereich abgedeckt, so können Sie auch »*/10« angeben.

Die bei Monats- und Wochentagsangaben erlaubten Namen bestehen jeweils aus den ersten drei Buchstaben des englischen Monats- oder Wochentagsnamen (also zum Beispiel may, oct, sun oder wed). Bereiche und Listen von Namen sind nicht erlaubt.

Monats- und Wochentagsangaben

Der Rest der Zeile bestimmt das auszuführende Kommando, das von cron an /bin/sh (bzw. die in der Variablen SHELL benannte Shell, siehe unten) übergeben wird. Prozentzeichen (%) im Kommando müssen versteckt werden (also »\%«), sonst werden sie in Zeilentrenner umgewandelt, das Kommando gilt als am ersten Prozentzeichen beendet und die folgenden »Zeilen« werden ihm auf der Standardeingabe verfüttert. Übrigens: Wenn Sie als Systemadministrator möchten, dass bestimmte Kommandos nicht, wie sonst bei cron, per syslogd protokolliert werden, können Sie dies durch ein »-« am Anfang des Kommandos unterdrücken.

Kommando

Außer zu wiederholenden Kommandos können die crontab-Zeilen auch Zuweisungen an Umgebungsvariable enthalten. Diese haben die Form »⟨Variablenname⟩=⟨Wert⟩« (wobei im Gegensatz zur Shell vor und nach dem »=« auch Leerplatz stehen darf). Enthält der Wert Leerzeichen, sollte er mit Anführungszeichen eingefasst werden. Es gibt die folgenden Standardvariablen:

Zuweisungen an Umgebungsvariable

SHELL Mit dieser Shell werden die eingegebenen Befehle ausgeführt. Voreingestellt ist dabei /bin/sh, aber auch die Angabe anderer Shells ist erlaubt.

LOGNAME Der Benutzername wird aus /etc/passwd übernommen und kann nicht geändert werden.

HOME Das Heimatverzeichnis wird ebenfalls aus /etc/passwd übernommen. Hier ist jedoch eine Änderung des Variablenwerts zulässig.

MAILTO An diese Adresse schickt cron Nachrichten mit der Ausgabe des aufgerufenen Kommandos (sonst gehen sie an den Eigentümer der crontab-Datei). Soll cron überhaupt keine Nachrichten verschicken, muss die Variable leer sein, d. h. MAILTO="".

⮡ cron(8), crontab(5)

/etc/crontab

Systemweite Aufgabenlisten Neben den benutzerbezogenen Dateien existiert noch eine systemweite Aufgabenliste. Diese findet sich in /etc/crontab und gehört dem Systemadministrator, der sie als Einziger ändern darf. Die Syntax von /etc/crontab ist geringfügig anders als die der benutzereigenen crontab-Dateien; zwischen den Zeitangaben und dem auszuführenden Kommando steht hier noch der Name des Benutzers, mit dessen Rechten das Kommando ausgeführt werden soll.

```
$ cat /etc/crontab
SHELL=/bin/sh
PATH=/usr/bin:/usr/sbin:/sbin:/bin:/usr/lib/news/bin
MAILTO=root
#
# check scripts in cron.hourly, cron.daily,
# cron.weekly, and cron.monthly
#
-*/15 * * * *    root  test -x /usr/lib/cron/run-crons &&
        /usr/lib/cron/run-crons >/dev/null 2>&1
59 *  * * * root rm -f /var/spool/cron/lastrun/cron.hourly
14 0  * * * root rm -f /var/spool/cron/lastrun/cron.daily
29 0  * * 6 root rm -f /var/spool/cron/lastrun/cron.weekly
44 0  1 * * root rm -f /var/spool/cron/lastrun/cron.monthly
```

/etc/cron.d Diverse Linux-Distributionen haben ein /etc/cron.d-Verzeichnis; in diesem Verzeichnis können Dateien stehen, die als »Erweiterungen« von /etc/crontab interpretiert werden. Per Paketmanagement installierte Softwarepakete können cron so leichter benutzen, als wenn sie Zeilen zur /etc/crontab hinzufügen müssten.

Populär sind auch Verzeichnisse /etc/cron.hourly, /etc/cron.daily und so weiter. In diesen Verzeichnissen können Softwarepakete (oder der Systemadministrator) Dateien ablegen, deren Inhalt dann stündlich, täglich usw. ausgeführt wird. Diese Dateien sind keine crontab-Dateien, sondern »normale« Shell-Skripte.

crontab-Änderungen cron liest die Aufgabenlisten – aus benutzereigenen crontab-Dateien, der systemweiten /etc/crontab und den Dateien in /etc/cron.d, sofern vorhanden – nur einmal beim Start ein und behält sie danach im Speicher. Das Programm schaut allerdings jede Minute nach, ob die crontab-Dateien geändert wurden. Zu diesem Zweck wird einfach die *atime*, der Zeitpunkt der letzten Änderung, herangezogen. Wenn cron hier eine Veränderung bemerkt, wird die Aufgabenliste automatisch neu aufgebaut. In diesem Fall ist also kein expliziter Neustart des Daemons erforderlich.

⇨ crontab(5)

Für Systeme, die nicht 24 Stunden am Tag laufen, gibt es anacron. **anacron** anacron richtet sich nach einer Aufgabenliste in /etc/anacrontab; für jede Aufgabe kann eine Periode in Tagen und eine Wartezeit in Minuten angegeben werden. Einmal am Tag prüft anacron für jede Aufgabe, ob sie bei einer Periode von n Tagen in den letzten n Tagen ausgeführt wurde. Wenn nein, wartet es die angegebene Wartezeit ab und startet das Kommando für diese Aufgabe. – anacron hat nichts mit cron zu tun, außer dass es möglicherweise von cron aufgerufen wird. Auf einem Rechner, der täglich gebootet wird, genügt es, anacron beim Systemstart aufzurufen, da anacron-Aufgaben sowieso höchstens einmal pro Tag laufen können.

⇨ anacron(8), anacrontab(5)

Zugangskontrolle Welche Anwender überhaupt mit cron arbeiten dürfen, ist ähnlich wie bei at in zwei Dateien festgelegt, hier /etc/cron.allow und /etc/cron.deny. Manche Distributionen nennen diese Dateien anders.

Das Kommando crontab Einfache Benutzer sollten ihre crontab-Datei nicht von Hand ändern, sondern das Kommando crontab **Aufgabenlisten** verwenden. Mit **verwalten**

```
$ crontab -e
```

können Sie Ihre crontab-Datei mit dem Editor bearbeiten, dessen Name in den Umgebungsvariablen EDITOR bzw. VISUAL festgelegt ist – ersatzweise vi. Nach dem Verlassen des Editors wird die modifizierte crontab-Datei automatisch installiert. Statt der Option -e können Sie auch den Namen einer Datei angeben, deren Inhalt dann als Aufgabenliste installiert wird. Der Dateiname »-« steht hierbei stellvertretend für die Standardeingabe:

```
$ crontab -
* * * * * echo hallo
Strg + D
```

Mit der Option -1 gibt crontab Ihre crontab-Datei auf der Standardausgabe aus; mit der Option -r wird eine installierte Aufgabenliste ersatzlos gelöscht. Mit »-u ⟨Benutzername⟩« können Sie sich auf einen anderen Benutzer beziehen (wofür Sie in der Regel root sein müssen). Dies ist vor allem wichtig, wenn Sie su benutzen; in diesem Fall sollten Sie immer mit der -u-Option operieren, um sicherzustellen, dass Sie die richtige crontab-Datei erwischen.

↪ crontab(1), crontab(5)

16.3 Zeitverwaltung

16.3.1 Uhren und Zeit unter Linux

CMOS-Uhr Jeder PC hat eine batteriebetriebene Hardware- oder CMOS-Uhr, die über das BIOS gestellt wird und auch dann weiterläuft, wenn der Rechner ausgeschaltet ist. Linux verwendet die CMOS-Uhr nur **Kernel-Uhr** beim Systemstart zum Stellen der internen Kernel-Uhr.

Die Kernel-Uhr zählt die Zeit in fortlaufenden Sekunden seit dem 1.1.1970, 0 Uhr UTC. Beim Systemstart wird die Zeitangabe aus der CMOS-Uhr gelesen, in die Kernel-Zeit umgerechnet und zur Initialisierung der Kernel-Uhr benutzt; hierzu dient das **hwclock** Programm hwclock. Das System muss wissen, ob die CMOS-Uhr auf UTC oder die lokale Zonenzeit (etwa MEZ/MESZ) gestellt ist. Letzteres wird möglicherweise von anderen auf dem Rechner installierten Betriebssystemen gefordert:

```
# hwclock --hctosys -u        CMOS-Uhr in UTC
# hwclock --hctosys           CMOS-Uhr in Zonenzeit
```

Die Kernel-Uhr wird zum Beispiel für Zeitstempel von Dateien herangezogen. Abfragen können Sie sie mit dem Kommando date, während hwclock ohne Argumente die Zeit gemäß der CMOS-Uhr ausgibt.

↪ R. Bean, »The Clock Mini-HOWTO« (November 2000), http://www.tldp.org/HOWTO/Clock.html
↪ hwclock(8), date(1), »info date«

Die Zeitzone steht in /etc/timezone, dort findet sich ein Eintrag wie »Europe/Berlin«, der eine Datei unterhalb von /usr/share/zoneinfo benennt. Diese Datei enthält die Angaben zur Zeitzone wie den Versatz gegenüber UTC, die Sommerzeitregelungen und ähnliche Details. /etc/localtime ist ein symbolischer Link auf die durch /etc/timezone benannte Datei. Benutzer können über die Umgebungsvariable TZ eine beliebige andere Zeitzone wählen.

⮑ tzset(3), tzfile(5), zdump(1), zic(8)

Um die CMOS-Uhr im laufenden Betrieb zu stellen, sollten Sie zuerst die Kernel-Uhr mit date stellen. Anschließend können Sie die Kernel-Zeit mit »hwclock --systohc« in die CMOS-Uhr übertragen. Alternativ erlaubt die Option --date von hwclock das direkte Stellen der CMOS-Uhr (ohne dass die Kernel-Uhr das mitbekommt). In jedem Fall versucht hwclock, Daten über die systematische Abweichung der CMOS-Uhr in /etc/adjtime zu protokollieren. CMOS-Uhren sind in der Regel grässlich ungenau.

Uhr stellen

⮑ date(1), adjtime(2), adjtimex(2), hwclock(8)

16.3.2 Zeitsynchronisation

Das »unstetige« manuelle Stellen der Uhr ist ungeschickt, da dadurch Zeitpunkte ausfallen oder doppelt vorkommen können. Dies führt möglicherweise zu Problemen, etwa mit cron. Es ist besser, die Kernel-Zeit im laufenden Betrieb dadurch korrekt zu halten, dass Sie sie kontrolliert langsamer oder schneller laufen lassen, um Abweichungen auszugleichen, ohne dass die Folge der Sekunden seit dem 1.1.1970 unterbrochen wird. Hierzu sollten Sie das *Network Time Protocol* (NTP) einsetzen, mit dem Sie Ihre Kernel-Zeit mit einer Funkuhr oder einem Zeit-Server im Internet synchronisieren können. Zeitserver werden etwa von der Physikalisch-Technischen Bundesanstalt oder von Universitäten betrieben.

NTP
Zeit-Server

⮑ http://www.ntp.org/
⮑ D. L. Mills, »Network Time Protocol (Version 3) – Specification, Implementation and Analysis« (März 1992), http://www.ietf.org/rfc/rfc1305.txt

Ein verbreiteter Daemon zur Zeitsynchronisation heißt ntpd. Er kann als Client auftreten und über NTP mit Funkuhren oder Zeit-Servern kommunizieren sowie als Server die synchronisierte Zeit an andere Rechner weitergeben. Konfiguriert wird ntpd in der Datei /etc/ntp.conf, in der zum Beispiel das Folgende stehen könnte:

ntpd

```
# Lokale Uhr -- keine gute Zeitquelle
server 127.127.1.0
fudge  127.127.1.0 stratum 10   # unsynchronisiert
```

```
# Zeitserver bei der PTB in Braunschweig
server ptbtime1.ptb.de
server ptbtime2.ptb.de
# Diverses
driftfile /var/lib/ntp/ntp.drift
logfile   /var/log/ntp
```

Der erste `server`-Eintrag steht für die lokale Uhr, die nicht als zuverlässig gilt und nur in Notfällen herangezogen wird (etwa wenn kein Zeitserver erreichbar ist). Der `stratum`-Wert beschreibt die »Entfernung« der Uhr von der offiziellen Atomzeit; ein Rechner, der direkt an der Atomuhr hängt, befindet sich auf `stratum 1`, ein Rechner, der seine Zeit von diesem bekommt und nicht von der Atomuhr, ist auf `stratum 2` und so weiter.

/etc/ntp.drift In `/etc/ntp.drift` werden systematische Abweichungen der CMOS-Uhr festgehalten. `ntpd` muss sie dafür eine Weile beobachten, aber funktioniert dann potenziell auch ohne ständige Rückbezüge auf die Zeitserver.

↪ Es gibt keine Handbuchseiten für `ntpd`. Die Dokumentation steht nur im HTML-Format zur Verfügung, etwa auf `http://www.ntp.org/documentation.html`.

Die dynamischen Korrekturen von `ntpd` funktionieren nur für kleine Abweichungen (im Sekundenbereich). Damit Sie `ntpd` benutzen können, müssen Sie zunächst die Uhr »ungefähr« stellen; `ntpd` übernimmt anschließend die Kontrolle. Zum ungefähren Stellen **ntpdate** können Sie zum Beispiel `ntpdate` verwenden, das Sie einfach mit einem oder mehreren Zeitservern als Argument aufrufen können:

```
# ntpdate ptbtime1.ptb.de ptbtime2.ptb.de
# hwclock --systohc
```

↪ `http://ntp.isc.org/bin/view/Main/DocumentationIndex`

`ntpd` kann einen Einwahlzugang ständig beschäftigen. Sie sollten es nicht zur Synchronisation mit entfernten Zeitservern einsetzen, wenn Sie nicht über eine Standleitung verfügen. Eine Alternative für Inhaber von zeitbasiert abgerechneten Einwahlzugängen ist **chrony** chrony (nicht Stoff von LPIC-1).

↪ Chrony: `http://chrony.sunsite.dk/`

Kapitel 17 **Netzwerkgrundlagen**

In diesem Kapitel ...

✔ werden die wichtigsten Protokolle des Internets vorgestellt

✔ erfahren Sie etwas über Datenübertragung auf der Basis von TCP/IP

✔ lernen Sie Netzwerkschnittstellen zu konfigurieren

✔ lernen Sie, wie Sie statische Routen einrichten können

✔ wird erläutert, wie Sie Netzwerkverbindungen mit verschiedenen Diagnosewerkzeugen testen können

17.1 Grundlagen von TCP/IP

17.1.1 Das *Internet Protocol* – IP

IP Das *Internet Protocol* stellt die »Verbindung« zwischen zwei Systemen her. Es stellt sicher, dass die Daten durch das Internet den Weg vom Sender zum Empfänger finden, obwohl die Übertragungstechnik je nach Teilstrecke sehr unterschiedlich sein kann.

Adressraum IP stellt einen globalen Adressraum zur Verfügung, der jedem am Internet beteiligten System eine eindeutige Adresse gibt, über die

Wegleitung es identifiziert werden kann. Ferner sorgt es für die Wegleitung (engl. *routing*) von einem System zum anderen ohne Berücksichtigung der tatsächlich verwendeten Netzwerktechnik.

verbindungslos IP ist **verbindungslos**, das heißt, im Gegensatz z. B. zum (klassischen) Telefonnetz wird keine eigene feste Verbindung (»Draht«) für die Kommunikation zweier Systeme zur Verfügung gestellt,

Datagramme sondern die zu übertragenden Daten werden in Häppchen, **Datagramme** oder vulgo »Pakete«, aufgeteilt, die unabhängig voneinander auf die Reise geschickt werden. Prinzipiell kann jedes Datagramm einen anderen Weg zum Empfänger nehmen als das vorige; dies macht IP unempfindlich gegen Ausfälle von Leitungen oder Vermittlungsrechnern, solange sich noch irgendein Weg

unzuverlässig vom Absender- zum Zielsystem finden lässt. IP gibt keine Garantie, dass alle abgeschickten Daten tatsächlich das Zielsystem erreichen, und genauso wenig wird garantiert, dass die Daten in der richtigen Reihenfolge ankommen. Es ist die Aufgabe »höhergelegener« Protokolle, hier, falls nötig, für Ordnung zu sorgen.

Fragmentierung Außerdem kümmert IP sich um **Fragmentierung**. IP-Datagramme dürfen bis zu 65535 Byte lang sein, aber die meisten Transportprotokolle erlauben nur viel kürzere Protokolldateneinheiten – bei Ethernet etwa maximal 1500 Byte. Längere Datagramme müssen »fragmentiert« übertragen werden – am Anfang so einer Teilstrecke wird das Datagramm in eindeutig gekennzeichnete Fragmente aufgeteilt und auf dem Zielrechner wieder zusammengesetzt. IP sorgt dafür, dass nur die Datagramme als offiziell empfangen gelten, bei denen kein Fragment fehlt.

IP-Datagramme haben einen Kopf (engl. *header*) mit einigen wichtigen Parametern für die Zustellung:

Ursprungsadresse Die IP-Adresse des Absenders

Zieladresse Die IP-Adresse des Empfängers

Lebensdauer (TTL, engl. *time to live*) Die Lebensdauer wird vom Absender des Pakets gesetzt und von jedem System, das das Paket auf dem Weg zum Empfänger durchläuft, um 1 vermindert. Wenn die TTL den Wert 0 erreicht, wird das Paket verworfen und der Empfänger benachrichtigt.

Protokoll der nächsthöheren Ebene Gibt das Protokoll der Nutzlast an (TCP, UDP, . . .).

Dazu kommen noch weitere Felder, die unter anderem zur Fehlerkontrolle (Gesamtlänge, Kopfprüfsumme (engl. *header checksum*)) dienen. Im Gegensatz zu TCP/UDP gibt es bei IP keine Paket-Prüfsumme, um die Datenpakete auf Fehler zu überprüfen.

⇨ W. R. Stevens, *TCP/IP Illustrated, Volume 1: The Protocols*, Addison-Wesley Professional Computing Series (Boston etc.: Addison-Wesley, 1994)

⇨ Information Sciences Institute, »Internet Protocol« (September 1981), `http://www.ietf.org/rfc/rfc0791.txt`

17.1.2 Das *Internet Control Message Protocol* – ICMP

Ein weiteres wichtiges Protokoll ist das *Internet Control Message Protocol*. Es wird zur Netzverwaltung benutzt und dazu, Probleme mit dem Netzwerk zu melden, etwa wenn ein Teilnetz nicht erreichbar ist, ein Paket verworfen wurde (zu alt, zu groß und nicht fragmentierbar, . . .). Auch das Programm `ping` verwendet zwei spezielle ICMP-Meldungen (`echo request` und `echo reply`). ICMP wird über IP transportiert, gilt aber als IP-Hilfsprotokoll.

ICMP

⇨ J. Postel, »Internet Control Message Protocol« (September 1981), `http://www.ietf.org/rfc/rfc0792.txt`

17.1.3 Das *Transmission Control Protocol* – TCP

TCP ist ein zuverlässiges, verbindungsorientiertes Protokoll, obwohl es über das unzuverlässige, verbindungslose IP transportiert wird.

TCP

TCP erreicht Zuverlässigkeit, indem die Gegenstelle die Ankunft jedes TCP-Pakets bestätigt. Die TCP-Pakete beider Systeme tra-

Folgenummer | gen Folgenummern (engl. *sequence numbers*), die die Gegenstelle in einem ihrer nächsten TCP-Pakete als »angekommen« quittiert. Kommt innerhalb einer gewissen definierten Zeitspanne keine solche Quittung, schickt der Absender das Paket neu.

Drei-Wege-Handshake | Der Aufbau der Verbindung erfolgt über den **Drei-Wege-Handshake** (engl. *three-way handshake*). Im Drei-Wege-Handshake einigen die Kommunikationspartner sich über die Folgenummern. **Flags** Hierbei spielen zwei **Flags** im TCP-Kopf, SYN und ACK, eine wichtige Rolle. Im ersten Datenpaket, das der Absender dem Empfänger schickt, ist nur das SYN-Flag gesetzt. Ein solches Paket signalisiert den Verbindungswunsch. Der Empfänger bestätigt das mit einem TCP-Paket, bei dem sowohl SYN als auch ACK gesetzt ist. Dieses Paket bestätigt der Absender wiederum mit einem Paket, das ACK, aber *nicht* SYN gesetzt hat. An diesem Punkt steht die Verbindung. Darauffolgende TCP-Pakete haben ebenfalls nur noch das ACK-Flag gesetzt. – Jeder Kommunikationspartner kann »sein« Ende der Verbindung über einen einfachen Zwei-Wege-Handshake (mit gesetztem FIN-Flag anstelle von SYN) wieder abbauen und damit erklären, dass er nichts Weiteres zu senden gedenkt. Er muss aber grundsätzlich gewärtigen, dass die Gegenstelle ihm noch Daten schicken kann. Dieses Vorgehen ist nötig, um Anwendungen zu unterstützen, wo ein Server die Eingabe des Clients komplett lesen muss, bevor er selber Ausgabe an den Client schicken kann; der Client schließt »sein« Ende der Verbindung und signalisiert dem Server damit das »Dateiende«, ist aber danach selbst noch zum Empfang bereit.

Jedes TCP-Paket hat einen mindestens 20 Byte großen Kopf zusätzlich zum IP-Kopf. Mit einer Prüfsumme können die Daten auf Fehler überprüft werden. Jedes System unterstützt potentiell 65535 unabhängige, gleichzeitige TCP-Verbindungen, zwischen **Portnummern** denen anhand von **Portnummern** unterschieden wird. Die Kombination aus IP-Adressen und Portnummern auf beiden Seiten **socket** einer Verbindung bezeichnet man auch als *socket*, das eine Verbindung eindeutig bestimmt. So ist es möglich, dass mehrere Client-Programme auf demselben Rechner gleichzeitig mit demselben Server kommunizieren, ohne einander zu stören.

↪ Information Sciences Institute, »Transmission Control Protocol« (September 1981), http://www.ietf.org/rfc/rfc0793.txt

17.1.4 Das *User Datagram Protocol* – UDP

Im Gegensatz zu TCP ist UDP ein verbindungsloses, unzuverlässiges Protokoll – tatsächlich nicht viel mehr als »IP mit Ports«, denn wie bei TCP können maximal 65535 Kommunikationsendpunkte unterschieden werden (UDP und TCP können dieselbe Portnummer gleichzeitig für unterschiedliche Zwecke verwenden). Bei UDP entfallen der Verbindungsaufbau und die Bestätigungen von TCP. Dadurch ist es schnell und eignet sich besonders für zeitkritische Anwendungen in lokalen Netzen sowie für Anwendungen, bei denen es weniger auf Vollständigkeit als auf geringe Verzögerung ankommt (Multimedia, Internet-Telefonie).

➪ J. Postel, »User Datagram Protocol« (August 1980), `http://www.ietf.org/rfc/rfc0768.txt`

UDP

17.1.5 IP-Adressen

Grundlagen Jede Netzwerkschnittstelle eines Systems im Internet hat mindestens eine IP-Adresse. Eine »Schnittstelle« ist hier der Teil des Systems, der in der Lage ist, IP-Pakete zu senden und zu empfangen. Ein System kann mehr als eine solche Schnittstelle haben und hat dann auch mehr als eine IP-Adresse. Der Linux-Befehl `ifconfig` zeigt die konfigurierten Schnittstellen an.

ifconfig

IP-Adressen sind 32 Bit lang und werden meist als *dotted quads* notiert – eine Folge von vier dezimal als Werte zwischen 0 und 255 hingeschriebenen 8-Bit-Zahlen, etwa »203.177.8.4«. Jede IP-Adresse wird weltweit eindeutig vergeben und bezeichnet eine Station in einem bestimmten Teilnetz des Internets. Dazu werden IP-Adressen in einen Netzwerk- und einen Stationsanteil (engl. *host part*) aufgeteilt. Beide sind variabel und können der Anzahl der in einem Netz benötigten Stationsadressen angepasst werden. Wenn der Stationsanteil beispielsweise 8 Bit lang ist, dann bleiben für den Netzwerkanteil 24 Bit. Die Aufteilung zwischen Netzwerk- und Stationsteil ist durch die **Netzmaske** gegeben. Die Netzmaske enthält für jedes Bit der IP-Adresse, das zum Netzwerkanteil gehört, eine binäre 1 und für jedes Bit des Stationsanteils eine binäre 0 und wird entweder als *dotted quad* oder – heutzutage oft – einfach als Anzahl der Einsen notiert. »203.177.8.4/24« wäre also eine Adresse in einem Netz mit der Netzmaske »255.255.255.0«.

IP-Adressen

Netzmaske

Netzklasse	Adressraum	Erstes Byte
Klasse A	0.0.0.0 – 127.255.255.255	0???????
Klasse B	128.0.0.0 – 191.255.255.255	10??????
Klasse C	192.0.0.0 – 223.255.255.255	110?????
Klasse D	224.0.0.0 – 239.255.255.255	1110????
Klasse E	240.0.0.0 – 254.255.255.255	1111????

Tabelle 17.1: Traditionelle IP-Netzklassen und Adressen

Reservierte Adressen Die erste und die letzte IP-Adresse in einem Netzwerk sind reserviert und können nicht an Stationen vergeben werden: Die erste Adresse (Stationsanteil nur binäre Nullen) ist die **Netzwerkadresse**, die letzte Nummer (Stationsanteil nur binäre Einsen) die **Broadcast-Adresse**. Im obigen Beispiel 203.177. 8.4/24 ist 203.177.8.0 die Netzwerkadresse und 203.177.8.255 die Broadcast-Adresse. Für Stationen sind die Adressen 1 bis 254 verfügbar. Dazu sind die folgenden Adressen reserviert: Über 127. 0.0.1 (genauer das Netz 127.0.0.0/8) kann eine Station mit sich selbst über TCP/IP sprechen. Wenn ein Rechner noch keine IP-Adresse hat, so kann er 0.0.0.0 als Absenderadresse benutzen (als Zieladresse ist 0.0.0.0 nicht erlaubt). Um unbekannte Stationen ansprechen zu können, gibt es 255.255.255.255 als Zieladresse, *local broadcast*, für »alle Rechner im lokalen physikalischen Netz« (etwa Ethernet).

IP-Netzklassen Die IP-Adressen von 0.0.0.0 bis 255.255.255. 255 wurden traditionell in **Netzklassen** eingeteilt, die man Klasse A, Klasse B und Klasse C nannte. Es gab auch noch Klasse D (Multicast-Adressen) und Klasse E (für experimentelle Zwecke), diese sind jedoch für die Vergabe von IP-Adressen für Endgeräte nicht wichtig. Die ersten drei Klassen unterscheiden sich durch ihre Netzmaske, unter dem Strich also die Anzahl der pro Klasse möglichen Netze und die Anzahl der in einem solchen Netz möglichen Stationen. Während eine Klasse-A-Adresse einen Netzanteil von 8 Bit hat, hat eine Klasse-B-Adresse einen von 16 Bit und eine Klasse-C-Adresse einen von 24 Bit. Jeder der Netzklassen war ein fester Bereich der möglichen IP-Adressen zugeordnet (Tabelle 17.1)

Aufgrund der zunehmenden Verknappung von IP-Adressen wurde in den 1990er Jahren die Aufteilung der IP-Adressen in die

Netzwerkadresse
Broadcast-Adresse

Netzklassen

	IP-Adresse	
	binär	dezimal
Netzmaske	1111...1111 11110000	255.255.255.240
Subnetz 1	1100...1000 00000000	203.177.8.0
Stationen	1100...1000 00000001	203.177.8.1
	⋮	⋮
	1100...1000 00000001	203.177.8.14
Broadcast	1100...1000 00001111	203.177.8.15
Subnetz 2	1100...1000 00010000	203.177.8.16
Stationen	1100...1000 00010001	203.177.8.17
	⋮	⋮
	1100...1000 00011110	203.177.8.30
Broadcast	1100...1000 00011111	203.177.8.31

Tabelle 17.2: Beispiel für Subnetting

Klassenlose Wegleitung

drei Adressklassen aufgegeben. Inzwischen verwendet man klassenlose Wegleitung (*classless inter-domain routing*, CIDR). Während die Grenze zwischen Netzwerk- und Stationsadresse bei der »alten« Aufteilung nur an drei verschiedenen Positionen liegen konnte, kann man gemäß CIDR beliebige Netzmasken vergeben und so die Größe des einem Anwender (meist einem Provider) zur Verfügung gestellten Adressbereichs feiner steuern und die »Explosion« der Wegleitungstabellen vermeiden. Eine Installation mit sechzehn aneinandergrenzenden »Klasse-C«-Netzen (Netzmaske »/24«) kann so aus der Sicht der Wegleitung als ein Netz mit der Netzmaske »/20« angesehen werden – eine große Vereinfachung, da die Tabellen in Routern wesentlich kompakter ausfallen können. Im Internet werden heute keine Adressen direkt geroutet, deren Netzwerkanteil länger als 19 Bit ist; Sie müssen sich in der Regel eines Providers bedienen, der den ganzen Adressenblock verwaltet und die IP-Pakete dann intern weiterleitet.

⮑ CIDR: V. Fuller, T. Li, u. a., »Classless Inter-Domain Routing (CIDR): an Address Assignment and Aggregation Strategy« (September 1993), http://www.ietf.org/rfc/rfc1519.txt

Subnetting Oft ist die Einteilung in ein großes Netzwerk zu ungenau oder nicht sinnvoll. Betreiber teilen ihre Netzwerke gerne in mehrere kleinere Netzwerke auf. Dazu wird der Netzwerkanteil

Adressraum	Netzbereich	von	bis
Klasse A	10.0.0.0/8	10.0.0.0 – 10.255.255.255	
Klasse B	172.16.0.0/12	172.16.0.0 – 172.31.255.255	
Klasse C	192.168.0.0/16	192.168.0.0 – 192.168.255.255	

Tabelle 17.3: Private IP-Adressbereiche nach RFC 1918

Subnetting vergrößert und der Stationsanteil verkleinert. Subnetting könnte im Beispiel von oben so aussehen: Sie möchten statt eines »großen« Netzes mit 32 Adressen (für 30 Stationen) beispielsweise zwei »kleine« Netze mit je 16 Adressen (für jeweils bis zu 14 Stationen) betreiben, etwa um aus Sicherheitsgründen getrennte Ethernet-Stränge einsetzen zu können. Sie verlängern die Netzmaske um 1 Bit; die Netzwerk-, Stations- und Broadcast-Adressen ergeben sich sinngemäß wie in Tabelle 17.2.

Weltweite Vergabe von IP-Adressen **Private IP-Adressen** IP-Adressen sind weltweit eindeutig und müssen deswegen zentral vergeben werden. Sie können Ihre IP-Adresse also nicht beliebig wählen, sondern bekommen sie von einem Provider.

Private IP-Adressen Für Netzwerke, die nicht direkt an das Internet angeschlossen sind, sind besondere Adressbereiche vorgesehen, die im Internet nicht geroutet werden (Tabelle 17.3). Diese Adressen können Sie ungeniert in Ihren lokalen Netzen verwenden – inklusive Subnetting und aller Finessen. Ein lokales Netz, das RFC-1918-Adressen verwendet, kann trotzdem Internetzugang haben, indem Sie einen **Adressumsetzung** Router mit **Adressumsetzung** (*Network Address Translation*, NAT) verwenden. Dieser Router nimmt unter einer offiziellen Adresse am Internet teil und schreibt IP-Pakete, die aus dem lokalen Netz ins Internet geleitet werden sollen, so um, dass sie seine offizielle Adresse als Absenderadresse enthalten. Antworten auf diese Pakete leitet er dann wiederum an den richtigen Rechner zurück.

↪ Y. Rekhter, B. Moskowitz, u. a., »Address Allocation for Private Internets« (Februar 1996), http://www.ietf.org/rfc/rfc1918.txt

17.1.6   Ports und Dienste

Ports TCP und UDP unterstützen das Konzept von **Ports**, durch die ein System mehr als eine Netzwerkverbindung gleichzeitig verwalten kann.[1] Getrennt für TCP und UDP gibt es jeweils 65536 Portnummern (die 0 hat jedoch eine Sonderbedeutung).

Die meisten Ports stehen den Anwendern des Systems frei zur Verfügung, aber viele Ports sind bestimmten Diensten zugeordnet. Diese **well-known ports** haben Nummern von 0 bis 1023 und werden von der *Internet Assigned Numbers Authority* (IANA) vergeben. Zum Beispiel ist der Port 25 auf einem System für dessen Mail-Server reserviert, der dort auf Verbindungen gemäß dem *Simple Mail Transfer Protocol* (SMTP) wartet. Entsprechend ist Port 21 dem *File Transfer Protocol*-Server (FTP) vorbehalten und so weiter. Dazu gibt es **registrierte Ports** im Bereich von 1024 bis 49151, die bei der IANA registriert sind. Ports registrieren darf prinzipiell jeder.

well-known ports

registrierte Ports

Die Ports 0 bis 1023 haben auf Linux (und Unix) eine Sonderstellung, da nur root sie öffnen darf. Dies ist eine Sicherheitsvorkehrung dagegen, dass beliebige Benutzer zum Beispiel einen eigenen Webserver auf einem ansonsten unbenutzten Port 80 starten und damit offiziell wirken. Man nennt diese Ports auch **privilegiert**.

Privilegierte Ports

Auf einem Linux-System steht die Zuordnungstabelle in der Datei /etc/services:

/etc/services

```
$ cat /etc/services
<<<<
ftp-data       20/tcp     # File Transfer [Default Data]
ftp-data       20/udp     # File Transfer [Default Data]
ftp            21/tcp     # File Transfer [Control]
fsp            21/udp     # official is File Transfer    ...
ssh            22/tcp     # SSH Remote Login Protocol
ssh            22/udp     # SSH Remote Login Protocol
<<<<
```

Es könnte sich lohnen, für die Prüfung die Portnummern der wichtigsten Dienste im Kopf zu haben (siehe LPI-Prüfungsziele).

⤷ IANA: http://www.iana.org/
⤷ Liste der Portzuordnungen: http://www.iana.org/assignments/port-numbers
⤷ services(5)

---

[1]Zwar gibt es bei UDP keine Verbindungen, dennoch unterscheidet ein Server verschiedene Clients anhand der Ports.

17.1.7   IPv6

IPv4

Die heute übliche Fassung von IP ist die Version 4, kurz »IPv4« genannt. Durch das rasche Wachstum des Internets stößt diese Version inzwischen an ihre Grenzen – Hauptprobleme sind die zunehmende Adressenverknappung sowie die kaum vorhandene Unterstützung von Sicherheitsmechanismen und Methoden zur Dienstgüte-Steuerung. IPv6 soll hier Abhilfe schaffen.

IPv6

Eigenschaften

Die wichtigsten Eigenschaften von IPv6 sind:

■ Die Adresslänge wird von 32 auf 128 Bit vergrößert, wodurch man auf $3,4 \cdot 10^{38}$ Adressen kommt. Dies würde ausreichen, um jeder der heute lebenden 6,5 Milliarden Personen rund 50 Quadrillionen (eine Zahl mit 27 Nullen) IPv6-Adressen zuzuordnen. Das sollte für die vorhersehbare Zukunft genügen.

■ IPv6-Rechner können sich automatisch Konfigurationsparameter von einem Router holen, wenn sie an ein Netz angeschlossen werden. Falls nötig, gibt es immer noch ein DHCPv6-Protokoll.

■ Ein IP-Kopf enthält nur noch 7 Felder, dafür können wenn nötig mehrere Köpfe verwendet werden. Dadurch können Router die Pakete schneller verarbeiten.

■ Erweiterte Unterstützung von Optionen und Erweiterungen, was auch dazu beiträgt, dass Router Pakete schneller verarbeiten können.

■ Bessere Übertragung von Audio- und Videodaten sowie bessere Unterstützung von Echtzeitanwendungen.

■ Erhöhte Sicherheit durch abgesichere Datenübertragung sowie Methoden zur Authentisierung und Integritätssicherung.

■ Erweiterbarkeit, um die Zukunftsfähigkeit des Protokolls sicherzustellen. Es wurde nicht versucht, alle Möglichkeiten abzudecken, denn die Zukunft bringt Neuerungen, die heute nicht absehbar sind. Stattdessen ist das Protokoll offen für die rückwärtskompatible Integration weiterer Funktionen.

Umsetzung

Während die Standardisierung von IPv6 schon seit einer ganzen Weile abgeschlossen ist, hapert es an der allgemeinen Umsetzung noch kräftig. Es ist anzunehmen, dass mit dem zunehmenden Leidensdruck – IPv4-Adressenverknappung, mangelnde Sicherheitseigenschaften von IPv4, ... – der Ruf nach einer flächendeckenden Unterstützung von IPv6 mittelfristig immer lauter werden wird. Linux unterstützt IPv6 schon jetzt, so dass die Umstellung einer Linux-Infrastruktur auf den neuen Standard kein Problem darstellen wird. Sie können auch IPv6-Pakete testhalber über IPv4 transportieren, indem Sie sie in IPv4-Pakete einpacken (»Tunneling«). Damit könnte eine Firma zum Beispiel ihre internen Netze auf IPv6 aufbauen lassen und sogar mehrere Standorte über ein »virtuelles« IPv6-Netz im traditionellen IPv4-Netz verbinden.

⇨ S. Deering, R. Hinden, »Internet Protocol, Version 6 (IPv6) Specification« (Dezember 1998), `http://www.ietf.org/rfc/rfc2460.txt` (und andere)

⇨ P. Bieringer, »Linux IPv6 HOWTO« (Oktober 2005), `http://www.tldp.org/HOWTO/Linux+IPv6-HOWTO/`

⇨ IPv6-Überblick: `http://de.wikipedia.org/wiki/IPv6`

17.2 TCP/IP-Konfiguration und Fehlersuche

17.2.1 Netzwerkschnittstellen

Netzwerkzugriffe finden über Netzwerkhardware wie Modems, ISDN-Adapter, Ethernet- und Token-Ring-Karten und Ähnliches statt. Die folgenden Abschnitte werden sich hauptsächlich mit der Einrichtung von Ethernet-Karten beschäftigen. Insbesondere die Einrichtung von Schnittstellen für Wählverbindungen wie ISDN und Modem unterscheidet sich stark davon, vgl. Abschnitt 17.3.

Die Netzwerkkarte wird unter Linux vom Systemkern angesteuert. Die Routinen dafür werden heute meist über Kernel-Module bereitgestellt. Anders als bei fast allen anderen Geräten gibt es für Netzwerkkarten keine Gerätedateien, sondern sie werden über *Interfaces*, also Schnittstellennamen angesprochen, die der Kernel nach der Konfiguration der entsprechenden Treiber direkt bereitstellt. Ein typischer Name für eine Ethernet-Karte wäre etwa eth0.

Interfaces

⇨ Laden und Konfigurieren von Modulen (Abschnitt 13.1)

Netzwerkschnittstellen konfigurieren mit ifconfig Nach dem Laden des Kernel-Moduls wird der Netzwerkkarte vom Kernel ein

Schnittstellenname zugewiesen (z. B. eth0). Mit diesem Namen ist die Karte ansprech- und konfigurierbar.

Die Schnittstelle braucht eine IP-Adresse, eine Netzadresse usw.
ifconfig Die bekommt sie manuell mit dem Kommando ifconfig:

```
# ifconfig eth0 192.168.0.75
# ifconfig eth0
eth0 Link encap:Ethernet  HWaddr 00:A0:24:56:E3:73
          inet addr:192.168.0.75 Bcast:192.168.0.255 ▷
◁ Mask:255.255.255.0
          inet6 addr: fe80::2a0:24ff:fe56:e373/64 Scope:Link
          UP BROADCAST RUNNING MULTICAST  MTU:1500  Metric:1
          RX packets:0 errors:0 dropped:0 overruns:0 frame:0
          TX packets:6 errors:0 dropped:0 overruns:0 carrier:6
          collisions:0 txqueuelen:100
          RX bytes:0 (0.0 b)  TX bytes:460 (460.0 b)
          Interrupt:5 Base address:0xd800
```

Nach dem Zuweisen einer IP-Adresse an eine existierende Netzwerkschnittstelle können Sie durch Aufruf des gleichen Kommandos ohne Adressangabe den Status der Netzwerkschnittstelle auslesen. Hier wird nicht nur die aktuelle IP-Adresse, sondern auch der Hardwaretyp, die MAC-Adresse, die Broadcast-Adresse, die Netzmaske, die IPv6-Adresse und viele weitere Daten angezeigt. Am Beispiel lässt sich erkennen, dass Werte wie Netzmaske und Broadcast-Adresse auch ohne explizite Zuweisung vom Kernel auf Standardwerte (hier passend zur vergebenen IP-Adresse die für ein Klasse-C-Netz) gesetzt werden. Sollten die gewünschten Werte vom Standard abweichen, müssen Sie sie explizit mit angeben:

```
# ifconfig eth0 192.168.0.75 netmask 255.0.0.0 broadcast ▷
◁ 192.255.255.255
```

Mit den Parametern up und down können Sie mit ifconfig einzelne Netzwerkschnittstellen gezielt hoch- bzw. herunterfahren.

```
# ifconfig eth1 down
```

ifup und ifdown Das ifconfig-Programm kann zwar beliebige Einstellungen an Netzwerkschnittstellen vornehmen, aber ist für den praktischen Einsatz zu unbequem. Zum einen ist es lästig, immer alle möglichen Parameter angeben zu müssen, und zum anderen gehen die mit ifconfig gemachten Einstellungen spätestens beim Herunterfahren des Systems wieder verloren. Viele Distributionen bieten darum die Kommandos ifup und ifdown an, mit denen Sie Netzwerkschnittstellen gezielt ein- und ausschalten können, ohne dass Sie beim Aufruf detaillierte Parameter angeben müssen. Die Konfiguration wird aus vorher (etwa bei der Installation) angelegten Dateien geholt. Typischerweise würde ein Kommando wie

ifup
ifdown

```
# ifup eth0
```

die Schnittstelle eth0 entsprechend aktivieren, und

```
# ifdown eth0
```

deaktiviert sie wieder.

Wie und wo die Konfiguration für die verschiedenen Netzwerkschnittstellen des Systems festgelegt wird, ist von der konkreten Distribution abhängig. Bei Debian GNU/Linux und verwandten Systemen (Ubuntu, ...) stehen die Einstellungen für *alle* Schnittstellen in der Datei /etc/network/interfaces, während Distributionen wie die von Red Hat oder Novell/SUSE eine Datei pro Schnittstelle in einem Verzeichnis unter /etc/sysconfig ablegen. Auch die möglichen Aufrufparameter für ifup und ifdown unterscheiden sich je nach Distribution.

Netzwerk-
konfiguration

⮡ ifup(8), ifdown(8)
⮡ interfaces(5) (auf Debian-artigen Systemen)

Konfiguration des Loopback-Interfaces Das *Loopback-Interface* ist eine spezielle Schnittstelle, über die Sie eine Verbindung zum eigenen Rechner aufbauen können. Es gibt einige Gründe, warum dies sinnvoll sein kann, etwa zum Testen von Netzwerk-Software oder um eigentlich netzwerkorientierte Dienste aus Sicherheitsgründen nur auf dem lokalen Rechner zur Verfügung zu stellen. Die Standard-IP-Adresse für dieses Loopback-Interface ist 127.0.0.1. Unabhängig davon, auf welchem Rechner Sie arbeiten, ein Zugriff auf die Adresse 127.0.0.1 spricht immer den Rechner an, auf dem das Programm läuft, das den Zugriff macht.

Loopback-
Interface

Die Konfiguration dieser Schnittstelle ist einfach und geschieht in der Regel automatisch. Wenn nicht, kann sie mit dem Kommando »ifconfig lo 127.0.0.1« nachgeholt werden.

17.2.2   Netzwerk-Routen

IP-Pakete müssen ihren Weg zum Empfänger finden können, auch wenn das eine Reise um die halbe Welt bedeutet. Ein Rechner muss also einem IP-Paket ansehen können, an welchen anderen Rechner er es schicken muss, um es »näher« an sein Ziel zu bringen. Rechner im selben lokalen Netz können direkt adressiert **Router** werden, alle anderen über Router, die die weitere Wegleitung übernehmen. Dies gehorcht bestimmten Regeln, den sogenannten **Routen** Routen. Analog zur Zuweisung von IP-Adressen zu den Schnittstellennamen müssen Sie auch Routen konfigurieren.

Jeder Rechner in einem TCP/IP-Netzwerk braucht Routen: Selbst der einfachste Rechner besitzt zwei Netzwerkschnittstellen, nämlich das *Loopback-Interface* und die Schnittstelle zum restlichen Netz, also eine LAN-Karte oder eine Verbindung zum Internet. Die Route für das Loopback-Interface wird automatisch gesetzt.

Die Konfiguration weiterer Routen kann *statisch* oder *dynamisch* vorgenommen werden. Letzteres erfordert einen *Routing-Daemon* wie gated oder routed und wird hier nicht weiter behandelt.

Die Kernel-Routing-Tabelle   Alle gültigen Routen stehen in der Kernel-Routing-Tabelle. Sie beschreiben, wohin welche Datenpakete entsprechend ihrer Zieladresse geschickt werden sollen. **route** Anschauen können Sie die Routing-Tabelle mit route:

```
# ifconfig eth0 192.168.0.75
# route
Kernel IP routing table
Destination Gateway Genmask       Flags Metric Ref Use Iface
192.168.0.0 *         255.255.255.0 U     0      0   0   eth0
```

Die Spalten der Tabelle haben folgende Bedeutung:

- Die erste Spalte enthält die Zieladresse. Als Adresse kommen **Standardroute** Netz- und Stationsadressen sowie default für die Standardroute (engl. *default route*) in Frage. Diese legt das Ziel für alle Pakete fest, für die keine der übrigen Routen gilt.

- Die zweite Spalte definiert als Ziel für die Pakete einen evtl. Router, an den die Pakete weitergegeben werden. Gültige Einträge an dieser Stelle sind Stationsadressen sowie der Eintrag

»*«, wenn die Pakete nicht zur Weiterleitung an einen anderen Rechner gehen sollen.

- Die dritte Spalte enthält die zur Zieladresse passende Netzmaske. Handelt es sich bei der Zieladresse um einen Rechner, dann steht hier die Netzmaske 255.255.255.255. Die Standardroute hat die Netzmaske 0.0.0.0.

- Die vierte Spalte enthält »Flags«, die die Route näher beschreiben. Folgende Werte können u. a. vorkommen: U die Route ist aktiv (*up*), G die Route ist eine Gateway-Route, das heißt, als Ziel ist ein Router angegeben, und H die Route ist eine Rechner-(*Host-*)Route, das heißt, die Zieladdresse bezeichnet einen einzelnen Rechner.

- Die fünfte und die sechste Spalte enthalten Angaben, die bei dynamischem Routing eine Rolle spielen.

- Die siebte Spalte zählt, wie oft die Route verwendet wurde.

- Die achte Spalte schließlich enthält optional die Schnittstelle, über die die Pakete weitergeleitet werden sollen.

Am Beispiel wird deutlich, dass der Kernel beim Setzen der IP-Adresse mit ifconfig nicht nur eigenständig Netzmaske und Broadcast setzt, sondern auch mindestens eine Route – diejenige nämlich, die allen Pakete mit Ziel im zur Schnittstelle gehörenden Netz den rechten Weg weist.

Ein weiteres, komplexeres Beispiel für eine Routing-Tabelle könnte so aussehen (sechste und siebte Spalte weggelassen):

```
# route
Kernel IP Routentabelle
Ziel            Router          Genmask         Flags Metric Iface
192.168.0.0     *               255.255.255.0   U     0      eth0
192.168.2.0     *               255.255.255.0   U     0      eth1
10.10.3.0       192.168.0.1     255.255.255.0   UG    0      eth0
112.22.3.4      *               255.255.255.255 UH    0      ppp0
default         112.22.3.4      0.0.0.0         UG    0      ppp0
```

Beim Beispielrechner handelt es sich offenbar um einen Router mit drei Netzwerkschnittstellen. Die ersten drei Routen sind Netzwerkrouten, die Pakete laufen entsprechend ihres Zielnetzes entweder über eth0, eth1 oder den Router 192.168.0.1. Die vierte Route ist eine *host route*, die eine Punkt-zu-Punkt-Verbindung zum Providerrechner über den Modem ppp0 aufbaut. Die fünfte Route ist die entsprechende Standardroute, die alle Pakete, die nicht in die Netze 192.168.0.0/24, 192.168.2.0/24 oder 10.10.3.0/24 gerichtet sind, über den Modem in die weite Welt weiterleitet.

Routing-Tabelle konfigurieren mit route Nicht nur zum Abrufen, sondern auch zur Konfiguration der Routing-Tabelle dient der Befehl route. Für das oben gezeigte Beispiel (drei lokale Ethernet-Segmente und die PPP-Verbindung) würde die Routing-Tabelle etwa folgendermaßen aufgebaut:

```
# route add -net 10.0.3.0 netmask 255.255.255.0 gw ▷
◁ 192.168.0.1
# route add -host 112.22.3.4 dev ppp0
# route add default dev ppp0
```

route hat zum Setzen und Entfernen von Routen folgende Syntax:

```
route add [-net|-host] ⟨Ziel⟩ [netmask ⟨Netzmaske⟩]
          [gw ⟨Gateway⟩] [[dev] ⟨Schnittstelle⟩]
```

Zum Hinzufügen einer Route muss der entsprechende Parameter add gesetzt werden; dann wird angegeben, ob es sich um eine Rechner- oder Netzroute handelt (-host oder -net), danach das Ziel. Bei einer Netzroute ist immer eine Netzmaske (netmask ⟨Netzmaske⟩) nötig, die auch im CIDR-Stil an die Zieladresse angehängt sein kann. Jede Route braucht entweder einen Router (⟨Gateway⟩) oder eine Schnittstelle als nächste Station.

Zum Löschen einer Route (mit del statt add) sind dieselben Angaben nötig wie beim Hinzufügen, nur Gateway bzw. Schnittstelle darf fehlen. Bei doppelten Zielen, etwa gleiches Zielnetz über zwei verschiedene Schnittstellen, wird die »neuere« Route gelöscht:

```
# route del -net 192.168.0.0 netmask 255.255.255.0
# route del -host 112.22.3.4
# route del default
```

17.2.3 Konfiguration der Netzwerkeinstellungen mit DHCP

Damit Rechner über Protokolle der TCP/IP-Protokollfamilie miteinander kommunizieren können, benötigt jede Station zumin-

dest eine IP-Adresse sowie eine Netzmaske (Broadcast- und Netzadresse lassen sich daraus berechnen), dazu evtl. die IP-Adresse eines Standardgateways und eines oder mehrerer DNS-Server. Diese
Einstellungen können Sie automatisch durch DHCP setzen lassen.

**IP-Adresse
Netzmaske
Standardgateway
DNS-Server**

Das *Dynamic Host Configuration Protocol* (DHCP) ist ein direkter
Nachfahre von BOOTP (engl. *Bootstrap Protocol*) und wird von
RFC 2131 spezifiziert.

DHCP weist die Konfigurationsparameter »auf Zeit« zu. Jegliche
an einen DHCP-Client übermittelte Information wird mit einer
Gültigkeitsdauer versehen, so dass dem DHCP-Server etwa nicht
mehr benötigte IP-Adressen automatisch nach dem Ablauf dieser
Dauer wieder zur Verfügung stehen. Darüber hinaus unterstützt
DHCP neben der statischen auch die dynamische Vergabe von IP-
Adressen.

➪ Übersichtsseite mit Verweisen: `http://www.linuxwiki.de/DHCP`

dhcpcd u. a.   Um vom DHCP-Server beim Hochfahren des Rechners die IP-Konfiguration beziehen oder nach Ablauf der Leihfrist
eine Verlängerung oder neue Daten erhalten zu können, muss auf
dem Rechner ein Client laufen. Beispiele dieser Programme sind
`dhcpcd`, `dhclient` und `pump`. Sie werden üblicherweise von den Netz-
werkskripten gestartet, haben also kein eigenes Init-Skript.

➪ dhcpcd: `http://www.phystech.com/download/dhcpcd.html`
➪ dhclient: `http://www.isc.org/index.pl?/sw/dhcp/dhcp-v2.php`
➪ pump ist Bestandteil der Red-Hat-Distributionen und ansonsten schwer
   zu finden.

dhcpd   Der Dienst, der für einen DHCP-Server im Hintergrund
läuft, heißt `dhcpd`. Konfiguriert wird der dhcp-Daemon in der Datei
`/etc/dhcpd.conf`. Die Konfiguration eines DHCP-Servers kommt
jedoch nur in LPIC-2 vor, nicht in LPIC-1.

**dhcpd
/etc/dhcpd.conf**

➪ `http://www.isc.org/index.pl?/sw/dhcp/dhcp-v2.php`

17.2.4   Diagnosewerkzeuge

Es gibt eine Reihe von Kommandos, die es ermöglichen, eine Netzwerkverbindung zu überprüfen und eventuelle Fehler zu identifizieren. Sie gehören normalerweise zur Grundausstattung einer
Linux-Installation und müssen nicht separat installiert werden.

ping

ping   ping ist das einfachste aller Netzwerk-Diagnosewerkzeuge. Es sendet mehrere kleine Datenpakete an einen entfernten Rechner. Anschließend wird überprüft, ob der angesprochene Rechner antwortet und wie lange die Pakete unterwegs waren. Dahinter steckt das ICMP-Protokoll; An den Zielrechner wird ein Paket vom Typ ECHO-REQUEST geschickt; ist er erreichbar, sendet er ein Paket vom Typ ECHO-REPLY zurück. Ist der Zielrechner nicht erreichbar, wird in der Regel von dazwischenliegenden Routern ein Paket vom Typ DESTINATION-UNREACHABLE zurückgeliefert.

ECHO-REQUEST
ECHO-REPLY

Die beschriebene Funktionalität ermöglicht es, Netzwerkverbindungen Schritt für Schritt auf ihre Funktionalität zu testen. Pro Sekunde wird ein Paket abgeschickt, bis Sie das Kommando mit Strg+c beenden. Ein Beispiel könnte so aussehen:

```
$ ping -c 3 192.168.0.1
PING 192.168.0.1 (192.168.0.1) 56(84) bytes of data.
64 bytes from 192.168.0.1: icmp_seq=1 ttl=255 time=0.445 ms
64 bytes from 192.168.0.1: icmp_seq=2 ttl=255 time=0.430 ms
64 bytes from 192.168.0.1: icmp_seq=3 ttl=255 time=0.433 ms

--- 192.168.0.1 ping statistics ---
3 packets transmitted, 3 received, 0% packet loss, time ▷
◁ 1998ms
rtt min/avg/max/mdev = 0.430/0.436/0.445/0.006 ms
```

Hier werden mit der Option »-c« drei Pakete an den Rechner mit der IP-Adresse 192.168.0.100 gesendet. Pro Paket bekommen Sie unter anderem die Größe des ICMP-Pakets (56 Byte Daten + 8 Byte Kopf) angezeigt, die TTL (engl. *Time To Live*) des IP-Pakets sowie die Zeit für die »Rundreise« (engl. *round trip*) des Pings. Am Ende werden unter anderem Daten darüber angezeigt, wie viele Pakete gesendet, empfangen und verloren wurden, sowie das Minimum, das arithmetische Mittel, das Maximum und die Standardabweichung der *round-trip*-Zeit der Pakete.

Das sogenannte »Flut-Ping«, Option -f, ist dem Systemverwalter vorbehalten und versucht, so viele Pakete wie möglich so schnell wie möglich zu schicken (anstatt einem pro Sekunde).

```
# ping -f 192.168.0.1
PING 192.168.0.1 (192.168.0.1) 56(84) bytes of data.
```

```
.
Strg + c
--- 192.168.0.1 ping statistics ---
10013 packets transmitted, 10013 received, 0% packet loss, ▷
◁ time 2182ms
rtt min/avg/max/mdev = 0.011/0.018/0.112/0.007 ms, ▷
◁ ipg/ewma 0.218/0.022 ms
```

Für jedes versandte ECHO-REQUEST-Paket wird ein Punkt ausgegeben, für jedes empfangene ECHO-REPLY-Paket ein Rückschritt-Zeichen (engl. *backspace*). Das Ergebnis ist eine Reihe von Punkten, aus der Sie sehen können, wie viele Pakete bei der Übertragung fallengelassen werden.

⇨ ping(8)

traceroute traceroute ist im Prinzip eine erweiterte Form von ping. Hier wird nicht einfach ein entfernter Rechner auf Lebenszeichen abgefragt, sondern der Weg angezeigt, den die Pakete im Netz nehmen. Es wird verfolgt, über welche Router ein Paket läuft und wie gut die Verbindung zu den benutzten Routern ist.

traceroute

Das Ganze beruht im Gegensatz zu ping nicht auf ICMP, sondern auf UDP. traceroute schickt drei UDP-Pakete an einen willkürlichen Port auf dem Zielrechner (man hofft, dass nicht auf allen drei Ports irgendein Server lauscht). Die ersten drei Pakete haben eine TTL von 1, die nächsten drei eine TTL von 2 und so weiter. Die ersten drei Pakete werden vom ersten Router auf dem Weg zum Ziel verworfen, da hier die TTL auf 0 gesetzt wird, der Sender erhält dann eine ICMP-TIME-EXCEEDED-Nachricht, die natürlich (als IP-Paket) auch die IP-Adresse des Routers enthält. Das zweite Paket-Tripel wird vom zweiten Router verworfen und so fort. Auf diese Weise kann der genaue Weg der Pakete zum Zielrechner verfolgt werden. Wenn dieser erreicht ist, kommt natürlich kein TIME-EXCEEDED, sondern ein PORT-UNREACHABLE, so dass traceroute erkennen kann, dass es am Ziel angekommen ist.

Als Beispiel der Weg zum Webserver von heise.de:

```
$ /usr/sbin/traceroute -n www.heise.de
traceroute to www.heise.de (193.99.144.71), 30 hops max, ▷
◁ 40 byte packets
1  * * *
```

```
2  62.180.1.17   129.750 ms    129.748 ms    128.321 ms
3  195.182.96.209  129.609 ms  129.741 ms   129.656 ms
4  195.182.99.29  119.692 ms   129.664 ms   229.574 ms
5  195.182.99.110  219.709 ms  199.727 ms   189.716 ms
6  80.81.192.132  179.713 ms   178.696 ms   158.789 ms
7  213.83.57.53  129.370 ms    139.787 ms   123.721 ms
8  * * *
◁◁◁◁◁
16  * * *
17  * 193.99.144.71  129.694 ms   139.691 ms
```

Die Ausgabe besteht aus mehreren Zeilen, die den versendeten Paket-Tripeln entsprechen. Die Nummer jeder Zeile gibt die verwendete TTL an, ferner werden jeweils die Station angezeigt, von der die TIME-EXCEEDED-Nachrichten kamen, sowie die Laufzeit der drei Pakete. Die Option -n unterdrückt die Namensauflösung, so dass nur IP-Adressen ausgegeben werden.

Anscheinend haben die Pakete auf dem Weg zu www.heise.de 16 Zwischenstationen zu überwinden. Für die »Hops« 8 bis 16 werden aber nur Sternchen angezeigt. Sternchen bedeuten allgemein eine Zeitverzögerung, die zum Beispiel durch hohe Netzwerklast, aber auch durch Firewallmechanismen zu erklären sein könnte. Ein ping zeigt in unserem Fall, dass in Wirklichkeit nur 7 Stationen zu überwinden sind. Das lässt sich an der TTL erkennen, die einen Wert von 248 hat, also 7 weniger als der anzunehmende ping-Originalwert von 255:

```
$ ping www.heise.de
PING www.heise.de (193.99.144.71) 56(84) bytes of data.
64 bytes from www.heise.de (193.99.144.71): icmp_seq=1 ▷
◁ ttl=248 ime=167 ms
◁◁◁◁◁
```

Die Zeilen 8 bis 16 entsprechen also nicht wirklich vorhandenen Routern. Die maximale Anzahl der Sprünge (Hops), bis die Nachricht die Zieladresse erreicht, können Sie mit der Option -m einstellen. Der voreingestellte Wert beträgt 30 Sprünge.

↪ traceroute(8)

telnet **telnet** Das telnet-Kommando wird verwendet, um sich über das TELNET-Protokoll interaktiv auf einem anderen Rechner an-

zumelden oder – allgemein – mit einem TCP-Port Kontakt aufzunehmen. Als Dienst für den Fernzugriff sollten Sie TELNET nicht
mehr verwenden, da keine starke Authentisierung verwendet wird
und die Datenübertragung unverschlüsselt stattfindet. Die *Secure
Shell* (ssh) ist eine sinnvolle Alternative (s. Abschnitt 18.7).

Das Client-Programm telnet ist aber hervorragend zum Testen
vieler anderer Dienste geeignet. Mit »telnet ⟨Adresse⟩ ⟨Dienst⟩«
kann eine Verbindung zu jedem beliebigen Port aufgebaut werden (⟨Dienst⟩ ist entweder eine Portnummer oder ein Dienstname aus /etc/services). So baut »telnet 192.168.0.100 80« eine
Verbindung zu einem Web-Server auf. Ein anderes Beispiel:

```
$ telnet 192.168.0.1 22
Trying 192.168.0.1...
Connected to 192.168.0.1.
Escape character is '^]'.
SSH-1.99-OpenSSH_3.5p1
```

Im Beispiel wird eine Verbindung zum SSH-Port auf einem
anderen Rechner aufgebaut, der entfernte sshd meldet sich mit
Protokoll- und Programmversion.

⇨ telnet(1)

netstat Der Befehl netstat zeigt Netzwerkverbindungen, offene **netstat**
Ports, Routing-Tabellen, eine Schnittstellen-Statistik und weitere
nützliche Informationen an. Vor allem aufgrund der ersten beiden Punkte ist das Kommando hilfreich dafür, zu prüfen, welche
Dienste auf einem Rechner laufen und welche Clients sie gerade
verwenden.

Eine Liste aller offenen Verbindungen liefert Ihnen die Eingabe
von netstat ohne Optionen (Spalte State ist aus Platzgründen weggelassen):

```
$ netstat
Active Internet connections (w/o servers)
Proto Recv-Q Send-Q Local Address        Foreign Address
tcp        0      0 rechner1.local:32774 rechner2.local:ssh
tcp        0      0 rechner1.local:32773 rechner2.local:ssh
Active UNIX domain sockets (w/o servers)
Proto RefCnt Flags    Type    I-Node Path
```

```
unix   11    [ ]      DGRAM   858    /dev/log
◁◁◁◁◁
```

Die Ausgabe bedeutet Folgendes: *Active Internet connections* sind
aktive Internet-Verbindungen wie TCP und UDP. Hier besteht eine offene ssh-Verbindung von rechner1 auf rechner2. Die Spalten
in den Tabellen bedeuten:

Proto Das Protokoll (tcp, udp, raw, ...), das von dem Socket benutzt wird.

Recv-Q Die Anzahl der (noch) nicht vom Anwenderprogramm bei
diesem Socket abgeholten Bytes.

Send-Q Die Anzahl der Bytes, die von der Gegenstelle noch nicht
bestätigt wurden.

Local Address Lokale Adresse und Portnummer des Sockets. Ein
Stern (»*«) an dieser Stelle steht bei »lauschenden« Sockets da-
für, dass sie auf allen verfügbaren Adressen lauschen, also zum
Beispiel 127.0.0.1 *und* der IP-Adresse der Ethernet-Karte.

Foreign Address Die Adresse und Portnummer der Gegenstelle
auf dem entfernten Rechner.

State Zustand des Sockets. raw-Sockets haben keine Zustände und
udp-Sockets normalerweise auch nicht, in welchem Fall dieses
Feld leer bleibt. Ansonsten, insbesondere für tcp-Sockets, sind
u. a. folgende Einträge für den Zustand möglich: ESTABLISHED eine Verbindung ist etabliert, CLOSE das Socket wird nicht verwendet, LISTEN das Socket »lauscht« auf eingehende Verbindungen.

↪ netstat(8) (Stichwort »State«)

Unix-Domain-Sockets Die Folgezeilen beziehen sich auf Unix-Domain-Sockets, die mit
dem eigentlichen Netzwerk nichts zu tun haben – hierbei handelt
es sich um schnelle Verbindungen zwischen lokalen Prozessen.

Um alle offenen lokalen Ports anzuzeigen, können Sie das Kommando »netstat -utl« verwenden. Die Option -u listet nur UDP-
»Verbindungen«, die Option -t nur TCP-Verbindungen und die
Option -l (engl. *listen*) zeigt Ihnen nur Sockets an, die auf eingehende Verbindungen warten.

```
$ netstat -utl
Active Internet connections (servers and established)
Proto Recv-Q Send-Q Local Address   Foreign Address  State
tcp       0      0 *:x11            *:*              LISTEN
tcp       0      0 *:ipp            *:*              LISTEN
tcp       0      0 localhost:smtp   *:*              LISTEN
tcp       0      0 *:ssh            *:*              LISTEN
udp       0      0 *:ipp            *:*
```

Im Beispiel laufen der X-Server, der CUPS-Server, der sshd und der
Mailserver. Der Mailserver ist nur über die IP-Adresse 127.0.0.1 zu
erreichen, die anderen Dienste über alle verfügbaren Adressen.

⇨ netstat(8)

tcpdump Bei tcpdump handelt es sich um einen Netzwerk-Sniffer, der die Analyse der über eine Netzwerkschnittstelle laufenden
Netzwerkpakete ermöglicht. Die Netzwerkkarte wird dabei in den
sog. **Promiscuous Mode** versetzt, in dem alle Pakete, also nicht
nur wie üblich die für die lokale Schnittstelle bestimmten, gelesen werden. Das Kommando kann deshalb nur als Benutzer root
verwendet werden. Hier ein Beispiel dafür:

tcpdump
Netzwerk-Sniffer

Promiscuous
Mode

```
# tcpdump -ni eth0
tcpdump: listening on eth0
14:26:37.292993 arp who-has 192.168.0.100 tell 192.168.0.1
14:26:37.293281 arp reply 192.168.0.100 is-at ▷
◁ 00:A0:24:56:E3:75
14:26:37.293311 192.168.0.1.35993 > 192.168.0.100.21: S ▷
◁ 140265170:140265170(0)                             ...
14:26:37.293617 192.168.0.100.21 > 192.168.0.1.35993: S ▷
◁ 135130228:135130228(0) ack 140265171               ...
14:26:37.293722 192.168.0.1.35993 > 192.168.0.100.21: . ▷
◁ ack 1                                               ...
◁◁◁◁◁
```

Im Beispiel wurde ein Verbindungsaufbau zu einem FTP-Server
»belauscht«. Die Parameter »-ni eth0« schalten die Namensauflösung und die Auflösung der Portnummern ab und involvieren
nur die Schnittstelle eth0. Zu jedem Paket werden die genaue Uhrzeit, die Sequenznummer, Quell- und Zielrechner, gesetzte Flags
im TCP-Header (S: SYN-Bit), die Folgenummer der Daten, ein even-

tuell gesetztes ACK-Bit, die erwartete Folgenummer des nächsten Pakets und diverse weitere Informationen angezeigt.

Das erste gezeigte Paket enthält keinen Zielrechner, es handelt es sich um eine ARP-Anfrage: Der Rechner 192.168.0.100 soll seine Mac-Adresse bekannt geben – was er im zweiten Paket dann auch tut. Die nächsten Pakete zeigen den TCP-Drei-Wege-Handshake.

↪ tcpdump(8)

nmap
Portscanner

nmap Mit nmap, einem sogenannten Portscanner, können Sie von außen prüfen, welche Portnummern für TCP und UDP auf einem Rechner belegt sind. Daraus können Sie Schlüsse über die Dienste zu ziehen versuchen, die dieser anbietet. Beachten Sie, dass Sie nmap nicht zur Analyse fremder Rechner verwenden sollten, ohne dazu ausdrücklich eingeladen worden zu sein! Cracker verwenden Werkzeuge wie nmap gerne, um Angriffsziele zu finden.

nmap kann bestimmte Bereiche von Ports auf einzelnen Rechnern oder allen Rechnern in einem bestimmten Netz untersuchen. Anhand einer Datenbank kann das Programm aus den Antworten der Zielrechner feststellen, welcher Dienst auf welchem Port läuft, oft auch wenn Systemadministratoren Dienste auf »ungewöhnlichen« Ports platziert haben.

Möglichkeiten

Die Möglichkeiten von nmap (und damit die syntaktischen Varianten der Programmaufrufe) sprengen bei Weitem den Rahmen dieses Buchs und (glücklicherweise) auch den der LPIC-1-Zertifizierung. Hier nur die wichtigsten Eigenschaften:

Scan-Varianten

■ Wird nmap von einem nicht privilegierten Benutzer aufgerufen, testet es TCP-Ports, indem es eine Verbindung aufzubauen versucht. root kann zwischen diversen Scan-Varianten wählen, die versuchen, weniger auffällig zu sein. Die Option -sS (SYN-Scan) schickt an jeden Port ein SYN-Paket und prüft, ob eine Antwort zurückkommt. Ein SYN/ACK-Paket als Antwort zeigt einen offenen Port an, ein RST-Paket einen unbenutzten. Kommt gar keine Antwort, wird der Port offenbar von einem Paketfilter blockiert. Dieser Scan ist ziemlich schnell und unauffällig. Andere Scantypen, etwa der FIN- oder NULL-Scan, sind noch unauffälliger (jedenfalls solange das »Opfer« kein Einbruchs-Erkennungssystem verwendet) und können durch manche Firewalls »durchschlüpfen«.

■ Auch das zeitliche Verhalten von nmap können Sie steuern. Im Normalfall wird nmap den Zielrechner so schnell wie möglich scannen. Liegt das Hauptaugenmerk aber darauf, eine Analyse möglichst diskret durchzuführen, können Sie die Wartezeit bis zur Abfrage des nächsten Ports stufenweise verlängern. Naturgemäß steigt dadurch die Dauer des Gesamtvorgangs deutlich an, die einzelnen Zugriffe auf die verschiedenen Ports verschwinden aber gewissermaßen im »Grundrauschen« des Netzwerks und sind damit kaum noch als Scan zu enttarnen. Hierzu dienen die Optionen -T0 bis -T6 (mit symbolischen Namen von Paranoid bis Insane).

Zeitliches Verhalten

■ Mit der Option -O kann nmap versuchen, aufgrund von Eigenheiten der TCP/IP-Implementierung des Zielsystems den dortigen Betriebssystemtyp zu bestimmen.

Betriebssystem

■ Mit -p können Sie die zu prüfenden Ports wählen.

■ Mit -v (*verbose*) gibt nmap Zusatzinformationen aus.

Hier ist als Beispiel die nmap-Analyse eines Windows-NT-Rechners:

```
$ nmap -v -O 10.0.0.112
Starting nmap V. 2.3BETA6 by Fyodor (fyodor@dhp.com,▷
◁ www.insecure.org/nmap/)
Interesting ports on nt.example.com (10.0.0.112):
Port    State      Protocol  Service
135     open       tcp       loc-srv
139     open       tcp       netbios-ssn

TCP Sequence Prediction: Class=trivial time dependency
                         Difficulty=6 (Trivial joke)
Remote operating system guess: Windows NT4 / Win95 / Win98
```

↪ nmap(1)
↪ Offizielle nmap-Webseiten mit Informationen, Dokumentation und Quellcode: http://www.insecure.org/nmap/

17.2.5   Rechnername

Der (lokale) Rechnername eines Linux-Rechners kann mit dem Kommando hostname ausgelesen und auch neu gesetzt werden:

hostname

```
# hostname
mypc
# hostname rechner1
# hostname
rechner1
```

Die Änderungen sind auch hier temporärer Natur, weswegen der Rechnername beim Systemstart über ein Skript automatisch gesetzt wird – das Init-Subsystem liest bei den meisten Distributionen die Datei /etc/HOSTNAME bzw. /etc/hostname.

Es ist wichtig, hervorzuheben, dass die Vorstellung eines Rechners über seinen eigenen Namen (gemäß hostname) nichts mit dem zu tun haben muss, was andere Rechner per /etc/hosts oder DNS über ihn mitgeteilt bekommen. Die Sicherung der Konsistenz ist Ihre Aufgabe als lokaler Systemadministrator. Wenn Sie den Namen eines Rechners ändern, sollten diese Änderungen natürlich in allen benutzten Mechanismen zur Namensauflösung Eingang finden!

Mit hostname korrespondiert das Kommando dnsdomainname, das den Domainnamen des Rechners herauszufinden versucht. Dazu bestimmt es den vollen Namen (*fully qualified domain name*, FQDN) des Rechners und entfernt alles vom Anfang bis einschließlich zum ersten Punkt. Wo der volle Name des Rechners herkommt, ist systemabhängig; normalerweise wird /etc/hosts vor dem DNS untersucht, so dass Sie die De-facto-»DNS-Domain« Ihres Rechners dort einstellen können, indem Sie etwas wie

```
127.0.0.1    mypc.example.com mypc localhost
```

eintragen. dnsdomainname holt sich dann den Namen mypc vom System (über etwas wie hostname) und fragt anschließend nach dem vollen Namen. Der Domain-Teil der Antwort mypc.example.com, also example.com, ist das Ergebnis.

Zur Warnung: Manche Systeme unterstützen ein Programm namens domainname, das überhaupt nichts mit diesem Thema zu tun hat.

⇨ hostname(1)
⇨ Namensauflösung (Abschnitt 18.6)

17.3 Linux als PPP-Client

17.3.1 Grundlagen

PPP (das *point-to-point protocol*) dient dazu, IP und ähnliche Protokolle zum Beispiel über eine Telefonverbindung zu leiten. Es ermöglicht die Authentisierung der Kommunikationspartner und die automatische Zuordnung von Parametern wie IP-Adressen. Die Einwahl »ins Internet« über einen Provider funktioniert heute in der Regel mit PPP.

Voraussetzung für die Einbindung eines Rechners ins Internet mit PPP ist eine funktionierende Kommunikationsverbindung, zum Beispiel über einen Modem, ISDN oder ADSL. Das heißt, der Rechner stellt eine Verbindung her (indem er zum Beispiel die Telefonnummer des Providers wählt) und übergibt diese Verbindung dann dem **PPP-Daemon** pppd. Dieser nimmt Kontakt mit **PPP-Daemon** dem PPP der Gegenstelle auf und handelt die Details der PPP-Übertragung aus. Anschließend können über PPP IP-Pakete übertragen werden; PPP übernimmt also dieselbe Rolle wie Ethernet im LAN.

PPP unterscheidet auf der technischen Ebene nicht zwischen Client und Server. Trotzdem ist es für unsere Zwecke sinnvoll, den wählenden Rechner als Client und den angewählten als Server zu bezeichnen. Für LPIC-1 ist nur die Client-Konfiguration wichtig.

Auf dem lokalen Rechner sieht eine PPP-basierte Netzverbindung praktisch genauso aus wie eine Netzverbindung über Ethernet. Sie bekommen mit ifconfig eine PPP-»Schnittstelle« angezeigt (typischerweise ppp0 bei Modem und ADSL, ippp0 bei ISDN), die vom System ganz wie die anderen Netzverbindungen behandelt wird – sie kann in Routen verwendet werden, mit Paketfilterregeln versehen werden und so weiter.

↪ Datenfernübertragung (Abschnitt 9.4)
↪ Netzwerkschnittstellen (Abschnitt 17.2.1)
↪ Übersichtsseite mit Verweisen: http://www.linuxwiki.de/PPP
↪ C. Light-Williams, J. Drake, »Linux PPP HOWTO« (Juli 2000), http://www.tldp.org/HOWTO/PPP-HOWTO/

17.3.2 PPP-Einwahl mit wvdial

Es gibt verschiedene Programme, die den Umgang mit PPP erleichtern. Ein verbreitetes solches Programm ist wvdial, das von der Kommandozeile aus eine Modem-Verbindung zu einer gegebenen Telefonnummer aufbaut und anschließend den pppd startet. Um wvdial zu verwenden, müssen Sie zuerst das Programm wvdialconf aufrufen. wvdialconf sucht das System nach Modems und bereitet eine Konfigurationsdatei für wvdial vor, normalerweise /etc/wvdial.conf:

```
# wvdialconf /etc/wvdial.conf
Scanning your serial ports for a modem.

Port Scan<*1>: Scanning ttyS1 first, ▷
◁ /dev/modem is a link to it.
ttyS1<*1>: ATQ0 V1 E1 -- OK
ttyS1<*1>: ATQ0 V1 E1 Z -- OK
◁◁◁◁◁
ttyS1<*1>: Max speed is 115200; that should be safe.
ttyS1<*1>: ATQ0 V1 E1 S0=0 &C1 &D2 +FCLASS=0 -- OK
Port Scan<*1>: S0    S1    S2    S3

Found a modem on /dev/ttyS1.
```

Wenn wvdialconf bei Ihnen keinen Modem findet, obwohl Sie sicher sind, dass Sie eins haben, sollten Sie die Hardware prüfen (Kabel, Schalter, ...) und dass Sie die serielle Schnittstelle im BIOS aktiviert haben.

Die von wvdialconf erzeugte Datei sieht ungefähr so aus:

```
[Dialer Defaults]
Modem = /dev/ttyS15
Baud = 115200
Init1 = ATZ
Init2 = ATQ0 V1 E1 S0=0 &C1 &D2 +FCLASS=0
; Phone = 555-1212
; Username = my_login_name
; Password = my_login_password
```

Hier müssen Sie die »;« am Anfang der letzten drei Zeilen entfer-

nen und 555-1212 durch die Telefonnummer Ihres Providers sowie my_login_name und my_login_password durch Ihren Benutzernamen und Ihr Kennwort beim Provider ersetzen.

Sie können in Ihrer /etc/wvdial.conf-Datei auch Parameter für
mehrere Provider setzen. Die Parameter im Abschnitt »[Dialer
Defaults]« geben Standardwerte vor, die Sie in spezifischen Abschnitten für einzelne Provider überschreiben können.

↪ wvdialconf(1), wvdial.conf(5)

Anschließend können Sie wvdial aufrufen, das versuchen wird, auf
der Basis der Parameter in /etc/wvdial.conf eine Verbindung zu
Ihrem Provider herzustellen. Um die Verbindung wieder abzubau-
en, beenden Sie wvdial mit Strg + C .

↪ wvdial(1), http://open.nit.ca/wiki/index.php?page=WvDial

17.3.3 Mehr über den pppd

Konfiguration Die Konfigurationseinstellungen für den pppd stehen in /etc/ppp/options. In ~/.ppprc können Sie persönliche Einstellungen angeben, die Vorrang vor den systemweiten haben –
aber als einfacher Benutzer dürfen Sie nicht alles überschreiben,
was root in /etc/ppp/options für Sie eingestellt hat. Schließlich
wird eine Datei /etc/ppp/options.⟨Gerät⟩ (etwa /etc/ppp/options.
ttyS0) angeschaut, in der root spezifische Einstellungen für PPP-
Verbindungen über jene Schnittstelle machen kann.

/etc/ppp/options
~/.ppprc

/etc/ppp/
options.ttyS0

Wenn Sie einfachen Benutzern erlauben wollen, PPP-Verbindun-
gen zu bestimmten Gegenstellen (Provider) aufzubauen, können
Sie Konfigurationseinstellungen für diese Gegenstellen in Dateien
in /etc/ppp/peers hinterlegen. In diesen Dateien dürfen auch »privilegierte« Einstellungen stehen, also solche, die sonst nur root
in /etc/ppp/options machen dürfte. Diese Einstellungen werden
wirksam, wenn Sie pppd mit dem call-Parameter aufrufen; bei

```
$ pppd call isp
```

zum Beispiel würde /etc/ppp/peers/isp gelesen. Dort kann dann
alles Nötige stehen, um die Verbindung aufzubauen. – Im wirklichen Leben ist etwas wie wvdial der geschicktere Ansatz.

↪ pppd(8)

Authentisierung Wenn Sie es mit einem Provider zu tun haben, bei dem wvdial nicht das Richtige tut, oder Sie gern alles »zu Fuß« erledigen, müssen Sie dafür sorgen, dass die Authentisierung durch den pppd klappt.

PAP
CHAP
Die meisten Provider benutzen eines der in PPP integrierten Authentisierungsverfahren, PAP oder CHAP. pppd betrachtet zwei identisch aufgebaute Konfigurationsdateien, /etc/ppp/pap-secrets und /etc/ppp/chap-secrets, in denen Sie die nötigen Informationen unterbringen können. Zum Beispiel:

```
# cat /etc/ppp/pap-secrets
# Client Server Kennwort
tux * geheim
```

Wenn der Server PAP-Authentisierung verlangt, gibt der Client sich als tux aus und verwendet das Kennwort geheim. CHAP verwendet ein komplizierteres Verfahren, bei dem das Kennwort nicht über die Verbindung geschickt wird.

↪ PPP-HOWTO, Abschnitt 16.

In ganz harten Fällen kann es nötig sein, mit der Gegenstelle in einen aufwendigen Dialog zu treten, bis PPP aktiviert werden kann. Der pppd ermöglicht einen maßgeschneiderten Verbindungsaufbau über **Chat-Skripte**, in denen verschiedene Nachrichten der Gegenstelle beschrieben werden und angegeben wird, was der pppd als jeweilige Antwort schicken soll. Um herauszufinden, was Ihre Gegenstelle für Fragen stellt und welche Antworten sie erwartet, können Sie zunächst den Dialog durch Programme wie minicom selbst führen, bevor Sie ihn durch ein Chat-Skript automatisieren.

Chat-Skripte

minicom

↪ PPP-HOWTO, Abschnitt 18.
↪ minicom(1), chat(8)
↪ AT-Kommandos für Modems (Tabelle 9.1)

»Persistente« Verbindungen pppd macht es möglich, im Falle eines Verbindungsabbruchs die Verbindung sofort wieder neu aufzubauen. Hierzu müssen Sie in der Konfiguration die Option persist unterbringen.

↪ pppd(8)

17.3.4 Was tun, wenn die Verbindung steht?

Wenn der pppd die PPP-Verbindung fertig aufgebaut hat, ruft er das Shell-Skript /etc/ppp/ip-up auf. Hier können Sie Kommandos hinterlegen, die etwas mit der Verbindung anfangen, beispielsweise komplizierte Routen setzen oder Ihre Mail abrufen. Die meisten Distributionen verwenden /etc/ppp/ip-up selbst, aber erlauben Ihnen, Ihre eigenen Anpassungen in einer Datei /etc/ppp/ip-up.local oder in Dateischnipseln in einem Verzeichnis /etc/ppp/ip-up.d unterzubringen.

Analog gibt es ein Skript /etc/ppp/ip-down, das *vor* dem Verbindungsabbau ausgeführt wird. Hier können Sie Aufräumungsarbeiten vornehmen, zum Beispiel Routen wieder entfernen.

⮡ pppd(8)

17.3.5 ISDN und ADSL

Für ISDN-Verbindungen wird normalerweise »synchrones PPP« verwendet. Hierfür gibt es eine spezielle Version des pppd unter dem Namen ipppd. Grundsätzlich sind die Vorgehensweise und die pppd-Konfiguration sehr ähnlich, bis darauf, dass keine Modem-, sondern eine ISDN-Verbindung aufgebaut werden muss. Hierum kümmert sich die »isdn4linux«-Software.

ISDN-Verbindungen
ipppd

⮡ K. Franken, »Linux ISDN HOWTO« (September 1998), http://www.linuxhaven.de/dlhp/HOWTO/DE-ISDN-HOWTO.html

Auch ADSL-Zugänge werden oft über PPP abgewickelt, genauer gesagt *PPP over Ethernet* (PPPoE). Die gängigste Software hierfür kommt von *Roaring Penguin* und heißt rp-pppoe. Sie sollten in Ihrem System eine Ethernet-Schnittstelle haben, die mit dem ADSL-»Modem« verbunden ist. Diese Schnittstelle wird *nicht* wie eine LAN-Schnittstelle konfiguriert und bekommt auch *keine* IP-Adresse. rp-pppoe kümmert sich um die Verbindung zum Modem (über Ethernet, nicht IP) und stellt eine PPP-Schnittstelle zur Verfügung, die dann eine IP-Adresse hat und in Routen benutzt werden kann.

ADSL

rp-pppoe

rp-pppoe wird in der Datei /etc/ppp/pppoe.conf konfiguriert. Sie können die Konfiguration interaktiv mit adsl-setup vornehmen oder die Datei direkt editieren; im letzteren Fall sollten Sie den Parameter ETH auf den Namen der mit dem Modem verbundenen

/etc/ppp/pppoe.conf

Ethernet-Schnittstelle und den Parameter USER auf Ihre ADSL-Kennung (vom Provider) setzen:

```
ETH=eth0
USER=123456789012345678901234000l@t-online.de          unecht!
```

Dazu gehört ein passender Eintrag in /etc/ppp/pap-secrets:

```
123456789012345678901234000l@t-online.de * geheim
```

Aktivieren und deaktivieren können Sie die Verbindung dann über die Kommandos adsl-start und adsl-stop.

➪ Übersichtsseite mit Verweisen: http://www.linuxwiki.de/DSL
➪ rp-pppoe: http://www.roaringpenguin.com/products/rp-pppoe/

17.4 Sicherheitsadministration

17.4.1 Überblick

Gerade im Netzwerkbereich ist Sicherheit ein immer wichtigeres Thema. Wer will schon, dass die Cracker sich auf seinem System tummeln, Viren oder Würmer grassieren oder der eigene Rechner zur »Spamschleuder« zweckentfremdet wird? Hier also noch einige Hinweise zum Thema »Netzwerksicherheit mit Linux«.

17.4.2 Minimales Dienstangebot

Es ist wichtig, nur diejenigen Netzwerkdienste zu betreiben oder gar dem Internet zur Verfügung zu stellen, die wirklich benötigt werden. Ein Dienst, der nicht läuft, kann keine Sicherheitslücken haben, die ein Cracker ausnutzen kann. Sie sollten zum Beispiel in der inetd- oder xinetd-Konfiguration alles Überflüssige entfernen, was Ihr Distributor Ihnen netterweise eingeschaltet haben mag.

Mit einem Kommando wie »netstat -tulp« bekommen Sie einen Überblick darüber, welche Ports auf Ihrem System mit Diensten belegt sind und welche Programme diese Dienste erbringen. Oft finden Sie dort Einträge, auf die Sie ohne Weiteres verzichten können – wenn Sie NFS nicht verwenden, ist der Portmapper zum Beispiel meist überflüssig, und auch der X-Server muss auf einem Heim-PC ohne LAN nicht unbedingt über TCP zugänglich sein.

➪ netstat (Abschnitt 17.2.4, Seite 383)
➪ NFS (Abschnitt 18.5.3)

17.4.3 Paketfilter

Eine Möglichkeit, sowohl Unbefugten den Zugriff auf Rechner und Ports zu verwehren als auch den Datenfluss aus einem lokalen Netz ins Internet zu kontrollieren, sind **Paketfilter**. Ein Router, der IP-Pakete zwischen dem lokalen Netz und dem Internet vermittelt, kann für jedes Paket entscheiden, ob es tatsächlich weitergeleitet werden soll oder nicht – diese Entscheidung kann von Kriterien abhängen wie der Empfänger- und der Zieladresse, der eingehenden und ausgehenden Netzwerkschnittstelle, bei TCP- und UDP-Paketen dem Quell- und Ziel-Port und so weiter. Es ist zum Beispiel möglich, den Benutzern eines LAN den direkten Zugriff auf Web-Server im Internet zu verbieten, damit sie einen zwischengeschalteten »Proxy« benutzen. Paketfilter sind die Basis aufwendigerer »Firewall«-Konfigurationen.

Paketfilter

Die Paketfilter-Implementierung im Linux-Kernel hat eine lange Geschichte. Aktuell seit Version 2.4 ist eine Infrastruktur namens **Netfilter**, nach dem dazugehörigen Konfigurationsprogramm oft auch `iptables` genannt. (Der Vorgänger, `ipchains`, ist inzwischen verpönt – auch in der LPIC-1-Prüfung.)

Netfilter

iptables   Die Idee hinter `iptables` ist, dass Sie Regeln vorgeben können, die zu bestimmten Zeitpunkten während der Bearbeitung eines IP-Pakets im Linux-Kernel abgearbeitet werden. `iptables` unterstützt verschiedene »Tabellen« mit vordefinierten Plätzen für Regeln; davon übernimmt die »filter«-Tabelle die Paketfilterung im engeren Sinne, während die »nat«-Tabelle verschiedene Arten von Adressumsetzung vornehmen kann, etwa um ein LAN mit RFC-1918-Adressen hinter einem Linux-Router mit einer öffentlichen IP-Adresse zu »verstecken«.

In der »filter«-Tabelle sind drei Punkte definiert, an denen Sie in die Paketbearbeitung eingreifen können. Jedes Paket, das für einen Prozess auf dem lokalen Rechner gedacht ist, durchläuft den INPUT-Regelsatz; Pakete »auf der Durchreise«, die an andere Rechner weitergeleitet werden, durchlaufen FORWARD und Pakete, die auf dem lokalen Rechner erzeugt wurden, OUTPUT.

Mit dem `iptables`-Kommando können Sie diese Regelsätze manipulieren. Zum Beispiel installiert das Kommando

```
# iptables -A FORWARD -i eth0 -o ppp0 -p tcp▷
◁  --dport 80 -j DROP
```

eine Regel, die alle TCP-Pakete verwirft (-j DROP), die an den
Port 80 (normalerweise für HTTP-Server) adressiert sind, auf der
eth0-Schnittstelle eingehen und an die ppp0-Schnittstelle weitergeleitet werden. Wenn wir annehmen, dass eth0 ins LAN und ppp0
ins Internet führt, dann wird so der Zugriff auf Web-Server aus
dem LAN unterbunden.

Mit »iptables -A« wird eine Regel an den angegebenen Regelsatz angehängt; Sie können Regeln auch löschen (alle im Regelsatz
oder gezielt), ersetzen oder in der Mitte einfügen. Bei der Bearbeitung eines Regelsatzes beginnt der Linux-Kern bei der ersten Regel
und fährt fort, bis er eine Regel findet, die auf das betrachtete Paket passt. Die Aktion dieser Regel wird dann ausgeführt und die
Betrachtung weiterer Regeln entfällt. (Das heißt, dass Sie bei der
Definition von Regeln mit speziellen Fällen anfangen und mit allgemeinen aufhören sollten, damit nicht die allgemeinen Regeln
zuerst greifen und die speziellen nie zum Zuge kommen, auch
wenn sie besser passen würden.)

Jeder der Regelsätze INPUT, FORWARD und OUTPUT hat eine
policy für den Fall, dass keine passende Regel gefunden werden
konnte. Solche Pakete können pauschal entweder akzeptiert oder
abgewiesen werden; die Vorgabe ist »Akzeptieren« (da Sie ja ins
Netz können sollen, wenn Sie gar keine Regeln definiert haben),
aber es ist prinzipiell besser, sie auf »Abweisen« zu stellen und
Ausnahmen zuzulassen, als alles erst mal zu erlauben und nur die
»faulen Eier« auszusortieren.

Sie können auch eigene Regelsätze definieren, die als »Unterpro-
gramme« der eingebauten Regelsätze dienen können, etwa um die
Regelsätze übersichtlicher zu halten oder effizienter zu machen.

◌ iptables(8), http://www.netfilter.org/
◌ R. Russell, »Linux 2.4 Packet Filtering HOWTO« (Mai 2000), http://
www.netfilter.org/documentation/HOWTO/de/packet-filtering-HOWTO.
html
◌ W. Barth, *Das Firewall Buch* (SuSE Press, 2003), 2. Aufl., http://www.
suse.de/de/private/products/books/3_899900_44_8/

Kapitel 18 Netzwerkdienste

In diesem Kapitel ...

✔ lernen Sie die »Über-Dienste« inetd und xinetd kennen

✔ erfahren Sie, wie Sie eine Zugriffskontrolle für Dienste mit Hilfe des TCP-Wrappers oder des xinetd einrichten können

✔ erlernen Sie die Grundkonfiguration des *Mail Transfer Agents* sendmail

✔ lernen Sie den Web-Server Apache und seine Einrichtung kennen

✔ werden Sie mit der Freigabe von Verzeichnissen im Netzwerk mittels NFS und Samba vertraut gemacht

✔ werden die Prinzipien und Konfigurationsmöglichkeiten der Namensauflösung über DNS vorgestellt

✔ erfahren Sie, wie Sie mit der Secure Shell sichere Fernzugriffe im Netzwerk durchführen und einstellen können

18.1 Überblick

Ein Großteil der Arbeit mit Rechnern in einem Netzwerk beruht auf der Verwendung von Netzwerkdiensten. Dabei spielen für jeden Anwender offensichtliche Dienste wie WWW oder FTP eine Rolle, aber auch solche wie DHCP oder DNS, die eher »im Hintergrund« wirken. Je nach Art und Häufigkeit der Anwendung werden die Dienste entweder persistent beim Systemstart oder vorübergehend bei Bedarf gestartet.

Freistehende Dienste

Start mit Über-Diensten

Wird ein Dienst als eigenständiger Server-Prozess beim Systemstart oder per Hand gestartet, spricht man von einem **freistehenden Dienst** (engl. *standalone service*). Alternativ können Dienste vom inetd oder xinetd gestartet werden, wenn ein Zugriff auf den entsprechenden Port erfolgt. Bei den beiden genannten Diensten handelt es sich sozusagen um **Über-Dienste**. Insbesondere bei Verwendung von Über-Diensten kann der Zugriff auf einzelne Dienste eingeschränkt werden, z. B. mit sogenannten *TCP-Wrappern*.

↪ Starten von Diensten über Init-Skripte (Abschnitt 14.4.1)
↪ Über-Dienste (Abschnitte 18.2.1, 18.2.3)

18.2 Über-Dienste

18.2.1 Der inetd

Aufgabe des inetd ist es, die Implementierung von Netzwerkdiensten übersichtlicher zu machen. Statt für jeden Dienst einen Daemon permanent im Hintergrund laufen zu lassen, können Sie den inetd die Ports diverser Dienste überwachen lassen. Kommt eine Anfrage an einen solchen Port, startet der inetd ein Programm, das den entsprechenden Dienst implementiert, und leitet die Anfrage daran weiter.

/etc/inetd.conf

Die Konfigurationseinstellungen für den inetd stehen in der Datei /etc/inetd.conf. Jede Zeile der Datei (außer Kommentarzeilen) bezieht sich auf einen Dienst. Eine Zeile kann beispielsweise so aussehen:

```
ftp  stream  tcp  nowait  root  /usr/sbin/ftpd ftpd
```

Die erste Spalte identifiziert den Dienst, um den es geht. Für den Dienst sollte ein Eintrag in /etc/services existieren, der ihm einen TCP- oder UDP-Port zuordnet, notfalls tut es aber auch eine Portnummer in /etc/inetd.conf.

Dienstname

Die zweite Spalte enthält den Typ des Ports. In der Praxis werden Ihnen vermutlich nur die Werte stream und dgram begegnen.

Sockettyp

Als Nächstes folgt das Protokoll für den Dienst. Der Protokollname muss in /etc/protocols definiert sein. Typische Werte sind hier tcp oder udp, wobei der Eintrag stream in der vorigen Spalte den Eintrag tcp erzwingt. Dasselbe gilt für dgram und udp.

Protokoll

Im vierten Feld steht entweder wait oder nowait. Dieser Eintrag steuert den Umgang mit dgram-Sockets; für andere Sockettypen sollte nowait angegeben werden. Mit wait wird bei einem Zugriff auf einen Dienst der zur Kommunikation benötigte Port so lange belegt, bis die eingehende Anfrage komplett abgearbeitet wurde. Erst danach können neue Anfragen für den entsprechenden Dienst angenommen werden. nowait besagt, dass der Port sofort wieder für andere Anfragen freigegeben wird.

Parallelität

Der fünfte Eintrag benennt den Benutzer, unter dessen Identität der Dienst ausgeführt wird.

Benutzername

Der Rest der Zeile gibt das Kommando zum Start des Dienstes samt Parametern an. Zuerst wird die zu startende Datei genannt, gefolgt vom Namen des Programms (der sich sonst meist aus dem Dateinamen ergibt) und etwaigen Parametern. Im Beispiel oben ist das Wort ftpd nicht der erste Parameter des Kommandos /usr/sbin/ftpd, sondern der übergebene Name für den Prozess, dessen Code aus /usr/sbin/ftpd stammt!

Kommando

Um Dienste in die inetd-Konfiguration aufzunehmen, müssen Sie nur eine geeignete Zeile für die inetd.conf-Datei entwerfen. Existierende Dienste lassen sich leicht stilllegen, indem Sie die betreffenden Konfigurationszeilen mit einem # am Anfang der Zeile auskommentieren.

Dienste aktivieren und deaktivieren

⮡ inetd(8) und inetd.conf(8)
⮡ Ports (Abschnitt 17.1.6)

Nach allen Änderungen der inetd-Konfigurationsdatei muss der inetd durch ein SIGHUP dazu gebracht werden, die Konfiguration

Konfiguration neu einlesen

neu einzulesen. Bei den meisten Distributionen geht das bequem über das Init-Skript für den `inetd` mit dem Parameter `reload`.

↪ Signale (Abschnitt 8.4.1)

18.2.2 Der TCP-Wrapper tcpd

Manche Dienste wollen Sie vielleicht nur bestimmten Rechnern zugänglich machen. Der `inetd` bietet dafür keinen direkten Mechanismus an, aber Sie können den »TCP-Wrapper« (engl. *to wrap*, »umschliessen«, »umwickeln«) dafür verwenden, ein Programm namens `tcpd`. Der `tcpd` wird zwischen den `inetd` und den eigentlichen Dienst geschaltet und vom `inetd` vor dem tatsächlichen Dienst gestartet. Er protokolliert zunächst den Zugriffsversuch über den `syslogd`. Anschließend prüft er anhand der Dateien `/etc/hosts.allow` und `/etc/hosts.deny`, ob der zugreifende Rechner den Dienst benutzen darf.

/etc/hosts.allow

/etc/hosts.deny

Zunächst schaut der `tcpd` in der Datei `/etc/hosts.allow` nach einem Eintrag, der den aktuellen Zugriff explizit erlaubt. Gibt es einen solchen, wird der Zugriff gestattet, sonst wird die Datei `/etc/hosts.deny` nach einem Eintrag durchsucht, der den entsprechenden Zugriff verbietet. Ist ein solcher vorhanden, wird der Zugriff verweigert. Ist dies jedoch nicht der Fall, wird der Zugriff letztendlich doch erlaubt.

Die Dateien `/etc/hosts.allow` und `/etc/hosts.deny` sind weitgehend ähnlich aufgebaut. Prinzipiell sehen die Einträge so aus:

⟨Dienst⟩ : ⟨Rechner⟩ [: ⟨Option⟩]

Programmaufruf

⟨Dienst⟩ bezeichnet den Namen des Dienstes, wie er in der Datei `/etc/inetd.conf` als Name des zu startenden Programms auftaucht. Sollte der Eintrag für alle Dienste gelten, ist dies mit dem Schlüsselwort `ALL` zu bewerkstelligen. Dieses kann mit dem Schlüsselwort `EXCEPT` erweitert werden; »`ALL EXCEPT` ⟨Dienstname⟩« kennzeichnet einen Eintrag, der für alle Dienste mit Ausnahme eines bestimmten gilt. Mehrere Dienste können durch Kommas getrennt angegeben werden.

Clientrechner

⟨Rechner⟩ bezeichnet den Namen oder die IP-Adresse des Clientrechners oder der Clientrechner, für den/die der Eintrag gilt. Auch hier kann `ALL` für alle denkbaren Rechner stehen. Dazu gibt es

KNOWN (für Rechner, deren Namen der tcpd aus der IP-Adresse ermitteln kann), LOCAL (alle Rechner, deren Namen keinen Punkt enthalten), UNKNOWN (alle Rechner, deren Namen der tcpd aus der IP-
Adresse nicht ermitteln kann) und PARANOID (alle Rechner, deren
Namens- und Adressauflösung über DNS widersprüchliche Angaben ergibt). Ganze IP-Netze können über Netzadresse und Netzmaske angegeben werden.

In einem dritten Feld (»⟨Option⟩«) können Sie genauer angeben,
was beim Bearbeiten einer Zeile passieren soll. Mit ALLOW und DENY
ist es zum Beispiel möglich, die Funktionalität beider Dateien in einer Datei zusammenzufassen. Mit spawn ⟨Kommando⟩ kann ein
Shell-Kommando angegeben werden, das bei der Verwendung der
zugehörigen Zugriffsregel ausgeführt wird. Beispielsweise können
Sie auf diese Weise bei jedem Zugriff einen Protokolleintrag in eine Datei schreiben (oder über logger an den syslogd weitermel-
den). Für spawn ⟨Kommando⟩ kann auf Informationen über den
aktuellen Zugriffsversuch zurückgegriffen werden, die über »%«-
Ausdrücke in den Kommandotext eingebaut werden.

Protokollierung

Hier ein Beispiel für eine Konfigurationszeile aus /etc/hosts.
allow:

```
ftpd : ALL EXCEPT rechner1 : ▷
◁  spawn ( logger 'Zugriff von %h auf %d' )
```

Im Beispiel wird allen Rechnern außer rechner1 der Zugriff auf
den Dienst ftpd verwehrt (spawn enthält implizit ein DENY). Zusätzlich wird mittels logger eine Meldung über einen unerlaubten
Zugriff an den syslogd weitergegeben. Die Meldung umfasst die
Identität des zugreifenden Rechners sowie den Dienst, auf den zugegriffen wurde.

⮑ tcpd(8), hosts_access(5), hosts_options(5)
⮑ Namensauflösung (Abschnitt 18.6)

Da der inetd in Zusammenarbeit mit dem tcpd bei einen Zugriff
nicht den eigentlichen Dienst starten, sondern lediglich den Wrap-
per mit einem entsprechenden Argument aufrufen soll, sehen in
diesem Fall Einträge in der Datei /etc/inetd.conf etwas anders
aus:

tcpd und inetd

```
ftp  stream  tcp  nowait  root  /usr/sbin/tcpd  ftpd -l -a
```

Aufgerufen wird das Programm /usr/sbin/tcpd, das als Kommandozeile »ftpd -l -a« übergeben bekommt. Hierbei ist ftpd der Kommandoname aus der Sicht des tcpd, den dieser benutzt, um das wirklich zu startende Kommando – den FTP-Server – zu finden.

↪ tcpd(8), inetd(8), inetd.conf(5)

18.2.3 Der xinetd

Ein möglicher Ersatz für die Kombination aus inetd und tcpd ist der xinetd (*extended Internet daemon*). Der xinetd vereint alle Funktionen – Portüberwachung, Zugriffskontrolle und Protokollierung – unter einem Dach und somit auch in einer einzigen, zentralen Konfigurationsdatei.

/etc/xinetd.conf Die Konfigurationsdatei des xinetd heißt normalerweise /etc/xinetd.conf. Sie ist nicht wie /etc/inetd.conf zeilenweise aufge-
Abschnitte baut, sondern in Abschnitte unterteilt. Jeder von ihnen beginnt mit einem Schlüsselwort, das dem Namen eines Dienstes in /etc/services entspricht. Innerhalb eines Abschnitts stehen Attribute, denen entsprechende Werte zugewiesen werden können:

```
default
{
    ⟨Attribut⟩ ⟨Operator⟩ ⟨Parameter⟩ [⟨Parameter⟩ ...]
}

service ⟨Dienstname⟩
{
    ⟨Attribut⟩ ⟨Operator⟩ ⟨Parameter⟩ [⟨Parameter⟩ ...]
}
```

Voreinstellungen Der Abschnitt »default« enthält Voreinstellungen, die für alle Dienste gültig sind, solange deren Abschnitte keine abweichenden Werte enthalten. Tun sie dies, so werden die Voreinstellungen durch die spezifischen ersetzt oder mit ihnen kombiniert.

Als Operator dient meist »=«, das dem Attribut eine genau umrissene Menge an Werten zuweist. Attribute, denen mehrere Werte zugewiesen werden können, unterstützen auch die Operatoren

»+=« und »-=«, bei denen die gesetzten Werte mit den Werten aus dem default-Abschnitt kombiniert werden. Den aus inetd.conf bekannten Funktionen entsprechen die folgenden Attribute:

type Erlaubt Angaben wie INTERNAL (der Dienst wird direkt durch den xinetd zur Verfügung gestellt) oder UNLISTED (der Dienst ist nicht in /etc/services verzeichnet).

socket_type Erlaubt Werte wie stream, dgram oder raw.

protocol Das vom Dienst verwendete Protokoll, muss in /etc/protocols vorhanden sein.

wait Stellt ein, ob der xinetd mehrere parallele Instanzen des Dienstes starten darf (no) oder nicht (yes).

user Der Benutzer, mit dessen Rechten der Dienst laufen soll.

server Der Pfad zum eigentlichen Serverprogramm.

server_args Die Startparameter für das Serverprogramm.

Einige andere interessante Attribute, die zum Beispiel die tcpd-Funktionalität realisieren, sind:

only_from Nur die angegebenen Clients (als DNS-Name oder IP-Adresse, ggf. mit Netzmaske) dürfen zugreifen.

no_access Die angegebenen Clients dürfen nicht zugreifen.

access_times Der Dienst ist nur zu den angegebenen Zeiten verfügbar.

disable Deaktiviert den Dienst (entspricht dem Auskommentieren einer Zeile in /etc/inetd.conf).

includedir Ermöglicht das Auslagern einzelner Dienste in Dateischnipsel im per includedir definierten Verzeichnis.

Eine /etc/xinetd.conf-Datei könnte beispielsweise wie folgt aussehen:

```
defaults
{
    log_type        = FILE /var/log/xinetd.log
    log_on_success  = HOST EXIT DURATION
    log_on_failure  = HOST
```

```
        instances      = 2
}

service telnet
{
        socket_type    = stream
        protocol       = tcp
        wait           = no
        user           = root
        server         = /usr/sbin/in.telnetd
        server_args    = -n
        only_from      = localhost
        access_times   = 8:00-18:00
}
```

Start des xinetd Der xinetd kann mit einer Reihe von Optionen gestartet werden, die sein Verhalten zur Laufzeit bestimmen. Die Option -inetd_compat sorgt zum Beispiel dafür, dass der xinetd neben seiner eigenen Konfigurationsdatei auch die Konfigurationsdatei des inetd (/etc/inetd.conf) einliest.

⇨ xinetd(8), xinetd.conf(5), xinetd.log(8)
⇨ Web-Seite mit Verweisen: http://www.xinetd.org/
⇨ itox(8) hilft bei der Umstellung von inetd auf xinetd.

18.3 Mailserver

18.3.1 E-Mail-Grundlagen

E-Mail ist einer der am häufigsten genutzten Dienste im Internet. Eine zentrale Rolle dabei spielen *Mail Transfer Agents* (MTAs) **MTA** – Programme, die elektronische Post weiterleiten oder empfangen können. Während Benutzer direkt mit *Mail User Agents* oder **MUA** MUAs – Programmen wie KMail, Mutt oder Outlook Express – interagieren, um Nachrichten zu lesen, zu schreiben, zu beantworten, zu sortieren oder zu löschen, bedienen MUAs sich der Dienste der MTAs, um Nachrichten zu ihren Adressaten zu befördern. MTAs können dabei bei Internet-Providern untergebracht oder auch vor Ort installiert sein. Zu den Aufgaben von MTAs gehört auch das Umschreiben von Adressen in »kanonische« oder für die Versendung von Rückantworten brauchbare Form, das Wiederholen von missglückten Sendeversuchen, die Benachrichtigung des Nachrichtenabsenders über Fehler bei der Zustellung oder diverse Optimierungsaufgaben für Versandzeit, Netzlast oder Kosten. MTAs untereinander verwenden auf dem Internet das Protokoll SMTP (*Simple Mail Transfer Protocol*). Im Umfeld elektronischer Post sind auch andere Protokolle wie POP3 oder IMAP von Bedeutung, allerdings nicht für die LPIC-1-Zertifizierung.

SMTP

Ein gängiger MTA für Unix- und Linux-Systeme ist das Programm Sendmail, das Anfang der 1980er Jahre von Eric Allman an der Berkeley-Universität entwickelt und bis heute weiterentwickelt wurde. Trotz seiner extrem komplexen Konfiguration und einer langen Geschichte von Sicherheitslücken hat Sendmail noch eine große Fangemeinde (auch unter Linux-Distributoren). Andere populäre MTAs sind Postfix von Wietse Venema, Exim von Philip Hazel und Qmail von Dan J. Bernstein. In einem heftigen Anfall von *design by committee* haben die Erfinder der LPIC-1-Zertifizierung festgelegt, dass Kandidaten *alle* diese MTAs kennen müssen – glücklicherweise nur auf relativ grundlegender Ebene. Ebenfalls glücklicherweise bemühen sich zumindest Postfix und Exim um eine gewisse Kompatibilität zu Sendmail, was bestimmte Aspekte der Konfiguration und Kommandostruktur angeht; nur Qmail tanzt da aus der Reihe. Im Folgenden erklären wir die wichtigsten Eigenschaften aller dieser MTAs vor dem gemeinsamen Hintergrund der E-Mail-Zustellung.

Sendmail

Postfix
Exim
Qmail

Allgemein kann man sagen, dass Sendmail und Exim von der Architektur her am engsten verwandt sind. Bei beiden läuft der komplette MTA als ein einziger Prozess. Postfix und Qmail dagegen teilen die MTA-Funktionalität vor allem aus Sicherheitsgründen auf eine ganze Familie von Prozessen auf. Der Vorteil dieses Ansatzes besteht darin, dass jeder Prozess sich auf einen Teil der Aufgabe konzentrieren kann, eine Kommunikation zwischen den einzelnen Prozessen nur über wohldefinierte Schnittstellen möglich ist und jeder Prozess mit den minimalen nötigen Rechten laufen kann. Während zumindest potentiell alle Teile von Sendmail und Exim Zugang zu Administrator-Rechten haben, ist das bei Postfix und Qmail auf den »Chefprozess« sowie typischerweise diejenigen Prozesse beschränkt, die Mail an Benutzer zustellen und darum

Architektur

deren Identität annehmen können müssen (wofür Administrator-Privilegien nötig sind). Qmail ist absichtlich in seiner Funktion eingeschränkt, ebenfalls aus Sicherheitsgründen (Funktionalität, die nicht vorhanden ist, kann auch keine Sicherheitsprobleme haben); dabei fallen viele Eigenschaften weg, die die anderen MTAs von Hause aus mitbringen und die bei Qmail explizit nachgerüstet werden müssen. Von den hier genannten MTAs sind Sendmail und Qmail mit Abstand am schwierigsten zu warten. Wenn Sie in der Position sind, sich für einen MTA entscheiden zu können, dann verwenden Sie Postfix.

↪ J. Klensin, »Simple Mail Transfer Protocol« (April 2001), `http://www.ietf.org/rfc/rfc2821.txt`

↪ P. Resnick, »Internet Message Format« (April 2001), `http://www.ietf.org/rfc/rfc2822.txt`

↪ B. Costales, E. Allman, *sendmail* (Sebastopol, CA: O'Reilly & Associates, 2002), 3. Aufl., `http://www.oreilly.de/catalog/sendmail3/`

↪ K. D. Dent, *Postfix* (Sebastopol, CA: O'Reilly & Associates, 2004), `http://www.oreilly.de/catalog/postfixger/`

↪ Informationen über Sendmail: `http://www.sendmail.org/`

↪ Informationen über Postfix: `http://www.postfix.org/`

↪ Informationen über Exim: `http://www.exim.org/`

↪ Informationen über Qmail: `http://www.qmail.org/`

18.3.2 MTAs und ihre Funktion

Ein MTA wie Sendmail hat zwei wesentliche Aufgaben:

Empfang von Nachrichten

MDA

■ Er lauscht auf dem für SMTP vorgesehenen TCP-Port 25 auf Verbindungen von anderen MTAs, die Nachrichten für lokale Empfänger einliefern wollen. Diese Nachrichten werden über einen MDA oder *Mail Delivery Agent* in die Postfächer der Empfänger geschrieben oder gemäß deren Wünschen zum Beispiel an andere Adressen weitergeleitet. Zum Empfang von Nachrichten über TCP-Port 25 muss der MTA entweder permanent als freistehender Daemon laufen oder bei Bedarf über einen »Über-Dienst« wie `inetd` oder `xinetd` aufgerufen werden. Letzteres lohnt sich nur bei sehr geringem Mailaufkommen.

Versand von Nachrichten

■ Er **versendet** Nachrichten, die von lokalen MUAs und anderen Programmen entweder über direkten Programmaufruf oder ebenfalls SMTP und den TCP-Port 25 zur Zustellung eingereicht werden. Da diese Nachrichten genauso gut an lokale

Benutzer wie an entfernte geschickt werden können, ist diese Funktion nicht von der Empfangsfunktion zu trennen.

Sie müssen nicht beide Funktionen gleichzeitig in Anspruch nehmen. Wenn Sie zum Beispiel nicht mit Nachrichten aus dem Internet rechnen – etwa weil Ihr Rechner nicht über einen direkten Internetanschluss verfügt –, brauchen Sie prinzipiell auch keinen MTA auf dem TCP-Port 25 lauschen zu lassen, jedenfalls nicht auf anderen IP-Adressen als localhost. Umgekehrt können Sie den Versand lokal erzeugter Nachrichten ermöglichen, ohne sie lokal zuzustellen; in lokalen Netzen ist es oft sinnvoll, einen einzigen Rechner zum Mailserver zu machen und auf anderen Rechnern nur einen MTA mit einer Minimalkonfiguration zu installieren, der alle eingereichten Nachrichten an den Mailserver weiterleitet, wo sie dann lokal zugestellt oder ins Internet geschickt werden.

Postfächer

Sendmail schreibt Nachrichten an lokale Benutzer normalerweise in deren Postfächer im Verzeichnis /var/mail (auf vielen System findet sich auch noch das offiziell veraltete Verzeichnis /var/spool/mail, meist irgendwie über einen symbolischen Link mit /var/mail zusammengeworfen), wo MUAs oder IMAP- oder POP-Server dann auf sie zugreifen können. Jedes Postfach ist dabei eine Datei, die normalerweise so heißt wie der Benutzer, dem es gehört; neue Nachrichten werden einfach hinten an die Datei angehängt. Damit das richtig funktioniert, müssen alle Programme, die das Postfach benutzen, in der Lage sein, es zu *sperren*, damit nicht gleichzeitig der MUA Nachrichten löscht, während der MTA neue anhängt; die Abwesenheit standardisierter und funktionssicherer Datei-Sperrmethoden bei Linux macht das manchmal zu einem riskanten Vorhaben.

Maildir

Postfix und Exim arbeiten in ihrer Standardeinstellung genauso; Qmail verwendet dagegen ein eigenes Postfachformat namens »Maildir«, das statt einer großen Datei für alle Nachrichten ein geschicktes Arrangement von Verzeichnissen verwendet, in dem jede Nachricht in ihrer eigenen Datei steht. Dadurch werden Probleme mit den Sperrmechanismen weitestgehend ausgeschlossen. Maildir-Postfächer liegen nach Konvention nicht in /var/mail, sondern im Heimatverzeichnis des betreffenden Benutzers, was Kontingentierung und Sicherheitskopien vereinfachen kann.

Warteschlange Nachrichten, die anderswohin weitergeleitet werden sollen, versucht Sendmail in der Regel baldmöglichst loszuwerden; klappt das nicht auf Anhieb, entweder weil die Gegenstelle gerade nicht zu erreichen ist oder weil Sie in einer Konfiguration mit Wählanschluss mit dem tatsächlichen Verschicken warten wollen, bis sich eine nennenswerte Anzahl von Nachrichten angesammelt hat, werden die unzugestellten Nachrichten im Verzeichnis /var/spool/mqueue zwischengespeichert. Auch die anderen MTAs verwenden ähnliche Verzeichnisse zum Speichern von unausgelieferten Nachrichten und andere interne Daten – /var/spool/ postfix bei Postfix, /var/spool/exim (oder so etwas) bei Exim oder /var/qmail bei Qmail.

Es ist normalerweise eine gute Idee, solche Verzeichnisse – /var/ mail bzw. /var/spool/mqueue & Co. – nicht auf der /-Partition unterzubringen, damit eifrig Mail verschickende oder empfangende Benutzer nicht den kompletten Plattenplatz dort auffüllen und so den Systembetrieb gefährden können (Abschnitt 10.1.2).

18.3.3 MTA-Konfiguration

Sendmail Zur Konfiguration von Sendmail wird eine Kombination von Kommandozeilenparametern und Konfigurationsdateien verwendet. Die traditionelle Konfigurationsdatei ist /etc/ **/etc/sendmail.cf** sendmail.cf, die neben diversen Optionen und Definitionen vor allem Regeln für das Umschreiben und Zustellen von Nachrichten enthält. Die Datei /etc/sendmail.cf in ihrer ursprünglichen Form ist sehr schwer zu erstellen, so dass man sich heutzutage eines bequemeren Mechanismus bedient: Im Verzeichnis /etc/mail **/etc/mail** (meistens) und seinen Unterverzeichnissen finden sich diverse überschaubarere Dateien, die Sie ändern und an Ihre Bedürfnisse anpassen können. Aus diesen Dateien wird dann mit dem Makroprozessor m4 die endgültige /etc/sendmail.cf-Datei erzeugt. Die herkulische Aufgabe der ursprünglichen Dateierstellung ist damit zum größten Teil entschärft, aber Sie müssen prinzipiell immer noch in der Lage sein, Fehler in der resultierenden /etc/sendmail.cf selbst zu suchen und zu beheben (sinnvollerweise durch geeignete Anpassungen an den Dateien in /etc/mail). Allein dies sollte Sendmail für den Gebrauch durch normale Sterbliche disqualifizieren.

Die einfacheren Konfigurationsdateien stehen normalerweise im Verzeichnis /etc/mail/cf. Am wichtigsten ist hier die Datei config.mc, die die Konfiguration auf der abstraktesten Ebene beschreibt. In dieser Datei definieren Sie das benutzte Betriebssystem (Linux), den Namen und andere Parameter Ihrer Domäne, die gewünschten Eigenschaften Ihres MTAs, die gewünschten lokalen Zustellverfahren für Nachrichten sowie weitere lokale Definitionen. Eine typische config.mc-Datei sieht zum Beispiel so aus:

```
divert(-1)
include('/etc/mail/cf/m4/cf.m4')
divert(0)dnl
VERSIONID('@(#)Setup for Linux')
OSTYPE('linux')dnl
FEATURE('always_add_domain')dnl
DOMAIN('generic')dnl
MAILER('local')dnl
MAILER('smtp')dnl
MAILER('procmail')dnl
LOCAL_CONFIG
```

Die Direktiven OSTYPE, DOMAIN und MAILER verweisen dabei auf andere Dateien mit weiteren Konfigurationseinstellungen, die Sie ebenfalls unterhalb von /etc/mail finden.

Lokale Änderungen

Sie sollten sich direkte Änderungen an den in config.mc eingebundenen Dateien tunlichst verkneifen, es sei denn, Sie wissen genau, was Sie tun. (Für die LPIC-1-Prüfung müssen Sie es jedenfalls nicht können.) Die mögliche Ausnahme dabei ist die DOMAIN-Datei, in der Sie zum Beispiel einen Rechner angeben können, der sich um Nachrichten kümmert, die an anscheinend lokale Adressen gehen, die es aber in Wirklichkeit nicht gibt (LUSER_RELAY).

Eine oft gewünschte Konfiguration dient dazu, ausgehende Nachrichten nicht mit Adressen zu versehen, die den Rechnernamen des Mailservers enthalten, sondern stattdessen den Namen der Domäne einzutragen, also

```
hugo@example.com
```

statt

```
hugo@smtpserver3.example.com
```

Maskierung Dies nennt man auch Maskierung. Sie erreichen das über die Definition

```
MASQUERADE_AS('example.com')
```

(Beachten Sie die verschiedenen Anführungszeichen!) Die Maskierung gilt für alle lokalen Domänen (gemäß Klasse {w}), außer denjenigen, die Sie mit etwas wie

```
MASQUERADE_EXCEPTION('foo.example.com')
```

davon ausnehmen. Wenn Sie zusätzliche Domänen in die Maskierung aufnehmen wollen, können Sie das mit

```
MASQUERADE_DOMAIN('bla.example.org')
```

tun. Oft ist es sinnvoll, Nachrichten von bestimmten *Benutzern* nicht zu maskieren, auch wenn die von allen anderen maskiert werden – etwa damit Sie einer Nachricht von root noch ansehen können, auf welchem Rechner sie erzeugt wurde. Dies erreichen Sie mit

```
EXPOSED_USER('root')
```

Lokal eingereichte Mail Ein anderer wichtiger Komplex in der Konfiguration betrifft den Umgang mit lokal eingereichten Nachrichten: Soll Ihr MTA sie direkt zuzustellen versuchen oder an einen zentralen Mailserver oder Ihren Provider weiterleiten? Hierfür gibt es verschiedene Konfigurationsmöglichkeiten:

```
define('MAIL_HUB','smtpserver.example.com')
```

schickt alle lokal eingehenden Nachrichten an smtpserver.example.com weiter. Die Definition

```
define('SMART_HOST','smtp.example.net')
```

leitet alle Nachrichten an smtp.example.net weiter, die *nicht* an Empfänger auf dem lokalen Rechner gerichtet sind. Damit können Sie dafür sorgen, dass Mail an lokale Empfänger sofort zugestellt wird, während Mail an andere Empfänger aufgestaut wird, bis Sie mal wieder eine Verbindung zu Ihrem Provider herstellen.

Postfix Die Konfigurationsdateien von Postfix stehen im Verzeichnis /etc/postfix. Die Datei master.cf beschreibt, wie die Komponenten von Postfix ineinandergreifen; main.cf enthält Konfigurationsparameter für die verschiedensten Aspekte des Pro-

/etc/postfix

gramms. Dazu kommen noch »Tabellendateien« mit Zusatzinformationen.

Für die Zwecke von LPIC-1 genügt es, wenn Sie die Grundbegriffe von main.cf verstehen. Sie können main.cf entweder direkt mit einem Editor manipulieren oder das Kommando postconf verwenden, mit dem Sie die Werte einzelner Parameter abfragen oder ändern können:

postconf

```
# postconf smtpd_banner
smtpd_banner = $myhostname ESMTP Postfix
# postconf -e "smtpd_banner = $myhostname ESMTP"
# postconf smtpd_banner
smtpd_banner = $myhostname ESMTP
```

Nachdem Sie Parameter in main.cf verändert haben, können Sie die Änderungen mit dem Kommando

```
# postfix reload
```

amtlich machen; in vielen Fällen bemerken die verschiedenen Komponenten von Postfix die Änderungen aber auch selbst.

Die Maskierung lokaler Rechnernamen erreichen Sie im einfachsten Fall über den Parameter »masquerade_domains«, wo Sie diejenigen Domänen aufzählen, deren Subdomänen und Rechnernamen unterdrückt werden sollen. Im Gegensatz zum Standardfall bei Sendmail gilt die Maskierung nicht nur für den lokalen Rechner, sondern für Mail von allen Adressen in den betreffenden Domänen:

Maskierung

```
masquerade_domains = !foo.example.com example.com
```

Das »!foo.example.com« hier entspricht dem Sendmail-Parameter »MASQUERADE_EXCEPTION« im Beispiel weiter oben. Um denselben Effekt wie Sendmails »MASQUERADE_DOMAIN« zu erzielen, können Sie die betreffende Domäne einfach mit in masquerade_domains aufzählen.

Natürlich können Sie auch bestimmte Benutzer von der Maskierung ausnehmen (Sendmails »EXPOSED_USER«):

```
masquerade_exceptions = root
```

Das ist nicht mit dem Sendmail-Parameter »MASQUERADE_EXCEPTION« zu verwechseln!

Lokal eingereichte Nachrichten

Die Weiterleitung lokal eingereichter Nachrichten an einen zentralen Mailserver können Sie ebenfalls bequem konfigurieren:

```
relayhost = smtp.example.net
```

leitet alle Nachrichten an smtp.example.net weiter, die *nicht* an lokale Empfänger gehen sollen (Sendmails »SMART_HOST«-Variable). Um auch Mail an lokale Benutzer nicht lokal auszuliefern, müssen Sie außerdem die lokale Mailzustellung stilllegen:

```
local_transport = error:no local delivery
```

Exim Exim ist der Standard-MTA von Debian GNU/Linux, seine Konfiguration befindet sich normalerweise in /etc/exim/exim.conf oder /etc/exim4/exim4.conf. Bei Debian GNU/Linux ist es möglich, die Konfiguration zur besseren automatisierten Wartung auf zahlreiche Dateien aufzuteilen, die sich dann in Unterverzeichnissen von /etc/exim4/conf.d finden. Für die manuelle Wartung übersichtlich ist das nicht unbedingt.

Exim-Konfigurationsdatei

Eine Exim-Konfigurationsdatei besteht aus verschiedenen Abschnitten (in dieser Reihenfolge):

- *Globale Konfigurationsoptionen* gelten für den kompletten MTA.

- Mit *Zugriffskontrolllisten* (ACLs) können Sie bestimmte Nachrichten auf der Basis diverser Kriterien (syntaktisch falsche Adressen, Absender als Spammer bekannt, ...) abweisen oder annehmen.

- Die *Routers* entscheiden darüber, ob Nachrichten lokal zugestellt, weitergeleitet, ... werden sollen.

- Im *Transports*-Abschnitt werden tatsächliche Transportmechanismen für Nachrichten (lokale Zustellung, SMTP, ...) konfiguriert.

- Der *Retry*-Abschnitt enthält Regeln dafür, wie mit nicht auf Anhieb zustellbaren Nachrichten umgegangen werden soll.

- Im *Rewrite*-Abschnitt können Sie Regeln für das Umschreiben von Adressen in eingehenden Nachrichten angeben.

- Der Abschnitt *Authenticators* dient zur Konfiguration von Authentisierungsmechanismen für Clients.

Innerhalb einiger dieser Abschnitte gibt es wiederum Paragraphen für einzelne zusammengehörende Aspekte der Konfiguration; im Routers-Abschnitt könnte zum Beispiel eine Definition wie

```
localuser:
  driver = accept
  check_local_user
  transport = local_delivery
```

dafür sorgen, dass Nachrichten an lokale Benutzer in deren Postfächer geschrieben werden – check_local_user überzeugt sich, dass der Teil der Adresse links vom »@« mit einem lokalen Benutzernamen übereinstimmt, und local_delivery (definiert im Transports-Abschnitt) übernimmt die tatsächliche Zustellung. Merken Sie sich diese groben Zusammenhänge; Sie werden weder nach den Details von Routern noch von Transports gefragt werden.

Unser Standardbeispiel »Maskierung« wird von Exim wiederum anders gehandhabt als von Sendmail und Postfix, nämlich über allgemeine Regeln zum Umschreiben von Adressen. Eine Definition wie

Maskierung

Umschreiben von Adressen

```
begin rewrite
root@*.example.com      *
*@*.example.com         $1@example.com    Ffrs
```

sorgt dafür, dass (zweite Regel) bei allen Adressen der Form hugo@smtpserver3.example.com der Teil zwischen @ und example.com entfernt wird, solange nicht (erste Regel) der lokale Teil der Adresse root ist. Ein »$1« in der »Zieladresse« der Regel wird durch das ersetzt, worauf der erste Stern in der ursprünglichen Seite gepasst hat; ein Stern als Zieladresse bedeutet, dass überhaupt nichts umgeschrieben wird. Das »Ffrs« sorgt dafür, dass Exim die SMTP-Absenderadresse und die Kopfzeilen From:, Reply-To: und Sender: umschreibt und die anderen Adressen in der Nachricht in Frieden lässt.

Über das Schicksal lokal eingereichter Nachrichten entscheiden bei Exim die Router. Alle im Routers-Abschnitt der Konfiguration definierten Router werden ausprobiert, bis einer davon auf die Nachricht passt. Eine mögliche Router-Definition, die alle Nachrichten an nichtlokale Benutzer an einen zentralen Mailserver schickt, könnte so aussehen:

Lokal eingereichte Nachrichten

```
domainlist local_host = client.example.com
<<<<<
begin routers

smart_route:
  driver = manualroute
  domains = !+local_domains
  transport = remote_smtp
  route_list = * smtp.example.com
```

Da die Router in der Reihenfolge abgearbeitet werden, in der sie in der Konfigurationsdatei stehen, sollte dieser Router ziemlich weit vorne platziert werden. Um *alle* Nachrichten an den zentralen Mailserver zu schicken (à la »MAIL_HUB« bei Sendmail), lassen Sie einfach den domains-Eintrag in der Router-Definition weg. Andere Router brauchen Sie dann nicht mehr.

Qmail Die Konfiguration von Qmail unterscheidet sich völlig von der der anderen drei MTAs. Während jene auf die eine oder andere Art mehrere Parameter zu einer großen Konfigurationsdatei zusammenfassen, benutzt dieser eine Datei *pro Parameter* unter /var/qmail/control. Beispielsweise steht in der Datei rcpthosts eine Liste der Domänen, für die dieser MTA Mail akzeptiert. In locals steht eine Liste der Domänen, für die der MTA Mail lokal zustellt (nicht ganz dasselbe!):

```
# cat /var/qmail/control/rcpthosts
client.example.com
# cat /var/qmail/control/locals
client.example.com
```

Maskierung Entsprechend wird auch die Maskierung konfiguriert:

```
# echo example.com >/var/qmail/control/defaulthost
# chmod 644 /var/qmail/control/defaulthost
```

sorgt dafür, dass bei lokal eingerichten Nachrichten der Teil der Absenderadresse nach dem »@« durch example.com ersetzt wird. Im Gegensatz zu den anderen MTAs funktioniert das nicht für Nachrichten, die über SMTP eingehen; dafür müssen Sie einen speziellen SMTP-Server namens qmail-ofmipd verwenden. (Niemand hat gesagt, dass das Leben mit Qmail einfach ist.)

Die Weiterleitung nicht lokal zuzustellender Mail wird von Qmail ebenfalls ganz ähnlich geregelt. Mit

```
# echo :smtp.example.com >/var/qmail/control/smtproutes
# chmod 644 /var/qmail/control/smtproutes
```

wird jegliche nichtlokale Mail an smtp.example.com geleitet. Um auch die lokale Mail an smtp.example.com zu schicken, müssen Sie die Datei /var/qmail/control/locals leeren und dem qmail-send-Prozess ein SIGHUP schicken.

18.3.4   Verwaltung der Nachrichten-Warteschlange

Noch nicht zugestellte Nachrichten – sei es wegen Fehlern am anderen Ende oder aus lokalem Geiz bei Wählzugängen – legen die MTAs in Warteschlangen ab. Wenn Sie nachschauen wollen, was so alles in der Warteschlange steht, können Sie das bei Sendmail mit dem Kommando mailq (Abkürzung für »sendmail -bp«) tun. Dasselbe funktioniert auch für Exim und Postfix, die mit Absicht Sendmail-kompatible Programme für diesen Zweck mitbringen; nur bei Qmail müssen Sie auf dessen eigene Programme zurückgreifen, etwa qmail-qread oder qmail-qstat.

Ein als Daemon gestarteter Sendmail kann die Warteschlange in periodischen Abständen abarbeiten. Das ist eine gute Idee, damit Zustellversuche etwa wegen nicht erreichbarer Ziel-MTAs später wiederholt werden können. Mit der sendmail-Option -q auf der Kommandozeile, unmittelbar gefolgt von einer Zeitangabe, können Sie erreichen, dass Sendmail das tut:

```
# sendmail -bd -q30m
```

startet sendmail als Daemon und sorgt alle 30 Minuten für einen Durchlauf durch die Warteschlange.

Sie können Sendmail dazu bringen, die Warteschlange sofort abzuarbeiten, indem Sie ihn mit -q (ohne Zeitangabe) aufrufen:

```
# sendmail -q
```

Sendmail versucht dann, alle Nachrichten in der Warteschlange zuzustellen. Dies können Sie automatisch aufrufen, nachdem Ihr Rechner eine Internet-Verbindung hergestellt hat (Abschnitt 17.3), um Nachrichten an entfernte Empfänger zuzustellen, oder Sie verwenden cron (Abschnitt 16.2.3), um zu definierten Zeitpunkten eine Verbindung ins Netz aufzubauen und Mail auszuliefern. Auch hier gilt für Postfix und Exim im Wesentlichen das Gleiche; um Qmail dazu zu bringen, seine Warteschlange abzuarbeiten, müssen Sie dem qmail-send-Prozess ein SIGALRM schicken.

18.3.5 Lokale Zustellung

Nachrichten an lokale Empfänger schreiben Sendmail & Co. normalerweise in deren Postfach in /var/mail (Qmail, wie erwähnt, ins Maildir im Heimatverzeichnis). Es gibt aber mehrere Möglichkeiten, von dieser Voreinstellung abzuweichen:

/etc/aliases

Weiterleitung

Die Datei /etc/aliases (möglicherweise auch /etc/mail/aliases) gestattet es Ihnen, für bestimmte lokale Adressen eine andere Art der Auslieferung zu konfigurieren: Ein Eintrag der Form

```
root: hugo
```

leitet an root adressierte Nachrichten an den lokalen Benutzer hugo weiter – eine sehr sinnvolle Vorgehensweise, da Sie aus Sicherheitsgründen nicht als root Mail lesen sollten. Sie können auch an mehrere Zieladressen weiterleiten:

```
hugo: \hugo, hschulz@example.net
```

Hier werden Nachrichten an hugo sowohl an die Adresse hschulz@ example.net weitergeleitet als auch lokal im Postfach von hugo abgelegt. Der Rückstrich ist notwendig, damit sich keine Endlosschleife bildet.

Das folgende Beispiel illustriert einige weitere Möglichkeiten von /etc/aliases:

```
datei:    /tmp/maildatei.txt
programm: "|/usr/local/bin/programm bla"
liste:    :include:/var/lib/liste.txt
```

Nachrichten an datei werden einfach an /tmp/maildatei.txt angehängt. Das Format ist dabei dasselbe wie bei den Postfächern in /var/mail. Nachrichten an programm werden dem Kommando »/usr/local/bin/programm bla« auf dessen Standardeingabe übergeben. Und für Nachrichten an liste schließlich wird die Datei /var/lib/liste.txt konsultiert; jede Zeile in dieser Datei darf eine weitere Umleitung im selben Format wie auf der rechten Seite von /etc/aliases definieren. (Dies ist besonders nützlich für »Mailinglisten«, die ihre Abonnentenlisten in solchen Dateien hinterlegen, damit Mailinglistensoftware diese bequem manipulieren kann.) Auch Postfix und Exim verstehen diese Sorte Alias-Dateien, zum Teil mit Extras; so ist es zum Beispiel möglich, zu bestimmen, ob die Weiterleitung von Nachrichten an Dateien oder Programme nur in /etc/aliases, in :include:-Listen oder Kombinationen davon erlaubt ist.

Weiterleitung mit Qmail

Um eine entsprechende Weiterleitung mit Qmail zu definieren, müssen Sie für die Postfachadresse eine Datei in /var/qmail/alias anlegen:

```
echo &hugo >/var/qmail/alias/.qmail-root
```

leitet alle Mail an root an den Benutzer hugo weiter. (Das »&« am Anfang zeigt an, dass der Rest der Zeile eine Mailadresse ist.) In Qmail-Aliasdateien können Sie in etwa dasselbe machen wie bei Sendmail & Co.; das Einzige, was nicht direkt unterstützt wird, sind die :include:-Listen.

Binärformat

Sendmail & Co. lesen /etc/aliases nicht direkt, sondern benutzen ein binäres Datenbankformat, das schnellere Zugriffe zulässt. Die Details sind systemabhängig! Aber damit Ihre Änderungen an /etc/aliases wirksam werden, müssen Sie die Datei mit dem Kommando newaliases (kurz für »sendmail -bi«) ins Binärformat übersetzen. Auch hier benehmen Postfix und Exim sich im Wesentlichen kompatibel; Postfix hat außerdem ein Programm namens postalias, das dasselbe tut.

~/.forward

Benutzer können für sich selbst ähnliche Einstellungen treffen, indem sie dieselben Weiterleitungen, die auf der rechten Seite von /etc/aliases erlaubt sind, in einer Datei namens .forward in ihrem Heimatverzeichnis ablegen. Diese Einstellungen befolgt Sendmail, wenn eine Nachricht an den betreffenden Benutzer zugestellt werden soll. Das beliebteste Beispiel ist wohl

```
$ cat /home/hugo/.forward
\hugo, "|/usr/bin/vacation hugo"
```

Das vacation-Programm ist ein automatischer »Mailbeantworter«, der eingehende Nachrichten mit einer automatischen Antwort aus

~/.vacation.msg bescheidet. Damit können Sie zum Beispiel Ihre Korrespondenten darüber informieren, dass Sie wegen eines Urlaubs längere Zeit nicht zur Verfügung stehen. – Postfix und Exim kommen ebenfalls mit .forward-Dateien zurecht. Qmail unterstützt ein moralisches Äquivalent unter dem Namen .qmail-default (die möglichen Einträge sind subtil verschieden, lesen Sie in dot-qmail(5) nach).

Die Zustellung von Nachrichten an beliebige Programme und damit der Fernaufruf beliebiger Programme über das Internet durch Personen ohne »echte« Zugangsberechtigung auf dem System

Sicherheitsrisiko stellt natürlich ein Sicherheitsrisiko dar. Viele Systemverwalter beschränken die Auswahl an in ~/.forward zulässigen Programmen auf einige als sicher angesehene.

⇨ aliases(5), newaliases(8), vacation(1), smrsh(8)

18.3.6 MTA-Probleme

Die größten Sendmail-Probleme – die unmögliche Konfiguration und Fehlersuche sowie die Sicherheitslücken – bekommen Sie, wie gesagt, am besten dadurch in den Griff, dass Sie stattdessen Postfix installieren. Trotzdem geben wir Ihnen hier noch ein paar kleine Tipps für das Ausräumen von Schwierigkeiten.

Sendmail beobachten Sie können bei Sendmail die Auslieferung von Nachrichten in der Warteschlange beobachten, indem Sie sendmail mit den Optionen -q und -v aufrufen. Damit protokolliert Sendmail seine Aktionen ausführlich auf das Terminal. Das funktioniert übrigens auch für das direkte Einreichen von Nachrichten: Mit

```
$ /usr/lib/sendmail -v hugo
```

können Sie zum Beispiel eine Nachricht an den lokalen Benutzer hugo schicken und dabei das SMTP-Protokoll verfolgen.

Offenes Relay Eine gefürchtete Fehlkonfiguration ist das **offene Relay**. Hierbei leitet ein Mail-Server Nachrichten aus dem Internet direkt ins Internet weiter – für Spammer ein gefundenes Fressen, um Mengen von Mail billig und mühelos in alle Welt zu schicken. Wenn Sie die m4-basierte Konfiguration von Sendmail benutzen, sollten Sie damit keine Probleme haben, solange Sie nicht gezielt *bestimmten* Rechnern auf dem Internet erlauben wollen, Mail über Ihren Server zu schicken. Sie können prüfen, ob Ihr Mail-Server als offenes Relay fungiert, indem Sie von einem anderen Rechner (außerhalb Ihres lokalen Netzes) versuchen, eine Nachricht an eine Adresse zu schicken, die Ihr Mail-Server nicht lokal zustellt. Ihr Mail-Server sollte diese Nachricht abweisen. Auch die anderen MTAs sind im Auslieferungszustand keine offenen Relays, was nicht heißt, dass sie nicht durch Fehlkonfigurationen dazu werden könnten.

⇨ Sendmail und Relaying: `http://www.sendmail.org/tips/relaying.html`

18.4 Der Webserver Apache

18.4.1 Überblick

Das *World Wide Web* ist seit seiner Erfindung Anfang der 1990er Jahre zu einem der wichtigsten Internet-Dienste geworden, und Linux-Rechner spielen eine wichtige Rolle als Web-Server. Die bekannteste und verbreitetste Web-Server-Software für Linux ist Apache, ursprünglich eine Weiterentwicklung des NCSA-Web-Servers und heute mit einem »Marktanteil« von über 60% beliebter als alle anderen Web-Server zusammen.

Apache ist ein Server für das *Hypertext Transfer Protocol* (HTTP) **HTTP** und – zum Beispiel mit der Erweiterung `mod_ssl` – dessen »sichere« Variante HTTPS. HTTP ist ein einfaches TCP-basiertes Protokoll, mit dem zum Beispiel HTML-Dokumente, Grafiken oder Programmpakete abgerufen werden können. Auch der Zugriff auf Suchmaschinen wie Google, Online-Banking oder »E-Commerce«-Dienste erfolgt über HTTP. HTTP benutzt standardmäßig den TCP-Port 80.

Die Konfigurationsmöglichkeiten von Apache sind umfangreich und (zum Glück) nicht in ihrer ganzen Fülle Bestandteil von LPIC-1. Wir beschränken uns hier auf einfache Konfigurationen und den Betrieb des Programms. Gängig sind heutzutage die Apache-Versionen 1.3 sowie 2.0; LPIC-1 setzt elementare Kenntnisse über beide Versionen voraus.

⇨ R. Fielding, J. Gettys, u. a., »Hypertext Transfer Protocol – HTTP/1.1« (Juni 1999), `http://www.ietf.org/rfc/rfc2616.txt`
⇨ Apache-Informationen: `http://httpd.apache.org/`

18.4.2 Apache steuern

Apache wird normalerweise als freistehender Daemon über ein Init-Skript gestartet – die Distributionen bringen ein passendes mit. Ihnen stehen also die üblichen Aktionen wie start oder stop zur Verfügung. Leider besteht keine Einigkeit darüber, wie das Init-Skript heißen soll; manche Distributionen nennen es /etc/init.d/apache und andere /etc/init.d/httpd. Diese Verwirrung beruht darauf, dass das Apache-Serverprogramm etwas irreführend httpd heißt. Natürlich gibt es auch andere Programmpakete, die einen HTTP-Daemon zur Verfügung stellen, so dass selbst ein Programm vom Format des Apache nicht notwendigerweise den Namen httpd für sich beanspruchen sollte.

⇨ Init-Skripte (Abschnitt 14.4.1)

apachectl Als Alternative gehört zum Apache-Paket auch ein Programm namens apachectl (apache2ctl bei Apache 2), das Optionen anbietet, die denen der Init-Skripte ähneln. Es gibt aber noch ein paar mehr, unter anderem:

configtest Prüft die Syntax der Konfigurationsdatei und gibt entweder »Syntax Ok« oder eine Fehlermeldung aus.

restart Schickt dem Apache-Server ein SIGHUP oder startet ihn, falls er nicht läuft. Prüft außerdem vorher die Konfiguration mit configtest, damit der Server nicht an einem Syntaxfehler in der Konfigurationsdatei verscheidet.

graceful Wie restart, aber verschickt SIGUSR1 statt SIGHUP. Der Unterschied ist, dass mit graceful der Apache versucht, gerade laufende Verbindungen mit der alten Konfiguration zu Ende abzuwickeln. Außerdem werden die Protokolldateien erst geschlossen und neu geöffnet, wenn die alten Verbindungen fertig sind. Dies hat Konsequenzen für die automatische Verarbeitung von Protokolldateien etwa mit logrotate.

Die Init-Skripte der Distributionen stützen sich meist auf das apachectl- bzw. apache2ctl-Programm ab.

⇨ apachectl(8), apache2ctl(8)
⇨ Umgang mit Protokolldateien (Abschnitt 16.1)

18.4.3 Konfiguration von Apache

Die zentrale Konfigurationsdatei für Apache ist `httpd.conf`, je nach Distribution in Verzeichnissen wie `/etc/httpd` (SUSE) oder `/etc/apache` (Debian) zu finden. (Bei Apache 2 besteht zum Glück mehr Einigkeit, was das Verzeichnis `/etc/apache2` angeht.) In dieser Datei finden sich Einstellungen für verschiedene Aspekte der Konfiguration.

↪ Apache-Dokumentation: `http://httpd.apache.org/docs/`
↪ L. Eilebrecht, N. Rath, u. a., *Apache Web-Server* (Bonn: MITP-Verlag GmbH, 2002), 4. Aufl., `http://www.mitp.de/linux/0829/0829.htm`. Enthält eine CD-ROM und eine Referenzkarte

Pfadnamen Apache lässt Ihnen in der Konfigurationsdatei die Wahl zwischen absoluten und relativen Pfadnamen. Relative Pfadnamen werden ausgehend von dem Verzeichnis interpretiert, das in der Direktive `ServerRoot` benannt wurde:

```
ServerRoot /var/www
```

ist die Voreinstellung für Debian GNU/Linux.

↪ `http://httpd.apache.org/docs/mod/core.html#serverroot`

Adressen und Ports Mit `Listen` können Sie angeben, welche IP-Adresse(n) und Port(s) Apache verwenden soll. Die Direktive darf mehrmals auftreten. Mit

```
Listen 127.0.0.1:80
Listen 192.168.22.33:80
Listen 192.168.22.33:443
```

wird Apache für den TCP-Port 80 auf den Adressen 127.0.0.1 und 192.168.22.33 konfiguriert. Auf Letzterer bedient er außerdem den Port 443 (für HTTPS). Die hier angegebenen IP-Adressen können natürlich nur wirklich benutzt werden, wenn tatsächlich Netzwerkschnittstellen mit diesen Adressen konfiguriert wurden. Eine einfache Portangabe wie

```
Listen 80
```

bezeichnet den angegebenen Port auf allen verfügbaren IP-Adressen. Apache kennt außerdem die Direktiven `BindAddress` und `Port`, mit denen Sie gemeinsam genau eine Adresse und einen Port angeben können; diese Direktiven sollten Sie nicht mehr benutzen.

↪ http://httpd.apache.org/docs/mod/core.html#listen
↪ Abschnitt 17.2.1

Benutzer und Rechte   Die Direktiven User und Group erlauben es, einen Benutzer und eine Gruppe zu benennen, mit deren Identität Apache den Großteil seiner Arbeit erledigen soll. Normalerweise wird er als root gestartet, damit er den privilegierten Port 80 öffnen kann, aber er erzeugt eine Reihe von Kindprozessen, die dann die HTTP-Anfragen nach Web-Ressourcen bedienen. Diese Kindprozesse laufen unter der durch User und Group gegebenen Identität. Aus Sicherheitsgründen sollten Sie hier einen Benutzer und eine Gruppe verwenden, die im System für möglichst wenige Dateien oder Verzeichnisse Schreibrecht haben, um einem Angreifer, der den Apache-Server kompromittiert, nur geringe Möglichkeiten lassen, Schaden anzurichten. Wenn Sie keine besonderen Vorkehrungen getroffen haben, wird diese Identität auch für die Ausführung von CGI-Programmen, also vom Web-Server aufgerufenen externen Programmen etwa für das Erzeugen von HTML-Seiten aus Datenbankanfragen, verwendet; schon Fehler oder Schwächen in diesen Programmen können also Probleme bedeuten. Die meisten Distributionen stellen für Apache einen eigenen Benutzer namens wwwrun (SUSE) oder www-data (Debian) nebst einer passenden Gruppe zur Verfügung, zum Beispiel als

```
User www-data
Group www-data
```

Diesem Benutzer sollten möglichst keine Dateien gehören.

↪ Benutzerverwaltung (Kapitel 7)
↪ http://httpd.apache.org/docs/mod/core.html#user
↪ http://httpd.apache.org/docs/mod/core.html#group

Ressourcenhierarchie   Die tatsächlichen HTML-Dokumente, Grafiken und anderen Ressourcen, die im *World Wide Web* sichtbar sein sollen, werden in einer Verzeichnishierarchie unter dem Verzeichnis abgelegt, das die Direktive DocumentRoot benennt, zum Beispiel

```
DocumentRoot /srv/www/htdocs
```

(SUSE). Das heißt, ein URL der Form http://www.example.com/dir/doc.html korrespondiert zum Beispiel mit einer Datei namens /srv/www/htdocs/dir/doc.html auf dem WWW-Server. Es gibt diverse Möglichkeiten, Teile der Ressourcenhierarchie an andere Plätze auszulagern, die wir hier aber nicht weiter besprechen.

↪ `http://httpd.apache.org/docs/mod/core.html#documentroot`
↪ Abbildung von URLs auf Plätze im Dateisystem: `http://httpd.apache.org/docs/urlmapping.html`

18.5 Verzeichnisfreigaben mit NFS und SMB

18.5.1 Überblick

Eine der Hauptaufgaben eines Netzwerks ist die gemeinsame Nutzung von Dateien und Verzeichnissen. Um lokale Dateien für andere Netzwerkrechner zur Verfügung zu stellen, werden häufig Netzwerkdateisysteme wie NFS (engl. *Network File System*) aus der Unix-Welt oder SMB (engl. *Server Message Block*) aus der Windows-Welt eingesetzt. Auch der gemeinsame Zugriff auf Drucker kann wünschenswert sein. Die Unix-Drucksysteme unterstützen Netzwerkzugriffe von Haus aus, für Windows-Systeme werden Drucker im Netzwerk mittels SMB zugänglich gemacht.

Netzwerk-dateisysteme

↪ Drucken im Netz (Abschnitt 15.2.2)
↪ H. Stern, M. Fisler, u.a., *Managing NFS and NIS* (Sebastopol, CA: O'Reilly & Associates, 2001), 2. Aufl., `http://www.oreilly.com/catalog/nfs2/`
↪ J. Ts, R. Eckstein, u.a., *Samba* (Sebastopol, CA: O'Reilly & Associates, 2003), 2. Aufl., `http://www.oreilly.de/catalog/samba2ger/`

18.5.2 Zugriff auf freigegebene Verzeichnisse

Allgemeine Aspekte Per Netzwerkdateisystem auf einem Server freigegebene Verzeichnisse können auf einem Linux-Client einfach in den Verzeichnisbaum eingehängt werden. Das können Sie entweder direkt mit mount oder über einen Eintrag in der Datei /etc/fstab realisieren. Voraussetzung dafür ist ein entsprechendes mount-Programm; Mit NFS kann schon das normale mount umgehen, und für SMB gibt es smbmount.

mount
/etc/fstab

↪ Einhängen von Dateisystemen (Abschnitt 10.3)

Einbinden von NFS-Exporten Ein typisches Kommando zum Einbinden eines NFS-Dateisystems könnte so aussehen:

```
# mount -t nfs -o ro nfsserver:/daten /daten
```

Hier wird ein Dateisystem namens /daten vom Rechner nfsserver am Mountpoint /daten auf dem lokalen Rechner nur zum Lesen eingebunden. Wie bei allen Einhängevorgängen muss der Mountpoint als Verzeichnis existieren. Statt des Rechnernamens können Sie auch eine IP-Adresse angeben. In der Datei /etc/fstab sieht ein entsprechender Eintrag so aus:

```
nfsserver:/daten /daten nfs defaults,ro 0 0
```

Neben den üblichen Optionen wie ro akzeptiert mount bei NFS-Dateisystemen noch eine Reihe weiterer Optionen, unter anderem:

rsize Anzahl der auf einmal vom NFS-Server gelesenen Bytes. Durch rsize=8192 wird der Durchsatz deutlich erhöht.

wsize Wie rsize, allerdings für Schreibzugriffe.

hard Schreib- und Leseversuche werden bei Problemen potenziell beliebig lange wiederholt. Dies ist die Voreinstellung.

soft Schreib- und Leseversuche werden bei Problemen nach einiger Zeit abgebrochen.

intr Erlaubt das Abbrechen von Dateioperationen durch das Senden von Signalen. Nützlich, falls die Option hard aktiv ist.

Wollen Sie wissen, welche Optionen momentan verwendet werden, so hilft »cat /proc/mounts« weiter. Dieses Kommando liefert mehr Informationen als die Ausgabe von mount.

⇨ mount(8)

showmount -e Um herauszufinden, welche Verzeichnisse ein Rechner per NFS zur Verfügung stellt, können Sie das Kommando »showmount -e« benutzen:

```
# showmount -e nfsserver
Export list for nfsserver:
/daten 192.168.0.0/255.255.255.0
```

Die Ausgabe zeigt, dass ein Verzeichnis namens /daten exportiert wird, auf das alle Rechner im Netz 192.168.0.0/24 zugreifen können.

⇨ showmount(8)

Einbinden von SMB-Freigaben SMB-Freigaben können Sie wie NFS-Dateisysteme direkt einbinden. Hierzu dient das Programm smbmount, das mount bei Bedarf als »mount.smbfs« aufruft. Auch in /etc/fstab können Sie SMB-Freigaben erwähnen. Hier ein typisches Kommando zum Einbinden einer SMB-Freigabe:

```
# mount -o username=tux //smbserver/daten /daten
```

Im Beispiel wird eine Freigabe namens /daten vom Rechner smbserver am Mountpunkt /daten auf dem lokalen Rechner eingebunden. Rechner und Freigabe werden in einer »Windows-artigen« Schreibweise angegeben – allerdings werden die Unix-typischen Schrägstriche statt der Rückstriche von Windows benutzt. An der Freigabesyntax kann mount auch erkennen, dass Sie eine SMB-Freigabe einhängen wollen und nicht zum Beispiel ein NFS-Dateisystem.

SMB-Freigaben können in der Regel nur von auf dem Server der Freigabe akkreditierten Benutzern eingehängt werden, so dass Sie beim Einbinden den Namen des Benutzers angeben sollten, mit dessen Identität Sie auf die Freigabe zugreifen wollen. Mit der Option password=⟨Kennwort⟩ kann auch ein Kennwort übergeben werden, was nicht unbedingt die sicherste Lösung ist, da die Kommandozeile zum Beispiel über ps oder das /proc-Dateisystem inspiziert werden kann.

In der Datei /etc/fstab sieht ein entsprechender Eintrag so aus: `/etc/fstab`

```
//smbserver/daten /daten smbfs username=tux 0 0
```

Um in /etc/fstab keine Benutzernamen oder Kennwörter hinterlegen zu müssen, können Sie auch auf die Option credentials=⟨Dateiname⟩ zurückgreifen. Damit weisen Sie auf eine Datei hin, in der Benutzername und Kennwort in der Form

```
username=tux,password=p1ngu1n
```

hinterlegt sind. Diese Datei können Sie über die übliche Rechtevergabe vor neugierigen Augen schützen. Einen Gastzugang ohne Kennwortabfrage können Sie über die Option guest ausnutzen.

Eine weitere beliebte Möglichkeit zum Zugriff auf SMB-Freigaben ist das Programm smbclient, das auch einfach ohne Angabe eines Kennworts zur Anzeige der existierenden Freigaben auf einem Rechner verwendet werden kann: `smbclient`

```
$ smbclient -L smbserver
Password:
added interface ip=10.0.0.2 bcast=10.0.0.255 nmask=255.0.0.0
Anonymous login successful

Domain=[PINGUIN] OS=[Unix] Server=[Samba-Testserver]

        Sharename       Type        Comment
        ---------       ----        -------
        daten           Disk        IPC Service (SAMBA 2.2.8)
        lp0             Printer     Drucker im 4. Stock
```

◁◁◁◁◁

Im Beispiel sehen Sie nicht nur die Freigabe /daten, sondern auch eine Druckerfreigabe namens lp0. Beide stammen nicht von einem Windows-Rechner, sondern von einem Samba-Server (Abschnitt 18.5.4) auf einem Unix/Linux-System.

18.5.3 Exportieren von Daten über NFS

NFS-Grundlagen NFS ist ein einfaches Netzwerkdateisystem, das in den 1980er Jahren von Sun Microsystems entwickelt wurde. Es erlaubt NFS-Clients den Zugriff auf Verzeichnisse, die von NFS-Servern *exportiert* werden. Derselbe Rechner kann dabei für manche Verzeichnisse als Client und für andere als Server agieren. NFS ist *zustandslos*, das heißt, auf dem Server werden keine definitiven Informationen darüber geführt, welcher Client gerade auf welches exportierte Verzeichnis oder welche Datei zugreift. In der Anfangszeit von NFS war das wichtig, da Server und Clients deutlich öfter »abstürzten«, als das heute bei Linux-Systemen der Fall ist. NFS kann Serverabstürze sehr weitgehend tolerieren. Die Zustandslosigkeit bedeutet aber, dass die eigentlich gewünschte Unix-Dateisystemsemantik nur unter Verrenkungen und nicht vollständig zu erreichen ist.

NFS basiert auf einem System zum Prozedurfernaufruf (engl. *remote procedure call*) von Sun. Sun-RPC ist plattformunabhängig und enthält Mechanismen zur einheitlichen Darstellung unterschiedlicher Datentypen. Zentrales Hilfsprogramm für Sun-RPC ist der Portmapper (als Programm `portmap` genannt), der Anfragen nach RPC-Diensten auf Daemons abbildet: Jeder RPC-Dienst hat eine standardisierte Nummer (siehe `/etc/rpc`), und ein Daemon auf dem Serverrechner, der den Dienst erbringt, muss sich beim lokalen Portmapper registrieren. Ein Client, der auf dem Server-rechner einen RPC-Dienst benutzen möchte, kann anhand der Dienstnummer über den Portmapper herausfinden, welche Port-nummer der Daemon für den Dienst gerade benutzt, und sich dann direkt an den Daemon wenden. Dies macht es unnötig, für die meisten RPC-Dienste feste Portnummern zu vergeben; die einzige zwingend nötige feste Portnummer ist die für den Port-mapper selbst. Die aktuelle Zuordnung von RPC-Nummern zu Ports können Sie mit dem Programm `rpcinfo` herausfinden.

NFS besteht auf der Serverseite aus einer Reihe von Komponen-ten: Der `rpc.mountd` bearbeitet Anfragen von Clients, die vom Ser-ver exportierte Verzeichnisse einhängen wollen, und der `rpc.nfsd` regelt den tatsächlichen Dateizugriff. Wenn Sie *file locking*, also das Sperren von Dateien für exklusiven Zugriff durch einzelne Pro-zesse, verwenden wollen, brauchen Sie außerdem auf dem Ser-ver *und* dem Client den `rpc.lockd` und den `rpc.statd`. In diesem Fall muss auch auf dem Client der Portmapper laufen. Schließ-lich gibt es noch den `rpc.quotad`, der es, wenn Sie Kontingentie-rung (*quota*) verwenden, Benutzern von Client-Rechnern erlaubt, die Größe und Auslastung ihrer Kontingente auf dem NFS-Server zu prüfen. Der `rpc.quotad` wird nur auf dem Server gebraucht.

Konfiguration und Betrieb Die Konfiguration des NFS-Servers ist sehr einfach: Sie müssen lediglich in der Datei /etc/exports ver-merken, welche Verzeichnisse an welche Rechner exportiert wer-den sollen. Zum Beispiel:

/etc/exports

```
/daten    *(ro) 10.0.0.0/255.0.0.0(rw)
```

Hiermit wird das Verzeichnis /daten für alle Clients (*) für Lese-zugriffe (ro) freigegeben; lediglich Clients aus dem Subnetz 10.0.
0.0/8 dürfen auch schreiben (rw).

Es gibt diverse Optionen für den Export, die zum Beispiel regeln, was mit Zugriffen passiert, die von »root auf dem Client-Rechner« vorgenommen werden (normalerweise werden sie auf dem Server so interpretiert, als hätte sie ein Benutzer nobody durchgeführt, damit »root auf dem Client« zum Beispiel nicht /etc/shadow auf dem Server ändern kann).

⇨ exports(5) für die Syntax von /etc/exports und die möglichen Export-optionen

Nach der Konfiguration müssen noch die entsprechenden NFS-Dienste von Hand gestartet bzw. dauerhaft in den entsprechenden Runlevels eingerichtet werden. Ändern Sie /etc/exports, müssen Sie den rpc.mountd und den rpc.nfsd benachrichtigen; das geht am bequemsten über das Init-Skript der Distribution (Aktion reload) oder über ein SIGHUP an die entsprechenden Prozesse:

```
# killall -HUP rpc.mountd rpc.nfsd
```

⇨ Init-Skripte (Abschnitt 14.4.1)

18.5.4   Einrichten von SMB-Freigaben mit Samba

Einführung   Samba ist ein Programmpaket, mit dem Unix- und **Freigaben** Linux-Rechner Clients Datei- und Druckerzugriff über Freigaben gemäß dem unter DOS und Windows populären SMB-Protokoll gestatten können. Außerdem erlaubt es Samba, einen Linux- oder **PDC** Unix-Rechner als *domain controller* (PDC oder BDC) zu konfigurieren, der Authentifizierungs- und Namensauflösungsdienste für Windows-Domänen übernimmt. Seit Samba 3.0 können Sie einen solchen Rechner sogar in Ihr *Active Directory* integrieren.

Ähnlich wie Apache (Abschnitt 18.4) ist auch Samba ein vielschichtiges und komplexes Programmpaket. Für die LPIC-1-Prüfung sind allerdings nur elementare Samba-Kenntnisse nötig, etwa über das Freigeben von Verzeichnissen und Druckern. Kompliziertere Themen wie Authentifizierung sind nicht Bestandteil der Prüfung.

Komponenten und Start von SAMBA   Samba besteht aus zwei Hauptkomponenten: Der smbd stellt Datei- und Druckerfreigaben zur Verfügung und der nmbd ermöglicht die Nutzung eines NetBIOS-Namensauflösungsdienstes unter Linux.

Beide Programme laufen in der Regel als freistehende Daemons, die über Init-Skripte beim Systemstart aufgerufen werden, aber auch ein Start über inetd oder xinetd ist möglich. Damit die Dienste freistehend laufen, müssen sie mit der Option -D aufgerufen werden. Der nmbd wird in der Regel benötigt, wenn mit dem smbd gearbeitet wird, daher sollten Sie zuerst den nmbd starten. Die smbd-Init-Skripte vieler Distributionen machen das schon von allein so.

Samba-Konfiguration Alle Samba-Komponenten werden über die Datei smb.conf eingerichtet. Hier steht die Grundkonfiguration, etwa der Domänen- bzw. Arbeitsgruppenname und der NetBIOS-Name des Rechners, aber auch Drucker- und Verzeichnisfreigaben werden hier beschrieben. Die Datei liegt je nach Distribution und Versionsstand entweder im Verzeichnis /etc/samba oder direkt in /etc.

smb.conf

Zur Konfiguration können Sie die Datei entweder direkt bearbeiten oder ein grafisches Konfigurationswerkzeug wie SWAT verwenden.

Die Datei smb.conf Die Struktur von smb.conf erinnert an die INI-Dateien aus der Windows-Welt: Die Datei besteht aus Abschnitten, ein Abschnitt wird durch einen in eckige Klammern eingefassten Namen eingeleitet und durch den Anfang des nächsten Abschnitts oder das Dateiende beendet. Es gibt einerseits einen globalen Abschnitt mit dem Namen [global], in dem allgemeine Einstellungen stehen, und andererseits spezielle Abschnitte, von denen jeder eine Freigabe konfiguriert. Kommentarzeilen mit »#« am Anfang werden ignoriert.

In jedem Abschnitt gibt es Zuweisungen an Konfigurationsparameter (von denen Samba eine dreistellige Anzahl kennt). Die Werte sind zumeist Zeichenketten; viele Konfigurationsparameter sind Schalter, die Werte wie yes oder false in der offensichtlichen Weise interpretieren. Einrückungen, Leerzeichen vor und nach dem = oder Groß- und Kleinschreibung (außer in Linux-Dateinamen) spielen keine Rolle. Eine einfache smb.conf als Beispiel steht in Bild 18.1.

Schalter

Das Beispiel enthält zwei Freigaben, eine für die Heimatverzeichnisse der Benutzer und eine Testfreigabe. Im globalen Abschnitt finden Sie die folgenden Schlüsselwörter:

netbios name Legt den Namen fest, den der Server aus Sicht der Windows-Rechner hat.

workgroup Legt die Arbeitsgruppe bzw. NT-Domäne fest, der der Rechner angehört.

```
[global]
  netbios name = tux
  workgroup = pinguin
  server string = Samba-Testserver
  security = user
  encrypt passwords = yes
  guest account = nobody

[homes]
  comment = Heimatverzeichnisse
  valid users = %S
  browseable = no
  read only = no
  create mask = 0640
  directory mask = 0750

[test]
  comment = Testfreigabe
  path = /samba/test
  public = yes
  browseable = yes
  read only = yes
```

Bild 18.1: Ein Beispiel für smb.conf

server string Gibt den Kommentar an, der den Server in der Domäne charaktrisiert; wird unter anderem unter Windows in der »Netzwerkumgebung« angezeigt. Platzhalter, etwa %h für den Rechnernamen, sind erlaubt.

security Definiert das Verfahren zur Authentisierung von Zugriffen auf die Freigaben. Mit share wird freigabebezogene Authentisierung à la Windows 9x gemacht; das sollten Sie nicht benutzen. Besser ist user für benutzerbezogene Authentisierung wie in Windows NT/2000. Außerdem gibt es noch domain zur Authentisierung gegen eine Domäne und server zur Authentisierung gegen einen Kennwortserver.

encrypt passwords Legt fest, ob die Kennwörter in der Windows-Domäne verschlüsselt oder unverschlüsselt übertragen werden.

Standard ist yes. Lediglich Windows-Versionen, die älter sind als Windows 98 und Windows NT SP4, übertragen die Kennwörter unverschlüsselt – und um solche Antiquitäten sollten Sie ohnehin einen weiten Bogen machen ...

guest account Legt den Benutzer fest, der für kennwortlose, anonyme »Gast«-Anmeldungen verwendet wird.

Für Freigaben stehen Ihnen unter anderem die folgenden Schlüsselwörter zur Verfügung:

comment Gibt den Kommentar an, der der Freigabe zugeordnet wird. Zeichen wie Umlaute sollten Sie vermeiden.

valid users Enthält eine Liste von Benutzern, die auf die Freigabe zugreifen dürfen. %S steht jeweils für den Eigentümer eines Heimatverzeichnisses.

browseable Legt fest, ob die Freigabe in der Domäne sichtbar (engl. *browseable*) ist.

read only Legt fest, ob die Freigabe nur lesbar oder auch schreibbar zugänglich ist (alternativ ist auch writeable möglich).

create mask Trägt als Wert einen oktalen Rechtemodus (z. B. 0640), den alle von Windows-Clients aus angelegten Dateien bekommen. Ist notwendig, da Windows-Benutzer nicht direkt Unix-Rechte setzen können.

directory mask Dasselbe für Verzeichnisse.

path Gibt den absoluten Pfad der Freigabe an. Kann bei speziellen Freigaben wie [homes] weggelassen werden.

public Legt fest, dass eine Freigabe auch ohne Kennwort erreichbar ist. Wer ohne Kennwort zugreift, hat dann die Rechte des guest account-Benutzers.

Wegen der vielen Konfigurationsmöglichkeiten ist es leicht, den Überblick zu verlieren. Verwenden Sie testparm, um Fehler in der smb.conf-Datei zu finden.

↪ smb.conf(5), testparm(8)

Benutzerverwaltung bei Samba Samba muss zwischen den Benutzern auf der Windows- bzw. Samba-Seite und den Linux-Benutzern vermitteln. Für benutzerbezogene Freigaben mit `security = user` ist es wichtig, dass die Windows-seitigen Benutzer entweder von einem Kennwort-Server oder PDC zur Verfügung gestellt werden oder auf dem Samba-Server selbst angelegt worden sind. Außerdem muss es zu jedem Windows-Benutzer einen korrespondierenden Linux-Benutzer geben, dem Dateien und Rechte auf der Linux-Seite zugeordnet werden können.

smbpasswd

Lokal auf dem Samba-Server können Sie »Windows-Benutzer« anlegen, indem Sie sie in die Datei `smbpasswd` im Samba-Konfigurationsverzeichnis eintragen. Dazu dient das Programm `smbpasswd`:

```
# smbpasswd -a tux
New SMB password:R011m0p5
Retype new SMB password:R011m0p5
Added user tux.
```

Falls der gewünschte Samba-Benutzername und der basierende Linux-Benutzername nicht übereinstimmen, können Sie in einer Textdatei eine »Übersetzungstabelle« angeben:

```
root = administrator
nobody = guest
tux = Tux der Pinguin
```

Auf diese Datei können Sie in `smb.conf` über den Parameter `username map` verweisen.

↪ smbpasswd(8)

18.5.5 Freigabe von Druckern über Samba

In der Windows-Welt wird das Drucken im Netzwerk häufig über SMB abgewickelt. Mit Samba können Sie Drucker, die vom Samba-Server aus erreichbar sind, für Windows-Clients freigeben. Dazu müssen Sie zuerst über den Parameter `printing` festlegen, welches Drucksystem der Samba-Server benutzt: BSD für das Berkeley-LPD-Drucksystem, LPRng oder CUPS:

```
[global]
⊲⊲⊲⊲
  printing = bsd
⊲⊲⊲⊲
```

Außerdem müssen die Druckerwarteschlangen freigegeben werden, am einfachsten alle über die spezielle Freigabe »[printers]«:

```
[printers]
  printable = yes
  browseable = no
  path = /var/spool/sambaprinters
```

path legt ein lokales Verzeichnis fest, in dem die eingehenden Druckaufträge vor ihrer Weiterleitung an LPD abgelegt werden. Das Verzeichnis muss für alle Benutzer schreibbar sein.

Alternativ können Sie auch einzelne Drucker freigeben, hier etwa die Warteschlange lp0 auf dem Samba-Server:

```
[lp0]
  printer = lp0
  comment = "Drucker im 4. Stock"
  printable = yes
  path = /var/spool/sambaprinters/lp0
```

Im Übrigen ist es sinnvoll, auf den Windows-Clients die entsprechenden Windows-Druckertreiber zu installieren. Die Windows-Clients übertragen dann korrekt für den Drucker aufbereitete Druckaufträge an den Samba-Server, der sie nur noch in eine Warteschlange des Linux-Drucksystems schreiben muss, die nicht mehr gefiltert wird. Alternativ können Sie auf den Windows-Rechnern einen PostScript-Druckertreiber konfigurieren (nehmen Sie den simpelsten, den Sie finden können) und die Aufträge auf dem Samba-Server oder noch weiter hinten in der Verarbeitungskette in ein druckerspezifisches Format umsetzen.

Windows-Druckertreiber können Sie auch über den Samba-Server verteilen.

⇨ Drucken (Kapitel 15)
⇨ Im *Official Samba-3 HOWTO and Reference Guide* (siehe http://de.samba.org/samba/docs/man/Samba-HOWTO-Collection/) gibt es ausführliche Kapitel über das Drucken mit Samba.

Konfiguration mit SWAT   SWAT (*Samba Web Administration Tool*) ist eine Web-Oberfläche zur Konfiguration von Samba. Es bietet unter anderem eine Möglichkeit für die Schnellkonfiguration, indem es Profile wie PDC anbietet. Normale Benutzer können es verwenden, um ihre Kennwörter zu ändern. Zur Authentisierung werden die Linux-Benutzerdaten herangezogen, die unverschlüsselt übertragen werden; in Umgebungen mit höheren Sicherheitsanforderungen sollten Sie SWAT also nicht einsetzen.

SWAT wird normalerweise über inetd oder xinetd aufgerufen und belegt nach Konvention den TCP-Port 901. Sie können es also ansprechen, indem Sie vom Samba-Server aus mit einem geeigneten Browser auf den URL http://localhost:901/ zugreifen.

18.6 Namensauflösung und DNS

18.6.1 Überblick

Menschen können sich Rechnernamen besser merken als IP-Adressen. Man braucht also einen Mechanismus, der zu einem gegebenen Rechnernamen die IP-Adresse(n) bestimmt und umgekehrt. In kleinen Netzen genügt es, in der Datei /etc/hosts eine feste Liste abzulegen, aber in größeren Netzen und vor allem solchen, die eine Verbindung zum Internet haben, reicht das nicht. Die Antwort auf dieses Problem ist das *Domain Name System* (DNS), eine verteilte Datenbank für die Namensinformationen.

Das *Domain Name System* basiert auf einer hierarchischen Struktur von Domänen. Ausgehend von der *root level domain* gibt es Domänen für Länder oder Organisationen, die wiederum Namen von Rechnern oder Unterdomänen enthalten können. Für Namen sind *Resource Records* gespeichert, die beispielsweise Rechnernamen IP-Adressen oder Domänennamen die Namen von Mailservern zuordnen. Aus Platzgründen ist eine genauere Erörterung des DNS hier nicht möglich; orientieren Sie sich an den Verweisen.

⇨ Das *DNS-HOWTO*: http://www.tldp.org/HOWTO/DNS-HOWTO.html
⇨ Die »DNS-Bibel«: P. Albitz, C. Liu, *DNS und BIND* (Sebastopol, CA: O'Reilly & Associates, 2001), http://www.oreilly.de/catalog/dns4ger/
⇨ M. Lottor, »Domain Administrators Operations Guide« (November 1987), http://www.ietf.org/rfc/rfc1033.txt, P. Mockapetris, »Domain Names – Concepts and Facilities« (November 1987), http://www.ietf.org/rfc/rfc1034.txt, P. Mockapetris, »Domain Names – Implementation and Specification« (November 1987), http://www.ietf.org/rfc/rfc1035.txt

Marginalien: /etc/hosts, DNS, Domänen, Resource Records

18.6.2 Namensauflösung für Programme

Lokale Namensauflösung mit /etc/hosts In /etc/hosts können Sie die IP-Adressen von Rechnern zusammen mit einem oder mehreren Namen angeben:

```
127.0.0.1        localhost
192.168.0.99     linux.example.com  linux
```

Die Spalten werden durch Leer- oder Tabulatorzeichen getrennt. Jeder Rechner beachtet nur seine eigene /etc/hosts-Datei; Änderungen müssen also auf jedem einzelnen Rechner im Netz durchgeführt werden.

Daneben gibt es auch noch die (selten benutzte) Datei /etc/ networks. In ihr finden sich Netzwerknamen und IP-Adressen – in dieser Reihenfolge –, sie erlaubt so die Benutzung von Netzwerknamen wie localnet usw.

⮡ hosts(5), networks(5)

Der DNS-Resolver Das DNS kann alternativ zu /etc/hosts zur Namensauflösung benutzt werden. Hierfür benutzen Programme den *Resolver*, der die Kommunikation mit den DNS-Servern übernimmt. Der Resolver wird mit den IP-Adressen einiger »naher« DNS-Server konfiguriert und leitet DNS-Anfragen an diese zur Bearbeitung weiter.

⮡ resolver(3)

Die zentrale Konfigurationsdatei für den Resolver heißt /etc/ resolv.conf. In ihr werden DNS-Server und Optionen für die Suche angegeben. Zum Beispiel:

```
nameserver 192.168.10.1
nameserver 192.168.0.99
search foo.example.com bar.example.com example.com
```

Hierbei bestimmt nameserver einen DNS-Server. Es können bis zu drei angegeben werden; wenn der erste keine Antwort gibt, wird der zweite gefragt und so weiter. Die Direktiven domain und search erlauben es, eine DNS-Domäne anzugeben, die verwendet wird, um »einfache« Namen in Anfragen zu vervollständigen. Im Beispiel würde der Name pc001 sukzessive als pc001.foo.example.com, pc001.bar.example.com und pc001.example.com gesucht; der erste

Name mit einer Auflösung ergibt die Antwort. domain entspricht einer search-Direktive mit einem einzigen Eintrag in der Liste. (domain und search schließen sich aus, die letzte Direktive gilt.)

↪ Mehr Einstellmöglichkeiten: resolv.conf(5)

Konfiguration der Namensauflösung Die meisten Programme bedienen sich zur Namensauflösung der entsprechenden Funktionen in der C-Bibliothek. Um das System für verschiedene Arten der Namensauflösung – lokal mit /etc/hosts, mit DNS oder irgendwelchen anderen Methoden – zu konfigurieren, genügt es also, die richtigen Voreinstellungen für die C-Bibliothek zu treffen. Hierzu dient die Datei /etc/nsswitch.conf, in der »Datenquellen« für verschiedene Systemdatenbanken konfiguriert werden können. (Neben Rechnernamen und den dazugehörigen IP-Adressen können das auch Benutzerdaten oder andere Systeminformationen sein.)

/etc/nsswitch. conf

Der für die Auflösung von Rechnernamen interessante Teil der Datei /etc/nsswitch.conf kann etwa so aussehen:

```
⊲⊲⊲⊲
hosts: files dns
⊲⊲⊲⊲
```

Im Beispiel wird zunächst versucht, Rechnernamen lokal mit /etc/hosts aufzulösen. Erst wenn dies scheitert, wird das DNS gefragt.

Auf Linux-Systemen mit *sehr* alter C-Bibliothek wird die Datei /etc/host.conf statt /etc/nsswitch.conf herangezogen.

↪ gethostbyname(3), nsswitch.conf(5), host.conf(5)
↪ *System Databases and Name Service Switch* in »info libc«

18.6.3 Ein einfacher DNS-Server

Überblick Die meistverbreitete Software für die DNS-Namensauflösung ist BIND (engl. *Berkeley Internet Name Daemon*). Es handelt sich dabei um eine ganze Sammlung von Client- und Serverprogrammen.

BIND

Die älteste noch gelegentlich im Einsatz befindliche Version ist BIND 4. Häufig wird BIND 8 verwendet, die aktuelle Version ist ihr Nachfolger BIND 9. Während sich die Begriffsdefinitionen und die

Konfigurationsdateien der Versionen 8 und 9 kaum unterscheiden, ist der Unterschied zur alten Version 4 recht groß. Aus Sicherheitsgründen sollten Sie heute auf den Einsatz der BIND-Versionen 4 und 8 verzichten und sich auf BIND 9 beschränken, der diverse Probleme der früheren Versionen behebt.

named Die Server-Komponente von BIND heißt named und wird normalerweise als freistehender Daemon gestartet. named liest zunächst die Datei /etc/named.conf (oder so ähnlich), die seine Konfiguration enthält. Dann greift er auf die DNS-Datenbankdateien zu. Diese **Zonendateien** Dateien werden auch **Zonendateien** (engl. *zone files*) genannt; ihr Speicherort wechselt je nach Distribution (suchen Sie in Ihrer Beispiel-named.conf nach dem Wert von directory).

Zonen **Zonen** sind Bestandteil einer Domäne. Innerhalb einer Domäne gibt es normalerweise jeweils eine Zone für die Vorwärtsauflösung (von Namen zu IP-Adressen) und eine für die Rückwärtsauflösung (von IP-Adressen zu Namen, engl. *reverse lookup*). Unterdomänen können in eigenen Zonen untergebracht sein. Entscheidend ist, dass für jede Zone ein »autoritativer« Server mit einer nur für diese Zone zuständigen Datei (Zonendatei) existiert.

Ein DNS-Server kann verschiedene Rollen spielen: Er kann als *master server* die definitive Quelle von Daten über eine Zone sein oder als *slave server* zur Effizienz- und Zuverlässigkeitssteigerung die Daten einer Zone zwischenspeichern. Die dritte Möglichkeit ist ein *caching-only server*, der selbst keine Zonendaten verwaltet, sondern nur Antworten anderer Server weiterleitet und für eine gewisse Zeit zwischenspeichert, um künftige Anfragen nach denselben Informationen schneller beantworten zu können. Sie können in Ihrem Netz einen *caching-only server* betreiben, der alle Anfragen an die DNS-Server Ihres Providers weiterleitet und die Antworten »cachet«. Die Rolle des Servers kann für verschiedene Zonen unterschiedlich sein; derselbe Server kann für eine lokale Zone als *master server* fungieren und gleichzeitig als *cache* für den Rest des Internet.

BIND 9 In Bild 18.2 sehen Sie ein einfaches Beispiel für eine /etc/named.conf-Datei eines einfachen *caching-only DNS servers* mit BIND 9. Die Datei besteht aus einzelnen Abschnitten, die jeweils durch ein Schlüsselwort eingeleitet werden. Die Abschnitte

```
options {
    directory "/var/lib/named";
    recursion yes;
    forwarders { 172.16.2.1; 172.16.2.2; };
};

zone "." in {
    type hint;
    file "root.hint";
};

zone "localhost" in {
    type master;
    file "/var/named/localhost.zone";
};

zone "0.0.127.in-addr.arpa" in {
    type master;
    file "/var/named/127.0.0.zone";
};
```

Bild 18.2: /etc/named.conf für einen einfachen *caching-only DNS server* mit BIND 9

können durch weitere Parameter spezifiziert werden, die, wenn mehr als einer von ihnen verwendet wird, in geschweiften Klammern zusammengefasst werden. Jeder einzelne Parameter *muss* durch ein Semikolon abgeschlossen werden.

Allgemeine Eigenschaften In der Beispieldatei werden im Abschnitt options einige allgemeine Eigenschaften des Nameservers festgelegt: directory legt das Verzeichnis fest, in dem sich die Zonendateien befinden; recursion yes bewirkt, dass der Nameserver eine Anfrage, die mit seinen eigenen Zoneninformationen nicht beantwortet werden kann (im Beispiel sind das alle Anfragen), selbst an andere Nameserver weiterleitet und das Resultat an den Client zurückgibt (alternativ könnte der Client das als »iterative« Anfrage erledigen). forwarders gibt an, an welche anderen Nameserver der DNS-Server eine Anfrage weiterleitet, wenn er selbst nicht mehr weiterweiß (etwa die DNS-Server des Providers).

Nach den allgemeinen Eigenschaften folgen, jeweils mit zone eingeleitet, verschiedene Zonen-Abschnitte. Die Abschnitte beschreiben, für welche Zone der Server Namen in welcher Zonendatei
nachschlagen soll.

**Zonen-
informationen**

Der type-Eintrag legt die Rolle des Servers für die entsprechende
Zone fest. Typische Einträge sind master, slave und hint.

Der erste Zonen-Abschnitt mit type hint verweist auf die *root-level
domain* (.). Diese Definition existiert auf jedem Nameserver, der
potenziell Adressen im Internet auflösen soll, und verweist im Beispiel auf die Datei root.hint. Diese Zonendatei enthält Verweise
auf die Root-Server.

Root-Server

Die nächsten beiden Zonen-Einträge verweisen auf den Rechner
selbst (localhost und 0.0.127.in-addr.arpa). Um die IP-Adresse
eines Rechners aus der Domäne localhost zu erfragen, wird die
Datei localhost.zone benutzt. Für die Rückwärtsauflösung aller
Adressen mit 127.0.0.*x* soll die Datei 127.0.0.zone zu Rate gezo-
gen werden.

Die Zoneneinträge für localhost existieren, ähnlich wie der Verweis auf die *root-level domain,* auf praktisch jedem Nameserver. Sie
sind normalerweise inklusive Zonendateien vorkonfiguriert und
müssen nicht angepasst werden.

▷ »*Nameserver Configuration*« in engl. *BIND 9 Administrator Reference
Manual,* Bestandteil der BIND-Distribution oder als http://www.isc.
org/sw/bind/arm93/Bv9ARM.pdf
▷ Das *DNS-HOWTO*: http://www.tldp.org/HOWTO/DNS-HOWTO.html
▷ Quelle für root.hint: ftp://ftp.ripe.net/tools/dns/named.root

Zonendateien Die eigentlichen Informationen, die der DNS-Server liefert – die *Resource Records* (RRs) –, stehen in den **Zonendateien.** Hier nur kurz als Beispiel die Datei für die localhost-Zone:

Zonendateien

```
@       IN      SOA     localhost root (
                        2004012201 ; serial
                        2D         ; refresh
                        4H         ; retry
                        6W         ; expiry
                        1W )       ; minimum
        IN      NS      localhost
        IN      A       127.0.0.1
```

Die Zonendatei enthält drei RRs: Zuerst beschreibt ein SOA- oder *start of authority*-RR globale Informationen über die Zone: den Namen des *master servers*, die E-Mail-Adresse des Administrators (hier root) sowie Parameter für die Datenhaltung auf *slave servers*. Dann folgen NS-RRs, die die DNS-Server für die Zone benennen (hier nur eins), und ein A- oder *address*-RR, das dem Namen localhost die Adresse 127.0.0.1 zuordnet.

Der Name @ dient in Zonendateien als Platzhalter für den Namen der Zone, wie er in named.conf oder named.boot steht; ist die Namensspalte in einem RR leer, wird der Name des vorigen RR übernommen. In allen drei RRs ist der Name unter dem Strich also localhost.

Wichtig: Alle Rechner- und Domänennamen, die als FQDN angegeben werden, müssen am Ende den Punkt für die engl. *root-level domain* enthalten. Der Server ergänzt sonst am Schluss den Namen der aktuellen Zone.

⇨ Alles über RRs: M. Lottor, »Domain Administrators Operations Guide« (November 1987), http://www.ietf.org/rfc/rfc1033.txt

18.6.4 DNS testen

Zum Testen einer DNS-Konfiguration gibt es verschiedene Kommandos, zum Beispiel dig, nslookup und host. Alle drei funktionieren im Prinzip ähnlich:

```
$ dig www.example.com
$ nslookup www.example.com
$ host www.example.com
```

Allerdings unterscheiden sie sich in Format und Umfang ihrer Ausgabe und darin, ob und wie besondere Optionen, zum Beispiel Anfragen nach speziellen Typen von RRs, angegeben werden können.

⇨ dig(1), nslookup(1), host(1)

18.7 Zugriff auf entfernte Rechner mit SSH

18.7.1 Einführung

SSH (*Secure Shell*) ist ein Netzwerkprotokoll der TCP/IP-Familie. **Secure Shell**
Es ermöglicht die Datenübertragung im Netz mit sicherer Authentifizierung und Verschlüsselung. Zu seinen Anwendungen gehören interaktive Anmeldevorgänge, Übertragung von Dateien und
die gesicherte Weiterleitung anderer Protokolle (engl. *tunneling*).
SSH ist ein Ersatz für die Protokolle TELNET und rlogin, die aus
Sicherheitsgründen nicht mehr verwendet werden sollten.

Eine freie Implementierung des SSH-Protokolls stellt **OpenSSH** **OpenSSH**
dar, das mit den meisten Linux-Distributionen ausgeliefert wird.
Diese Implementierung enthält einige SSH-Clients sowie einen
SSH-Server (sshd). Die interessantesten Clients sind ssh zum interaktiven Anmelden oder Ausführen von Kommandos auf einem
entfernten Rechner und scp zum Kopieren von Dateien von oder
zu einem entfernten Rechner.

Mit einem Kommando wie **Anmelden**

```
$ ssh hugo@login.example.com
```

können Sie sich auf einem anderen Rechner anmelden (hier als
Benutzer hugo auf dem Rechner login.example.com). Je nach Voreinstellung fragt der andere Rechner Sie nach Ihrem (dortigen)
Kennwort, das die SSH verschlüsselt überträgt, oder das System
stellt fest, dass Ihr auf dem entfernten Rechner hinterlegter öffentlicher Schlüssel zu Ihrem lokalen privaten Schlüssel passt und
lässt Sie ein (Authentisierung über öffentliche Schlüssel).

Das Kommando scp wird zum Kopieren von Dateien zwischen **Kopieren von**
zwei Rechnern verwendet, zum Beispiel **Dateien**

```
$ scp testdatei hugo@login.example.com:/tmp
hugo@login.example.com's password:123456
testdatei   100% |******************| 1912 KB      00:03
```

Hier wird die Datei testdatei aus dem aktuellen Verzeichnis auf
dem lokalen Rechner ins Verzeichnis /tmp auf dem Rechner login.
example.com geschrieben, dabei wird sie mit den Rechten des entfernten Benutzers hugo angelegt. Übrigens können Quelle und Ziel

der Kopieroperation auf verschiedenen entfernten Rechnern liegen! Mit der Option -r können Sie auch ganze Verzeichnisse übertragen.

⇨ ssh(1), scp(1)

⇨ http://www.openssh.org/

⇨ D. J. Barrett, R. Silverman, *SSH, The Secure Shell: The Definitive Guide* (Sebastopol, CA: O'Reilly & Associates, 2001), http://www.oreilly.com/catalog/sshtdg/

18.7.2 Konfiguration des SSH-Servers

Der OpenSSH-Server (sshd) wird normalerweise beim Systemstart als freistehender Daemon gestartet. Er entnimmt seine Konfiguration dem Verzeichnis /etc/ssh. Dort stehen neben der eigentlichen Konfigurationsdatei sshd_config die für die Authentisierung notwendigen Paare aus öffentlichen und privaten Schlüsseln (normalerweise ssh_host_rsa_key und ssh_host_rsa_key.pub, meist auch noch Schlüsselpaare für andere Verfahren).

In sshd_config können Sie die Adressen und TCP-Ports festlegen, die der sshd bedient (typischerweise Port 22 auf allen Adressen des Rechners), die erlaubten Formen der Authentisierung definieren (sinnvoll sind PubkeyAuthentication und gegebenenfalls PasswordAuthentication, die anderen Verfahren sollten auf no gesetzt werden) und verschiedene andere Optionen setzen, etwa ob eine direkte Anmeldung als root erlaubt sein soll (PermitRootLogin, besser no) oder ob weitergeleitete X-Sitzungen akzeptiert werden (X11Forwarding, im sicherheitskritischen Umfeld besser no).

⇨ sshd(8), sshd_config(5)

Wenn sich ein Benutzer erfolgreich angemeldet hat, gibt der sshd den Inhalt von /etc/motd an den Benutzer weiter. Danach liest er, falls vorhanden, die Datei ~/.ssh/environment (Zuweisungen an Umgebungsvariable) und führt, falls vorhanden, die Datei ~/.ssh/rc (ersatzweise /etc/ssh/sshrc) aus. Diese Dateien können beliebige Kommandos enthalten, zum Beispiel zum Einrichten der X11-Authentisierung; dazu bekommen sie die X11-Authentisierungsinformationen auf der Standardeingabe übergeben. Danach wird das Kommando des Benutzers gestartet (wenn kein Kommando angegeben wurde, die Login-Shell).

18.7.3 Konfiguration des SSH-Clients

Die SSH-Clients werden über die Dateien ~/.ssh/ssh_config (benutzerbezogen) und /etc/ssh/ssh_config (systemweit) konfiguriert. Auch Kommandooptionen sind möglich. Jeder Konfigurationsparameter wird zunächst auf der Kommandozeile, dann in der benutzerbezogenen und dann in der systemweiten Konfiguration gesucht; es gilt der erste gefundene Wert. Die Konfiguration bestimmt, mit welchem Port auf welchem Rechner ssh Kontakt aufnehmen soll, welche Protokollversionen und welche Authentisierungsverfahren angewendet werden sollen. Die Dateien werden bei jeder Verwendung eines Client-Programms gelesen.

Wichtig für die Authentisierung entfernter Rechner ist die Rechnerschlüsseldatenbank, die SSH in ~/.ssh/known_hosts (und /etc/ssh/ssh_known_hosts) führt. Nehmen Sie zum ersten Mal Kontakt mit einem neuen Rechner auf, dann schickt der Rechner seinen öffentlichen Schlüssel. Jetzt kommt es auf den Wert des Konfigurationsparameters StrictHostKeyChecking an, ob die Verbindung zustande kommt: Ist kein Schlüssel für diesen Rechner in der Rechnerschlüsseldatenbank enthalten und hat StrictHostKeyChecking den Wert yes, lehnt der SSH-Client die Verbindung ab. Hat dagegen StrictHostKeyChecking den Wert ask, fragt der SSH-Client, ob die Verbindung akzeptiert und der Schlüssel in der Datenbank gespeichert werden soll; bestätigen Sie dies, wird SSH diesem Rechner in Zukunft vertrauen (solange er denselben öffentlichen Schlüssel schickt). Beim Wert no vertraut Ihr Client dem entfernten Rechner sofort. Schickt der entfernte Rechner dagegen einen öffentlichen Schlüssel, der nicht mit dem für diesen Rechner in der Datenbank gespeicherten Schlüssel übereinstimmt, wird die Verbindung abgelehnt.

~/.ssh/known_hosts

18.7.4 Authentisierung mit öffentlichen Schlüsseln

Um statt der (ziemlich sicheren) kennwortbasierten Authentisierung die (noch sicherere) Authentisierung über öffentliche Schlüssel zu verwenden, müssen Sie zunächst ein Schlüsselpaar aus öffentlichem und privatem Schlüssel anlegen:

Schlüsselpaar

```
$ ssh-keygen -t rsa
Generating public/private rsa key pair.
```

```
Enter file in which to save the key▷
◁ (/home/hugo/.ssh/id_rsa): ⏎
Enter passphrase (empty for no passphrase): blafasel
Enter same passphrase again: blafasel
Your identification has been saved in /home/hugo/.ssh/id_rsa
Your public key has been saved in /home/hugo/.ssh/id_rsa.pub
The key fingerprint is:
29:9d:2b:26:0d:1e:64:de:61:a1:df:a1:08:e0:7c:c5 hugo@pc001
```

Die *passphrase* dient zur Verschlüsselung des privaten Schlüssels; Sie sollten, wenn möglich, eine *passphrase* setzen, damit jemand, der Ihren privaten Schlüssel klaut, sich nicht als Sie ausgeben kann.

Den öffentlichen Schlüssel (~/.ssh/id_rsa.pub) hängen Sie nun an die Datei ~/.ssh/authorized_keys auf dem Rechner an, bei dem Sie sich anmelden wollen (hierzu müssen Sie sich wohl über Ihr Kennwort anmelden). Anschließend sollten Sie sich direkt anmelden können, ohne das Kennwort des entfernten Rechners angeben zu müssen; Sie werden allerdings nach Ihrer *passphrase* gefragt:

```
$ ssh hugo@login.example.com
Enter passphrase for key '/home/hugo/.ssh/id_rsa': blafasel
◁◁◁◁◁
login$ _
```

Anhang A Prüfungsziele

In diesem Kapitel ...

✓ werden die LPIC-1-Prüfungsziele aufgelistet

✓ können Sie sich prüfen, ob Sie über das nötige Prüfungswissen verfügen

A.1   Vorbemerkung

Dieser Anhang enthält eine Liste der LPIC-1-Prüfungsziele mit Verweisen auf die Kapitel im Buch, in denen der betreffende Stoff diskutiert wird.

Die Fragen zu den Prüfungszielen sollen nicht den Stil der LPIC-Zertifizierung wiedergeben (dafür sind sie zu unkonkret und es sind keine Antworten dabei), sondern Sie können sie verwenden, um zu prüfen, ob Sie den nötigen Überblick über die verschiedenen Prüfungsziele haben. Einige Fragen werden Sie nur beantworten können, wenn Sie Dokumentation gelesen haben, auf die dieses Buch nur verweist; das ist Absicht.

Für jedes Prüfungsziel steht im grauen Randblock die LPI-Nummer und am rechten Ende der Titelzeile das Gewicht des Ziels in der Prüfung. Je höher dieses Gewicht ist, mit desto mehr Fragen zu diesem Thema sollten Sie in der Prüfung rechnen. Am Ende der Überschrift für jeden Themenblock steht, zu welcher Prüfung (101 oder 102) das Thema gehört.

A.2   Thema 101: Hardware und Systemarchitektur [101]

1.101.1 **Grundlegende BIOS-Einstellungen**   1
■ Was sind die wichtigsten BIOS-Konfigurationseinstellungen für Linux? ■ Welche Interrupts und IO-Ports korrespondieren mit den wichtigsten Geräten?   9.2, 9.3

1.101.3 **Modems und Audiokarten konfigurieren**   1
■ Was ist ein Win-Modem? ■ Wie können Sie die Geschwindigkeit einer seriellen Schnittstelle konfigurieren? ■ Wie würden Sie eine Audiokarte unter Linux konfigurieren?   9.3–9.5

1.101.4 **SCSI-Geräte konfigurieren**   1
■ Welche Varianten von SCSI gibt es? ■ Wie werden SCSI-Geräte adressiert? ■ Wie lauten die Linux-Gerätenamen der wichtigsten SCSI-Geräte? ■ Wozu dient /proc/scsi?   9.6

1.101.5 **Verschiedene PC-Erweiterungskarten konfigurieren**   3
■ Wie können Sie die Geräte am PCI-Bus auflisten? ■ Welche Ressourcen im /proc-Dateisystem beschäftigen sich mit Hardware? ■ Was sind Hotplugging und Coldplugging?   9.3, 9.8

Kommunikationsgeräte konfigurieren   1   **1.101.6**
■ Welche Arten von Modems gibt es und wie werden sie unter Linux angesprochen? ■ Was tut das Programm setserial? ■ Welche Arten von ISDN-Adaptern gibt es? ■ Wie wird DSL unter Linux angesprochen?   9.3, 9.4

USB-Geräte konfigurieren   1   **1.101.7**
■ Wie funktioniert USB unter Linux? ■ Welche Module zur USB-Unterstützung gibt es und wie werden diese eingesetzt? ■ Was ist das usbfs? ■ Welche Hotplugging-Mechanismen gibt es für Linux und wie funktionieren sie? ■ Was ist udev und wofür ist es gut?   9.7, 9.8

A.3   Thema 102: Installation und Software-Management [101]

Konzeption der Partitionierung   5   **1.102.1**
■ Was ist das /-Dateisystem? ■ Wie viele Partitionen sind für ein Linux-System sinnvoll? Welche Dateisysteme sollten eigene Partitionen haben? ■ Wofür kann eine /boot-Partition nötig sein? ■ Wie viel Auslagerungsspeicher braucht ein System?   10.1

Installation eines Bootmanagers   1   **1.102.2**
■ Was ist ein MBR? ■ Was ist ein Bootlader? Wie funktioniert er? Welche gibt es für Linux?   14.2

Programme aus deren Quellcode installieren   5   **1.102.3**
■ In welchem Format liegt Quellcode meistens vor und wie wird das ausgepackt? ■ Wie werden Softwarepakete an die lokale Systemumgebung angepasst? ■ Wie funktionieren Makefiles? ■ Wohin würden Sie selbst übersetzte Software installieren?   10.7, 12.1

Verwaltung von Bibliotheken   2   **1.102.4**
■ Wie können Sie herausfinden, welche Bibliotheken ein Programm braucht? ■ Warum gibt es symbolische Links der Form /lib/bla.so.3? ■ Wie können Sie für ein Programm eine alternative Version einer Systembibliothek benutzen?   12.2

Debian-Paketmanagement   8   **1.102.5**
■ Wie heißen die wichtigsten Werkzeuge zur Verwaltung von Debian-Softwarepaketen? ■ Wie ist ein Debian-Binärpaket aufgebaut? ■ Wie können Sie herausfinden, welche Pakete installiert sind? Von welchen Paketen ein Paket abhängt? Welche Dateien es enthält? ■ Wie können Sie die Integrität eines Pakets prüfen? ■ Wozu dient dselect? apt-get?   12.3

1.102.6 **Red Hat Package Manager** 8
■ Wie heißen die wichtigsten Optionen von rpm? ■ Warum sind RPM-Pakete verschiedener Distributionen nicht austauschbar? ■ Wie können Sie ein Softwarepaket installieren, löschen, aktualisieren? ■ Wie können Sie die Integrität eines Pakets prüfen? ■ Welche Informationen können Sie über ein Softwarepaket herausfinden? 12.4

A.4   Thema 103: GNU- und Unix-Befehle [101]

1.103.1 **Arbeiten auf der Kommandozeile** 5
■ Was ist das »Werkzeugkastenprinzip«? ■ Wie werden Kommandos interpretiert? Was sind Parameter, Optionen? ■ Wie können Sie Shell-Variable setzen, löschen, anzeigen? ■ Wie werden Kommandos im Dateisystem gefunden? ■ Wie können Sie Kommandos bei der Eingabe editieren? 3.1, 3.2

1.103.2 **Filterprogramme** 6
■ Was ist ein Filter? ■ Mit welchem Kommando können Sie Dateien hintereinanderhängen? ■ Wie können Sie die Zeilen einer Datei sortieren und danach alle doppelt vorkommenden Zeilen entfernen? ■ Wie können Sie nur den Anfang oder das Ende einer Datei abtrennen? ■ Wie können Sie zwei Dateien relational vereinigen? 4.1, 4.2

1.103.3 **Kommandos zur Dateiverwaltung** 2
■ Wie können Sie Dateien löschen, verschieben, kopieren? ■ Wie legen Sie Verzeichnisse an? ■ Wie löschen Sie ein Verzeichnis mitsamt seinem Inhalt? ■ Wie funktionieren Shell-Suchmuster? ■ Wie wird find benutzt? Was ist der Unterschied zwischen find und locate? 3.3

1.103.4 **Ausgabe- und Eingabeumleitung** 5
■ Was sind die Standard-Kanäle? Was ist Umleitung? ■ Was ist eine Pipeline? ■ Wie kann ein Programm seine Standard-Eingabe von der Kommandozeile beziehen? ■ Wofür brauchen Sie xargs? ■ Wie können Sie die Standard-Ausgabe eines Programms gleichzeitig anzeigen und in eine Datei schreiben? 4.1

1.103.5 **Prozessverwaltung** 5
■ Welche Eigenschaften charakterisieren einen Prozess? ■ Was vererbt ein Prozess an seine Kinder? ■ Was bedeuten die Informationen, die Sie mit ps erhalten? ■ Welche Informationen über einen Prozess liefert das /proc-Dateisystem? ■ Wie würden Sie absicht-

lich einen Zombie-Prozess erzeugen? ■ Wie gehen Prozesse mit
Signalen um? 8.1–8.4

Prozessprioritäten 3 | **1.103.6**
■ Mit welchen Kommandos können Sie Prozesse beeinflussen?
8.4

Textverarbeitung mittels regulärer Ausdrücke 3 | **1.103.7**
■ Was sind reguläre Ausdrücke? Aus welchen Elementen bestehen
sie? ■ Wie können Sie die Zeilen einer Datei ausgeben, die auf
einen regulären Ausdruck passen? ■ Wozu dient sed? 5.1–5.3

Textverarbeitung mit dem vi 1 | **1.103.8**
■ Was sind die wichtigsten vi-Kommandos? 5.4

A.5   Thema 104: Dateisystemverwaltung [101]

Erzeugen von Partitionen und Dateisystemen 3 | **1.104.1**
■ Mit welchen Werkzeugen können Sie eine Platte partitionieren?
■ Warum und wie werden Dateisysteme angelegt? ■ Brauchen Aus-
lagerungspartitionen ein Dateisystem? 10.1, 10.2

Überprüfen von Dateisystemen 3 | **1.104.2**
■ Welche Werkzeuge gibt es zur Prüfung des freien und belegten
Plattenplatzes? Wie arbeiten sie? ■ Was tut fsck? tune2fs? ■ Welche
Vor- und Nachteile hat ein *journaling filesystem*? 10.4

Ein- und Aushängen von Dateisystemen 3 | **1.104.3**
■ Warum müssen Sie Dateisysteme ein- und aushängen? ■ Wozu
dient /etc/fstab und wie ist sie aufgebaut? ■ Wie können Sie Benutzern Zugriff auf Laufwerke mit Wechselmedien geben? 10.3

Konfiguration von Disk-Quotas 3 | **1.104.4**
■ Was sind Kontingente? Wie werden sie festgelegt und wie geht
das System mit ihnen um? ■ Wie wird Kontingentierung auf einem
Dateisystem aktiviert? ■ Wie kann ein Benutzer seine Kontingentierung abfragen? 10.5

Zugriffsrechte für Dateien 5 | **1.104.5**
■ Wodurch unterscheidet der Linux-Kernel verschiedene Benutzer
und Gruppen? ■ Was unterscheidet Benutzer und Administrator?
■ Was passiert, wenn eine UID zweimal mit unterschiedlichem
Namen vergeben wird? Ist das erlaubt? ■ Wie sieht es mit der Rechtevergabe bei Ihrem Rechner zu Hause aus? ■ Warum sollen Sie
nicht ständig auf dem root-Konto arbeiten? ■ Was bewirkt umask
000? ■ Wie wird chmod aufgerufen? ■ Was bedeutet das spezielle

Zugriffsrecht »s«? Wo finden Sie es? ■ Was bedeutet das spezielle Zugriffsrecht »t«? Wo finden Sie es?   7.2

1.104.6   **Setzen von Zugriffsrechten und Dateieigentümern**   1
■ Wer darf den Eigentümer einer Datei ändern? Die Gruppe? ■ Was passiert, wenn Sie eine Datei einer Gruppe zuordnen wollen, in der Sie nicht Mitglied sind?   7.3

1.104.7   **Symbolische und harte Links**   1
■ Was ist der Unterschied zwischen harten und symbolischen Links? ■ Wie können Sie harte und symbolische Links im Dateisystem identifizieren?   3.3

1.104.8   **Auffinden von Dateien**   5
■ Was ist der *Filesystem Hierarchy Standard*? ■ Welche Verzeichnisse sind im FHS standardisiert? ■ Wie können Sie Dateien mit gegebenen Namen oder anderen Attributen finden? ■ Wie funktioniert locate? ■ Was tut das Kommando whereis? which?   3.4

A.6   Thema 105: Kernel [102]

1.105.1   **Verwaltung von Kernel-Modulen**   4
■ Wie finden Sie die Version des gerade laufenden Kernels heraus? ■ Wozu dienen Kernel-Module? ■ Wie werden Kernel-Module geladen und entfernt? ■ Wie ist /etc/modules.conf aufgebaut?   13.1

1.105.2   **Konfiguration und Erstellung eines neuen Kernels**   3
■ Was sind die wichtigsten Ziele im Kernel-Makefile? ■ Wie wird der Kernel konfiguriert? ■ Wie wird ein neuer Kernel im System installiert?   13.2

A.7   Thema 106: Systemstart und Runlevel [102]

1.106.1   **Kontrolle und Konfiguration des Systemstarts**   3
■ Wie können Sie sich vom fehlerfreien Ablauf des Systemstarts überzeugen? ■ Wie können Sie mit LILO verschiedene Systeme booten? Mit GRUB? ■ Wie können Sie dem Linux-Kernel Parameter übergeben?   14.1–14.3

1.106.2   **Runlevel und Shutdown**   3
■ Was ist ein Runlevel? Wie wird er definiert? ■ Wozu dient die Datei /etc/inittab? ■ Wie können Sie das System anhalten?

    14.4–14.6

A.8   Thema 107: Drucken [102]

Verwaltung von Druckern und Druckerwarteschlangen   1   **1.107.2**
■ Wofür braucht man einen Drucker-Daemon? ■ Wozu dient lpc und wie wird es bedient? ■ Was ist CUPS? ■ Wie funktioniert die CUPS-Formatumwandlung? ■ Wie geben Sie einen Drucker an Ihrem System über CUPS für andere Rechner frei?   15.1, 15.2, 15.4

Druckkommandos   1   **1.107.3**
■ Mit welchem Kommando können Sie eine Datei drucken? ■ Wie fragen Sie den Zustand einer Druckerwarteschlange ab?
15.3, 15.4.3

Installation und Konfiguration von Druckern   1   **1.107.4**
■ Wozu dient /etc/printcap und wie ist die Datei aufgebaut? ■ Was ist ein Druckerfilter? ■ Wie können Sie Drucker auf entfernten Systemen ansprechen?   15.1, 15.2, 15.4

A.9   Thema 108: Dokumentation [102]

Benutzung und Verwaltung lokaler Dokumentation   4   **1.108.1**
■ Wie ist das Systemhandbuch (die Handbuchseiten) strukturiert? ■ Wie und wo installieren Sie eine neue Handbuchseite? ■ Hat das Netz der Info-Seiten eine Wurzel? Wie finden Sie sie?   2.2–2.6

Linux-Dokumentation im Internet   3   **1.108.2**
■ Wo finden Sie die aktuellen HOWTOs? ■ Welche Linux-Webseiten kennen Sie? ■ Wie finden Sie Hilfe zu einer spezifischen Fehlermeldung, die nicht in der Dokumentation steht?   2.5, 2.7

Benachrichtigen von Benutzern   1   **1.108.5**
■ Wozu dient die Datei /etc/motd? ■ Wann und wie wird /etc/issue ausgegeben?   7.6

A.10   Thema 109: Shell und Shell-Programmierung [102]

Konfiguration der Shell-Umgebung   3   **1.109.1**
■ In welchen Dateien können Sie Voreinstellungen für die Shell hinterlegen? Wie werden diese gefunden? ■ Was ist der Unterschied zwischen Shell- und Umgebungsvariablen? ■ Wie heißen die wichtigsten Variablen für die Shell-Konfiguration? ■ Wie können Sie für die Shell die Tastatur umdefinieren? ■ Was sind Shell-Funktionen und wie werden sie erstellt?   6.1

A.11   Thema 110: Das X-Window-System [101]

A.12   Thema 111: Administrative Tätigkeiten [102]

gelt? ■ Wie sehen crontab-Dateien aus? ■ Wofür ist das Programm crontab gut? Warum wird es gebraucht?   16.2

A.13   Thema 112: Netzwerkgrundlagen [102]

A.14   Thema 113: Netzwerkdienste [102]

ausgelieferte E-Mail auf Ihrem Server staut? ■ Was ist ein »offenes Relay«? 18.3

1.113.3 **Grundlegende Konfiguration von Apache** **4**
■ Was ist die wichtigste Konfigurationsdatei für Apache? ■ Wie können Sie Apache starten und anhalten? Eine Apache-Konfiguration auf Fehler testen? ■ Wo müssen Sie Dateien ablegen, damit Apache sie über HTTP zugänglich macht? 18.4

1.113.4 **Verzeichnisfreigaben mit NFS und Samba** **4**
■ Wie können Sie Dateien über NFS oder SMB anderen Rechnern zugänglich machen? ■ Können Sie SMB-Freigaben automatisch beim Systemstart einbinden? ■ Was ist WINS? ■ Wie können Sie von einem Windows-Rechner auf einen Linux-Drucker drucken?
18.5

1.113.5 **Grundlegende Konfiguration von DNS-Client und -Server** **4**
■ Wie wird die Namensauflösung konfiguriert? ■ Wie findet DNS die Adresse zu einem Namen? Wie den Namen zu einer Adresse? ■ Welche Versionen von BIND gibt es und wie werden sie konfiguriert? ■ Wie prüfen Sie die Funktion eines DNS-Servers? 18.6

1.113.7 **Konfiguration und Verwendung der Secure Shell** **4**
■ Wozu dient die Secure Shell? Was sind ihre Vorteile? ■ Welche Authentisierungsmechanismen verwendet die SSH? Welcher ist der sicherste? ■ Wie können Sie den TCP-Port eines SSH-Servers ändern? Warum könnten Sie das wollen? 18.7

A.15 Thema 114: Sicherheit [102]

1.114.1 **Durchführung von sicherheitsadministrativen Tätigkeiten** **4**
■ Was sind TCP-Wrapper? ■ Wie werden die Kennwort-Alterungsparameter gesetzt? ■ Was ist ein Paketfilter? ■ Was sind nmap und netstat und wofür sind sie gut? ■ Was sind CERT und BUGTRAQ?
12.3, 12.4, 17.4

1.114.2 **Grundlegende Absicherung von Rechnern** **3**
■ Wozu dienen *shadow passwords*? ■ Wie können Sie nicht benutzte Netzwerkdienste abschalten? ■ Wie würden Sie syslogd konfigurieren, um alle Nachrichten an einen zentralen Managementrechner zu leiten? 7.5, 17.4, 18.2

1.114.3 **Absicherung von Rechnern auf Benutzerebene** **1**
■ Wie können Sie die maximale Anzahl möglicher Prozesse für alle Benutzer festlegen? ■ Welche Systemressourcen lassen sich mit ulimit begrenzen? 7.7

Index

Dieser Index verweist auf die wichtigsten Stichwörter im Buch. Besonders wichtige Stellen für die einzelnen Stichwörter sind durch **fette** Seitenzahlen gekennzeichnet. Sortiert wird nur nach den Buchstaben im Indexeintrag; „~/.bashrc" wird also unter „B" eingeordnet.